U0717191

宋元學案補遺

六

〔清〕王梓材 馮雲濠 編撰
沈芝盈 梁運華 點校

中華書局

宋元學案補遺卷六十五目録

木鐘學案補遺

潛室先緒……三五八三

補 陳先生煜……三五八三

朱葉門人……三五八三

補 陳先生埴……三五八三

潛室學侶……三五八五

陳先生增……三五八五

陳先生止善合傳……三五八五

潛室講友……三五八五

趙先生善湘……三五八五

晦翁門人……三五八七

補 葉先生味道……三五八七

文修講友……三五八九

張先生洽詳見滄洲諸儒學案……三五八九

潛室門人……三五八九

補 翁先生敏之……三五八九

補 董先生楷……三五九〇

蔣先生世珍……三五九一

趙氏家學……三五九一

趙先生汝楳……三五九一

西山家學……三五九二

葉先生任道……三五九二

補 葉先生采……三五九三

西山門人……三五九四

補 繆先生主一……三五九四

補 王先生夢松……三五九五

厲先生文翁……三五九五

胡先生升……三五九五

胡氏先緒……三五九六
補胡先生巖起……三五九六
車氏家學……三五九六
補車先生若綰……三五九六
補車先生惟賢……三五九七
雙峯家學……三五九八
車先生漳孫……三五九八
雙峯門人……三五九八
鄭先生□……三五九八
賈氏門人……三五九八
補嚴先生侶……三五九八
余氏門人……三五九九
補胡先生長孺……三五九九
石塘學侶……三六〇一
胡先生之綱……三六〇一
胡先生之純合傳……三六〇一
石塘同調……三六〇一
吾先生衍……三六〇一
鄭氏門人……三六〇二
車先生瑢詳見車氏家學……三六〇二
張先生德亨……三六〇二
嚴氏門人……三六〇二
黄先生廷玉……三六〇二
石塘門人……三六〇二
補陳先生剛……三六〇二
柳先生貫詳見北山四先生學案……三六〇三
別附……三六〇三
曇噩……三六〇三
吾氏門人……三六〇三
劉先生天祐……三六〇三
朱學之餘……三六〇四
補史先生伯璿……三六〇四

史氏同調……三六〇五
鄭先生如圭……三六〇五
潛齋門人……三六〇五
補林先生溫……三六〇五
章氏門人……三六〇六
補趙先生次誠……三六〇六
史氏門人……三六〇六
補徐先生宗實……三六〇六
徐先生森……三六〇六
蔣氏門人……三六〇七
王先生全……三六〇七
靜齋門人……三六〇七
胡先生觀……三六〇七
橫陽門人……三六〇七
補張先生文選……三六〇七

宋元學案補遺卷六十五

後學 鄞 王梓材 慈谿馮雲濠 同輯

木鐘學案補遺

潛室先緒

補 陳先生煜

梓材謹案。嘉靖浙江通志稱。先生工屬文。善持論。爲葉水心所推重。

朱葉門人

補 通直陳潛室先生埴

潛室經說

田里之里以方計。卽井方一里是也。道里之里以袠計。如二十五家爲一里之類是也。古者。公卿大夫士之子弟。以及萬民之子弟。生八歲而入小學。教之以幼儀。十五歲而入大學。教之以成人之事。此大小學之所由建也。其謂之國學者。卽大小學之立於國中。以教公卿大夫士之子弟者也。其謂之鄉學者。卽大小學之立於鄉遂。以教萬民之子弟者也。

一族之中。大宗只是一人。小宗儘多。故一人之身。從下數至始祖。大宗惟一。數至高祖。小宗則四。此古者宗族人情相親。人倫不亂。由大宗小宗之法而然。以上禮記。

王制惟大國三卿命於天子。次國則二卿有命於天子。一卿有命於其君者。小國二卿皆命於其君者。蓋典命止言命數。未言人數。如齊晉皆侯爵。爲次國。管仲不敢當天子命卿之禮。曰。有天子之二守國高在。晉使鞏朔獻捷於周。周人讓之曰。不使命卿鎭撫王室。而鞏伯實來。未有職司於王室。則齊晉皆有不命之卿。或以記所稱爲夏殷之制。非也。周禮。

木鐘集

馬遷史記不專爲漢史。乃歷代之史。故其記漢事略於漢書。而紀武帝事獨詳。若封禪平準二書。雖謂之南史家風可也。

問。太史公作史記。上自唐虞。而八書之作。只言漢事。班孟堅作漢史。合記漢一代事。而乃作古今人表。何耶。曰。八書未必皆言漢事。獨平準書專言武帝。其贊却説古今。漢志雖爲一代作。然皆自古初述起。獨古今志專説古而不説今。自悖其名。先輩嘗譏之。中閒科等分別人物。又煞有可議。此卻班史之贅畫蛇添足。

應舉求合程度。此乃道理當爾。乃若不合程度。而萌僥倖之心。不守尺寸。而起冒爲之念。此則妄矣。應舉何害義理。但克去此妄念。方是眞實舉子。

梓材謹案。四庫全書著録木鐘集十一卷。提要云。是編雖以集爲名。而實則所作語録。凡論語一卷。孟子一卷。六經總論一卷。周易一卷。尚書一卷。毛詩一卷。周禮一卷。禮記一卷。春秋一卷。近思雜問一卷。史一卷。其説大學中庸列禮記之中。蓋其時四書章句集注雖成。猶私家之書。未懸於國學之功令。故仍從古本。史論惟及漢唐。則伊洛之傳不以史學爲重。偶然及之。非專門也。

附録

黄東發讀晦庵文集曰。答陳器之公之爲仁。猶言去其壅塞則水自流通。然便謂無壅塞者爲水則不可。

梓材謹案。朱子所答又一書。蓋答其問玉山講義甚詳。卽木鐘集所載四端説也。已見本學案。

潛室學侶

陳先生增

陳先生止善合傳。

陳增。潛室之兄。而止善其弟也。與潛室並登進士第。時人號所居爲桂森坊。姓譜。

潛室講友

趙濮園先生善湘

趙善湘字清臣。鄞縣人。宋宗室。慶元初進士。累官資政殿大學士。封天水郡公。後爲沿海制置使兼知慶元府。卒。贈少師。所著有周易説約。春秋二傳通議等書。及書詞共百餘卷。姓譜。

雲濠謹案。寧波府志載先生知鎮江府。歷官至煥章閣直學士。以李全犯淮東。遷煥文閣學士江淮制置使。及戮全。進兵部尚書。

梓材謹案。宋史本傳。先生爲濮安懿王五世孫。所著有周易説約八卷。周易或問四卷。周易續問八卷。周易指要四卷。學易補過六卷。洪範統論一卷。中庸説約一卷。大學解十篇。論語大意十卷。孟子解十四卷。春秋三傳通義三十卷。又案。先生號濮園。見經義考引張萱説。

洪範統一自序

洪範九疇。聖人經世之大法。太極渾然之先。其道已具。三才既判之後。天畀之聖人。而實任彝倫攸敘之責。行乎古今。不可泯没。天地由之而萬化顯其用。聖人以之而斯民獲其所。非區區操天下者所能與也。由五行至五紀。安行乎皇極者也。由三德至福極。輔成乎皇極者也。皇極居於五。主張綱維是者也。疇惟有九。其統則一。自漢世儒者爲災異之説。乃以五行五事皇極庶徵福極五者合而求災異之應。而於八政五紀三德稽疑四者離不相屬。其後爲史又皆祖述漢儒。獨歐陽唐史紀災異而不言事應。眉山之學亦以福極於五福不相通。悉歸於皇極之建不建。嗚呼。洪範九疇果可以意離合之乎。

河出圖。洛出書。而八卦九疇以數示人。八卦虚中之數也。九疇建極之數也。其道一也。何以言八卦奠位而包皇極於內。皇極居中而運八卦於外。此八卦九章相爲表裏也。道不虛行。待人而後行。天不以道畀聖人。則八卦可以無九疇。天不能不以道畀聖人。則八卦無九疇何以顯其用。故聖人建極。而天地之化成矣。託數以喻道。天實闡其秘。論道而遺其數。後世儒者晦之也。或曰。易之八卦未嘗不自爲用。而何待乎洪範皇極之建。曰。八卦。伏羲氏之卦也。卦有八。而伏羲氏畫之。卽洪範之建極也。文王重而爲六十四。孔子繫之而十翼備。皆是道也。洛書未出。則九疇之道默用於聖人之經世。九疇既著。則洪範之書遂爲經世之大用。易與洪範。固無二本也。

雲濠謹案。四庫全書本永樂大典著録洪範統一一卷。提要云。書成於開禧時。宋史謂之洪範統論。文淵閣書目又作統紀。今據趙氏謂漢儒解傳衹以五事庶徵爲五行之驗。而五行八政謂疇散而不知所統。徵引事應。語多傅會。因采歐陽氏唐志。蘇氏洪範圖論遺意。定皇極爲九疇之統。每疇之中。如五行則貌言視聽皆統於思。得其統而九疇可一以貫之矣云云。則永樂大典題曰洪範統一。爲名實相應矣。又考朱子與陸氏論皇極之義。往復辨難。各持一說。此書以大中釋皇極。本諸注疏。與陸氏合。復謂九疇皆運於君心。發爲至治。又合於朱子建極之旨。蓋能通懷彼我。兼取兩家之說者云。

晦翁門人

補 文修葉西山先生味道

雲濠謹案。經義考引戴氏説云。一統志温州有葉味道。處州有葉賀孫。皆朱子門人。而事業微有不同。蓋本一人。誤析而爲二也。閩書云。其先括蒼人。居建陽之後山。

梓材謹案。先生號西山。見其門人繆天一傳。儒林宗派於朱門又別載葉賀新。號西山。龍泉人。賀新蓋卽先生原名賀孫之謂。又有作賀深者。不可解也。又案。錢文子主東陽郭氏高塘庵講席。後醴陵因屬先生續主其教。

附録

既下第後。從朱子於武夷山中。

還宗學諭。輪對。言人主之務學。天下之福也。必堅志氣以守所學。謹幾微以驗所學。正綱常以勵所學。用忠言以充所學。至口奏。則述帝王傳心之要。與四代作歌作銘之旨。從臣薦其可爲講官。乃授太學博士兼崇政殿説書。故事説書之職止於通鑑。而不及經。先生請先説論語。詔從之。

先生所陳。無一言不開陳引導。求切於君身。旁引折旋。惟致於治道。

朱子語類曰。賀孫請問。語聲低得㊀低。先生不聞。因云。公仙鄉人。何故聲氣都恁地説得箇起頭。後面懶將去。子夏曰。聽其言也厲。公只管恁地下梢不好。見道理不分明。將漸入於幽暗。含含胡胡。不能到得正大光明之地。説話須是一字是一字。一句是一句。便要見得是非。

黄勉齋復先生書曰。語録事承見諭。然亦有一説。且如語録中所載與四書不同者。便徑削去。則朱先生所集程先生語録。胡爲兩説不同。而亦皆采取耶。天下義理正未可如此看也。雖朱先生

㊀「低得」當爲「末後」。

不敢以自安。而學者乃欲率然如此。何耶。朱先生一部論語直解到死。自今觀之。亦覺有未安處。且如不亦君子乎一句。乃是第一段。幾番改過。今觀程子云。不見是而無悶。乃所謂君子是不愠然後君子也。朱先生云。故惟成德者能之。則是君子然後不愠。以悦樂兩句例之。則須是加程子之説。方爲穩當。敏於事而愼於言。朱先生云。敏於事者。勉其所不足。愼於言者。不敢盡其所有餘。此用中庸有餘不敢盡之語。然所謂愼者。非以其有餘而愼之也。愼字本無不敢盡之意。事難行故當勉之。易肆故當愼耳。人而無信一章。其何以行之哉。何以之以。便當用其何以觀例。志道據德依仁。不當作次第説。若作次第説。則游藝有所不通。且有志道者未能據德。據德者未能依仁之病。道者。亘古今。塞天地。人所共由。志者存之而不忘德。則行道而有得於身。隨其所得。守之而不失。仁者心之全體。德由此立。道由此行。故當依之而不違。三者皆人所不可須臾離。若藝則游之而已。此一段乃近見一朋友語録中所載。又豈可以其與四書不合而削之乎。義理無窮。正可憂。正可懼。不可執一説而遂以爲安也。

文修講友

直閣張主一先生洽詳見滄洲諸儒學案。

潛室門人

補祇候翁先生敏之

附録

所居故有鄉校。久廢。先生倡而新之。扁曰圖南書院。聚族里子弟教學其中。未幾。與從弟巖壽俱以禮經擢進士。魁太學。與鶚薦者十餘人。

調婺州及平江塘頭安吉軍庫。婺人乏食。先生勸商平糴。郡以無饑。塘頭近言偃舊宅。先生詣祠下。推明學道愛民之旨。士民風動。

除閤門祇候。將朝參。喟然曰。曉漏穿花。安得似園林閒散之樂。遂不復仕。

補　吏部董克齋先生楷

周易傳義附録凡例

程子易傳依王弼次序。而朱子則用古易次序。以彖傳大小象文言各自爲卷。今不敢離析程傳。又不能盡失朱夫子之意。於是倣節齋蔡氏例。以彖傳大小象文言各下經文一字。使不與正經紊亂。而程傳及朱子本義又下一字。程子朱子附録又下一字。則其序秩然矣。

梓材謹案。四庫書目著録先生周易傳義附録十四卷。提要稱其學出於陳器之。器之出於朱子。故其説易。惟以洛閩爲宗。又案。王阮亭居易録。明永樂間。胡廣等奉詔撰五經大全。皆鈔録前人成書。竄易其名。易則董楷董鼎董眞卿。詩則劉瑾。書則陳櫟。春秋則汪克寬李太宰默續孤樹裒談曾言之。則先生之易。固當時所推重云。

教授蔣先生世珍

蔣世珍字君聘。縉雲人。嘗從陳潛室遊。開慶元年進士。官從仕郎。歷鎭江建德温州教授。學者宗之。浙江通志。

趙氏家學

趙先生汝楳

趙汝楳。善湘子。爲宰相壻。卑退自修。精易象。有易敘叢書可傳。官至户部侍郎。晚歲以理財進用。失士譽。清容居士集。

易敘叢書自序

汝楳齒耄學荒。何敢言易。獨念先君子自始至末於易凡六稟。月進日益。末稟題曰補過。汝楳得於口授者居多。外除以來。踰二十載。因輯所聞於篇。庶不忘先君子之教。且以觀吾過云。周易輯聞序。

程子論爲學之言曰。昔之害乘其迷暗。今之害因其高明。自謂之窮神知化。實則不足以開物成務。言爲無不周偏。實則外於倫理。嗟嗟。淺深非二水。體用非二物。精粗無二理也。易之爲書。言近而指遠。不知言何以知其指。通乎近則遠固在是。倘慕遠而失諸近。吾知兩失之而已。

世或外辭畫以求易。則此書爲贅。否則不易吾言矣。程子之論。眞爲學之大閑歟。易雅序。

聖人無惑。衆人未能克惑。聖人不欲以己意解人之惑。天生神物。以前民用。聖人託之。雖曰神道設教。非無是理。而矯誣斯世也。

有蓍道。道生於庖犧。有蓍用。用著於嬀帝。而詳於箕疇。筮有職。大宗伯率之。揲有法。大傳明之。占有驗。左氏傳國語可考也。以上筮宗序。

論圖書

易有衍數。有積數。自五衍而爲五十者。衍數也。自一二三四五積而爲五十五者。積數也。圖書二數皆積數之儔。不可以與於揲蓍也。故合圖書之名而論二數。則自有妙理。强二數以圖書之名。則於經無據。

梓材謹案。四庫書目著録周易輯六卷。易雅一卷。筮宗一卷。提要稱其於比應乘承之理。盈虛消長之機。皆有所發揮。又謂其推明大衍之數。頗爲明白。又存目易序叢書十卷。提要謂明人所雜編云。

西山家學

葉先生任道

葉任道。味道弟。文公弟子。儒林宗派。

附録

朱子語類曰。謂任道弟讀大學云。須逐段讀教透。默自記得。使心口相應。古時無多書。人只是專心暗誦。且以竹簡寫之。尋常人如何辦得竹簡如此多。所以皆暗誦而後已。伏生亦只是口授尚書二十餘篇。黄霸就獄。夏侯勝授尚書於獄中。又豈得本子。只被他讀得透徹。後來著述諸公皆以名聞。漢之經學所以有用。

又曰。任道弟問。或問涵養又在致知之先。曰。涵養是合下在先。古人從小以敬涵養。父兄漸漸教之讀書識義理。今若説待涵養了方去理會致知。也無期限。須是兩下用功。也著涵養。也著致知。伊川多説敬。敬則此心不放。事事皆從此做去。

補

秘監葉平巖先生采

梓材謹案。四庫提要於近思録云。其集解。則朱子殁後。葉采所補作。淳熙十二年。采官朝奉郎。監登聞鼓院。兼景嚴府教授時。嘗齋進於朝。前有進表及自序。其序謂悉本朱子舊注。參以升堂記聞及諸儒辨論。有缺畧者。乃出臆説。又舉其大旨。著於各卷之下。凡閲三十年而後成云。

葉仲圭語

出入無時。莫知其鄉。常人之心也。寂然不動。感而遂通。聖人之心也。聖人之心。豈常人之所無哉。昏與明異而已矣。

附録

嘗居武夷書堂。游玩賦詩。北溪屢砭之。遂循序就實。構漁隱精舍。問學日進。其書事詩曰。雙雙瓦雀行書案。點點楊花入硯池。閒坐小窗讀周易。不知春去幾多時。知邵武軍。作郡乘。築祠郡泮。以祀朱子。復置田若干頃。祀朱子於光澤。累官翰林侍講。乞歸。所著近思録集解。嘗以進呈。理宗稱善。

西山門人

補 隱君繆天隱先生主一

雲濠謹案。浙江通志云。一字天德。通易書詩三經。大德閒。郡守廉希憲延爲經師。著又有易經精蘊。經義考云佚。又案。天德恐是天隱之譌。

附録

先生雖瞽。而諳練典故。記憶不衰。與人言。亹亹不倦。人有問者。必答曰。在某書某帙。檢視果然。

補隱君王愼齋先生夢松

附録

嘗曰。學以躬行爲本。徒知無益。指孟子四端。卽舜禹道心之微。每於此心萌動處。下功夫主敬以存養之。師事葉味道。造就學者。皆有感驗。

資政厲先生文翁

厲文翁字聖錫。東陽人。少保模子。初名髯翁。理宗改從今名。登寶祐癸丑進士。歷官至太尉卿。權户部侍郎。遷資政殿大學士。階朝請大夫。封東陽開國侯。少從葉味道學。嘗服膺邵堯夫面前地要放寬之語。旣登第。練習經濟。理宗嘗稱其人物甚偉。洞曉邊事。由淮右節揮除浙西憲十年。屈獄莫不讞決。先生少壯登朝。晚膺茅土。中閒或握郡符。或踐戎壘。正身盡職。不爲異同。故能所在建功。克保令名。金華徵獻畧。

國史胡定庵先生升

胡升號定庵。婺源人。爲史館編校。尤端明素所厚客也。寶祐丙辰。丁大全據言路。將得志用事。逐董丞相槐。嗾天府將卒數百人。持杖鼓譟。輿過大理寺以恐嚇之。然後擲置北關外。端明提綱史事。對客竊嘆。遄上疏列其事。丐去。大全怒。逐端明。或告先生爲尤稿疏者。天府陰奉旨逮之。薄責籍槖楮閲視之。無有。猶坐他誣。謫九江。徙臨汝。又徙南安。先生生於晦庵之里。晦庵高弟葉味道乃其師。先生被逮時。衣器書硯蕩盡。平生著述。片紙無遺。嘗爲四書增釋。訪求朋舊聞。得有中庸大學論語。而孟子終不可復云。方桐江集。

胡氏先緒

補　胡先生巖起

胡巖起字伯巖。汲仲之祖也。卓行危論。奇文瑰句。端平嘉定士大夫皆以爲不可及。在江西幕府。平贛州之難於指顧之頃。全活數十萬人。子居仁。至汲仲而其學益大。宋文憲集。

車氏家學

補　迪功車雙峯先生若綰

梓材謹案。四庫全書著録先生内外服制通釋七卷。提要云。是書一仿文公家禮。而補其所未備。有圖有説。有名義。有提要。凡正服義服加服降服。皆推闡明晰。具有條理。牟楷序謂。家禮著所當然。此釋其所以然。蓋不誣也。又案。先生所著。又有深衣疑義。

附録

先生年十六。與其父景山皆以名上春官。不中。慨然曰。吾家數世湮鬱不遇。我豈能終與造物競哉。然聞皇帝王伯之略。道德性命之奥。由學以致。顧吾力有未至耳。乃與從父兄若水淸臣合志而共講焉。

先生之季父韶溪。授受最有原本。淸臣既委己就學。得其宗旨。而先生又繼起從之。凡天人之精藴。義理之淵微。毫研縷究。蔀發竅露。知之而必可言。言之而必可行。

補車先生惟賢

景定中。會稽王華甫守台。於城之東湖建上蔡書院。首聘先生兄弟。處以賓職。

附録

先生跋雙峯内外服制通釋曰。是書之出。可與文公喪禮相表裏而並行也。或曰。朱子一代道學之宗。其肩可比乎。曰。不然。朱子於是書。猶君子之射也。我伯父雙峯於是書。乃養由基之射也。學專而精。詳而明。有補家禮之未備。有發前賢之未發。非謂學問相高也。爲之圖。使人易見。爲之釋。使人易知。易見易知。親疏隆殺之等。人人可得而盡矣。必師友講説云乎。有補於治道明矣。

雙峯家學

車先生漳孫

車漳孫。雙峯先生子。與雙峯同學而成者。柳待制集。

雙峯門人

鄭栖筠先生□

鄭栖筠先生。車瑢之師也。先生卒。瑢往弔。見内外服制通釋一書。先生蓋雙峯之愛友。曾傳之云。内外服制通釋跋。

賈氏門人

補高節嚴先生侶

居家教授。生徒有裹糧自甌來者。

附録

楊鐵崖誌其墓曰。某官至釣臺。必訪先生。勸之仕。則曰。漢靈臺諸將。仕非不赫赫。今子姓無聞。吾鼻祖去今一千三百有餘年。而高風遠韻。與富山桐水相爲峙流。士奚必以仕爲貴哉。

倡不敏。願爲嚴子陵賢子孫。足矣。

余氏門人

補 純節胡石塘先生長孺

梓材謹案。宋文憲爲先生傳贊。言先生旣于余學古獲聞伊洛正學。及行四方。益訪求其旨。始信涵養用敬爲最切。默存靜觀。超然自得。晚年。深慕陸象山爲人。宇宙卽吾心之言。諄諄爲學者誦之。

梓材又案。先生及門最盛。元史本傳云。方嶽大臣與郡二千石聘致庠序。敷繹經史。環聽者數百人。

附録

轉寧海縣主簿。大德丁未。浙東大祲。戊申。復無麥。民相枕死。宣慰同知脱歡察議行振荒之令。斂富人錢一百五十萬給之。至縣。以餘錢二十五萬屬先生藏去。乃行旁州。先生察其有乾没意。悉散於民。閲月再至。索其錢。先生抱成案進曰。錢在是矣。脱歡察怒曰。汝膽如山耶。何所受命而敢無忌如此。先生曰。民一日不食。當有死者。誠不及以聞。然官書具在。可徵也。脱歡察雖怒。不敢問。

晚年慕陸象山之爲人。每取其宇宙卽吾心之言。諄諄以告學者。在至元中。與金仁山並以學術爲郡人倡。學者尊而仰之。

先生爲人。光明宏偉。務爲明本心之學。慨然以孟子自許。惟恐斯道之失其傳。誘引不倦。

一時學者有如飢渴之於食飲。

先生爲學者言。人雖最靈。與物同産。初無二本。皆躍然興起。至有太息者。

楊仲宏贈胡汲古曰。先生唯達道。久矣樂山林。致聘□㈠雙璧。爲生過十金。身閑雲出岫。髪短雪盈簪。遁世猶吾志。同盟欲自今。又曰。野客何蕭散。長年暫出遊。風塵唯短褐。江海自扁舟。有迹能來往。無心任去留。才名今籍甚。屈指到枚鄒。

黄文獻祭先生文曰。嗚呼先生。古之豪英。清風峻標。孰可狀名。弗崇爲高。顧以文名。其文斯何。出史入經。汲書魯簡。武戒湯銘。下逮百氏。名墨縱横。旁行敷落。律令章程。包羅揆序。弗猥弗并。維蓄之厚。故施之宏。紛其百嘉。邕達滿盈。藏英斂華。根柢一貞。以歸於極。以集於成。金舂玉撞。發其和平。遠彼聵聾。勿使震驚。獨抱厥器。旅於天庭。胡不廟郊。薦之䪫韺。乃弦乃歌。乃佐武城。人趨易良。俗失悍獰。稚耄熙熙。怙爲父兄。於穆昌辰。文事聿新。乃謝羈鞿。乃專鑑衡。賤華貴實。樹之風聲。謦欬所及。驅飈走霆。學徒嚮方。俊良用登。藐此陋微。亦累品評。賛邑海壖。遺則是徵。擇士藝闈。緒言是承。庶終惠我。勉夫兢兢。曷使中路。奪其依憑。

㈠「□」當作「無」。

石塘學侶

胡先生之綱

進士胡先生之純合傳。

胡之綱字仍仲。之純字穆仲。皆汲仲從兄。仍仲嘗作薦書。其於聲音字畫之説。自言獨造其妙。惜其書不傳。穆仲咸淳甲戌進士。踐履如古獨行者。文尤明潔。宋文憲集。

石塘同調

貞白吾竹房先生衍

吾衍字子行。仁和人。操行高潔。不求榮進。隱居教授。居於樓。坐學童樓下。遣高弟子遞授之。客至。童子輒止其登。使登乃登。與客笑談樓上。而樓下羣童肅如也。元時廉訪使徐琰聞其名。訪之。先生從樓上呼曰。此樓何敢當貴人登也。願明日走謁謝。琰笑而去。明日竟不謝。人咸重之。稱爲貞白先生。姓譜。

梓材謹案。宋景濂爲先生傳。言其性好譏侮文學。士獨推服。仇遠及胡之純長孺兄弟謂。百年所無有。其所著有尚書要略。聽元造化集。九歌譜。十二月樂辭譜。重正卦氣。楚史檮杌。晉文春秋等書。又案。先生本複姓吾邱。故王忠文集有吾邱子行傳。言其工於篆籀。其精妙不在秦唐二李下。又案。陶氏輟耕録云。子行號竹房。太末人。寓杭之生化坊。好古博學。與趙魏公相厚。

雲濠謹案。四庫全書著録先生周秦石刻釋音一卷。提要云。初宋淳熙中。有楊文昺者。著周秦石刻釋音一書。載石鼓文。詛楚文。泰山嶧山碑。至是吾邱氏以所取瑯琊碑不類秦碑。不應收入。因重加删定。以成是書。

鄭氏門人

車先生瑨

詳見車氏家學。

張先生德亨

張德亨字伯通。黄巖人。本陳姓。以父命爲張甫公後。幼聰敏。動止異常兒。時鄉先生栖筠鄭公教授馬氏義塾。先生從之遊。學益有力。及試吏。持法平。未幾卽棄去。累贈奉訓大夫。中書兵部郎中。貢玩齋集。

嚴氏門人

黄先生廷玉

黄廷玉。高節門人也。高節卒。爲之狀其行實。東維子集。

石塘門人

補 陳潛齋先生剛

雲濠謹案。經義考引黄虞稷説。以先生爲一字子潛。人稱潛學先生。恐是傳寫之訛。

附録

應試累不就。乃曰。吾學豈不如今人。吾才豈不逮古人。吾之不遇。命也。又何尤。父母皆年八十。孝養至篤。

文肅柳靜儉先生貫詳見北山四先生學案。

別附

曇噩

曇噩號夢堂。姓王氏。住慈溪東皋寺。與金華胡修道先生遊。有詩集。宋景濂爲之序。續文獻通考。

梓材謹案。修道卽胡石塘先生汲仲也。濳溪學士題永新令烏繼善文集後云。吾鄉修道先生胡公。以光明正大之學。發於精深嚴簡之文。訓迪學子。篇章句字皆有法。四明夢堂。雖居浮屠中。能文。與先生遊。先生爲文之法。實與聞之。烏君繼善。自幼學文於夢堂。凡先生所指授者。悉以語烏君。據此則石塘弟子之在釋氏者。不獨浮屠文誠。夢堂上承石塘。下以啓烏春草之文緒。不可不存其淵源也。

吾氏門人

劉先生天祐

劉天祐字祐之。杭人。生而凝重。不好戲弄。孝於母。母卒。比葬。有雙鶴巢墓上。先生蚤從吾子行學。縱觀經史。涉獵諸子百家。爲人一本於誠敬。因子貴。封從仕郎。戴九靈集。

朱學之餘

補史先生伯璿

史文璣語

曆中刻數。晝夜長短。大抵冬夏至左右皆十二日十日進退一刻。春秋分左右皆只五六日進退一刻。日之長短。繫黄道過南北之不同。蓋北極出地三十六度。故自赤道北之天體。皆以近北極之故。在地上多。在地下少。南極入地三十六度。故自赤道南之天體。皆以近南極之故。在地下多。在地上少。所以黄道自北過南。則日入地漸深。出地漸少。而刻數漸晝減而夜增。黄道自南過北。則日入地漸淺。出地漸高。而刻數漸晝增而夜減。但春秋分是黄道與赤道交處。日就竪處行。則過北之勢直而速。故只五六日進退一刻。冬夏至黄道與赤道相去各三十四度。爲最遠。日就横處行。或自西而趨東。或自東而趨西。其過爲南北之勢斜而緩。故十日十二日方進退一刻。按圖可見也。

三代以後。皆無所謂姓。只有氏而已。故後世但曰姓某氏。而不敢曰某姓某氏。蓋姓不可考。故但虚其姓於氏之上。而實其氏於下。

附録

陳高序四書管窺曰。文璣苦求於學。篤信堅守朱子之説。反覆研究殆三十年。遂取諸家纂輯之編而去取焉。乖戾者折而闢之。隱昧者引而伸之。旁曲通暢。著於簡牘。可謂有功於朱子也已。

雲濠謹案。四庫書目著録四書管窺八卷。提要云。伯璿此書大旨。與劉因四書集義精要同。而因但爲之刊除。伯璿更加以別白。昔朱子嘗憾孔門諸子留家語作病痛。如伯璿者。可不謂深得朱子之心與。

雲濠又案。四庫又著録先生管窺外篇二卷。提要云。是書蓋繼管窺而作。皆條記友人問答。以闡發其餘義。大抵皆辨證之文。

史氏同調

鄭先生如圭

鄭如圭字伯玉。平陽人。敦性行。博學强記。尤精於書。同里史伯璿每推重焉。温州舊志。

潛齋門人

補 府佐林先生温

雲濠謹案。温州舊志載。先生洪武初授秦王教授。典閩浙二省鄉試。宋濂稱其詩文本於氣之所養。與世之學者自異。有栗齋集。

章氏門人

補 隱君趙雪溪先生次誠

附録

先生學通經旨。授徒於鄉。用伊川語意作歌詩十篇。又歷敘聖賢傳心之要。上溯伏羲。下及朱子。纂成一圖。

史氏門人

補 侍郎徐靜齋先生宗實

附録

洪武初。膺聘詣闕。數被顧問。敷奏剴切。授司風紀官。辭不就。除銅陵簿。復請歸。迎母就養。上怒。謫役淮陰。驛至。則郡邑爭延爲師。多所造就。

教諭徐先生森

徐森字宗茂。黄巖人。六經百家。靡不淹貫。嘗篝燈讀漢書。燼落爇其半。默誦塡之。不誤一字。尤深於易。與兄宗實俱從史伯璿遊。史奇其才。曰。昔所謂東甌二徐者。今復見之。遂呼爲後二徐。洪武閒。以薦歷徐聞教諭。著易説及詩書禮記經義。四書辨疑。授學者。諸藩重臣交聘主文衡。劉三吾薦入侍講經筵。卒。台州府志。

蔣氏門人

王先生全

王全。温州同知。洪武初。郡守楊時中延蔣彬夫爲府學五經師。先生執弟子禮事之。温州舊志。

靜齋門人

駙馬胡先生觀

胡觀。駙馬都尉。洪武中。起徐靜齋宗實爲之師。援他府例。設位南面。而置師席於西階上東面。宗實憮然曰。師嚴然後道尊。道尊然後民知敬學。手引之使下聽講。明日。貽書責以三事大義。先生愧謝。執弟子禮愈恭。台州府志。

横陽門人

補 吉士張先生文選

梓材謹案。温州舊志稱。先生受易於徐宗起。篤信體道。登永樂丙戌進士。著有易經講義。四書訓解。

宋元學案補遺卷六十六目録

南湖學案補遺
南湖先緒……三六一一
杜先生椿……三六一一
朱石門人……三六一一
補杜先生煜……三六一一
補杜先生知仁……三六一二
南湖學侶……三六一三
杜先生貫道……三六一三
南湖講友……三六一四
郭先生磊卿詳見滄洲諸儒學案……三六一四
林先生鼐……三六一四
林先生鼒並見滄洲諸儒學案補遺……三六一四
南湖家學……三六一四
補杜先生範……三六一四
立齋學侶……三六一六
鄭先生大惠……三六一六
清獻同調……三六一六
范先生鍾……三六一六
南湖門人……三六一九
項先生采……三六一九
方山門人……三六一九
項先生采見上南湖門人……三六一九
杜氏門人……三六二〇
張先生子善……三六二〇
敬齋家學……三六二〇
補車先生似慶……三六二〇
隘軒講友……三六二一
王先生象祖詳見水心學案……三六二一

立齋家學……三六二二
杜先生濬……三六二二
杜先生淵……三六二二
杜先生滸……三六二三
立齋門人……三六二三
補車先生若水……三六二三
玉峯講友……三六二四
補胡先生常……三六二四
玉峯同調……三六二五
補戴先生良齊……三六二五
木居門人……三六二五
補戴先生亨……三六二五
陳先生應璧……三六二五
陳先生珪合傳……三六二六
玉峯門人……三六二六
張先生復……三六二六
祝先生蕃詳見靜明寶峯學案……三六二六
於先生相……三六二六
於氏門人……三六二六
陳先生鑑翁別見靜明寶峯學案補遺……三六二六

宋元學案補遺卷六十六

後學 鄞 王梓材 慈谿馮雲濠 同輯

南湖學案補遺

南湖先緒

杜先生椿

杜椿字大年。黄巖人。學以厚其質。不爲浮華枝葉之言。其行推己以恕人。無矯厲嶄絶之事。卒年七十四。葉水心稱之爲善士而志其墓。二子。煜。知仁。葉水心集。

朱石門人

補主簿杜南湖先生煜

附録

朱子答先生兄弟書曰。自頃聞昆仲之名。而願得一見久矣。中閒僅得識良仲之面。而於仁仲尚復差池。至今爲恨。玆者乃承不鄙致問。許以來辱。此意厚矣。然理義不外於吾身。但能反躬力索。毋使因循。有所閒斷。則無不得之理。孟子所謂歸而求之有餘師者。此也。

又答杜貫道書曰。仁里諸賢多得相處。但賢者與良仲仁仲未得一見耳。或能相與一來。大幸。面見指説。殊勝書問往還也。

又答仁仲書曰。良仲前書所論數條皆善。但更勉力研究玩味。久之自然見處明白。踐履從容。不費安排。

孫燭湖答先生書曰。甚思極意面論。相與激昂奮起。

車玉峯序南湖文集曰。友人杜則卿手編其從曾祖南湖先生遺集。得其成書讀之。義理之髖髀。聖凡之關捩。一一窮扣以歸其安。至其所以告人者。則亦如己之有望於人。毫分縷析。傾倒殫盡。事紫陽文公十有餘年。前後授受大節。則最初告以反躬力索之。卒之去宂長歸專一。乃以起見生疑爲病。蓋反躬以力索。力索而又反其躬。循環無端。表裏精切。則豁然貫通。受用逢原。是時惟有涵養。若終身能疑。則終身無税駕之地。非學問也。然必嘗用力有至。始可語此　當潛其心。既深見此敬不獨在靜。兹其用力之驗。至於自謂向來彼此相梗。今皆融會合一。如親至□□。與山下瞻問不同。則自一語之砭。宂長歸淨而學成矣。

補杜方山先生知仁

附録

方壯年試於鄉不利。遂絶意榮進。足跡不至城市。鄉大夫欲識之者。有往謝。無往見。人有結駟而至。則辭以疾。

朱子答書曰。示喻爲學之意甚善。操存舍亡。此外無著力處。但常切提撕。勿計功效。久當自得力耳。

又曰。仁仲所論朝聞夕死。則愚意見得二先生之説初不甚異。蓋道卽事物當然不易之理。若見得破。卽隨生隨死皆有所處。生固所欲。死亦無害也。

又曰。仁仲蓋有意於切問近思之學者。然亦便如此不得。更須博之以文。始有進步耳。

又曰。仁仲反躬克己之意甚切。雖未知所病者何事。然既知其病。卽内自訟而亟改之耳。

孫燭湖與先生書曰。如兄美質。又早有志。僕所望於兄者。豈有限量。責善不敢不深。

南湖學侶

杜先生貫道

杜貫道。黄巖人。知仁之族。從朱子遊。稱其所陳緒㊀説皆善。但不已其功。久之見處漸分明也。台學源流。

㊀「緒」當爲「諸」。

南湖講友

正肅郭覺齋先生磊卿詳見滄洲諸儒學案。

通判林元秀先生鼒

鄉貢林草廬先生鼐並見滄洲諸儒學案補遺。

南湖家學

補清獻杜立齋先生範

雲濠謹案。先生與南湖同舉嘉定元年進士。

梓材謹案。先生一字儀夫。號立齋。台州府志稱其親得朱子再傳之學於其從祖南湖方山二先生。金華王魯齋柏實相與師友。故其道德勳業之茂若是。又云。易禮春秋禹貢關洛諸儒微言。皆有論述。

清獻文集

臣讀易繫辭曰。易窮則變。變則通。通則久。夫天道人事未有運而不窮者。變而通之。斯不窮矣。其道存乎其人。故否之九五曰。休否。大人吉。蓋謂非大人則不能轉否而泰也。剥之上九曰。君子得輿。小人剥廬。蓋謂非君子則不能轉剥而復也。至於下卑巽上苟止則爲蠱。蠱者。敝壞之極也。而有元亨天下治之象。其卦詞曰。先甲三日。後甲三日。蓋甲者。事之更端也。先甲以窮其敝之所以然。後甲以慮其敝之將然。周思曲防。動而必當。則弊革而治立矣。夫窮而必變者。勢也。窮而能變者。人也。人不能變。而聽其勢之自變。則天下之故可勝道哉。軍器監丞輪對劄子。

昔王氏中說。其格言雅訓。可以上續七篇之緒。而後世乃或致疑其間。謂獨其家以爲名世人。外人有㊀莫之知。李習之僅以比太公家教爾。至近世大儒以隱君子目之。而後千古之是非始定。嗟夫。立言之難也若此。蓋其名位不列於仕。功狀不登於史。道德不稱於其徒。使福時輩不能收墜緝散。闡而彰之。則所謂抱其所有。不少概見。終泯泯於汾曲而已。此固人之所同慨。其責寧不在爲子若孫者耶。車隘軒閒居録序。

附録

公有令質至行。讀書窮理。必深玩味。以聖賢格言大訓。實見諸躬行。

自其未貴。人已比之司馬公。其後清修苦節。身若不勝衣。至臨大事。則賁育不能奪。天下候其出處爲休戚。

㊀「有」當爲「皆」。

嘗夢自爲門銘曰。守之以一。報之以五。且自釋曰。守者守也。報者應也。既覺。書於座右而言曰。一者。不易之理也。所守在我。不可或變也。五者。適中之數。隨事而應。必當中理也。此其平生素學。形於夢寐。至爲宰相。亦不出此。

關洛諸儒微言皆有論述。劉漫塘嘗爲名其居曰立齋。故世尊之曰立齋先生。

書於立齋自戒併示諸子詩曰。晦以昭明德。怯以成勇功。用拙巧莫尚。持靜動攸宗。惟柔養直剛。自下升穩崇。虛可使實積。小乃與大通。守約博有歸。味淡甘無窮。萬里以是觀。一心須自融。戒哉驕又盈。外强中空空。

史臣王震謂。端平大壞之餘。得正人如杜公義。理宗方傾心仰成。衆弊方條陳更革。乃纔八十而終。其所關係何如哉。

立齋學侶

鄭先生大惠

鄭大惠字子東。號谷心。黄巖人。能詩文。與杜清獻公爲友。所著有飯牛集。台州府志。

清獻同調

范先生鍾

范鍾字仲和。蘭溪人。嘉定元年進士。歷知徽州。召赴闕。累遷尚右郎官兼崇政殿説書。進對。帝曰。仁宗時甚多事。對曰。仁宗始雖多事。乃以憂勤致治。徽宗始雖無事。餘患至於今日。上悦。尋遷吏部郎中。累官兵部尚書兼侍讀。嘉熙二年。拜端明殿學士。簽書樞密院事。四年。授參知政事。淳祐三年。特拜左丞相兼樞密使。六年。乞歸田里。八年十一月。卒於金華驛。贈少師。謚文肅。所著書有禮記解。史臣稱其爲相眞清守法。重惜名器。雖無赫赫可稱。而清德雅量。與杜範李宗勉齊名。金華府志。

玉藻説

玉藻一篇。巨細兼舉。文若不類。然錯綜而觀。固雜而不越也。天子受命於天。羣臣受命於君。身者天下之本。元首又身之本。冕以莊其首。服以章其身。祭極敬。朝極辨。各有常儀。一飲食。一言動。各有常度。及天時少愆。遽爲之變禮。深自抑損。故涖卜之嚴。齊車之式。所以敬天也。居寢有常。風雷必變。所以畏天也。將適公所。齊戒沐浴。事君如事天。惟能事上。斯能臨下矣。君子者。通上下而言之也。鳴玉搢笏。比德之意雖同。然隆殺屈伸。理一而分殊矣。自侍坐之始。至禮成而退。中閒賜食侑食賜爵受爵醬齊之授。尊罍之設。皆有節法。冠一也。而品彙有差。服一也。而名制有别。動容周旋於禮之中。行有環佩之音。車有鸞和之聲。禮之所興。衆之所治。外朝濟濟矣。而内之命服皆有章。百僚師師矣。而童子之飾亦有節。殺核之微。而少長賓主無敢慢。賜獻之頃。而車馬服食不敢輕。交際會盟。各有攸當。愛親事上。而命呼門閾之必謹。君大夫士。而步武几席之必中。曲務細行。無一物不在禮。此禮義所以養人之欲也。凡行容以下。乃總結上文條目。舉凡言例。必汲汲於廟與朝。蓋先立乎其大者。餘可概見也。舉踵行坐。莫非足容。拱揖秉持。莫非手容。稱謂擯詔。莫非言容。其言曲而中。其事肆而隱。其委蛇繁密。略與少儀曲禮相似。而玉藻閎深矣。

自天子玉藻。止食無樂。此天子之儀。十二。天數也。旒必象焉。變化。天道也。龍卷象焉。尊祖配天。以是而祭。可以對越上帝。來格祖考矣。東者。日之所出。向明而治。閏必變而從時。皆天道也。皮弁以食。順以質也。餕食之餘。自損挹也。日少牢。崇儉也。朔月太牢。敬始也。朔言聽受命於天也。朝言視中以觀天下也。五飲水之爲上。原本而反始也。燕居而齋服。戒謹恐懼於不睹不聞也。言動有書。表儀天下也。幾聲以察治忽。聲音與政通。惟樂不可以僞爲也。年不順成。遽自貶損。憂以天下也。一衣服飲食。動作起居。雍雍肅肅。周旋中禮矣。

食之節。俎豆庶羞。非不備禮也。而置與徹惟以醬。貴食味之主也。左右給使。非無以供役也。而賓主必自置與徹。蓋取親於其身之爲敬且重也。尊者逸。卑者勞。少長有禮矣。男子徹。婦人不徹。男女有別矣。一食之閒。曲盡如此。古人非爲飲食也。爲行禮也。賜果懷核。敬君也。瓜祭上環。敬先也。薦新與大孰異。尊賢也。一果之微。皆有法。安敢肆情於禮節之外乎。

孝子之事親也。聽於無聲。視於無形。況父之所命呼乎。父母在。不遠遊。遊必有方。一舉足不敢忘。況敢易方過時。此生而盡其情也。及其疾病色憂不滿容。中心達于面目不自知。此病而致其憂也。然皆疏節爾。致愛則存。致慤則著。思其居處。思其所嗜。覩物動心。有不忍焉。此終身不能忘。没而致其思也。

凡自稱孤寡不穀。純乎謙也。稱人與擯贊。雖謙而有□㊀。如寡君之老之適。曰寡。謙也。曰老曰適。未嘗不明德與序矣。對尊者極其謙。如某守臣屏臣。曰孽曰傳遽。是也。對敵之辭。謙不失己。

南湖門人

項先生采

項采字文卿。號竹坡。黄巖人。常從南湖方山二杜公遊。事親至孝。與人不妄交。制行惟謹。台州府志。

方山門人

項先生采見上南湖門人。

㊀「□」當作「體」。

杜氏門人

張先生子善

張子善。黄巖人。幼嘗遊學于杜氏所處之室。纔數尺。終日危坐挾册。足不越限外。有笑侮其旁。邈若弗聞。杜清獻稱爲吾鄉佳士。杜清獻集。

敬齋家學

補隱君車隘軒先生似慶

五經論自序

五經。聖人成書。萬世標準。聖人既没。遭秦之亂。禁網嚴密。天下學士。逃難結舌。以書爲諱。天下無全書矣。漢除煩苛。約以三章。更高惠二君。挾書著律。猶未盡去。老壯者没。少者亦耄期矣。未必盡能記誦也。伏生年過九十。始克口授不全之書。他經不至于泯絶者。漢儒補葺之力爲多。今讀其書者。知漢儒記誦傳習之艱苦。而默會聖心於千萬世之上可也。

附録

玉峯玉澗尋梅思先祖隘軒著書處詩曰。澗水流亭北。莓苔片石平。寒山幾點白。殘日一抔青。

希聖言猶在。斯人天不生。當年結深屋。豈爲適閒情。

隘軒講友

王大田先生象祖詳見水心學案。

立齋家學

知州杜先生濬

杜濬字淵卿。丞相範之子。以司直陛對。直言時事。出知汀州。罷諸邑月解糧數十萬。代輸版户積逋。人以爲不愧家風云。黄巖縣志。

梓材謹案。先生之弟名淵。先生不當字淵卿。車玉峯序南湖文集。稱友人杜則卿云云。則卿蓋先生之字。以則字草書如淵字而訛也。

附録

好仁重義。與人交無町畦。視勢利泊然。

杜先生淵

杜淵。清獻次子。與兄濬皆能世其家法。清獻卒。鄭清之再相。以私憾損其恩數大半。先生兄弟食貧七年。閉户讀書。淡然不問。清獻集別録。

司農杜先生滸

杜滸字貴卿。丞相範從子也。少負氣遊俠。德祐元年。有詔勤王。時宰縣糾集民兵得四千人。文文山開閫平江。往附焉。文山北行。諸客無敢從者。先生獨慨然請行。特改兵部架閣。從京口。以計賂守夜劉千户者。得官鐙。脱文山。偕走淮甸。由海道以達永嘉。益王卽位。授司農卿。廣東提舉。招討副使。督府參謀。尋往温台招集兵財。福安陷。與文山相失。久之。奉命入文山幕。及空坑兵敗。又與跋涉患難以出。文山移屯潮州。先生議趨海道。文山不聽。使護海舟至官富場。懼力單。徑趨厓山。兵潰被執。以憂憤感疾卒。宋史。

梓材謹案。先生號梅壑。文山指南録云。客贊予使北。梅壑斷斷不可。客逐之去。予果爲北所留。後二十日。驅予北行。諸客皆散。梅壑憐予孤苦。慨然相從。天下義士也。

立齋門人

補聘君車玉峯先生若水

車玉峯集

夫自學者厭于窮理致精。而遽有喜于顏子坐忘。曾子一唯之説。謂學可捷到。道可忽悟。聖可超得。于是孤耳目而尊返照。賤博學而專守約。其閒多聞之士。往往又不過爲辭章之藝。而世之儒者。益且自負。淵源之祕。不在于多聞。嗚呼。有是哉。任己過重。視物過輕。將見心恢乎其清而事或之差。見介乎其定而義或之僻。不殆于禪乎哉。晦翁語録彙編序。

天地之大德曰生。人之所恃者食。人之自棄于天地者。天地無如之何。而水饑火毁。人之類不滅也。太虚不能無氣。氣不能無所終屬。不屬于此。則屬于彼。理固有之也。且燕齊吴越。瀕海之地。鹽魚出之。其海之遠者。或出于井。或出于池。或出于石。又有出于木者。理固有之也。不知此也。則雖桃李之華之實亦怪矣。竹米記。

附録

初事陳篔窗學古文。厥祖隘軒先生不悦也。乃從清獻遊。始大有得。遂潛心理學。嘗呈立齋詩曰。童牙苦呫畢。嚼瓜燈燼闌。衡縮高于丘。纔作文字看。精微隔幾塵。健筆袛流湍。開眼天地燎。始識用書難。千葩慚一實。本根耐歲寒。立齋甚喜。常常吟諷。先生往來王魯齋之門。得聞晦翁緒論。嘗欲取大學知止有定以下二條。合聽訟章爲格物致知傳。質于魯齋。以爲洞照千古錯簡。使朱子聞之。亦當爲之莞爾一笑。其友胡立方稱。玉峯貌癯而野。口呐不能言。卽之旣熟。回視胸中。狹者寬。陋者廣。眞益友也。

景定間。王守華甫建上蔡書院。延爲後進領袖。

自序世運録曰。是書于諸家私備遺忘。大海一勺。嘗鹹而已。謂之無意固不可。謂之有例則不敢。年不備不能爲紀年。曰世運録。然而霸王之不同。經制之變。古今之異。興亡治亂之故。則亦略具矣。

王魯齋序宇宙紀略曰。予往歲于康成求家見一先天圖。規制甚簡古。云得于徐毅齋。心甚愛之。每疑其中分一半若倒轉然。于造化不合。耿耿久之。壬戌之冬。上蔡書院納交于玉峯車君。首出此圖示予。卽向者之所見。其所可疑者。已正之矣。終日對之。如在伏羲之世。甚矣。車君之能古與今也。上天下地。古往今來之紀。孰有大于此者乎。

玉峯講友

補 胡思齋先生常

附録

車玉峯序晦翁語録彙編曰。若水日曩自力于古文。遐征單搜。知不可賴也。反躬篤行。猶愧未如胡立方。立齋先生曰。鄉人耶。曰。固勿庵谷口之所器也。曰。何如。曰。其家雍雍秩秩。其氣恬以閒。不獵交以倖譽。不矯高以孤衆。其學謹靜愿恪。必謀必訪。不含疑以養暗也。

玉峯同調

補祕監戴泉溪先生良齊

戴先生語

昔有官家過屠門。見幼穉而愛之。抱以爲子。戒抱者。使勿言。旣長。且承序矣。嘗因祀先。恍惚見受享者皆佩刀正坐。而裹章服者列坐其旁。愕然以語抱者。始告以實。自是當祀必先祀其所生。而後祀其所爲後者。云。命後者不可不知也。

附録

景定初。輪對。奏祈天永命四事曰。懲奸。勸賢。保民。理財。又進君臣交修之説。言辭剴切。帝嘉納之。

木居門人

補戴蠢翁先生亨

雲濠謹案。先生自號蠢物。見萬姓統譜。

陳先生應璧

陳先生珪合傳。

陳應璧字全趙。號如愚。黄巖人。少與叔父珪同遊邱木居之門。後同入太學。文行有聲。珪以特科授建平簿。先生亦授昌國尉。晚歲隱居不仕。與鄉里衣冠爲觴詠之集。遺言緒論皆有得于前修。稱近古厚德君子。有文集。台州府志。

玉峯門人

張先生復

張復。□□人。丱角時。從玉峯于上蔡東湖書院。引試聖則堂。舉孟子使契爲司徒教以人倫章爲題。玉峯曰。此帝堯命契教天下萬世以人道之始也。則對曰。朱夫子喪禮一書。豈非教天下萬世以人道之終乎。玉峯喟然曰。小子眞能以隅反矣。車氏内外服制通釋跋。

祝先生蕃詳見靜明寶峯學案。

於先生相

於相號同岐。其學淵源于車玉峯。台州府志。

於氏門人

陳先生鑑翁別見靜明寶峯學案補遺。

宋元學案補遺卷六十七目錄

九峯學案補遺
晦翁門人……三六三一
補蔡先生沈……三六三一
九峯家學……三六四七
補蔡先生模……三六四七
補蔡先生杭……三六五〇
補蔡先生權……三六六三
靜軒講友……三六六七
楊先生道夫……三六六七
馮先生元正合傳……三六六七
九峯門人……三六六八
補劉先生欽……三六六八
詹先生樞別見滄洲諸儒學案補遺……三六六八
宋先生慈別見西山眞氏學案補遺……三六六八
覺軒家學……三六六八
蔡先生公湛……三六六八
覺軒門人……三六六九
熊先生剛大詳見西山蔡氏學案……三六六九
翁先生合……三六六九
久軒家學……三六七〇
蔡先生公亮……三六七〇
久軒門人……三六七〇
劉先生逢源……三六七〇
靜軒家學……三六七〇
蔡先生公度……三六七〇
何氏門人……三六七一

補劉先生漢傳……三六七一
劉先生漢儀……三六七一
九峯私淑……三六七二
董先生鼎詳見介軒學案……三六七二
謝先生無懋……三六七二
翁氏門人……三六七二
文先生天祥詳見巽齋學案……三六七二
楊先生明復……三六七二
劉氏家學……三六七二
劉先生惔……三六七二
靜軒續傳……三六七三
蔡先生凝……三六七三
九峯續傳……三六七三
陳先生櫟詳見滄洲諸儒學案……三六七三
補黃先生鎮成……三六七三
補陳先生師凱……三六七四
劉先生有定……三六七六
俞先生元燮……三六七六
王先生希旦詳見介軒學案……三六七六
鄒先生季友……三六七六
朱先生祖義……三六七七
方先生傳……三六七七
梁先生寅別見晦翁學案補遺……三六七七
朱先生右詳見北山四先生學案……三六七七
謝氏續傳……三六七七
牟先生楷詳見北山四先生學案……三六七七
竹坪家學……三六七八
劉先生庚達……三六七八
竹坪門人……三六七八
補王先生充耘……三六七八
竹西門人……三六七九
解先生開別見北山四先生學案補遺……三六七九

王氏家學……三六七九
王先生光薦……三六七九
王先生吉合傳……三六七九
王氏門人……三六八〇
張先生理別見靜明寶峯學案補遺……三六八〇
竹西續傳……三六八〇
劉先生子彰附從父鶴皋子桓……三六八〇
附傳……三六八〇
梁先生臨附師羅蒙正……三六八〇
西山門人……三六八〇
趙先生哲……三六八〇
劉先生均附見巽齋學案補遺……三六八一

宋元學案補遺卷六十七

後學鄞王梓材 慈谿馮雲濠 同輯

九峯學案補遺

晦翁門人

補文正蔡九峯先生沈

雲濠謹案。先生贈榮國公。元至正二十二年追封建國公。明正統元年從祀。成化二年改封崇安伯。

梓材謹案。眞西山表先生墓云。君之没。實紹定三年五月壬辰。年六十有四。

梓材又案。先生寶祐三年贈太子少師。四年贈太子太師。又贈少師。五年加贈永國公。榮國或是永國之譌。

書經集傳

案。渾天儀者。天文志云。言天體者三家。一曰周髀。二曰宣夜。三曰渾天。宣夜絶無師說。不知其狀如何。周髀之術。以爲天似覆盆。蓋以斗極爲中。中高而四邊下。日月旁行遶之。日近而見之爲晝。日遠而不見爲夜。蔡邕以爲。考驗天象。多所違失。渾天説曰。天之形狀似鳥卵。地居其中。天包地外。猶卵之裹黄。圓如彈丸。故曰渾天。言其形體渾渾然也。其術以爲。天半覆地上。半在地下。其天居地上。見者一百八十二度半强。地下亦然。北極出地上三十六度。南極入地下亦三十六度。而嵩高正當天之中。極南五十五度當嵩高之上。又其南十二度爲夏至之日道。又其南二十四度爲春秋分之日道。又其南二十四度爲冬至之日道。南下去地三十一度而已。是夏至日北去極一百一十五度。此其大率也。其南北極特其兩端。其天與日月星宿斜而迴轉。此必古有其法。遭秦而滅。至漢武帝時。洛下閎始經營之。鮮于妄人又量度之。至宣帝時。耿壽昌始鑄銅而爲之象。宋錢樂又鑄銅作渾天儀。衡長八尺。孔徑一寸。璣徑八尺。圓周二丈五尺强。轉而望之。以知日月星辰之所在。卽璿璣玉衡之遺法也。歷代以來。其法漸密。本朝因之。爲儀三重。其在外者曰六合儀。平置黑單環。上刻十二辰八于㊀四隅在地之位。以準地面而定四方。側立黑雙環。背刻去極度數。以中分天脊。直跨地平。使其半入地下。而結于其子午。以爲天經。斜倚赤單環。背刻赤道度數。以平分天腹。横繞天經。亦使半出地上。半入地下。而結于其卯酉。以爲天緯。三環表裏相結不動。其天經之環。則南北二極皆爲圓軸。虛中而向內。以挈三辰四遊之環。以其上下四方于是可考。故曰六合。次其内曰三辰儀。側立雙黑環。亦刻去極度數。外貫天經之軸。内挈黄赤二道。其赤道則爲赤單環。外依天緯。亦刻宿度而結于黑雙環之卯酉。其黄道則爲黄單環。亦刻宿度。而又斜倚于赤道之腹。以交結于卯酉。而半入其内。以爲春分後之日軌。半出其外。以爲秋分後之日軌。又爲白單環。以承其交。使不傾。墊下設機輪。以水激之。

㊀「八于」當爲「入于」。

使其日夜隨天東西運轉。以象天行。以其日月星辰于是可考。故曰三辰。其最在内者曰四遊儀。亦爲黑雙環。爲三辰儀之制。以貫天經之軸。其環之内。則兩面當中各施直距。外指兩軸。而當其要中之内面。又爲小竅。以受玉衡要中之小軸。使衡既得隨環東西運轉。又可隨處南北低昂。以待占候者之仰窺焉。以其東西南北無不周徧。故曰四遊。此其法之大略也。沈括曰。舊法規環一面刻周天度。一面加銀丁。蓋以夜候天晦。不可目察。則以手切之也。古人以璿飾璣。疑亦爲此。今太史局祕書省銅儀。制極精致。亦以銅丁爲之。曆家之説。又以北斗魁四星爲璣。杓三星爲衡。今詳經文簡質。不應北斗二字乃用寓名。恐未必然。姑存其説。以廣異聞。舜典。

經言嶓冢導漾。岷山導江者。漾之源出于嶓。江之源出于岷。故先言山而後言水也。言導河積石。導淮自桐柏。導渭自鳥鼠同穴。導洛自熊耳。皆非出于其山。特自其山以導之耳。故先言水而後言山也。河不言自者。河源多伏流。積石其見處。故言積石而不言自也。沇水不言山者。沇水伏流。其出非一。故不誌其源也。弱水黑水不言山者。九州之外。蓋略之也。小水合大水謂之入。大水合小水謂之過。二水勢均相入謂之會。天下之水莫大于河。故于河不言會。此禹貢立言之法也。

每服五百里。五服則二千五百里。南北東西相距五千里。故益稷篇言。弼成五服。至于五千。然堯都冀州。冀之北境。并雲中涿易。亦恐無二千五百里。藉使有之。亦皆沙漠不毛之地。而東南財賦之地。則反棄于要荒。以地勢攷之。殊未可曉。但意古今地土盛衰不同。當舜之時。冀北之地未必荒落如後世耳。亦猶閩浙之閒。舊爲蠻夷淵藪。而今富庶繁衍。遂爲上國。不可以一時槩也。周制九畿。曰侯甸男采衞蠻夷鎭蕃。每畿亦五百里。而五畿尚不在其中。并之則一方五千里。四方相距爲萬里。蓋倍禹服之數也。漢地志亦言東西九千里。南北一萬三千里。先儒皆言禹服之狹。而周漢地廣。或以周服里數皆以方言。或以古今尺有長短。或以爲禹直方計。而後世以人迹屈曲取之。要之皆非的論。蓋禹聲教所及。則地盡四海。而其疆理則止以五服爲制。至荒服之外。又别爲區畫。如所謂咸建五長是已。周漢則盡其地之所至而疆畫之也。以上禹貢。

天之降命。而具仁義禮智信之理。無所偏倚。所謂衷也。人之稟受。而得仁義禮智信之理。與心俱生。所謂性也。循其理之自然。而有仁義禮智信之行。所謂道也。以降衷而言。則無有偏倚。順其自然。固有常。性是以受而言。則不無清濁純雜之異。故必待君師之作。而後能使之安于其道。故曰克綏厥猷惟后。夫天生民有欲。以情言也。上帝降衷下民。以性言也。仲虺即情以言人之欲。成湯原性以明人之善。蓋互相發明云。湯誥。

或曰。孔氏言湯崩踰月。太甲卽位。則十二月者。湯崩之年建子之月也。豈改正朔而不改月數乎。曰。此孔氏惑于序書之文也。太甲繼仲壬之後。服仲壬之喪。而孔氏曰。湯崩。奠殯而告。固已誤矣。至于改正朔而不改月數。則于經史尤可考。周建子矣。而詩言四月維夏。六月徂暑。則寅月起數。周未嘗改也。秦建亥矣。而史記始皇三十一年十二月更名臘曰嘉平。夫臘必建丑月也。秦以亥正。則臘爲三月。云十二月者。則寅月起數。秦未嘗改也。至三十七年。書十月癸丑。

始皇出遊。十一月行至雲夢。繼書七月丙寅始皇崩。九月葬酈山。先書十月十一月。而繼書七月九月者。知其以十月爲正朔。而寅月起數未嘗改也。且秦史制書。謂改年始朝賀。皆自十月朔。夫秦繼周者也。若改月數名。則周之十月爲建酉月矣。安在其爲建亥乎。漢初史氏所書。舊例也。漢仍秦正。亦書曰元年冬十月。則正朔改而月數不改。亦已明矣。且經曰元祀十有二月乙丑。則似十二月爲正朔。而改元何疑乎。惟其以正朔行事也。故後乎此者。復正厥辟。亦以十二月朔奉嗣王歸于亳。蓋祠告復政。皆重事也。故皆以正朔行之。孔氏不得其說。而意湯崩踰月。太甲卽位。奠殯而告。是以崩年改元矣。蘇氏曰。崩年改元。亂世事也。不容在伊尹而有之。不可以不辨。伊訓。

案。漢孔氏言虞芮質成。爲文王受命改元之年。凡九年而文王崩。武王立二年而觀兵。三年而伐紂。合爲十有三年。此皆惑于僞書泰誓之文。而誤解九年大統未集。與夫觀政于商之語也。古者人君卽位則稱元年。以計其在位之久近。常事也。自秦惠文始改十四年爲後元年。漢文帝亦改十七年爲後元年。自後說春秋。因以改元爲重。歐陽氏曰。果重事歟。西伯卽位已改元年。中閒不宜改元而又改元。至武王卽位。宜改元而反不改元。乃上冒先君之元年。並其居喪。稱十一年。及其滅商而得天下。其事大于聽訟遠矣。而又不改元。由是言之。謂文王受命改元。武王冒文王之元年者。皆妄也。歐陽氏之辨。極爲明著。但其曰十一年者。亦惑于書序十一年之誤也。

又案。漢孔氏以春爲建子之月。蓋謂三代改正朔必改月數。改月數必以其正爲四時之首序。

言一月戊午。既以一月爲建子之月。而經又係之以春。故遂以建子之月爲春。夫改正朔不改月數。于太甲辨之詳矣。而四時改易。尤爲無義。冬不可以爲春。寒不可以爲暖。固不待辨而明也。或曰。鄭氏箋詩維暮之春。亦言周之季春。于夏爲孟春。曰。此漢儒承襲之誤耳。且臣工詩言。維暮之春。亦又何求。如何新畬。於皇來牟。將受厥明。蓋言暮春則當治其新畬矣。今如何哉。然牟麥將熟。可以受上帝之明賜。夫牟麥將熟。則建辰之月。夏正季春審矣。鄭氏于詩且不得其義。則其考之固不審也。不然則商以季冬爲春。周以仲冬爲春。四時反逆。皆不得其正。豈三代聖人奉天之政乎。以上泰誓。

漢志曰。禹治洪水。錫洛書。法而陳之。洪範是也。史記武王克殷。訪問箕子以天道。箕子以洪範陳之。案篇内曰而曰汝者。箕子告武王之辭。洪範發之于禹。箕子推衍增益以成篇歟。

案。孔氏曰。天與禹。神龜負文而出列。于背有數至九。禹遂因而第之。以成九類。易言河出圖。洛出書。聖人則之。蓋治水功成。洛龜呈瑞。如簫韶奏而鳳儀。春秋作而麟至。亦其理也。世傳戴九履一。左三右七。二四爲肩。六八爲足。即洛書之數也。

五行不言用。無適而非用也。皇極不言數。非可以數明也。本之以五行。敬之以五事。厚之以八政。協之以五紀。皇極之所以建也。義之以三德。明之以稽疑。驗之以庶徵。勸懲之以福極。皇極之所以行也。人君治天下之法。是孰有加于此哉。

皇建其有極。言人君當盡人倫之至。語父子則極其親。而天下之爲父子者。于此取則焉。語夫婦則極其別。而天下之爲夫婦者。于此取則焉。語兄弟則極其愛。而天下之爲兄弟者。于此取則焉。以至一事一物之接。一言一動之節。無不極其義理之當然。而無一毫過不及之差。則極建矣。極者。福之本。福者。極之效。極之所建。福之所集也。

無偏無陂章。蓋詩之體。所以使人吟詠而得其情性者也。夫歌詠以協其音。反復以致其意。戒之以私。而懲創其邪思。訓之以極。而感發其善性。諷詠之間。恍然而悟。悠然而得。忘其傾斜狹小之念。達乎公平廣大之理。人欲消熄。天理流行。會極歸極。有不知其所以然而然者。其功用深切。與周禮大師教以六詩者。同一機而尤要者也。後世此意不傳。皇極之道其不明于天下也宜哉。以上洪範。

朕復子明辟。復如逆復之復。成王命周公往營成周。周公得卜。復命于王也。謂成王爲子者。親之也。謂成王爲明辟者。尊之也。周公相成王。尊則君。親則兄之子也。明辟者。明君之謂。先儒謂成王幼。周公代王爲辟。至是反政成王。故曰復子明辟。夫有失然後有復。武王崩。成王立。未嘗一日不居君位。何復之有哉。蔡仲之命言周公位冢宰。正百工。則周公以冢宰總百工而已。豈不彰彰明甚矣乎。王莽居攝。幾傾漢鼎。皆儒者有以啓之。是不可以不辨。

成王言。我退卽居于周。命公留後治洛。蓋洛邑之作。周公本欲成王遷都。以宅天下之中。而成王之意。則未欲捨鎬京而廢祖宗之舊。故于洛邑舉祀發政之後。卽欲歸居于周。而留周公治洛。謂之後者。先成王之辭。猶後世留守留後之義。先儒謂封伯禽以爲魯後者。非是。考之費誓。

東郊不開。乃在周公東征之時。則伯禽就國。蓋已久矣。下文惟告周公其後。其字之義。益見其爲周公。不爲伯禽也。以上洛誥。

範數序疇傳

一之一曰原。貞下起元。數于此始。于卦爲復。于時爲冬至。冬占有吉。夏占有凶。一之二曰潛。陽氣始生。尚潛于此。一之三曰守。陽氣潛藏。必宜安守。一之四曰信。旣能安守。實理始全。于卦爲屯。于時爲小寒。冬占有吝。夏占有悔。一之五曰直。全乎實理。氣必正直。四時占得平康。一之六曰蒙。正氣欲舒。爲地蒙蔽。一之七曰閑。蒙蔽之時。爲地所閑。于卦爲噬嗑。于時爲大寒。冬占有災。夏占有祥。一之八曰須。爲地所閑。待時而出。一之九曰厲。待時之際。其勢危厲。

二之一曰成。能惕厲者。事必有成。二之二曰沖。事有成就。和氣乃足。于卦爲无妄。于時爲立春。春占有凶。秋占有吉。二之三曰振。沖和氣足。振動發生。二之四曰祈。陽氣振動。必求陰配。二之五曰常。夫婦之道。不可不久。于卦爲旣濟。于時爲雨水。四時占得平康。二之六曰柔。物生之初。其氣柔弱。二之七曰易。柔弱之時。其心平易。二之八曰親。平易近人。人必親之。于卦爲豐。于時爲驚蟄。春占有悔。秋占有吝。二之九曰華。令人可親。必有光華。

三之一曰見。盛德光輝。著見于外。三之二曰獲。光輝著見。必有所得。三之三曰從。有所得者。物必從之。于卦爲臨。于時爲春分。春占有吉。秋占有凶。三之四曰交。以類相從。其情必合。三之五曰育。陰陽相交。萬物生育。三之六曰壯。物既生育。其勢必盛。于卦爲節。于時爲清明。春占有咎。秋占有休。三之七曰興。物既壯盛。則以興起。三之八曰圻。物既興起。其情歡悦。三之九曰舒。情意歡悦。則必舒暢。于卦爲睽。于時爲穀雨。春占有祥。秋占有災。

四之一曰比。安舒自得。人人親輔。四之二曰開。得人親輔。萬事可行。四之三曰晉。闢土開疆。賢人進用。四之四曰公。賢人進用。至公無私。于卦爲泰。于時爲立夏。夏占有吉。秋占有凶。四之五曰益。至公無私。上下受益。四之六曰章。上下受益。世運昌明。四之七曰盈。昌明之世。萬物盈滿。于卦爲需。于時爲小滿。夏占有吝。冬占有悔。四之八曰錫。持盈有道。天必佑之。四之九曰靡。天命既佑。世道安寧。

五之一曰庶。世道安寧。萬物廡庶。五之二曰決。任賢圖治。決去小人。于卦爲大有。于時爲芒種。夏占有祥。冬占有災。五之三曰豫。舉錯得宜。人心安樂。五之四曰升。人心和樂。天下升平。五之五曰中。自下而升。如日之中。于卦爲姤。于時爲夏至。四時占得平康。五之六曰伏。日中則仄。陰氣潛伏。五之七曰過。陰伏于内。則事過中。五之八曰疑。事過乎中。人心疑貳。于卦爲大過。于時爲小暑。夏占有咎。冬占有休。五之九曰寡。人心疑貳。助之者寡。

六之一曰飾。寡助之人。事必文飾。六之二曰戾。致飾于外。事多背戾。于卦爲巽。于時爲大暑。夏占有休。冬占有咎。六之三曰虚。背戾之事。虚而不實。六之四曰昧。虚妄之人。心必暗昧。六之五曰損。心暗昧者。必有所損。六之六曰用。陽氣損傷。陰氣用事。于卦爲訟。于時爲立秋。秋占有祥。春占有災。六之七曰郤。陰氣用事。陽氣退郤。六之八曰翕。陽氣退郤。陰氣翕合。六之九曰遠。陰忌乎陽。與陽疏遠。于卦爲未濟。于時爲處暑。秋占有悔。春占有吝。

七之一曰迅。陰遠乎陽。其氣迅疾。七之二曰懼。陰氣迅疾。其事可懼。七之三曰除。以陽懼陰。陽氣消除。七之四曰弱。陰盛陽衰。元氣虚弱。于卦爲渙。于時爲白露。秋占有咎。春占有休。七之五曰疾。怯弱之人。恒多疾病。七之六曰競。病狂之人。每多爭競。七之七曰分。不和而爭。彼此分離。于卦爲師。于時爲秋分。秋占有吉。春占有凶。七之八曰訟。彼此分離。必成訟獄。七之九曰收。訟而兩敗。然後收斂。

八之一曰實。收斂之人。必有誠實。八之二曰賓。誠實之人。利賓于王。于卦爲小過。于時爲寒露。秋占有休。春占有咎。八之三曰危。作賓王家。官高必險。八之四曰堅。備嘗險阻。德性堅定。八之五曰革。堅强不屈。能有所革。于卦爲蹇。于時爲霜降。四時占得平康。八之六曰報。更紀善治。必報其本。八之七曰止。人不忘本。各盡當然。八之八曰戎。陽氣止息。陰陽交戰。于卦爲謙。于時爲立冬。冬占有休。夏占有咎。八之九曰結。陽不勝陰。陰氣凝結。

九之一曰遇。靜養待時。必有所遇。九之二曰養。陰氣結凝。君子養晦。九之三曰勝。明良相遇。勝任愉快。于卦爲豫。于時爲小雪。冬占有祥。夏占有災。九之四曰囚。克敵致勝。在泮獻囚。九之五曰壬。開國承家。小人勿用。九之六曰固。僉壬既黜。皇都鞏固。于卦爲比。于時爲大雪。冬占有悔。夏占有吝。九之七曰移。貞固幹事。達權通變。九之八曰墮。結氣退移。必墮于下。九之九曰終。物墮于下。數于此終。

鄭善夫曰。範。數也。數者。理之具也。時之因也。繫之辭焉。所以告也。定之吉凶。所以斷也。九疇者。總其綱也。九九者。衍其數也。六千五百六十一者。數不可窮也。易更四聖。而洪範之數待九峯而著。然釋數之詞。缺而未備。余生後四百餘載。□㊀于日月。乃率辭揆方。僭敘所得焉。二至者。一歲之樞紐。陰陽之肇也。萬物原于陽而終于陰。冬至陽生。萬物之原。故原數始焉。夫物之始。其潛于下。故受之以潛。陽乃曰潛。氣漸□□以漸長也。潛。藏也。物藏不可不守。故受之以守。守不可不信。故受之以信。信者。實也。所守□□□□直則陷于偏邪。故受之以直。過直則蒙。故受之以蒙。蒙者。物之穉也。穉物所當閑。故受之以閑。閑。□□。□□□□□㊁。故受之以須。須者。須所欲也。過欲必危。故受之以厲。□知危懼則有成。故受之以成。物成而動。故受之以沖。沖。

㊀「□」當作「貫」。

㊁「□□□□□□□」當作「闌也闌物必有所欲」。

動也。動必振于外。故受之以振。振者。奮也。奮振必有求。故受之以祈。祈。求也。所求不可越其常。故受之以常。常者。所當順也。故受之以柔。柔。順也。順常則不爲苟難。故受之以易。平易近人。然後可親。故受之以親。親者。歡以相愛也。相愛必文以相接。故受之以華。華。文也。文著見。故受之以見。既見則天下文明。道無不獲。故受之以獲。獲者。得也。得人以相從。故受之以從。從則有交之道焉。故受之以交。既交必育。故受之以育。育。長也。既長必壯。故受之以壯。物壯而興。故受之以興。興。起也。物興起而欣欣然。故受之以欣。欣者。情必舒。故受之以舒。舒。徐也。敘也。敘必相比。故受之以比。物不可久比。故受之以開。既比□□□□晉。故受之以晉。晉。進也。進不苟。故受之以公。□□一。一者。益也。故受之以益。益而後章。故受之以章。章。明也。明則益以盈。故受之以充。充。滿也。充滿不可以自私。故受之[一]以靡。靡。偃也。人心偃靡。所從者衆。故受之以庶。庶不決則黨。故受之以決。衆決則悦。故受之以豫。豫。悦也。悦樂而升。故受之以升。升者。進于上也。陽之極也。陽極于上。無不中也。陽已極而陰省[二]焉。夏至。時之中也。故受之以中。過中。陰之伏也。故受之以伏。陰而曰伏。氣漸

[一]「之」下脱「以錫錫予也益以錫予則人心靡然故受之」。
[二]「省」當爲「萌」。

乎終。

道將否也。伏。匿也。匿必有過。故受之以過。過。愆也。愆過則疑。故受之以疑。疑則失衆。故受之以寡。寡過則闇而日章。章。飾也。故受之以飾。飾。文也。文過必自戾。故受之以戾。戾必不情。故受之以虚。理虚則昧。故受之以昧。昧則有損。故受之以損。損過以用中。故受之以用。過用則退。故受之以卻。卻者。退也。退不可□□。故受之以翕。翕。聚也。聚以致遠。故受之以遠。□□不可不奮。故受之以迅。迅于遠不可□□。故受之以懼。有懼必當去。故受之以除。除□□□□必弱。故受之以弱。弱者。氣失其平。故受之以疾。疾之不已必爭。故受之以競。競則必分。故受之以分。分而失均必訟。故受之以訟。訟不可長。故受之以收。收。斂也。物斂則就實。故受之以實。實者。誠也。誠則能以禮下人。故受之以賓。賓而弗穆則危。故受之以危。危者。自高而懼也。懼危則自堅。故受之以堅。堅。剛也。金剛則革。故受之以革。革以通天下之利。故受之以報。報者。禮也。禮必有所止。故受之以止。止亂莫如戎。故受之以戎。起戎者。怨之府㊀也。故受之以結。結。聚也。聚必有養。故受之以養。養以致用。故受之以遇。遇。合也。合而必勝。故受之以勝。勝者。俘其囚也。故受之以囚。囚。敵也。勝敵則能任。故受之以壬。壬。任也。壬者水居。萬物

㊀「府」當爲「結」。

之歸。陰之極也。陰極□□固也。故受之以固。久固必遷。故受之以遷。□□□墮。故受之以墮。墮復于下。冬至之半□□□□終也。故受之以終。終焉蓋始。終一歲之成也。

附録

平居仰觀俯察。默坐終晷。瞭然有見于天地之心。萬物之情。反求諸躬。衆理具備。信前聖之言不予欺也。

聘君嘗著律呂書。演八陣圖。皆爲文公所歎重。然學者鮮闚其微。閒以叩君。毫分縷析。使人灑然亡疑。至象緯運行。陰陽嚮背。歷歷如指諸掌。其志以經世綜物自任。而道與時違。遂指山林爲歸宿。卜居九峯。邃奥重掩。雖當世名卿物色求訪。將以用君。不屑就也。以上墓誌。

朱子答仲默書曰。禮書大段未了。最是書説未有分付處。因思向日喻及尚書。文義通貫。猶是第二義。直須見得二帝三王之心。而通其所可通。毋强通其所難通。卽此數語。便已參到七八分。千萬便撥置此。來議定綱領。早與下手爲佳。諸説此閒亦有之。但蘇氏傷于簡。林氏傷于繁。王氏傷于鑿。吕氏傷于巧。然其閒儘有好處。如制度之屬。祇以疏文爲本。若其閒看未穩處。更與挑剔令分明耳。

眞西山表其墓曰。始君之名若字。文公實命之。欲其潛心體道。默而成之也。及君長子生。文公復命之曰模。欲其循法履度。動與道合也。

靜軒序先生皇極剛克要略曰。五帝三王之迭興。行軍以仁義。自無敵于天下。文武並用。長久之術。此皇極所以貴剛克也。但後世之爲將者。知術數而不知仁義。是徒欲以法制驅之。而帝王仁義之師蔑如也。故我先君。上自風后。下接孫吳。雜考百家傳記之説。著爲要略。使人知黄帝以來。用兵以仁義。如此其善。孫吴以降。用兵以術數。如彼其毒。則時君世主知所好惡。不至于窮兵黷武。玩殺看鬬。以殘吾民之命。其用心亦厚矣。

熊勿軒贊其像曰。内父外師。體仁用義。草芥功名。浮雲富貴。披美皇墳。闡發幽祕。晦翁之託。于斯無愧。

梓材謹案。有以此贊爲蔡久軒贊黄勉齋者。疑誤。

謝氏無楙序先生洪範皇極内篇曰。圖出河。書出洛。圖爲易。書爲範。易以象。範以數。象以偶。數以奇。知有數奇。而不知有象偶。是有書而無圖也。知有象偶。而不知有數奇。是有圖而無書也。易更四聖。其象已著。範錫神禹。其數不傳。于是有以數爲象。而奇零無用矣。于是有以象爲數。而多偶難通矣。夫推其極。則卦與疇。象與數。相因爲用。固也。原其初。則卦自卦。疇自疇。象自象。數自數。其可混而一之乎。九峯先生廣西山之家學。暢考亭之師傳。著皇極内篇。與大易並行。嘗卽之而求其數矣。始于一。參于三。究于九。成于八十一。備于六千五百六十一。散之無外。卷之無内。體諸造化而不可遺。其變化無窮。未易以綱舉而條列也。然其吉凶。其悔吝。其災祥休咎。莫不粲然具見于八十有一章。大抵以性命爲端。以禮義爲準。因占設教。即事示戒。欲正而不欲邪。欲中而不欲偏。爲君子謀而不爲小人謀。凡所以揭天理。敘民彝。袪世迷。障人慾者。雖不與易同象。而未嘗不與易同歸也。其言曰。天地所以肇。人物所以生。萬事所以失得。皆數也。數之體著于形。數之用妙乎理。非窮神知化。獨立物表者。曷足以與此。嗚呼。窮神知化。獨立物表者。未易言也。九峯先生其幾是歟。

黄東發日鈔曰。康誥皆以爲成王命康叔。以篇首有周公之語也。然成王而謂叔爲小子封。謂乃祖文王爲文考。且稱其父爲寡兄。皆不通。今蔡以篇首爲洛誥錯簡。王若曰以下。爲武王命叔。文意方白。非卓識不及此。又謂梓材非命康叔之書。蓋錯簡亦良是。蓋惟篇首王曰封數語。爲命康叔。今王惟曰。至子孫永保民。皆臣告君之辭甚明。

又曰。洛誥朕復子明辟。古説成王幼。周公代爲君辟。至是復還于王。蔡氏以康誥篇首周公作新大邑于東國洛一章。爲洛誥之篇首。而以此章爲公遣使告于成王。復乃復命之復。明辟乃稱成王之辭。成王未嘗一日不居君位。何待于復。王莽居攝。潛移漢鼎。皆儒者誤言復辟有以啓之。愚謂此説不獨考正文義。其有功于天下後世。名義大矣。

吴草廬序董氏尚書輯録纂注曰。自樂經亡。而經之行于世者。惟五經。禮易春秋雖不無闕誤。而不若書經之甚也。朱子嘗欲作書説弗果。門人嘗請斷書句亦弗果。得非讀之有所疑。而爲之不敢易耶。訂定蔡氏書傳。僅至百官若答帝之初而止。他篇文義雖承師授。而周書洪範以後。浸覺疏脱。師説甚明。而不用者有焉。豈著述未竟。而人爲增補與。抑草稿初成。而未及修改與。金滕[一]弗辟。鄭非孔是。昭昭也。既迷于自擇。而與朱子詩傳文集不相同。然謂鴟鴞取卵破巢比武庚之敗。管蔡及王室則又同于詩傳。而與上文避居東都之説自相反。一簡之内。而前後牴牾如此。何哉。召洛二誥。朱子之説具在。而傳不祖襲之。故竊疑洪範以後。殆非蔡氏之手筆也。

朱楓林曰。古文書序自爲一篇。孔注移之各冠篇首。序文與書本旨往往不協。蔡氏删之。而置于後。以存其舊。蓋朱子所授之旨也。

九峯家學

補 教授蔡覺軒先生模

雲濠謹案。眞西山有蔡仲覺名字說。

梓材謹案。四庫書目著録先生書集傳六卷。提要云。慶元己未。朱子屬之作書傳。至嘉定己巳。書成。淳祐中。其子杭奉進于朝。稱集傳六卷。小序一卷。朱子問答一卷。繕寫成十二册。其問答一卷久佚。小序一卷。其文猶存。又稱朱子之説尚書。主于通所可通。而闕其所不可通。見于語録者不啻再三。而蔡氏于殷盤周誥。一一必求其解。其不能無憾也固宜。然其疏通證明。較爲簡易。且淵源有自。大體終醇云。

與二弟論四象大旨篇

模幼日侍側。先公對文公説四象曰。四象之畫。六七八九之祖也。四象之次。六七八九之父

[一]「滕」當爲「縢」。

也。歸奇者。其子也。過揲者。其孫也。又曰。四象之次。自十倒數六晝。而得太陰之四。以上皆然。又屈五指而計之。一與九同。二與八同。三與七同。四與六同。此自然不言之妙。直是不由人排也。愚謂一二三四爲四象之位。六七八九爲四象之數。河圖位與數常相錯。然五數居中。一得五而爲六。二得五而爲七。三得五而爲八。四得五而爲九。各居其方。雖其錯而未嘗不相對也。洛書位與數常相對。然五數居中。一得五而爲後左之六。二得五而爲前右之七。三得五而爲後左之八。四得五而爲前左之九。縱横交綜。雖相對而未嘗不相錯也。

覺軒遺文

自古聖賢教人爲學。必使之講明聖賢三綱五常。正以脩身齊家治國之道。是以當世之人。無不知其性分之所固有。職分之所當然。爲子者必孝。爲臣者必忠。爲夫婦。爲朋友。爲長幼者。必有别。有信。有序。及出而爲世用。則推其正誠修齊之學。而致國治天下平之功。此隆古之治所以不可企及也。今世之治。舍本求末。不修于家庭。而專習乎浮虚。不務于躬行。而惟事乎售鬻。知摛章繪句之小技。而不知立身行己之大節。汲汲鈞聲名。取利禄。末流之弊。至有不孝於親。不忠於君。廢棄人倫。絶滅天理。貽人國家無窮之害。皆學之失其本也。奏乞白鹿洞書院學規御書立石劄。

古人有姓有氏。姓萬世而不改。氏三世而一易。氏不同而姓同則爲族。姓不同而氏同則不爲族也。馬伏劉氏譜系序。

人心之神明不測。所以參天地贊化育者。所以與鬼神合其吉凶者在是。世之人知求福于人。而不知澄源正本。求福于吾心。詩不云乎。求福不回。威懷廟記。

附録

先生操行高潔。風度夷坦。師事朱文公。隱居篤學。一以聖賢爲師。王埜創建安書院。請任山長。

令有司録所著書。併訪以所欲言。先生疏言。敬義爲萬世帝王心學大旨。价人大師等六者爲國家守邦要道。及請頒白鹿洞學規于天下。

久軒祭先生文序曰。弟杭權與兄覺軒。平日以義理相琢磨。殆有如伯子叔子之在伊洛。每有疑義。必相與反覆辨析。以求至當之歸。

熊竹谷慶胄爲先生哀辭曰。道之大原兮在天。待夫人兮弘焉。維聖賢之述作。斯有覺于民先。慨先覺之寥寥。傳後覺于一編。凜正性而不踰。妙探賾而無前。蹇濩落而不偶。將白首于山泉。方抱道之將進。忽隨化而溘然。豈斯世之紛龐。不可得而參肩。抑聞道而既早。不復畀其耆年。將定命之有終。斡旦晝而推遷。仰高天而難問。慨神理之幽玄。緊修名之有立。尚磅礴于八埏。

劉應李合語孟集疏序曰。覺軒先生爲論孟集疏。無非補文公之未完。以成二書之大義。若商高宗諒陰。集注始曰未詳其義。末年乃口授九峯。以諒陰卽梁闇。則前所未詳者。今得而詳矣。舉此一端。其餘可以類推矣。則夫集疏之作。所以有益于文公也。有功于後學也。

補文肅蔡久軒先生杭

玉堂對策淳祐乙巳七月。

臣聞之。論事而正其本。雖若迂緩。而實易爲力。論事而救其末。雖若激切。而實難爲功。方今之世。天理未著。人欲肆行。適綱常淪壞之餘。值事緒膠轕之際。以言乎固本。則意嚮未決。以言乎國論。則邪正未明。次而國勢。次而國用。舉天下之事。未見有日新日起之功。意者本原之地。內有陰邪之蠹蝕。外有奸邪之動搖。所以神機雖悟。而牽制不斷。化樞雖執。而運掉不行。今不自其本而正之。乃欲强制其末。有是理哉。本者何。心是也。正者何。主一無適之謂也。夫惟人主之心不能主于一也。故議論不白。規模不正。已去之小人。朝伺夕闖。乘閒投隙。欲圖大柄之復專。見存之君子。前依後違。蓄畏懷懼。每虞後患之切己。上以此圖回。下以此酬酢。而求洗宿弊于精明。振新功于赫奕。愚見戛戛乎難矣。且今日之所謂更化者。將徇美名乎。將責實效乎。二十二年之間。更化者數矣。端平之初。故老凋零。勳緒未就。而弊復壅。嘉熙之際。私情牽制。局面難更。而弊浸生。至于今日。則諸賢雖集而志未伸。大權雖收而神不運。日征月邁。

已踰半載。當世之事。舉未見有差强人意者。嗚呼。化豈不可更。而天下有不可爲之時耶。是必有其故矣。蓋天下之事不難正。而難于正人主之心。人主之心不難正。而難于純義理之一。人主之心主于一。則心正。而天下之事無不正。人主之心不能主于一。則心不正。而天下無由得其正。竊觀九重之上。親近儒生。紬繹道義。良心間發見矣。而宫禁之間。所以蠱惑于内者。未能去其根。訏謨殿陛。憂切未治。本心固呈露矣。而權奸之舊。所以動摇于外者。未能絶其勢。惟未去其根。所以私意纏繞。而不出乎大公。惟未絶其勢。所以人欲滋熾。而不純乎天理。然而此二事也。實相因也。彼其效灑掃之小忠。逞彌縫之淺技。回護周密。若無傷于大體者。然負陰柔之資。憑舊勢之故。作姦犯科。不餍不止。士大夫之貪進無恥者。莫不千里挾重資。因緣其家人親黨以通姓名。而佳官高職。多遂所欲。雖聰明睿知之下。未必啓其恣睢。然其窺伺旨意。竊弄福威。潛轉默移。陰闔陽闢。所以虧損者甚矣。蓋其智足以飾非。言足以文過。所以弄權竊柄之人。憑依交結。以爲游揚之地。激天怒之頻仍。恐不能安其位。則仗裏言爲之調停。犯天下之公議。恐不得有其權。則借冷語爲之策應。内外負倚。表裏相資。其于施設。何所忌憚。經帷講誦。率用憸人。恣行覘探。其害何止不可令聞而已。擅東南之財柄。資一己之槖囊。誘啗左右。熒惑清明。其害又何止太師之添支而已。毁撤邊防。滋激流民之擾。虚張虜勢。重損中國之威。以此罔冒功賞。以此恐動朝廷。其害何止如奸檜之挾虜要君而已。嗟夫。冢宰一職。凡人主飲食衣服嬫御之微。無不總統。正謂其以道事君。則檢柅奇衺。懲督姦詐。使不爲君道之累。此萬世法也。顧乃資藉此曹。以爲固權納賄之地。倒置亦甚矣。夫以清明之心。累于内者如彼。牽于外者如此。果何以植立天下之大本。經綸天下之大經耶。嗟夫。其亦不幸而玩弄國事至于此極。其亦幸而天降罰于其家。而有開今日之警悟。是正治亂升降之候。吉凶乘除之萌。亦顧吾所以處之者何如耳。嗚呼。扁鵲繼庸醫之後。一劑不謹。則四體皆不仁。奕秋整敗局之棊。一著苟正。則滿枰皆活路。然則議論扶持廟堂。百執事所當盡心也。然由内觀外。即影覘形。輔導雖婉。未著回天之誠。經綸雖密。未見障瀾之勢。是果何耶。昔猶可曰邪説專行。正論難吐。今職任尊矣。道理最大。趙韓王之言。獨不可援之以强君德乎。昔猶可曰此事虛懷。彼肆忌嫉。今志可行矣。開誠布公。諸葛公之忠。獨不可體之以開東閣乎。昔猶可曰憸人滿朝。事難自立。今君子進矣。魏相之總領衆職。獨不可師乎。事功一付于悠悠歲月。竟成干虛擲試。譬之舟焉。徒棹猶有出没波濤之勇。而操柁者反有畏怯退避之情。譬之車焉。徒御猶有摧剛躐險之强。而攬轡者反有且前且卻之懦。竊恐意外之憂或生。胸中之謀不定。舉動或失。事機少差。存亡治亂一息間耳。且正國本者。豈非今日之大計乎。傳曰。聖人以天下爲大器。故建太子以自副。然後人心定。宗社安。夫千金之家。自立鄉閭。傳後之計。猶欲預定。況膺寶籙之遺。保金甌之業。而可不爲之思乎。漢唐之君。類無遠見。或撓于戚里柄臣。或牽于宫闈嬖倖。以幼弱爲己利。則倉卒之計行。史册炳丹。千載凛凛。仰惟皇上御圖寖久。主鬯尚虛。縉紳造膝以開陳。草茅叩閽而祈禱。不知其幾。未賜俞旨。前者開小學以教宗英。規模雖立。而未明于所向。近者選材茂以養近邸。名號未正。而復慮于遷延。聖謀淵深。固未易測。漆室忠愛。不無私憂。或者左右之人私計蔽欺。巧説遷就。謂少需禖韣之慶。或可儲流虹之祥。不知聖嫡誕彌。外還宗邸。揆以家法。初不難行。而時事艱兢。民情洶湧。危機伏而未發。姦謀蓄而未奮。此意未定。何以係人心。明禋載舉。禮典一新。將以對皇天眷命之休。將以昭祖宗畀付之意。此議未定。何以格帝饗。然則忘身徇義。輔此大謀。爲宰臣者。又安可懷嫌疑形迹之計耶。范公鎮之。待罪百日。鬚髮皓然。司馬光之抗疏力請。至詣中書責宰相。歐陽公之條陳。且謂實國家美慶之事。是數君子。忠言剴切。感動聖心。于是宰相韓公從中主之。不可中輟之書。纔陳禋祀之前。了當之旨遂發。一頒成命。中外懽欣。猗歟偉哉。愚嘗詳觀國史。深味不可使婦人知之一言。則仁宗皇帝純一之心。蓋有爲之地也。故愚願聖上去此心之私見。以天下爲大公。勿惑于近習之言。勿遷于婦人之口。決自聖志。定此成謀。則國家億萬年之基定矣。且定國論者。豈非今日之急務乎。詩曰。謀之其臧。則具是違。謀之不臧。則具是依。誠以取舍不審。則貽害無窮。謀人國家。豈容不謹。孟子曰。我亦欲正人心。息邪説。公論赤幟。何以易此。嘗思今之公論所未定者。蓋自權臣陵滅天性民彝之正。一時廷臣趨勢附和。倡爲邪論。使君君臣臣父父子子之義不明于天下。幾欲胥吾國而爲夷。吁。可畏哉。所幸天日清明。螭魅鬼蜮不容呈露。然而雖以公論抑之。而陰覆曲護。未能免柔道之牽。雖以大義折之。而毁麻正罪。未能明王庭之決。羣疑衆憂。皆有謀猶回遹。何日斯沮之嗟。然則是是非非。涇渭別白。烏可疏略。蓋邪之與正。其不相類如冰炭。其不相入如薰蕕。冰炭薰蕕未見可以兼容並蓄而不爲害者也。苟不審此。以定意嚮。則君子無所恃。而懷疑顧慮。何以責其趨勢而赴功。小人有所幸。而含憤搖毒。何以使之畏威而屏迹。一種庸庸之論。顧謂規模貴詳緩而不迫切。氣象貴渾涵而不呈露。疾惡已甚。乃召亂之基。不能有容。非濟治之術。不思能好能惡者。仁人之公。善善不用。惡惡不去。其終果何如也。夫臺諫者。公論之所自出。近者拔擢人望。付以言責。類皆明目張膽。指陳大義。觀聽聳矣。奈何。調護之力至勤宣諭。節具之難并不付止。夫其忠軀致命。忍須臾之死以告君。本爲誰計。而藐藐之聽如此。愚不知其所爲矣。夫伐木而翦枝葉。不若斧其根。壅水而捍波流。不若塞其源。鳴鼓耀戈而逐虎。不若乘其方睡而斃之易。今諸君子既且擣之。是撼而覺之矣。然未聞有全臺而力爭者。又未聞有二十餘疏而未止者。則猶欲緩視徐趨。以待其虓怒決裂之勢。幾何其不反爲所噬耶。攷之我朝。元祐庶政之更新。人心漸完。元豐舊黨之分布。窺伺方深。夫何微仲莘老輩。不念履霜堅冰之戒。方且思爲調停之謀。遲疑兩端。爲自全計。獨有器之子由灼知情狀。究見終極。悟調停非消弭之術。知牽引爲亂階之基。所以極論其非。不恤身禍。而言極中理。宣諭再三。則當時無一毫之私意。亦可見矣。今當何法。得非劉蘇諸公乎。今當何監。獨非范吕諸公乎。故愚願皇上破陰累之私心。昭好德之公見。思復隍之戒。行臺諫之言。使小人不得以實其位。則國家受無窮之福矣。且今日之國勢。不可不强也。而强之必有其道。高城深池可也。積倉偫糧亦可也。然强本折衝不專在是。汲黯在朝。淮南寢謀。李勣守并。長城隱若。則人才者。豈非國勢之元氣乎。蓋其德量足以涵容。其精敏足以裁決。其才力足以運動。

安平無事。則不動聲色。可以鎮物情。變故迭興。則出一號令。可以銷外侮。我朝杜富韓范當國。其功若此。明敏勇鋭者。不辭難于使虜之行。純正質直者。不易守于危疑之際。清謹自守者。勇于杜私謁之情。恢擴自信者。切于同天下之憂。彼此協力。上下同心。垂紳搢笏。而天下有泰山之安。人心有四維之固。遼人申盟。西夏請命。特餘功耳。近年以來。襄亡蜀壞。兩淮邱墟。天下大勢。如長江大河之趨。而未有任砥柱之人。如疾風盛雨之至。而未有支大廈之勢。蓋自權臣專柄以來。以鈎致之巧。壞其心術。以諂諛之習。表其節概。閒有剛方特立之人。則外示優禮。中實排擯。非不知其能正主庇民。蓋恐有以妨吾之私而不得肆。攻吾之短而不得掩。是以進擬之際。常先排斥。置之散地。而取庸凡刻薄詐佞姦回者爲之腹心。而疲懦軟熟順從苟且者則布之中外。爲之致力。朝漸夕漬。日改月化。君臣大義。彼烏知之。正如中狐蠱之毒。有終其身而不能解者。所以更化以來。能革其面而不能革其心。思公來何遲之語。猶見于親擢臺臣之口。以貽天下之笑。尚何望其有犯顔敢諫之忠哉。而況近日風俗益有可畏。小人爲盜賊所不敢爲之事。君子受典籍所未嘗有之禍。憂時致主之臣。斃于一朝一夕之頃。深林孤羆。疾風勁草。天下痛之。氣象已甚蕭條。國勢將何所恃哉。爲今之計。亦惟求天下所謂端人正士孝子忠臣而任之。庶可有濟。謀如房。斷如杜。則使之贊元體化以亮天工。循如龔。寬如黄。則使之居官任責以熙庶績。備拾遺補闕之官。則蕭之剛。劉之直。當使振職。任典戎幹方之責。則李之忠。郭之義。當使分藩。而又以氣節興起士大夫之心。以義理陶成士君子之行。器識宏則人才多。人才多則議論多。議論多則事功多。事功多則國勢其有不振者乎。將見心寒膽破之語。相顧勿犯邊之戒。復見于斯時矣。且國用者。今日之所當裕也。而裕之必以其方。經常稅賦。數倍于國初。而民力不可朘矣。茶鹽課額。法制日變。而商人不可取矣。隱而牙契根括已盡。微而酒課征取已苛。法外名色。又皆不可增矣。將欲充國家之用。則天不能雨。鬼不能輸。惟有節用一事。雖常談而實要策。然而祀典有常儀。節之可乎。大軍有常供。節之可乎。百官有常俸。節之可乎。夫是數端。不容揣手。則宮禁無名之費耗。宦官無藝之滲漏。要當立檢防也。蓋諸路上供。入于户部經費者十之四三。入于内帑私積者十之六七。與其以供私人之侈欲。孰若以代大農之供輸。竊觀近日。爲弊滋甚。良辰美景之徘徊以數萬計。其爲浪費。已不可言矣。乃若琳宮之翠碧相輝。梵宇之金粟迭映。高題大揭。莫非宮禁之抽捨。此何爲耶。問其所以。蓋有出入自肆。多方導誘。以爲異教之囊橐者。踰越禁防。已爲累德。至于白鶴之規制宏侈。連空接雲。工役無時。調度莫限。百萬未已。千萬繼之。蓋有不可勝算者。是獨非所當廢罷者乎。推原其由。蓋亦楮幣之造。不勞耕鋤。不煩冶鑄。惟意所欲。一時皆可取辦。是以泥沙之用有所不靳。又況疇昔權臣祖襲延齡之故智。外假經費之實。内爲進奉之資。是以縱役滋侈。其弊至此。爲今之計。必勇以革之。痛以節之。后服澣衣。如周文王一臺不造。如漢文帝布冠帛衣。如衛文公不飾金珠。如漢光武無名浪費。一切減損。夫如是。然後推有餘以補不足。移宮費以濟民窮。紹興故事。斯可舉行。念一年丁絹之需。而捐二十四萬匹以償之可也。念蘇湖水災之積逋。而代納版曹之虧額可也。其于民力。豈不少瘳。通變無倦。孰大于是。嗟夫。賢者不聚。固不足以强國勢。宮費不節。固不足以紓國用。然非修己示儀。清心寡欲。將人孰從而爲之用。費孰從而爲之節哉。合是四者。莫非今日之要務。而其本實在于皇上之心。果能一而無欲也。果能一而不雜也。果能一而終始不渝也。則施諸四事。無有不正。一或克治不力。而外邪復熾于燎原撲滅之餘。内帑復戕于萌孼既生之後。杜檢必不密。把握必不堅。雖欲憊精勞神以求正夫四者。亦將徒爲文具。而天下之事。愈不可爲矣。抑執事又有所謂振滯淹。達幽枉。擇將帥。飭武備。與夫京畿德化之未宣。郡邑命令之易壅。循巔揆末。原始要終。無非根本于一心也。蓋心者。百爲之主。萬化之原。周子曰。心純則賢來輔。大學曰。如保赤子。心誠求之。誠能用賢以誠心。則鳴騶出谷。比比賢才。濯纓江湖。人人達士。何至有考槃在澗之慮。誠能立事以常心。則詩書禮樂無非師才。孝弟忠信無非兵甲。何至有折御樊圃之憂。京畿依日之最近者。諭之以朕心之必行。則發姦擿伏。必能如趙廣漢之用心。何姦慝之不銷。郡邑承流之至重者。示之以朕心之當務。則治民如家。必能如陽城之撫字。何民瘼之不拯。若夫德刑二者之有闕。詔獄牽制之多端。此尤關于九重方寸之微者。嗚呼。飛金羽玉。路人所知。爲人上者。所當昭示意向。暴白于天下。使知惡之不可爲。今宣室齋居反以平決。古議繫令亦以寬奏。正人之冤不伸。則朝廷之紀綱將安用。人心之憤不解。則天怒之見于旱者安可回哉。嗚呼。凡執事所問者。愚已悉陳于前矣。至于日食之變。請得以終言之。董子曰。天心仁愛人君。自非大無道之世。甚欲扶持而安全之。故春秋日食三十六。而獨不見于魯哀之世。當時政煩民亂。日乃不食者。告之不悟。今日非特名之未正。而皇嗣亦未定。異時權姦死黨如恕確厚京輩。攘臂投足。從而乘之。危亡之禍。可勝道哉。嗚呼。自數十年來。以國本爲陛下告者不少矣。拔本塞原。廣譬曲喻。無所不盡。然言者諄諄。聽者藐藐。固未嘗有斥責之誅。亦未嘗有聽受之實。于是意氣消沮。忠誠困抑。知其雖汙輪折檻。終無補也。至于今日。卒皆苟安禄位。寂寂不吐一喙。坐視人心之皇惑。國勢之阽危。而無肯爲陛下告者。先朝張昇指切時事。無所顧忌。仁宗曰。卿孤寒。乃能如是。昇曰。臣樸愚。仰託睿聖。三子皆服冠裳。是臣不孤寒。陛下春秋高。主鬯虛位。臣見陛下之臣。持禄苟安。少有赤心謀國者。則似陛下孤寒。仁宗爲之感動。暨參大政。卒與韓琦協心共議。以決建儲之策。迺者陛下擢用宰相。天下翕然稱爲得人。蓋謂其學術正大。必能贊陛下以定大計。執政大臣又皆一世人望。亦必能相與助而成之。今坐乎廟堂之上。于此大事。不發一語。上下皆以此言爲諱矣。此又臣之所大懼也。臣不勝忠愛。出位僭言。惟陛下鑒其愚忱。俯垂省納。仍下臣此章。宣問大臣執政不言之故。斷而行之。宗社幸甚。天下幸甚。

久軒遺文

君臣上下。此心協一。未有不治。此心不一。未有不亂。上殿輪對劄。

剥者陽之極。剥極則爲復。而一陽生焉。夬者陰之消。夬極則爲姤。而一陰生焉。一陽之生。聖人未敢爲君子喜。必曰。朋來无咎。言一陽未易以勝五陰也。當一陰之生。聖人以爲君子憂。

遽曰。女壯。言一陰已有敵五陽之志也。既言女壯。又言勿用取女。申戒五陽以不可忽夫一陰之微也。姤之初六。聖人繫之曰。羸豕孚蹢躅。且易何爲而取之豕。豕何爲而謂之羸。豕之既羸。何以能蹢躅。蓋豕者小人之象。小人制于君子。困伏已久。則羸豕之義也。彼方脱于衆陽沮抑之餘。羸焉若不足畏。然其宿忿蓄怒久而不泄。一旦得志。則磨牙奮毒。呼儔引類。君子必受其害。夫一陰爲姤。禍已若此。二陰爲遯。君子盡去。三陰爲否。則上下不交。天下無邦。而人主之身亦危矣。抑臣聞之先師朱熹曰。天下之勢有消長。賓主不同方。其復而長也。一陽爲主。而五陰莫之能遏。及其姤而消也。五龍夭矯。而不足以當羸豕蹢躅之孚。豈不甚可畏哉。延和殿奏劄。

國家所賴以維持者。在公卿大夫。公卿大夫所以能維持國家者。在禮義廉恥。孟子有言。恥之于人大矣。又曰。無羞惡之心。非人也。而管仲亦曰。禮義廉恥。是謂四維。四維不張。國乃滅亡。蓋人而無恥。則不恥不仁不畏不義。人慾肆。天理滅。不至于無君不止也。不至于亡人之國不止也。甚矣。爲國家之臣子者。不可以不知廉恥。而有國家者。不可以不重廉恥也。延和殿奏劄二。

治生于敬。亂生于肆。頌帝王萬世之盛者。莫不以敬爲第一義。曰欽哉。曰敬哉。曰兢業。曰克艱。曰聖敬日躋。曰克自抑畏。無非以敬爲相傳之要。豈以聖人治天下。猶有不盡其道。而必敬畏若是哉。蓋以天下徇一人易。以一人用天下難。何則。君者立于尊無二上之地。賞刑生殺皆自我操。舉天下之事。欲爲吾意之所爲。無不可者。然而天下之務無窮。一人之智有限。苟徇一人之智。欲周天下之事。智所不周。患所由伏。違道悖理。何可勝言。惟敬則見理爲大。而謂一人之勢有不足恃。惟肆則未免以己爲大。而謂天下之言有不足恤。見理之大者。治之基也。見己之大者。亂之本也。一敬一肆之閒。信安危理亂之所從始。可不懼哉。上殿奏劄。

蓋天地之心。純乎仁也。凝陰冱寒。而陽和已萌。摧折殞落。而生意中具。聖帝明王之心亦然。是故和以接下。俾愛君憂國者。各得以盡其言。仁也。時乎臨之以莊。使言之不中節者有所警。亦仁也。然使人以望清光爲懼。見幾者有空谷之思。則恐虧吾仁之和也。厚以待韋布。俾不在其位者。皆得以攄其愚。仁也。時乎律之以嚴。使言之無忌憚者有所畏。亦仁也。然使人以逆龍鱗爲懼。傳聞者有辱士之疑。則恐傷吾仁之厚也。風雨霜露。無一氣非天之仁。根荄芽甲。無一物非地之仁。彼其不擇而言者。固無可罪。而天覆地載。亦豈與是瑣瑣者爭哉。又上殿第一奏劄。

古今以忿嫉求快。其末流之禍。未有不貽國家之憂者。秦嘗怒處士之横議而坑之。而秦隨以亡。漢嘗惡黨士之自相標榜而禁錮之。而漢以不振。奏狀。

論語一書。迺聖門高第所集。學而一篇。所記多務本之意。里仁一章。所記皆爲仁之方。八佾之論禮樂。鄉黨之記言行。公冶長辨人物之賢否。微子載聖賢之出處。亦何嘗不以類哉。

理可以類通。而非可以類止。是其然必有所以然。學者因其類以究其極。使此理融會貫通。不梏于一事一物而止。則無愧于吾夫子觸長之訓矣。以上徽州朱子語類後序。

附録

公家學淵源。時稱君子。而孝友出于天性。母衛國夫人翁氏早卒。哀毁踰禮。事繼母劉氏。奉養備至。友愛覺軒静軒及諸從兄弟甚篤。四時祭祀。仍遵伯父節齋先生遺制。遇朞功緦麻之喪。必素衣以終歲月。及治喪。毋得用浮屠法。

淳祐四年。調寧府録事參軍時。遂大書兩句云要不閎守本分六字于廳壁。州人競誦之以相警戒。

浙江提舉鄭霖薦之曰。某學有源紹。持身廉正。遇事公明。凡歷數任。長官同寮莫不推服。當世善類無不加敬。登第今已十七年。安于恬退。舉員及格。未嘗干進。霖向與之同幕。熟知其人。適聞其侍班。請主尹和靖書院。日與諸生講明義理。一變舊習。霖察言觀行。委知其純實有守。局度不凡。雖已蒙公朝差充京教。甚恢公論。有不待霖薦揚者。然霖素識其才行兼備。儻有所拘。不以實聞。則無以彰公朝八柄進用之公。而且懼小臣有蔽賢之罪。

在州郡。所至祀先儒。旌忠節。表行義。舉遺逸。在朝議論從容。婉言巽語。必君父之從而後已。

致政家居。篤意祖父遺跡。經理區畫。迥出人意。理宗寶祐乙卯。敕建西山精舍。繪塑文公西山二賢對榻講道像。修飾兩燈相望。臺鰲奉敕建廬峯書院。前左立遵道堂。祀孔聖四配十哲像。

以識道統之所由始也。右立思敬堂。祀周程張邵楊游羅李朱吕及曾祖牧堂公等賢像。以别道學之所由傳也。後立傳心堂。祀祖西山伯父節齋復齋父九峯四賢。以報其著述之功。又雲谷山下建大明堂。祀節齋九峯像。後以兄素軒覺軒弟静軒及公四像配享。其家學源流之遠也可見矣。以上墓誌。

先生序覺軒語孟集疏後曰。嘉熙己亥。杭需次家食。伯氏覺軒相與語及過庭舊聞。慨然旁搜博取。以就先志。越明年。重罹陟屺之戚。廬墓東原。對牀讀禮之暇。益緐閲諸書。參伍考訂。至忘寢食。伯氏不以杭無似。俾共商搉焉。朝夕玩味稽合。蓋亦有年。杭以隨牒四方。不獲執筆硯從伯氏卒業。歲在丙午。備員典册。伯氏以書誨杭曰。集疏成編。今九年矣。吾未敢脱稿。尚冀有進。試爲我序所以會集之意。杭聞伯氏究心于是也。參或問以見同異。采集義以備缺遺。文集則以剖決而無隱。語録則以講辨而益精。以至兩世之所見聞。門人之所敷繹。有足以發越朱子言外之意。及推廣其餘説者。會而通之。閒以評論附焉。故觀集疏者。集註之意易見。觀集註者。論孟之指益明。恍如侍席于竹林精舍閒。雖十載如一日也。

遊隱屏詩曰。悚懼未成立。隱憂道學失。修身復補過。庶保餘生責。

吴雨巖挽先生詩曰。道學相承祖子孫。諸儒誰得似淵源。銅川而上惟家世。程氏之門止弟昆。後世定知尊所學。當時未盡用其言。四書功用彌天地。惜不推行半魯論。

又曰。識見見幾炳蔡蓍。艱難國事慮阽危。龜山如用救得半。君實未亡猶可爲。人渺江濤已如此。公騎箕尾欲何之。門生□痛丹心折。竚立空山有所思。

補山長蔡靜軒先生權

講明爲學之要篇

權謂學問之道無他。惟在于格致誠正修齊治平。以造聖賢之極致而已。而其要惟在于求其放心而已。誠能事事審求其是。決去其非。積集之久。心與理一。自然發生無私曲。而聖人應萬事。天地生萬物。亦惟發生無私曲。則放心之收也。自不難矣。先師文公臨終語諸門弟子曰。道理只恁地。但大家偏些堅苦工夫。須牢固著脚。方有進步處。學者誠能堅苦做工夫。則勇猛精進。到聖賢地位亦自不難。諸友尚當拳拳服膺。由孔孟之室而漸入之。

講明求仁齋記篇

嘗聞仁者心之理也。是理根于人心。用力于内者足以得之。心不外馳。所存自熟。則仁在其中。孟子曰。仁。人心也。放其心而不知求。哀哉。學問之學㊀無他。求其放心而已。文公言。説得來只是箇存心。存心便是求仁。所謂求仁者。不放此心而已。又曰。嘗存此。便是求仁之方。其靜坐未接物之時。此理湛然清明。及其遇事應接時。此理隨處發見。只要人常常提撕省察一息

㊀「學」當爲「道」。

之閒。存養久之。則是理愈明。雖欲忘之。不可得矣。釋仁遠乎哉章曰。仁者心之德。非在外也。放而不求。故有以爲遠者。反而求之。卽此而在矣。三復文公之言。則知求放心者。乃求仁之要法也。學者求放心。其用力之要當何如。亦曰敬而已。夫子告顏淵爲仁。以克己復禮爲仁。禮者。敬之輿也。答仲弓問仁。以見賓承祭爲言。賓祭者。敬之推也。至于居處恭。執事敬。無非以敬爲先。敬則主一無適。自然操持收斂。心存不放。念念相續。私欲屏息。而仁亦存。敬則常惺惺。自然體認。涵養之功熟。人欲淨盡。天理流行。而仁亦熟。敬之于心。非有加也。惟整齊嚴肅。而心卽在焉。心之于仁。非相雜也。亦惟心不外馳。而仁卽在焉。張子曰。敬非有内外賓主之辨。敬在此而心卽在此也。非心之外別有所謂敬也。朱子謂。須臾有閒。私欲萬端。心之所養者未熟。欲之害仁者隨至。非心之外別求所謂仁也。嗚呼。仁之德。愛之理。當理而無私心。全體而不息。仁之極功大矣。未有不自此心之存養充擴者始也。誠于中。形于外。高明光大。接續不已。而至于表裏内外。遠近精粗。無不該貫。心之妙用亦大矣。未有不自此敬之提省收斂整齊嚴肅者始也。先賢言敬。只是一箇心常惺惺便是。豈可指擎跽曲拳塊然在此而後爲敬。仁只是此心常在腔殼中爲主。無私欲閒斷。則滿腔子皆惻隱之心。是則心持而敬自存。心存而仁自熟。求放心卽所以求仁。持敬卽所以求放心。雖有次第淺深之不同。要其歸則一也。龜山先生常問學者曰。當孺子入井時。其怵惕惻隱何故如此。學者曰。自然如此。先生曰。安得說自然了便休。須是求其所自來。而延平李先生每教人以靜坐默識體認天理。求至灑落處。然後理與心一。二先生之教深切著明。曰求其所自來。曰求至灑落處。非直指其脈絡以示人。諸君子試合二説而求之。静以省察。而驗仁道之從生。敬以涵養。而使仁德之自熟。則求仁之方過半矣。

三問説

權讀書于西山之陽。緬想祖父遺蹟。歲已暮而老將至。學未有聞。德未加修。恐懼斯道之湮晦。寤寐先哲之流芳。因作三問説。以質同志焉。曰。沖漠溟涬。謾無理乎。一動一静。機孰爲乎。分陰分陽。其無滯乎。無形無兆。曷塗轍乎。有儀有象。孰樞紐乎。或爲之先。其大本乎。或爲之後。其往復乎。氣未之形。極不先乎。形之已著。極安處乎。動固非極。静爲極乎。用固非極。體爲極乎。惟寂惟寞。其無對乎。惟動惟作。各完具乎。無極之極。極果無乎。有極之極。極果有乎。亭亭當當。别一物乎。層層疊疊。惟無盡乎。動静無端。曷無端乎。陰陽無始。曷無始乎。推之于前。其有合乎。引之於後。其無離乎。混而成復。反于一乎。闢而復通。達乎萬乎。離器語道。其虚無乎。離道語器。其土苴乎。生生不窮。孰不窮乎。廣大不禦。孰不禦乎。人極之立。命之性乎。帝之降衷。其有恒乎。人之受中。有其則乎。大哉乾元。資以始乎。至哉坤元。資以生乎。合虚與氣。有是名乎。與道爲體。有是實乎。仁義禮智。根諸心乎。剛柔善惡。中而已乎。萬物一原。何通塞乎。四端俱有。何明暗乎。高明中通。稟于陽乎。卑暗偏塞。稟于陰乎。

理無不善。奚有惡乎。善固爲性。惡非性乎。理附于氣。能無偏乎。氣原于理。不可反乎。論性論氣。二之可乎。曰惡曰混。豈其然乎。生之爲性。其作用乎。生之爲性。其氣質乎。有形有色。其窒塞乎。無善無惡。非茫昧乎。同出于理。何相近乎。各受其成。無相違乎。成性存存。成之性乎。所性不存。性其天乎。五性之仁。善之長乎。心之全德。本末貫乎。偏言一事。愛之理乎。義理智信。別有目乎。怵惕惻隱。迹其端乎。性情之端。生之道乎。禮樂之著。生之序乎。入孝出恭。其爲本乎。切問近思。仁在中乎。爲之由己。非存心乎。求其放心。非居敬乎。何事于仁。一念差乎。無時非仁。終食違乎。克己復禮。乾之道乎。主敬行恕。坤之道乎。與物爲一。持其量乎。利澤及人。持其功乎。仁固能覺。覺卽仁乎。仁固能愛。愛卽仁乎。推己及物。其恕矣乎。以己及人。其仁矣乎。人欲淨盡。天理完乎。天理流行。仁體著乎。内仁合德。其具舉乎。終始如一。其不已乎。博施濟衆。必也聖乎。肫肫浩浩。達天德乎。旣質以言。屏聽以息。答曰。子之所信。乃所可疑。子之所疑。乃所可信。何必古初。何必往聖。反子身心。厥有明證。毫分縷析。亦得亦成。三者理一。一語事竟。易不云乎。窮理盡性。以至于命。噫。學之可以明乎吉凶消長之理。進退存亡之道。故可以無大過矣乎。因作三問説以自警。

靜軒餘文

吾儒之事。仁義存于己。道德備于身。孝親而敬兄。忠君而愛民。隆師而親友。不絶物而棄智。不貪生而罔利。使天地萬物各得其所。是則吾儒格致誠正修齊治平之學也。豈佛老二氏外物以爲智利而遺世者可同日而語哉。參同契論。

天下之數。九而究矣。九者。數之體也。八而極焉。八者。數之用也。減一則爲陣。益一則爲戰。減者。虛其中所以藏其用也。益者。取其對所以備其數也。虛其中。大將之所居。取其對。勝伏之所用。損益之法。自然而然。變通不窮。神武莫測。得失預定。其機參錯。異習其智。皇極剛克要略序。

先王耀德不觀兵。不得已而用者。節制而已。甘誓曰。左不攻乎左。汝不恭命。右不攻乎右。汝不恭命。牧誓亦曰。不愆于四步五步六步七步乃止齊焉。不愆于四伐五伐六伐七伐乃止齊焉。武侯此制。如此妙矣。渭濱之屯。居民安堵。實三代之法也。八陣圖説後解。

靜軒講友

楊先生道夫

馮先生元正合傳。

楊道夫。馮元正。靜軒士友也。靜軒一日到將樂拜龜山先生祠。先生等請靜軒正席皐比。因取龜山求仁齋記與諸生講明云。蔡氏九儒書。

梓材謹案。靜軒講明求仁齋記篇云。淳祐壬子春。權到將樂拜龜山先生祠。因與嫡孫楊道夫等。取先生求仁齋記講明。

龜山。將樂人。朱子門人。又有楊道夫。爲浦城楊黼從弟。浦城隸建寧。將樂延隸㊀平。則別一人也。

九峯門人

補忠簡劉冰壺先生欽

附録

在襁褓中啼哭。示以書帙卽笑。甫能言。母梁氏教以古詩。輒成誦不忘。七歲。日受數千言。每夜達旦。母憐而節之。乃匿膏室中。候母寢復燃。

詹敬齋先生樞別見滄洲諸儒學案補遺。

從蔡氏學。精于易。

安撫宋先生慈別見西山眞氏學案補遺。

覺軒家學

蔡先生公湛

蔡公湛。覺軒先生子。勤讀不輟。以守覺軒之訓。蔡氏九儒書。

㊀「延隸」當爲「隸延」。

覺軒門人

熊先生剛大詳見西山蔡氏學案。

侍講翁先生合

翁合字叔備。崇安人。七歲能文。辟童選。登嘉禧進士。歷官有聲。賈似道謫建州。先生上言。建實朱熹闕里。三尺童子亦知向善。聞似道名。咸欲嘔吐。況見其面乎。乞投荒裔。以禦魑魅。似道坐責。授高州團練副使。循州安置。景定中。擢侍講。著有丹山集。福建續志。

梓材謹案。蔡氏九儒書載先生誌覺軒墓云。嗣子公湛謂合曰。子處門下也。且有世契。先君之言行。子其知之詳矣。請託記墓。以垂不朽。是先生又爲覺軒門人。第以其字爲與可。建陽后山人。官禮部尚書。崇安本建陽地。故亦稱建陽耳。

梓材又案。先生一字同父。葉廣居跋葉文康禮經會元云。其書昔授門人丹山翁同父氏。自翁氏復歸家櫝。蓋別號丹山。故其文集曰丹山集也。

雲濠謹案。先生嘗官中書祭酒。知贛州。文文山與書云。某青原白鷺書生耳。童子何知。乍習句讀。凡先生之精神意氣。粲粲然乎言語文字。公之天下。以淑後學。某皆嘗以朝斯夕斯焉。又稱其大忠大雅。萊公文正之心。不倚不偏。伊洛考亭之學。又一書云。自先生振文登朝。手提文印。以照四海。國家誥令典册。□(一)然先秦西漢之上。學校之士。莫不從風興起。彬彬郁郁。爭自磨濯。以正法眼。作大宗師也。無歐陽子不當在弟子之列。某知稽首矣。蓋先生爲文山師。嘗知白鷺書院。謂與江右公爲同調

(一)「□」當作「煒」。

可也。

久軒家學

蔡先生公亮

蔡公亮。久軒次子也。節齋嘗説易云。以知對仁而言。則知屬陽。仁屬陰。先生入試。以此意援爲説。及試出。心頗疑之。歸以告久軒。久軒曰。此吾家學。宜守而勿變。得失非所計也。已而院中初考官不以爲然。適知舉董公槐見之。喜曰。以知仁動靜分陰陽。此必有源流之學。取以寘優等。及折號見姓名。遂大喜。以爲得人云。蔡氏九儒書。

久軒門人

劉先生逢源

劉逢源。久軒稱之爲畏友。其入國學也。久軒贈之序曰。逢源自結髮讀書。慨然以古道自任。其爲文章。不守近世師儒繩尺云。蔡氏九儒書。

靜軒家學

蔡先生公度

蔡公度。靜軒先生子。鄉貢。守靜軒清白之訓。蔡氏九儒書。

何氏門人

補司農劉先生漢傳

梓材謹案。上虞縣志謂。先生弱冠貢於鄉。沈潛伊洛之旨。自號全歸居士。年七十六卒。王應麟爲撰墓銘。

雲濠謹案。白鹿洞志。咸淳間。劉傳漢知南康軍。置白鹿洞貢士院。攷先生守南康軍。歷晉司農卿。閒居十年。知宋將亡。則咸淳間知南康者。別一人。其名互異爾。

劉先生漢儀

劉漢儀字山甫。習甫弟。用特奏爲明州教授。調鄞縣丞。亦受學于何雲源先生。得建安蔡氏之學。能深究體用。以所自得者。著止善編。與習甫並祀鄉賢。上虞縣志。

梓材謹案。上虞志。先生爲忠公季弟。學案劄記于忠公云。生二歲而孤。母謝氏撫而教之志。于習甫傳云。少孤力學。其爲忠公之弟無疑。第忠公二歲而孤。不應其下復有二弟。且先生著止善編。習甫所著亦稱止善集。黄晉卿文集則正以止善集繫之先生。謂先生之學。得于雲源何氏。雲源得于建安蔡氏。又言。其書所述。皆其眞知實踐。不苟牽引取合于師說。疑莫能明也。蓋習甫爲寶祐四年進士。年四十六。當生于嘉定四年。忠公爲嘉定九年進士。果二歲而孤。而習甫爲其肩下弟。是七歲而爲進士矣。恐二歲爲十二歲。奪去十字耳。

雲濠謹案。黄文獻記先生止善集云。伯氏侍御史忠公。以直諫有名。宋時爲史嵩之所毒以死。其季華文公。亦以材爲名監司。獨先生用特恩補官。仕稍不顯。顧能以道自任。既没而言立云云。則先生其仲也。

九峯私淑

董深山先生鼎

詳見介軒學案。

謝先生無懋

梓材謹案。先生爲九峯洪範皇極内篇序。見性理大全。尊卿續録葺之。且以先生爲十名儒之一。而爲之贊曰。其後台人牟楷有河圖洛書説。林先生之所傳也。是則靜正之學。實出于先生矣。

翁氏門人

忠烈文文山先生天祥

詳見巽齋學案。

學正楊浦城先生明復

楊明復字復翁。臨海人。操履純正。博通經籍。著有周易會粹。尚書暢旨。詩學發微。冠昏喪祭圖。人稱浦城先生。嘉靖浙江通志。

梓材謹案。台學源流。景定閒。王守華甫聘先生爲郡學正。台州府志稱。其少從翁丹山學。

劉氏家學

劉先生惔

劉惔字養明。上虞人。侍御忠公之猶子。其父畿漕書其配名之義以爲世訓。先生摭其語。以題所居之室曰謹齋。任松鄉集。

靜軒續傳

蔡先生凝

蔡凝。又名希清。號西巖。靜軒之孫。爲建安縣尹。撰有陰符經跋。蔡氏九儒書總述。

梓材謹案。劉希泌序蔡氏諸儒言行録云。予友蔡君希清。家多遺稿。予徧讀之云云。則先生固能讀先人之書者矣。

九峯續傳

陳定字㊀先生櫟

詳見滄洲諸儒學案。

補 貞文黄存齋先生鎭成

尚書通考自序

書載二帝三王之政。政者。心與事之所形也。是故道德仁聖統于心。制作名物達于事。内外之道合。而帝王之政備矣。然統乎心者。先後古今脗合無二。達于事者。儀章器物因革無存。故求帝王之心易。而考帝王之事難。矧後儒稽古。不過以周爲據。而秦人滅學。周典亦多殘缺。迺欲以不

㊀「字」當爲「宇」。

完之文。以徵隆古之舊。斯益難矣。然昔者紫陽夫子之教。必語學者以有業次。如所謂堯舜典歷象。日月星辰。律度量衡。五禮六樂。禹貢山川。洪範九疇之類。須一一理會透。蓋讀書窮理。卽器會通。乃學者之當務也。余方授兒輩以書。閒或有問。不容立答。則取關涉考究者。會萃抄撮。或不可言曉者。規畫爲圖以示之。至衆家之說有所不通。則閒述臆見。以附于下。如舊圖舊說已備者。不復贅出。其有未盡。則隨條辨析焉。歲月積累。寖成卷帙。兒輩乃請次其顛末。以便尋考。名曰尚書通考。竊謂學有本末。道無精粗。禮樂官名。聖人猶問。則讀是經者。安得不求其故哉。方將就正于博學君子。然後退授于家。俾得格致之助。亦庶乎紫陽朱子之教云爾。

梓材謹案。四庫書目著録尚書通考。提要云。其書徵引舊說。以考四代之名物典章。亦閒附以論斷。頗爲詳備。又稱其以實用求書。不以空言求書云。

附録

先生著尚書通考。凡名物度數。及七政九疇。六宗五禮。方州之貢賦水土。律呂之長短忽微。皆暢其說。復系以圖。彙集諸家。而折衷以己意。

梓材謹案。先生序張仲純易象圖說云。仲純學力高明。與予知最久。是先生固張提舉之講友也。

補隱君陳先生師凱

書蔡傳旁通自序

天道無心而成化。聖人有心而無爲。惟其有心也。故無爲而無不爲。惟其無爲而無不爲。故動而世爲天下道。行而世爲天下法。言而世爲天下則。此二帝三王之所以不能不有書也。書既有矣。凡一動一行一言。雖千萬世而一日矣。然書出于千萬世之前。而書讀于千萬世之後。則其一動一行一言又烏得而備知之。此朱蔡師弟子之所以不能不有傳也。傳既出矣。後之讀書。將不能究朱子之所傳。不能領蔡氏之所授。又不能如其行輩之所講明。則雖有傳。猶未能備知也。此鄱陽董氏之所以有輯録纂註也。然其輯録特問答之多端。纂註又專門之獨見。初學于此。苟本傳尚未曉晰。而乃覽博。則茫無畔岸。吾誰適從。是董氏所纂。乃通本傳以後之事。殆未可由此以通本傳也。此旁通之所以贅出也。嗟夫。書之有傳。如堂之階。如室之户。未有不由此而可以造其地也。然傳文之中。片言之賾。隻字之隱。呻其佔畢之際。囁嚅而齟齬者。不爲無矣。況有所爲天文地理。律曆禮樂。兵刑龜策。河圖洛書。道德性命。官職封建之屬。未可以一言盡也。是以旁通之筆。不厭瑣碎。專務釋傳。固不能效正義之具舉。但值片言隻字之所當尋繹。所當考訓者。必旁搜而備録之。期至于通而後止。俾初學之士。對本傳于前。置旁通乎側。或有所未了者。即轉矚而取之左右。庶幾微疑易釋。大義易暢。乘迎刃之勢。求指掌之歸。吾見其有融會貫通之期。無囁嚅齟齬之患矣。其言道德性命之際。文理已明者。略爲衍説。或于名物度數之末。無乃太簡者。則詳究所出。以致弗明弗措之意焉。由是以了本傳。次乃輯録纂註。則先入者定而中不搖。權度在我而外不惑。近可以得諸儒之本旨。遠可以會朱蔡之授受。若夫二帝三王之所以爲天下道。爲天下法。爲天下則者。則又存乎其人而已。

梓材謹案。四庫全書著録書蔡傳旁通。提要稱。是編于名物度數。蔡傳所稱引而未詳者。一一博引繁稱。析其端委。其蔡傳歧誤之處。則不復糾正。如孔氏諸經正義。主于發揮註文。不主于攻駮註文也。然不能以回護註文之故廢孔疏。則亦不能以回護蔡傳之故廢其書矣。

劉先生有定

劉有定字能靜。莆田人。少貧。不慕榮進。嘗著原範吟三十七章。學者稱爲原範先生。又著有衍極書五篇行世。福建通志。

俞先生元燮

俞元燮字邦亮。其先建寧人。徙長洲。通蔡氏傳。博采羣説。著集傳十卷。或問二卷。張景春説。

梓材謹案。經義考又引黄虞稷之説。言先生居于吴。其卒也。虞集銘之。然攷道園學古録。未録其文。

隱君王葵初先生希旦詳見介軒學案。

鄒先生季友

鄒季友字晉昭。鄱陽人。著有尚書蔡傳音釋六卷。書傳會選多采用其書。黄氏千頃堂書目。

朱先生祖義

朱祖義字子由。廬陵人。于諸經皆有句解。今多散佚。惟尚書句解十三卷存。四庫全書總目。

梓材謹案。四庫著録尚書句解。提要云。是書專爲啓迪幼學而設。故多宗蔡義。不復考證舊文。然隨文詮釋。詞意顯明。使殷盤周誥詰屈聱㈠牙之句。皆可于展卷之下。了然于心口。其亦古者離經辨志之意歟。

方先生傳

方傳。著有書蔡氏傳考。佚。經義考。

梁先生寅別見晦翁學案補遺。

長史朱白雲先生右詳見北山四先生學案。

謝氏續傳

牟先生楷詳見北山四先生學案。

㈠「聱」當爲「聱」。

竹坪家學

劉竹西先生庚達

劉庚達。庚振弟。號竹西先生。傳其家學。解開先。其壻也。解春雨集。

梓材謹案。解先生開先。嘗講易于竹坪。亦云講于竹西滄浪。蓋受劉氏一家之傳。滄浪卽蒼筤也。

竹坪門人

補同知王先生充耘

梓材謹案。四庫書目録先生所著四書經疑貫通八卷。係吾鄞范氏天一閣藏本。提要云。其書以四書同異參互比校。各設問答以明之。蓋延祐科舉。經義之外有經疑。此與袁俊翁書。皆程式之文也。又言。其閒辨别疑似。頗有發明云。

附録

劉景文序先生書義主意曰。四代之書。蔡氏訓詁深得于朱子心傳之妙。宜今日科舉之所尚也。王君與耕以是經拾巍科。愚嘗購求。得其經義主意。語雖不離于傳註之中。而實有得乎傳註之外。又可謂能發蔡氏之所未言者歟。

梓材謹案。先生吉水人。此序及黄氏千頃堂書目。皆以其字爲與耕。至讀書管見原序。稱耕野王先生。梅氏鶚云。惜吾生之晚。不得摳衣于耕野之堂也。是耕野其號爾。四庫書目著録讀書管見二卷。提要云。所説與蔡氏多異同。其中如謂堯典乃舜典之緣起。本爲一篇。故曰虞書。謂九族既睦。既當訓盡。謂象以典刑。爲如象其罪而加之。非垂象之意。謂同爲逆河。以海潮逆入而得名。皆非故爲異説者。至于洪範錯簡之説。伊訓改正不改月之辨。尚未能糾正。所附周不改月惟魯史改月一條。尤爲强詞。大醇小疵。别白觀之可也。

雲濠謹案。阮亭居易録載擬兩漢詔誥二卷。元進士王充耘與耕撰。訓詞爾雅。有漢人風。是蓋先生未仕時所撰。故題曰進士云。

竹西門人

教諭解筠澗先生開

别見北山四先生學案補遺。

王氏家學

王先生光薦

王先生吉

合傳。

王光薦。耕野先生從子也。耕野易簣之際。書其讀書管見卷端曰。凡爲吾徒者。須人録一編。以的本付吾兒。其惓惓遺後之意如此。耕野没未幾。而元綱板蕩。山棚構孽。世家藏書。悉遭焚盪。是編賴先生密置諸複壁中。僅免于燬。乃以别本訂其譌缺。以付耕野之子吉。其可謂善學耕野之學而不失其本者矣。讀書管見原序。

王氏門人

張先生理別見靜明寶峯學案補遺。

竹西續傳

劉西山先生子彰附從父鶴皋。子桓。

劉子彰。竹西孫。年十三而孤。事母孝。伯祖蒼筤先生。及叔父貢士鶴皋。教之甚篤。洪武間。以賢良徵。吉水令迎之。訓導于學。著有四書要覽文集若干卷。號西山先生。趙哲。劉宗平。其徒也。子桓字迪哲。嘗舉于鄉。解春雨集。

附傳

進士梁先生臨附師羅蒙正。

梁臨字仲敬。□□。少從羅蒙正遊。講明尚書大義。極深研幾。英華秀發。爲時推重。蒙正亟稱許之。洪武四年登進士。姓譜。

西山門人

趙先生哲

趙哲字用哲。吉水人。好讀書。寒暑忘倦。從劉子章治書經。同門之士皆以爲不及。洪武丙子。中江西鄉舉。會試得乙榜。官梁山教諭。卒年二十二。解春雨集。

檢討劉先生均附見巽齋學案補遺。

宋元學案補遺卷六十八目録

北溪學案補遺
朱林門人……三六八五
補 陳先生淳……三六八五
北溪講友……三七一五
補 陳先生易……三七一五
北溪學侶……三七一五
潘先生武附門人趙希流吴仲修……三七一五
復之學侶……三七一六
補 蔡先生和……三七一六
鄭氏師承……三七一六
李先生過……三七一六
北溪同調……三七一七
蘇先生總龜……三七一七
北溪家學……三七一七
陳先生植……三七一七
陳先生格……三七一七
北溪門人……三七一八
補 蘇先生思恭……三七一八
補 黄先生必昌……三七一八
補 卓先生琮……三七一九
鄭先生寀別見潛庵學案補遺……三七一九
蔡先生逢甲……三七一九
陳先生正仲……三七一九
諸葛先生珏……三七二〇
吕先生大圭詳下楊氏門人……三七二〇
貫齋講友……三七二〇

補謝先生升賢……三七二〇
白石門人……三七二一
補鄭先生思忱……三七二一
補王先生次傳……三七二一
補江先生與權……三七二二
楊氏門人……三七二三
補呂先生大圭……三七二三
卓氏家學……三七二八
卓先生克……三七二八
卓先生存合傳……三七二八
呂氏門人……三七二八
補邱先生葵……三七二八
何先生夢中附弟夢然……三七二九
北溪續傳……三七二九
劉先生宗道……三七二九
瞿先生興嗣附子懋莊……三七二九
邱氏門人……三七三〇
補呂先生椿……三七三〇
劉氏門人……三七三〇
陳先生拯……三七三〇

宋元學案補遺卷六十八

後學 鄞 王梓材 慈谿馮雲濠 同輯

北溪學案補遺

朱林門人

補 文安陳北溪先生淳

雲濠謹案。先生謚文安。國朝雍正二年從祀。

北溪語要

文公表而出四書與近思録。乃聖賢傳心明道之要法。學者造道成德之大端。非謂天下道理。聖賢事業。可以取足于此而已也。凡經傳子史之所載。紀綱制度之詳。禮樂刑政之用。古今興衰治亂之原。得失利害之機。與夫異端邪正似是之非。淺深疏密難明之辨。須一一講究勘驗過方得。

書乃帝王大用流行處。周禮乃周公大用流行處。春秋乃孔子大用流行處。皆不可不盡心焉者。蓋妙道精義。須從千條萬緒中串過。無一不周匝。然後爲聖門之實學。不然則不免落空矣。

北溪問答

問。子温而厲。威而不猛。恭而安。集註云。盛德之容。中正和平。陰陽合德。竊嘗因其言而分之。以上三截爲陽。而下三截爲陰。似乎有合。然又以上三截爲陰。而下三截爲陽。亦似有合。未知所決。抑聖人渾是一元氣之會。無間可得而指。學者强爲之形容如此。以其説自分三才而言。則温然有和之可挹。而不可屈奪。則人之道也。儼然有威之可畏。而不暴于物。則天之道也。恭順卑下。而恬然無所不安。則地之道也。自陽根陰而言。則温者陽之和。厲者陰之嚴。威者陽之震。不猛者陰之順。恭者陽之正。安者陰之定。自陰根陽而言。則温者陰之柔。厲者陽之剛。威者陰之慘。不猛者陽之舒。恭者陰之肅。安者陽之健。蓋渾然無適而無中正和平之極。不可得而偏指者也。朱子答曰。此説推得亦好。

問。諸家多以前爲過。後爲不及。恐無此意。前後只是恍惚不可認定處。將以前者爲是耶。忽又有在後者焉。而前者又似不是。皆捉摸不著。若見得端的。時若是時中。無過不及。諸家又以卓爲聖人之中。卓卻是中。然亦恐未可便説中。則卓字意又看不切矣。朱子答曰。此説甚善。昔聞李先生説此章最是。夫子循循然善誘人。博我以文。約我以禮。至親切處。其言有味。前後固非專指中字。然亦彷彿有些意思。

問。理有能然。有必然。有當然。在自然處皆須兼之。方于理字訓義爲備否。且舉其一二。如惻隱者氣也。其所以能是惻隱者理也。蓋在中有是理。然後能形諸外爲是事。外不能爲是事。則是其中無是理矣。此能然處也。又知㊀赤子之入井。見之者必惻隱。蓋人心是個活底。然其感應之理必如是。欲恝然忍之。而其中惕然自有所不能以已也。不然則是槁木死灰。理爲有時而息矣。此必然處也。又如赤子入井。則合當爲之惻隱。蓋人與人類。其待之理當如此。而不容以不如此也。不然則是爲悖天理。而非人類矣。此當然處也。當然亦有二。一就合做底事上。直言其大義如此。如入井當惻隱。與夫爲父當慈。爲子當孝之類是也。一泛就事中。又細揀別其是是非非。當做與不當做處。如視其所當視。而不視其所不當視。聽其所當聽。而不聽其所不當聽。則得其正而爲理。非所當視而視。與當視而不視。非所當聽而聽。與當聽而不聽。則爲非理矣。此亦當然處也。又如所以入井而惻隱者。皆天理之眞流行發見。自然而然。非有一毫人爲預乎其間。此自然處也。其他又如動靜者氣也。其所動靜者理也。動則必靜。靜必復動。其必動必靜者。亦理也。事至則當動。事過當靜者。亦理也。而其所以一動一靜。又莫非天理之自然矣。又如親親仁民愛物事。其所以能親親仁民愛物者理。見其親則必親。見其民則必仁。見其物則必愛者。亦理也。而其所以親之仁之愛之。又無非天理之自然矣。凡事皆然。能然必然者。理在事先。當然

㊀「知」當爲「如」。

者。正就事而直言其理。自然。則貫事理言之也。四者皆不可不兼該。而正就事言者。必見理直截親切。在人道爲有力。所以大學章句或問論難處。惟專以當然不容已者爲言。亦此意熟。則其餘自可類舉矣。朱子答曰。此意甚備。大學本亦更有所以然一句。後來看得且要見得所當然是要切處。若果得不容已處。卽自可默會矣。

心説

維天之命。於穆不已。所以爲生物之主者。天之心也。人受天命而生。因全得夫天之所以生我者。以爲一身之主。渾然在中。虚靈知覺。常昭昭而不昧。生生而不可已。是乃所謂人之心。其體則卽所謂元亨利貞之道具。而爲仁義禮知之性。其用則卽所謂春夏秋冬之氣發。而爲惻隱羞惡辭讓是非之情。故體雖具于方寸之閒。而其所以爲體。則實與天地同其大。萬理蓋無所不備。而無一物出乎是理之外。用雖發乎方寸之閒。而其所以爲用。則實與天地相流通。萬事蓋無所不貫。而無一理不行乎事之中。此心之所以爲妙。貫動静。一顯微。徹表裏。終始無閒者也。人惟拘于陰陽五行所值之不純。而又重以耳目口鼻四肢之欲爲之累。于是此心始梏于形器之小。不能廓然大同無我。而其靈亦無以主于心矣。人之所以欲全體此心而常爲一身之主者。必致知之力到。而主敬之功專。使胸中光明瑩淨。超然于氣稟物欲之上。而吾本然之體所與天地同大者。皆有以周徧昭晰。而無一理之不明。本然之用與天地流通者。皆無所隔絶閒斷。而無一息之不生。是以方其物之未感也。則此心澄然惺惺。如鑑之虛。如衡之平。蓋眞對越乎上帝。而萬理皆有定于其中矣。及夫物之旣感也。則姸媸高下之應。皆因彼之自爾。而是理固周流該貫。莫不各止其所。如乾道變化。各正性命。自無分數之差。而亦未嘗與之俱往矣。靜而天地之體存。一本而萬殊。動而天地之用達。萬殊而一貫。體常涵用。用不離體。體用渾淪。純是天理。日常呈露于動靜間。夫然後向之所以全得于天者在我。眞有以復其本。而維天於穆之命。亦與之爲不已矣。此人之所以存夫心之大略也。

王子正曰。看得儘有功。但所謂心之體與天地同大。而用與天地流通。必有徵驗處。

所謂體與天地同其大者。以理言之耳。蓋通天地間。惟一寔然之理而已。爲造化之樞紐。古今人物之所同得。但人爲物之靈。極是體而全得之。總會於吾心。卽所謂性。雖會在吾之心。爲我之性。而與天固未嘗間。此心之所謂仁。卽天之元。此心之所謂禮。卽天之亨。此心之所謂義。卽天之利。此心之所謂智。卽天之貞。其實一致。非引而譬之也。天道無外。此心之理亦無外。天道無限量。此心之理亦無限量。天道無一物之不體。而萬物無一之非天。此心之理亦無一物之不體。而萬物無一之非吾心。那箇不是心做。那箇道理不具于心。天下豈有性外之物。而不統于吾心是理之中也哉。但以理言。則爲天地。公共不見其切于己。謂之吾心之體。則卽理之在我。有統屬主宰。而其端可尋也。此心所以至靈至妙。凡理之所至。其思隨之。無所不至。大極於無際而無不通。細入於無倫而無不貫。前乎上古。後乎萬古。而無不徹。近在跬步。遠在萬里。而無不同。雖至于位天地。育萬物。亦不過充吾心體之本然。而非外爲者。此張子所謂有外之心不足以合心者也。所謂用與天地相流通者。以是理之流行言之耳。蓋是理在天地閒流。圓轉無一息之停。凡萬物萬事。小大精粗。無一非天理流行。吾心全得是理。而是理之在吾心。心亦本無一息不生。生而不與天地相流行。人惟欲淨情達。不隔其所流行。然後常與天地流通耳。且如惻隱一端。近而發於親親之閒。親之所以當親。是天命流行者然也。吾但與之流行。而不虧其所親者耳。一或少有虧焉。則天理隔絶于親親之閒而不流行矣。次而及於仁民之際。如老者之所以當安。少者之所以當懷。入井者之所以當怵惕。亦皆天命流行然也。吾但與之流行。而不失其所懷所安所怵惕者耳。一或少有失焉。則天理便隔絶于仁民之際而不流行矣。又遠而及於愛物之際。如方長之所以不折。胎之所以不殺。夭之所以不殀。亦皆天命流行者然也。吾但與之流行。而不害其所長所胎所夭者耳。一或少有害焉。則天理便隔絶于愛物之際而不流行矣。凡日用閒。四端所應皆然。但一事不到。則天理便隔絶于一事之下。一刻不貫。則天理便隔絶于一刻之中。惟其千頭萬緒皆隨彼天則之自爾。而心爲之周流貫匝。無人欲之閒焉。然後與元亨利貞流行于天地之閒者。同一用矣。此程子所以指天地變化。草木蕃滋。以形容恕心充擴得去之氣象也。然亦必有天地同大之體。然後有是天地流通之用。亦必有是天地流通之用。然後有是天地同大之體。則其實又非兩截事也。

王子正曰。天命性心。雖不可謂異物。然各有界分。不可誣也。今且當論心體。便一向與性與天衮同説去。何往而不可。若見得脱灑。一言半句亦自可見。更宜涵養體察。

朱子曰。此説甚善。更寬著意思涵養。則愈見精密矣。然又不可一向如此。向無形影處追尋。

更宜于日用事物。經書指意。史傳得失上做工夫。卽精粗表裏。融會貫通。而無一理之不盡矣。

北溪經説

人受陰陽二氣而生。此身莫非陰陽。如氣陽血陰。脈陽體陰。頭陽足陰。面陽背陰。口之語默。目之寤寐。鼻息之呼吸。皆有陰陽。不特人如此。凡萬物皆然。中庸言鬼神體物不可遺。天地間無一物不是陰陽。則無一物不是鬼神。

自二氣言之。神是陽之靈。鬼是陰之靈。靈云者。只是屈伸往來恁地活耳。自一氣言之。方伸而來屬神。已屈而往屬鬼。其實二氣只是一氣。

四象數説

太陽之數九。少陰之數八。少陽之數七。太陰之數六。果何從而取之。曰。在圖書所取。則以圖書之數言。在卦畫所生。則以卦畫之數起。不可一概論也。蓋河圖之數。本五行生成之數。始于一而終于十。五居其中。則參天爲三奇。兩地爲二偶之合也。天以一生水而居乎北。則太陽之位也。地以六成之而居乎北之外。則太陰之數也。地以二生火而居乎南。則少陰之位也。天以七成之而居乎南之外。則少陽之數也。天以三生木而居乎東。則少陽之位也。地以八成之而居乎東之外。則少陰之數也。地以四生金而居乎西。則太陰之位也。天以九成之則居乎西之外。則太陽之數也。位與數連而相違。其六者。以一而得于五者也。七者。以二而得于五者也。八者。以三而得于五者也。九者。以四而得于天有㊀也。合而言之。右旌則太陽居一而連九。少陰居二而連八。左旌㊁則少陽居三而連七。太陰居四而連六。位極方正。而數稍偏曲者也。洛書之數奇。陰陽奇偶之數。始于一而終于九。五居其中。則亦參天爲三奇。兩地爲二偶之合也。虛其中。則履一而戴九爲太陽。居一而含九。左三右七爲少陽。居三而含七。右肩二而左足八爲少陰。居二而含八。左肩四而右足六爲太陰。居四而含六。位與數順而相會其九者。以十分一之餘也。八者。以十分二之餘也。七者。以十分三之餘也。六者。以十分四之餘也。總其中。則縱橫皆十五。而又二㊂見之。太陽之九南。則太陰之六北。則少陽之七西。則少陰之八東。則太陰之六西北。太陽之九東南。少陰之八東北。少陽之七西南。位則稍偏側。而數甚明直者也。此圖書四象之所取。皆自居位以外。極其統攝者而言之也。卦畫則自太極動而生陽。始爲畫一奇而謂之陽儀。動極而靜。靜而生陰。次爲畫一偶而謂之陰儀。靜極復動。一動一靜。互爲其根。故又其次。于兩儀之上。各生一奇一偶。而爲二畫者四。謂之四象。太陽居一。其本體二畫奇。每奇之圍三。爲含三奇。通所從生位。一奇以三。其圍三者而起之。故其數九。少陰居二。其本體一畫奇一畫偶。每

㊀「天有」當爲「五者」。
㊁「旌」當爲「旋」。
㊂「二」當爲「互」。

偶之圍四。爲含二偶。通所從生位。一奇以一。其圍四。兩其圍四者而起之。故其數八。少陽居三。其本體一畫偶一畫奇。通所從生位。一偶以一。其圍三。兩其圍四者而起之。故其數七。太陰居四。其本體二畫偶。通其所從生位。一偶以三。其圍四者而起之。故其數六。此卦畫四象之所生。專自本體以内。極其根原者而起之也。自本體以内。而極其根原。則數之體也。自居位以外。而極其統攝。則數之用也。二者其取數之象然也。若其所以爲取數之義則如之何。曰。陰陽之數。自一至五爲生數。以方生其氣也。自六至十爲成數。謂已成其質也。今四象以成數言之。陽主進。自六方進至七。而未極乎盈。則爲少陽。故其數爲七。又進而極乎九。則已盈。而爲老陽。故其數爲九。陰主退。自九方退至八。而未極乎虚。則爲少陰。故其數爲八。又退而極乎六。則已虚。而爲老陰。故其數爲六。此其取義又各有所主。而非苟然也。

北溪字義

未有天地萬物。先有是理。然此理不是懸空在那裏。纔有天地萬物之理。便有天地萬物之氣。纔有天地萬物之氣。則此理便全在天地萬物之中。周子所謂太極動而生陽。靜而生陰。是有這動之理便能生陽。纔動而生陽。則是理便已具于陽動之中。有這靜之理便能生陰。纔靜而生陰。則是理便已具于陰靜之中。然則纔有理。便有氣。纔有氣。理便全在這氣裏。而那相接處。全無些子縫罅。如何分得孰爲先。孰爲後。所謂動靜無端。陰陽無始。若分别得先後。便偏在一邊。非渾淪極至之物。太極。天所命于人以是理。本只善而無惡。故人所受以爲性。亦本善而無惡。孟子道性善。是專就大本上説來。説得極親切。只是不曾發出氣稟一段。所以啓後世紛紛之論。蓋人之所以萬殊不齊。只緣氣稟不同。這氣只是五行之氣。如陽性剛。陰性柔。火性燥。水性潤。金性寒。木性温。土性遲重。七者夾雜。便有參差不齊。所以人隨所值。便有許多般樣。然這氣運來運去。自有個眞元之會。如曆法算到本數湊合。所謂日月如合璧。五星如連珠時相似。聖人便是稟得這眞元之會來。然天地間參差不齊之時多。不寒不暑光風霽月之時少。最難得恰好時。人生多是值此不齊之氣。如有一等人非常剛烈。是值陽氣多。有一等人極是軟弱。是值陰氣多。有人躁暴忿厲。是又值陽氣之惡者。有狡譎姦險。此又值陰氣之惡者。有人性圓。一撥便轉也。有一等極愚拗。雖一句善言。亦説不入。與禽獸無異。都是氣稟如此。陽氣中有善惡。陰氣中亦有善惡。如通書所謂剛善剛惡柔善柔惡之類。不是陰陽氣本惡。只是分合轉移齊不齊中。便自然成粹駁善惡耳。因氣有粹駁。便有賢愚。氣雖不齊。而大本則一。雖下愚亦可變而爲善。然工夫最難。非百倍其功者不能。故子思曰。人一能之。己百之。人十能之。己千之。果能此道。雖愚必明。雖柔必强。正爲此耳。自孟子不説到氣稟。所以荀子便以性爲惡。揚子便以性爲善惡混。韓文公又以爲性有三品。都只是説得氣。近世東坡蘇氏。又以性未有善惡。五峯胡氏。又以爲性無善惡。都只含糊捉摸。就人與天相接處。説個性是天生自然底物。意不曾説得性端的指定是甚底物。直至二程。得濂溪先生太極圖發端。方始説得分明極至。更無去處。其言曰。性卽理也。理則自堯舜至于塗人一也。此語最是簡切。端的爲孟氏說善。善亦只是理。但不若理字下得較確定。胡氏看不徹。便謂善者只是贊歎之辭。又誤了。既是贊歎。便是那個是好物方贊歎。豈有不好物而贊歎之耶。程子于本性之外。又發出氣稟一段。方見得善惡所由來。故其言曰。論性不論氣不備。論氣不論性不明。二之則不是也。蓋只論大本。而不及氣稟。則所論有欠缺未備。若只論氣稟。而不及大本。便只說得粗底。而道理全然不明。千萬世而下。學者只得按他說。不可改易。孟子道性善。從何而來。夫子易繫曰。一陰一陽之謂道。繼之者善也。成之者性也。所以一陰一陽之理者爲道。止是統說個太極之大體。繼此者爲善。乃是就其間說造化流行。生育賦予。更無別物。只是個善而已。此是太極之動而陽時。所謂善者。以實理言。卽道之方行者也。至成此者爲性。是說一物受得此善底道理。夫各成個性。是太極之靜而陰時。此性字與善字相對。是卽所謂善而理之已定者也。夫子所謂善。是就人物未生之前造化原頭處說。善乃重字。爲實物。若孟子所謂性善。則是就成之者性處說。是生以後事。善乃輕字。言此性之純粹至善耳。其實由造化原頭處。有是繼之者善。然後成之者性時。方能如此之善。則孟子所謂善。實淵源于夫子所謂善。而非有二本也。易文言。周子通書。乃程子說已明備矣。至明道。又謂孟子所謂性善者。只是說繼之者善也。此又借㊀借易語移就人工㊁上說。是指四端之發處言之。而非易之本

㊀「借」當爲「是」。
㊁「工」當爲「分」。

指㊀也。

禮者心之敬。而天理之節文也。心中有個敬。油然自生。便是禮。見于應接。便自然有個節文。節則無太過。文則無不及。如做事太質。無文彩。是失之不及。末節繁文太盛。是流于太過。天理之節文。乃其恰好處。恰好處便是理合當如此。更無太過。更無不及。當然而然。便卽是中。故濂溪説仁義中正。以中字代禮字。尤見親切。以上性理。

北溪文集

道原于天命之奧。而實行日用之閒。在心而言。則其體有仁義禮智之性。其用有惻隱羞惡辭讓是非之情。在身而言。則其所具有耳目鼻口四肢之用。其所與有君臣父子夫婦昆弟朋友之倫。在人事而言。則處而脩身齊家應事接物。出而涖官理國牧民御衆。微而起居言動飲食衣服。大而禮樂刑政兵財律曆之屬。凡森乎戴履。千條萬緒。莫不各有當然一定不易之則。皆莫非天理自然流行著見。而非人之所强爲者。自一本而萬殊。而體用不相離也。合萬殊而一本。而顯微無少間也。上帝所降之衷。卽降乎此也。生民所秉之彝。卽秉乎此也。以人之所同得乎此。而虛靈不昧。則謂之明德。以人之所共由乎此。而無所不通。則謂之達道。堯舜與塗人同一稟也。孔子與十室

㊀「指」當爲「旨」。

均一賦也。聖人之所以爲聖。生知安行乎此也。學者之所以爲學。講明踐履乎此也。謂其君。不能賊其君者也。謂其民。不能賊其民者也。自謂其身。不能自賊者也。操之則存。舍之則亡。迪之則吉。背之則凶。蓋較然易知。坦然易行也。是豈有離乎日用常行之外。别自爲一物。至幽而難窮。甚高而難能也哉。道學體統。

我宋之興。明聖相承。太平日久。天地眞元之氣復會于是。濂溪先生與河南二程先生。卓然以先知先覺之資相繼而出。濂溪不由師傳。獨得于天。妙建圖書。抽關啓鑰。上與羲皇之易相表裏。而下以振孔孟不傳之墜緒。所謂再闢渾淪。二程親受其旨。又從而光大之。故天理之微。人倫之大。事物之衆。鬼神之幽。與凡造道入德之方。修己治人之術。莫不粲有條理。使斯世之英才志士。得以探討服行。而不失攸歸。河洛之閒。斯文洋洋。與洙泗並聞。而知者有朱文公。又卽其微言遺旨。益精明而瑩白之。上以達羣聖之心。下以統百家而會于一。蓋所謂集諸儒之大成。嗣周程之嫡統。而粹乎洙泗濂洛之淵源者也。師友淵源。

人性均善。均可以適道。而鮮有能從事于致知力行者。由其有二病。一則病于安常習故。而不能奮然立志。以求自拔。一則病于偏執私主。而不能豁然虚心。以求實見。蓋必如孟子。以舜爲法于天下。而我猶未免于鄉人者爲憂。必期如舜而後已。然後爲能立志。必如顏子。以能問于不能。以多問于寡。有若無。實若虚。然後爲能虚其心。既能立志而不肯自棄。又能虚心而不敢自是。然後聖門用功節目。循序而日進。日〔一〕日有惟新之益。能升堂入室。惟吾所欲而無所阻矣。用功節目。

大學者。古之大人所以爲學之法也。其大要惟曰明明德。曰新民。曰止于至善。三者而已。于三者之中。又分而爲格物致知誠意正心修身以至齊家治國平天下者。凡八條。大抵規模廣大而本末不遺。節目詳明而始終不紊。實羣經之綱領。而學者所當最先講明者也。其次則論語二十篇。皆聖師言行之要所萃。于是而學焉。則有以爲操存涵養之實。又其次則孟子七篇。皆醇醇乎仁義王道之談。于是而學焉。則有以爲體驗充廣之端。至于中庸一書。則聖門傳授心法。然其爲言。大概上達之意多。而下達之意少。非初學所可驟語。又必大學論孟之既通。然後可以及乎此。而始有其的。知其皆爲實學。無所疑也。蓋不先諸大學。則無以提挈綱領。而盡論孟之精微。不參諸論孟。則無以發揮藴奥。而極中庸之歸趣。若不會其極于中庸。則又何以建立天下之大本。而經綸天下之大經哉。是則欲求道者。誠不可不急于讀四書。而讀四書之法。無過求。無巧鑿。無旁搜。無曲引。亦惟乎心以玩其指歸。而切己以察其實用而已爾。果能于是四者融會貫通。而理義昭明。胸襟灑落。則在我有權衡尺度。由是而進諸經。與凡讀天下之書。論天下之事。皆莫不冰融凍解。而輕重長短截然一定。自不復有錙銖分寸之差矣。讀書次序。

〔一〕「而」下「日」、「進」下「日」衍。

夫未有天地之先。只自然之理而已。有是理則有是氣。有動之理則動而生陽。有靜之理則靜而生陰。陰陽動靜。流行化育。其自然之理從而賦予于物者爲命。人得是所賦之理以生。而具于心者爲性。理不外乎氣。理與氣合而爲心之靈。凡有血氣均也。而人通物塞。通則理與氣融。塞則理爲氣隔。似道之辨。

同是經也。同是子史也。而爲科舉者讀之。徒獵涉皮膚。以爲綴緝時文之用。而未嘗及其中之藴。止求影像髣髴。略略通解。可以達吾之詞則已。而未嘗求爲眞是眞非之識。窮日夜旁搜博覽。吟哦記憶。惟鋪排駢儷無根之是習。而未嘗有一言及理義之實。自垂髫至白首。一惟虚名之是計。而未嘗有一言關身心之切。蓋其徒知舉子蹊徑之爲美。而不知聖門堂宇高明廣大之爲可樂。徒知取青紫伎倆之爲美。而不知潛心大業趣味無窮之爲可嗜。凡天命民彝。大經大法。人生日用所當然而不容闕者。悉置之度外。不少接心目。一或叩及之。則解頤而莫喻。于修己治人齊家理國之道。未嘗試一講明其梗概。及一旦躐高科。躡要津。當人㊀天下國家之責。而其中枵然無片字之可施。不過直行己意之私而已。若是者。雖萬卷塡胸。錦心繡口。號曰富學。何足以爲學。峩冠博帶。文雅醖藉。號曰名儒。何足以爲儒。假若胸臆歐蘇。才氣韓柳。謂之未曾讀書。亦可也。似學之辨。

㊀「人」當爲「夫」。

古人宗法。別子爲始祖繼別爲大宗。繼禰爲小宗。宗其爲始祖後者爲百世不遷之宗。宗其爲高祖後者爲五世則遷之宗。蓋諸侯世適爲君。由次而下。不得禰先君。視正適皆稱別子。或異姓之來自他邦。與庶姓之起于是邦者。亦皆謂之別子。其後世子孫爲卿大夫。則立此別子爲始祖。而別子之世適。常繼別子之正統。以主始祖之祭。與族人爲宗。謂之大宗。雖五世外。皆爲服齊衰三月。是謂百世不遷之宗。其別子之庶子。又不得稱別子。而自使其世適後之。以主庶子之祭。與兄弟爲宗。謂之小宗。旁而例之。爲類不一。其繼禰者爲親兄弟所宗。爲服期。繼祖者爲從兄弟所宗。爲服大功。繼曾祖者爲再從兄弟所宗。爲服小功。繼高祖者爲三從兄弟所宗。爲服緦。外高祖五世則無服。祖遷而宗易。是謂五世則遷之宗。大宗一與小宗四爲五。小宗五世外雖已遷。而復統于大宗。百世未嘗絶。爲宗子者所以主祭。其體爲甚專。壓族人。其分爲甚尊。統率族人。其權爲甚重。而族人所以祇事宗子。其禮又爲甚嚴。冠娶必告。喪練必赴。婦器必獻其上。具牲必獻其賢。雖貴富不以入其家。非所獻不以入其門。居庶者不敢僭其斬。爲支者不敢干其祭。宗子有疾。而攝則必告而後祭。若庶子爲大夫。則以上牲宗子。爲薦于宗子之家。或宗子居他國。則庶子大夫稱宗子。使執常事。而所謂攝主。又不言孝。不備厭旅嘏綏配歸胙。凡拳拳于宗子若是其敬者。皆以重正體而一人情也。何爲重正體而一人情。大要上以事祖禰而盡尊尊之義。下以合族屬而篤親親之恩爾。是以人知宗派所自來。本支昭穆不亂。而宗廟常嚴。家與宗黨時相接。長幼親疏有紀。而骨肉不離。古人禮俗之感。孝弟達于州閭者。由此其故也。宗會樓記。

小學詩禮

凡子事父母。雞鳴咸盥漱。櫛總冠紳履。以適父母所。

及所聲氣怡。燠寒問其衣。疾痛敬抑搔。出入敬扶持。

將坐請何向。長者執席少者執牀與坐。縣衾篋枕簟。灑掃室及堂。

長者必奉水。少者必奉槃。進盥請沃盥。盥卒授以巾。

問所欲而進。甘飴滑以瀡。柔色以温之。必嘗而後退。

養則致其樂。居則致其敬。昏定而晨省。冬温而夏清。

三日則具沐。五日則請浴。燂潘請靧面。燂湯請濯足。

其有不安節。行不能正履。飲酒不變貌。食肉不變味。

立不敢中門。行不敢中道。坐不敢中席。居不敢主奥。

父召唯無諾。父呼走不趨。叶雌由切。食在口則吐。手執業則投。

父立則視足。父坐則視膝。應對言視面。立視前三尺。

父母或有過。柔聲以諫之。三諫而不聽。則號泣而隨。

父在不遠遊。所遊必有常。復不敢過時。出不敢易方。

舟焉而不遊。道焉而不徑。身者父母體。行之敢不敬。以上事親。

君子容舒遲。見尊者齊遬。足重而手恭。聲靜而氣肅。
始見于君子。辭曰願聞名。童子曰聽事。不敢與並行。
尊年不敢問。長賜不敢辭。燕見不將命。道不請所之。
年倍事以父。年長事以兄。父之齒隨行。兄之齒雁行。
見父之執者。不問不敢對。不請進不進。不謂退不退。
侍坐于長者。必安執而顏。有問讓而對。不及毋儳言。
君子問更端。則必起而對。欠伸撰杖屨。侍坐可請退。
侍飲于長者。酒進則拜受。未釂不敢飲。未辨不虚口。
侍燕于君子。先飯而後已。小飯而極之。毋嚃骨刺齒。
從長上邱陵。必向長所視。羣居有五人。長者席必異。以上事長。
男正位乎外。女正位乎内。男女無相瀆。天地之大義。
男十年出外。就傅學書計。學樂學射御。學禮學孝弟。
女十年不出。姆教婉娩從。執麻治絲繭。觀祭納酒漿。
女子不出門。出門必擁蔽。夜行必以燭。無燭則必止。
男女不雜坐。嫂叔不通問。内言不出閫。外言不入閫。
男不言内事。女不言外事。非祭不交爵。非喪不受器。

姑姊妹女子。已嫁而反室。弗與同席坐。弗與同器食。
娶妻不同姓。寡子弗與友。主人若不在。不入其門户。
婦人伏于人。無所敢自遂。令不出閨門。惟酒食是議。
迎客不出門。送客不下堂。見卑不踰閾。弔喪不出疆。
婦人不二斬。烈女不二夫。一與之齊者。終身不改乎。以上男女。
喜怒必中節。周旋必中禮。淫惡不接心。惰慢不設體。
目不視惡色。耳不聽惡聲。非法不敢道。非德不敢行。
執虚如執盈。入虚如有人。使民如承祭。出門如見賓。
並坐不横肱。共飯不澤手。揖人必違位。尊前不叱狗。
入國不敢馳。入里必致式。入户必奉扃。入門不踐閾。
入境必問禁。入國必問俗。入門必問諱。與人不問欲。
臨喪則不笑。臨祭則不惰。當食則不歎。讓食則不唾。
君子正衣冠。儼然尊瞻視。即之容也温。聽之言也厲。以上雜儀。

啓蒙初誦

天地性。人爲貴。無不善。萬物備。

仁義實。禮智端。聖與我。心同然。
性相近。道不遠。君子儒。必自反。
學爲己。明人倫。君臣義。父子親。
夫婦别。男女正。長幼序。朋友信。
日孜孜。敏以求。憤忘食。樂忘憂。
訥于言。敏于行。言忠信。行篤敬。
思無邪。居處恭。執事敬。與人忠。
入則孝。出則弟。敬無失。恭有禮。
足容重。手容恭。目容端。色容莊。
口容止。頭容直。氣容肅。立容德。
視思明。聽思聰。色思温。貌思恭。
正衣冠。尊瞻視。坐毋箕。立毋跛。
惡旨酒。好善言。食毋飽。居無安。
進以禮。退以義。不聲色。不貨利。
信道篤。執德弘。見不善。如探湯。
祖堯舜。憲文武。如周公。學孔子。

禮三百。儀三千。温而厲。恭而安。存其心。盡其性。終始一。睿作聖。

訓蒙雅言

惟皇上帝。降衷于民。元亨利貞。道不遠人。民之秉彝。有物有則。性無不善。如是懿德。仁義禮智。良能良知。非由外鑠。我固有之。天敘有典。天秩有禮。有是四端。猶其四體。孩提之童。可知可能。無不愛親。無不敬兄。維此聖人。先知先覺。從容中道。與天地合。進退可度。德義可尊。中天下立。作師作君。昔在帝堯。克明俊德。允執其中。順帝之則。平章百姓。協和萬邦。巍乎成功。焕乎有章。大舜有大。惟精惟一。濬哲文明。温柔允塞。明于庶物。察于人倫。由仁義行。樂取諸人。禹日孜孜。惡酒好善。聞言則拜。敬修可願。

不矜不伐。惡服卑言。克儉于家。克勤于邦。
湯敬日躋。懋昭大德。不殖貨利。不邇聲色。
以義制事。以禮制心。毋從匪彝。毋卽慆淫。
亹亹文王。小心翼翼。不顯亦臨。不聞亦式。
肅肅在廟。雝雝在宮。刑于寡妻。至于家邦。
於皇武王。建其有極。敬用五事。文用三德。
無反無側。無黨無偏。王道蕩蕩。三道平平。
周公達孝。善繼善述。思兼三王。夜以繼日。
克勤小物。勤勞王家。赤舄几几。德音不瑕。
孔集大成。信而好古。祖述堯舜。憲章文武。
下學上達。好古敏求。發憤忘食。樂以忘憂。
進禮退義。溫良恭儉。若聖與仁。爲之不厭。
宗廟便便。鄉黨恂恂。私覿愉愉。燕居申申。
立不中門。行不履閾。不正不坐。不時不食。
出事公卿。入事父兄。罕言利命。不語怪神。
毋意毋必。毋固毋我。從心所欲。無可不可。

堯舜性者。湯武反之。由文至孔。則聞而知。
先聖後聖。道一而已。先覺後覺。心同然耳。
人可爲舜。邑有如丘。氓之蚩蚩。放而不求。
聖人有憂。設爲學校。于帝其訓。修道謂教。
教以禮樂。教以詩書。教以人倫。皆復其初。
蒙以養正。常視毋誑。朝夕幼儀。請肄簡諒。
灑掃應對。威儀遲遲。折旋中矩。周旋中規。
大學之道。在明明德。十五而志。自强不息。
請問其目。先致其知。誠意正心。以公滅私。
心正身修。家齊國治。皆由此出。非自外至。
聖謨洋洋。嘉言孔彰。君子人與。日就月將。
博學審問。謹思明辨。若昔大猷。監于成憲。
道者大路。夫豈難知。萬物備我。求則得之。
利善之間。乃見天則。如惡惡臭。如好好色。
盡心知性。知性知天。理義悦心。秉心塞淵。
求其放心。約之以禮。修其天爵。從其大體。

仁實事親。義實從兄。智知禮節。樂樂則生。
入孝出弟。體信達順。强恕而行。求仁莫近。
忠信篤敬。參前倚衡。擇乎中庸。拳拳服膺。
浩然之氣。至剛至大。配義與道。養而無害。
中而不倚。和而不流。勇者不懼。仁者不憂。
君子務本。親親爲大。居致其敬。夙夜匪懈。
事親如天。事天如親。全而歸之。不辱其身。
父子主恩。君臣主敬。夫婦有别。男女以正。
老者安之。少者懷之。朋友偲偲。兄弟怡怡。
見賢思齊。賢賢易色。以友輔仁。友友其德。
雞鳴而起。三省吾身。主善爲師。戰戰兢兢。
恐懼不聞。戒謹不睹。相在爾室。不愧屋漏。
莫見乎隱。莫顯乎微。必謹其獨。意毋自欺。
敬以直内。義以方外。斯遠暴慢。斯遠鄙倍。
正其衣冠。出入禮門。望之儼然。即之也温。
非禮勿視。非禮勿聽。遵道而行。行不由徑。

使民如祭。出門如賓。己所不欲。勿施于人。
庸德之行。庸言之謹。閑邪存誠。窒欲懲忿。
有過則改。見善則遷。非義速已。何待來年。
克己復禮。養心寡慾。簞食瓢飲。不改其樂。
反身而誠。道積厥躬。飲水曲肱。樂在其中。
日新又新。終始惟一。赤子之心。敬而無失。
經禮三百。曲禮三千。俯不怍人。仰不愧天。
和順積中。英華發外。清明在躬。睟面盎背。
心莊體舒。心廣體胖。動容中禮。左右逢原。
口無擇言。身無擇行。盡性至命。曰睿作聖。
用之則行。善與人同。斯道覺民。天下爲公。
舍之則藏。龍德而隱。獨行其道。遯世無悶。
顔氏之子。其殆庶幾。心不違仁。具體而微。
吾道一貫。曾子曰唯。仁爲己任。死而後已。
於乎小子。敬之敬之。堯舜人同。文王我師。
行堯之行。是堯而已。舜何人也。有爲若是。

彼我丈夫。吾何慊乎。從事于斯。聖人之徒。誨爾諄諄。皆雅言也。自暴自欺。民斯爲下。

閒居雜詠

仁人之安宅。在心本全德。要常居于中。不可違終食。仁。

義人之正路。中實存羞惡。要常由而行。不可離一步。義。

禮者人之門。節文自中根。所主一以敬。出入無不存。禮。

智者人之燭。于我非外鑠。清明常在躬。無容自昏濁。智。

孝以事其親。斯須不離身。始終惟愛敬。敬者在書紳。孝。

悌以事其兄。温恭盡乃情。出門惟敬長。内外一于誠。悌。

忠以盡諸己。其中不容僞。一毫苟自欺。在我先有愧。忠。

信以實諸言。于外無妄宣。要須循爾物。何可背其然。信。

父子本天性。人倫此其大。一言在有親。不可薄厥愛。父子。

君臣本大分。天尊而地卑。一言在有義。不可以爲利。君臣

夫婦亦大端。乾男而坤女。一言在有别。不可欲敗度。夫婦。

兄長而弟幼。天屬之羽翼。一言在有序。不可事私鬩。兄弟。

朋友同門志。所以輔吾仁。一言在有信。不可私狎親。朋友。
耳所以司聽。聽正乃爲聰。匪彝謹勿聞。聞之則爲聾。耳。
目所以司視。視正乃爲明。非禮謹勿睹。睹之則爲盲。目。
口所以司言。所言必正説。非法謹勿道。道之爲噬嗑。口。
手所以司執。所執必正事。回德謹勿持。持必爲痿痺。手。
足所以司履。所履必正道。邪徑謹勿由。由之爲蹁跛。足。
心爲形之君。所主一身政。持養常清明。百體皆順令。心。
泛觀事物間。是理眞卓卓。無一非吾事。要在博所學。博學。
物理本不齊。雜然各異分。參伍寧無疑。要在審所問。審問。
論學取諸友。舉隅發之師。欲自得其傳。要在謹厥思。謹思。
利與善之間。微似未易斷。欲無豪釐差。要在明厥辨。明辨。
學問思辨者。于中瑩且精。欲實據而有。要在篤于行。篤行。
師者人之範。辨惑正吾疑。苟不就有道。倀倀其何之。隆師。
友者人之輔。以善相切磨。不取直諒聞。其爲損德何。親友。
善者性所有。不可無諸躬。每見必勇遷。吾德乃可崇。遷善。
過者動之差。毋容實諸己。才覺必速改。乃不爲吾累。改過。

禮以維其心。在心無不敬。非此勿言動。非此勿視聽。禮維。

義以維其心。在心常有制。惟爲理所宜。不徇情所利。義維。

廉以維其心。在心常有辨。一介不妄取。眞如視土糞。廉維。

恥以維其心。在心每知愧。不善臨吾前。眞如負芒刺。恥維。

附録

先生生有淑質。幼而穎悟。少長趣識已端高。爲學務實。以同于俗爲恥。間取濂洛遺書。伏而讀之。曰。是若與吾心會。蓋眞得洙泗之傳者。循牆闖門。未身其奥。吾心恧焉。朱子一見與語。知其用功之深久。直以上達之理發之。謂凡閲理義必尋究其根原。如爲人父何故止于慈。須窮慈之根原。爲人子何故止于孝。須窮孝之根原所自來。

先生又積其十年之學。凡所讀聖賢之書。講明義理。洞徹淵微。日用之間。行著習察。有以洞見乎天理流行之妙。胸中灑落。隨其所處。莫不有從容順適之意。不遠千里。質之朱子。有喟然與點之歎。則又告之曰。當大作下學之功。毋遽求上達之見。當如曾子專從事于所貫。毋遽求曾子之所一。當如顔子專從事于博約。毋遽求顔子之卓爾。蓋許先生以曾皙之意。而勉以子路冉求公西華之事也。

先生和陳叔餘韻勉之曰。此道何曾遠。吾儒自有珍。反求皆在我。中晝豈由人。利善分須白。

知行語未陳。若能祛舊見。明德自維新。

又林户求明有道堂詩曰。秉彝同是得天生。道在其中本是明。氣爲稟來微有蔽。欲因感處復多萌。磨礱須到十分粹。克治全教一味清。從此洞然無別體。眞元輝露日光呈。

朱子語類曰。漳州陳淳會問方有可答。方是疑。

又淳有問目段子。先生讀畢。曰。大概説得也好。只是一樣意思。又曰。公説道理。只要撮那頭一段尖底。末稍便要到那大而化之極處。中間許多都把作渣滓。不要理會。相似把個利刃截斷。中間都不用了。這個便是大病。

又諸友入侍。坐定。先生目淳申前説。曰。若把這些子道理只管守定在這裏。則相似山林苦行一般。便都無事可做了。所謂潛心大業者何有哉。淳曰。已知病痛。大段欠了下學工夫。曰。近日陸子靜門人寄得數篇詩來。只將顔淵曾點數件事重疊説。其他詩書禮樂都不説。如吾友下學。也只是揀那尖利底説。粗鈍底都掉了。今日下學。明日便要上達。如孟子。從梁惠王以下都不讀。只揀告子盡心來説。只消此兩篇。其他五篇都删了。緊要便讀。閒慢底便不讀。精底便理會。粗底便不理會。書自是要讀。恁地揀擇不得。如論語二十篇。只揀那曾點意思來涵泳。都要蓋了。單單説箇風乎舞雩。詠而歸。只做個四時景致。論語何用説許多事。前日江西朋友來問。要尋個樂處。某説。只是自去尋。尋到那極苦澀處。便是好消息。人須是尋到那意思不好處。這便是樂底意思來。卻無不做工夫自然樂底道理。

又諸友揖退。先生留淳獨語。曰。何故無所問難。淳曰。數日承先生教誨。已領大意。但當歸去做工夫。曰。此別定不再相見。淳問曰。己分上事已理會。但應變處更望提誨。曰。今且理會常。未要理會變。常底許多道理未能理會得盡。如何便要理會變。聖賢説話。許多道理平鋪在那裏。且要闊着心胸平去看。通透後。自能應變。不是硬捉定一物。便要討常。便要討變。今也須如僧家行腳。接四方之賢士。察四方之事情。覽山川之形勢。觀古今興亡治亂得失之迹。這道理方見得周徧。士而懷居。不足以爲士矣。不是塊然守定這物事在一室。關門獨坐便了。你可以爲聖賢。自古無不曉事情底聖賢。亦無不通變底聖賢。亦無關門獨坐底聖賢。聖賢無所不通。無所不能。那個事理會不得。

陳德齋宓誌其墓曰。維先生之道。至晚益尊。行著于鄉。德形于言。其胸中明瑩。湛乎太空之無雲也。其辨説條暢。浩乎水涌而山出也。其推己及人之心。甚于飢渴嗜慾。而不能以自遏也。

陳定宇答吴仲文曰。北溪在朱門秀出于儕輩。字義一書。玲瓏精透。最好啓發初學性理之子弟。而其極至處。雖八十老翁老師宿儒不能易焉。

梓材謹案。四庫全書著録北溪字義二卷。提要言。此編爲其門人清源王雋所録。以四書字義分二十有六門。每拈一字。詳論原委。旁引曲證。以暢其論云。

謝子蘭跋北溪先生經訓啓蒙曰。先生經學得考亭夫子之傳。卓然爲一代師表。病世之訓蒙者所教龐雜。蔑養正之功。故采摭經傳。以三字四字爲句。緝成韻語。以便習讀。其書言孝之大原。

學之旨要。使幼學者誠能熟讀而藴之于心。養其德性。既長而施諸事業。則舉而措之耳。

北溪講友

補 陳復之先生易

梓材謹案。道南源委載先生慶元進士。終懷安丞。著有論語孟子解。

附録

先時郡士泥章句。自朱子導源于前。先生與北溪繼之。由是濂洛關閩之學大行。居喪酌遵古禮。不用浮屠。

朱子語類曰。因説及陳復之陳安卿二人。爲學頗得蹊行次第。

北溪學侶

潘先生武附門人趙希流。吴仲修。

潘武字叔允。龍溪人。嘉定庚辰。特奏名履行端方。于書無所不讀。與陳北溪爲道義交。進士趙希流吴仲修皆出其門。福建通志。

復之學侶

補 堂長蔡白石先生和

蔡和。從朱文公高弟陳復之易授業。時號爲紫陽別宗。姓譜。

雲濠謹案。萬姓統譜言先生從文公高弟陳易授業云。

附録

先是泉士專經泥章句。自蔡白石及陳北溪往來講授。由是關洛考亭之書家誦人習。理義之盛。足爲紫陽別宗云。

鄭氏師承

李先生過

李過字季辨。興化人。易説十二卷。慶元戊午自序謂幾二十年而成。董季眞説。

梓材謹案。先生號西溪。四庫書目提要于西溪易説云。其亂經之罪。與詁經之功。約略可以相當也。經義考引張雲章謂。先生晚喪明。棄科舉。授徒。其易説多有可采。又引馮厚齋云。西溪易説。多所發明。然以毛漸三墳爲信。誤矣。

北溪同調

蘇先生總龜

蘇總龜字待問。德化人。紹熙間試上舍第一。孝宗即位。釋褐。授衡州教授。累遷廣東提舉。歸再奉祠。有論語解及大學儒行篇。當時與黄榦陳淳齊名。德化縣志。

北溪家學

陳先生植

陳植字瘮玄。以字行。漳浦人。景肅之孫也。幼學于世父北溪。以祖澤補太學生。調龍溪令。轉漳州司理。淳祐中登進士。提督嶺南海路兵馬。帝昺浮海。先生提領海舟。見事危。斷維出港。自以六舟泊梅嶺。收亡命。馳檄諸蠻。圖立宋後。聞張世傑覆舟。元人索捕急。遂變姓名。匿于大芹白華九侯閒。臨終。合葬海濱南望厓山。道南源委。

陳先生格

梓材謹案。儒林宗派以先生爲植弟。同列北溪之門。第誤以植爲北溪子。蓋北溪止一子名榘也。

陳格。瘮玄弟。爲海濱監簿。帝昺亡。從容就死。瘮玄斂袍笏招其魂。葬于漸山書院。福建通志。

北溪門人

補 教授蘇省齋先生思恭

附録

嘉定中。以禮部奏名。方候廷對。聞有期喪。亟歸。

補 州判黃先生必昌

附録

李文溪跋先生中庸大學講稾曰。吾友黃京父主濂堂。日沃諸生胸次以大學中庸之味。揭宏舉要。闡邃析微。探聖賢妙旨于千百載之下。取儒先緒論蔽之片言閒。體認眞切處。如良畫狀人物。考察精密處。如曆家步星氣。又義理無少差。蓋淵源于北溪。而根柢乎考亭者。爲後學之益多矣。京父循循修謹人。一語不妄發。意其于二書心之身之久。不但工誦説而已也。

王臞軒跋黃京甫提幹四書講義曰。吾友黃京甫。器資厚以渾。自了償屋債。徧參諸老門。四書不釋手。日旰忘晨餐。超悟到聖處。不能忘于言。序講凡五篇。字字比璵璠。伊洛有心印。傳受百聖源。紫陽有心鐙。矚破萬世昏。得君再紬繹。提要鉤其元。如印一洗滌。篆籀宛然存。如鐙增膏油。光焰大且繁。我昔從師友。是書粗討論。老大學不進。德性焉能尊。因君重感慨。舊聞日當温。願言翦枝葉。作意事本根。

補卓先生琮

梓材謹案。北溪爲卓氏子名氏説云。温陵卓君廷瑞。嘉定乙亥秋。游臨漳。訪予衡崖而定交焉。似先生特北溪之友。雲濠謹案。閩大記止言從北溪遊。而不及白石。似未從蔡氏。

端明鄭先生寀別見潛庵學案補遺。

蔡先生逢甲

蔡逢甲字國賢。臨漳人。受業北溪之門。嘗與北溪辨論河圖洛書同異。及太極圖西銘相發明處。稱其有特見。登咸淳進士。詔主廣東漕舉。值宋亡。入元不仕。自號棄夫。作悟道書院于玳瑁山下。以隱焉。時高其誼。謂之故宋使。臨没。自題其墓碑曰。前宋進士蔡逢甲墓。著使公講録。道南源委。

陳先生正仲

陳正仲。□□人。嘗造門求教于北溪。北溪文集。

附録

莆陽一寺建大塔。工費鉅萬。或告陳正仲曰。當此荒歲。興無益土木。公盍白郡禁止。正仲笑曰。寺僧能自爲塔乎。莫非傭此邦人也。斂于富家。散于窶輩。是小民藉此得食。而贏得一塔也。當此荒歲。惟恐僧之不爲塔耳。

諸葛先生珏

諸葛珏。泉州人。北溪以所得朱子發揮大學中庸之微旨鳴漳泉間。泉之士有志者相率延之。往教指畫口授。務切當于義理。諸生隨所聞。筆之成帙。先生當時席下士之一也。爲韶州別駕。廣其傳梓。嘉與後學。共使之由北溪之流。溯紫陽之源。而窺聖涯。不徒口耳。且必用力于實踐。則曰。希聖希賢工夫。可循循而詣矣。後尹番禺而始創黌舍云。

吕先生大圭詳下楊氏門人。

貫齋講友

補縣令謝恕齋先生升賢

雲濠謹案。道南源委言。先生少篤理義之學。所著有太極西銘説。易通。學庸語孟解。大意皆推本朱子之書云。

附録

嘗曰。欲遡道之所出以究其終。則必先三書而後四書。欲窮道之所入而反其始。則必先四書而後三書。

白石門人

鼓院鄭先生思忱（補）

雲濠謹案。泉州府志載先生所著有詩書釋。

王先生次傳（補）

梓材謹案。北溪集有答王迪甫書三。又答王迪甫問仁之目。迪甫當即先生之字。第二書答問佛家持敬之說。末云。蔡丈更共講爲如何。可知先生兼及陳蔡之門矣。

江先生與權（補）

雲濠謹案。泉州府志于蔡白石傳云。一時如鄭思忱。思永。蘇思恭。王次傳。卓琮。王雋。黃以翼。江與權。黃必昌。皆從北溪學。第先生之從白石。未見所出云。

楊氏門人

補 知州呂樸鄉先生大圭

雲濠謹案。泉州府志言。先生學于北溪。豈先從北溪。而卒業于楊氏者耶。又言其累官吏部侍郎。

呂大圭語

范寧穀梁之忠臣。何休公羊之罪人。

春秋或問

或問。春秋。魯史也。諸侯亦有史乎。曰。案周禮小史掌邦國之志。說者曰。如春秋傳所謂周志。國語所謂鄭書之屬是也。外史掌四方之志。說者曰。若魯之春秋。晉之乘。楚之檮杌是也。曰。夫子之修史也。何以主魯。曰。夫子。魯人也。春秋。魯史也。以魯人而修魯史。固其宜也。而何疑之有。且夫子嘗曰。我欲觀夏道。是故之杞。而不足徵也。我欲觀商道。是故之宋。而不足徵也。吾觀周道。幽厲傷之。吾舍魯何適矣。此夫子修春秋之意也。

春秋穿鑿之患。其大端有二。一曰以日月爲褒貶。二曰以名稱爵號爲褒貶。春秋以事繫日。以日繫月。以月繫時。事成于日者書日。事成于月者書月。事成于時者書時。其或宜月而不月。

宜日而不日者。皆史失之也。

或曰。春秋所書。皆據魯史爾。所謂門人高弟不能贊一辭者。其義安在。曰。有春秋之達例。有聖人之特筆。有日則書日。有月則書月。名稱從其名稱。爵號從其爵號。與夫盟則書盟。會則書會。卒則書卒。葬則書葬。戰則書戰。伐則書伐。弑則書弑。殺則書殺。一因其事實而無加損焉。此達例也。其或史之所無。而筆之以示義。史之所有。而削之以示戒者。此特筆也。故曰。其事則齊桓晉文。其文則史。其義則丘竊取之矣。蓋用達例而無所加損者。聖人之公心。有特筆以明其是非者。聖人之精義。

春秋襃貶之例論

六經之不明。諸儒穿鑿害之也。而春秋爲尤甚。春秋穿鑿之患。其原起于三傳。而後之諸儒又從而羽翼之。横生意見。巧出義理。有一事而或以爲襃。或以爲貶。彼此互相矛盾者矣。有事同而前以爲襃。後以爲貶。前後自相牴牾者矣。紛紛聚訟。而聖人之意益以不明。然其大端不過有二。一曰以日月爲襃貶之説。二曰以名稱爵號爲襃貶之説。彼徒見夫盟一也。而有日者。有不日者。葬宜書日也。而或書時。人宜書日也。而或書月。若是其不同也。于是有以日月爲襃貶之説。又見夫國君一也。而或書州。或書國。或書人。或一人而前氏後名。又若是其異也。于是有以名稱爵號爲襃貶之説。愚請有以折之。蔑之盟不日。則曰其盟渝也。柯之盟不日。則曰信之也。

將以渝之者爲是乎。信之者爲是乎。桓之盟不日。而葵邱之盟則日之。或曰危之也。或曰美之也。將以危之者爲是乎。美之者爲是乎。公子益師卒。不日。左氏曰。公不與小斂也。然公孫敖卒于外。而公在內。叔孫婼卒于內。而公在外。公不與小斂也明矣。又何以書日乎。公羊曰。公子益師遠也。然公子彄亦遠矣。又何以書日乎。穀梁曰。不日。惡也。然公子牙季孫意如亦惡矣。又何得書日乎。葬必書月日。而有不書月日者。則曰。不及時而日。渴葬也。不及時而不日。慢葬也。過時而日。隱之也。過時而不日。謂之不能葬也。當時而不日。正也。當時而日。危不得葬也。然過時而日。直指齊桓公而言。當是時。公子爭國。危之。隱之可也。衛穆公宋文公無齊桓之賢。無爭國之患。過時而日。有何可隱之乎。宋穆公之日葬。又有何危乎。凡此者。皆疑誤而難通者也。孰謂春秋必以日月爲褒貶乎。至于來歸仲子之賵。而宰書名。則曰貶之也。使榮叔歸成風之含賵。而王不書天。亦曰貶之也。豈歸仲子之賵。罪在冢宰。而不在天王乎。歸成風之含賵。咎在天王。而不在榮叔乎。春秋書王。本以正名分。而夫子乃自貶王而去其天。則將以是爲正名分。可乎。穀伯鄧侯稱名。說者曰。朝弒逆之人。故貶之。滕子杞子獨非朝弒逆之人乎。滕薛來朝稱爵。說者曰。滕薛。微國也。以其先朝隱公故褒之。朝隱有何可褒而褒之乎。若以隱爲始受命之君。則尤繆妄之甚者也。或曰。滕本侯爵也。朝弒逆之人。貶而稱子。朝桓可貶也。終春秋之世不復稱侯。豈皆以朝桓之故而貶之乎。或曰。爲時王所黜也。夫使時王而能升黜諸侯之爵。則是禮樂賞罰之權。天王能自執矣。安得爲春秋之世乎。先書荆。繼書楚。已而書楚子。說者曰。進外荒也。夫中國而外荒則外荒之。可也。外荒而中國則亦中國之乎。聖人作經。本以辨内外之分。而顧乃進外荒而退中國乎。若此之類。不可以一二數。要皆疑誤而難通者也。孰謂春秋以名稱爵號爲褒貶乎。大抵春秋以事繫日。以日繫月。以月繫時。事成于日者書日。事成于月者書月。事成于時者書時。故凡朝覲蒐狩城築作毁。凡如此者。皆以時成者也。會遇平如來至伐圍取救次遷戍襲奔叛執放水旱雨雹冰雪彗孛螽螟。凡如此者。或以月成。或以日成也。崩薨卒弑葬郊廟之祭盟狩敗入滅獲日食星變山崩地震火災。凡如此者。皆以日成也。其或宜月而不月。宜日而不日者。皆史失之也。假如某事當書月而魯史但書其時。某事當書日而魯史但書其月。聖人安得虚增甲子乎。是春秋不以日月爲例也。春秋據事直書。而善惡自見。名稱爵號從其名稱爵號。而是非善惡則繫乎其文。非書名者皆貶。而書氏者皆褒也。假令某與某在所褒而舊史但著其名。某與某在所貶而舊史但著其字。則聖人將奔走列國以求其名與字。而後著之于經乎。是春秋不以名稱爵號爲褒貶也。若夫因其所書日月之前後而知其是非。因其名稱爵號之異同而知其事實。則固有之矣。非聖人因以是爲褒貶也。有如莊三十一年。春。築臺于郎。夏。築臺于薛。秋。築臺于秦。三十二年。春。城小穀。則有以見纔閲三時而大功屢興也。宣十五年。秋螽。冬蝝生。則有以見連歷二時而災害薦作也。莊八年。春。師次于郎。夏。師及齊師圍郕。秋。師還。則有以見閲三時而勞兵于外也。若此之類。蓋于書時見之。桓二年。秋七月。杞侯來朝。九月。入杞。則有以見來朝方閲一月而遽興兵以入之也。昭七年。三月。公如楚。九月。公至自楚。則有以見其朝外荒之國閔七月之久而勞于行也。僖二十年。冬十月。不雨。三年。春王正月。不雨。夏四月。不雨。六月。雨。則有以見其閔九月而後雨也。若此之類。蓋于書月見之。癸酉。大雨。震電。庚辰。大雨雪。則有以見八日之閒而再見天變也。辛未。取郜。辛巳。取防。則有以見旬日之閒而取其二邑。壬申。鄉廩災。乙亥。嘗。則有以見其嘗于災餘之爲不敬。己丑。葬敬嬴。庚寅而克葬。則有以見明日乃葬之爲無備。丙午。及荀庚盟。丁未。及孫良夫盟。則有以見魯人之先晉而後衛。己未。同盟于雞澤。戊寅。及陳袁僑盟。則有以見晉人之先盟諸侯而後盟大夫。若此之類。蓋于書日見之。然以是爲聖人以日月之書不書寓褒貶。則誤矣。若夫名稱爵號之異同。則有以事之大小而其辭因之以詳略者。亦有前目而後凡者。有蒙上文而殺其辭者。固難以一例盡。而時變之升降。世道之盛衰。亦有因之以見者。楚一也。始書荆。再書楚子。吴一也。始書吴。再書人。已而書吴子。于以見外荒之浸盛矣。魯翬柔鄭宛詹。始也大夫猶不氏。于後則大夫無有不氏者。鄭段陳佗衛州吁。始也皆名之。後則雖弑君之賊亦有書氏者。于以見大夫之浸强矣。始也曹莒無大夫。于後則曹莒皆有大夫。于以見小國之大夫皆爲政矣。始也吴楚君大夫皆書人。于後則吴楚之臣亦書名。于以見外荒之大夫皆往來于中國矣。諸侯在喪稱子。有書子而預會預伐者。于以見居喪而會伐之爲非禮也。杞公爵也而書伯。滕侯爵也而書子。于以見其不用周爵而以國之大小爲强弱也。會于曹。蔡先衛。伐鄭則衛先蔡。于以見當時諸侯皆以目前之利害而不復用周班也。幽之盟。男先伯。淮之會。男先侯。戚之會。子先伯。蕭魚之會。世子長于小國之君。于以見伯者爲政皆以私意爲輕重而無復禮文也。垂隴之盟。內之則公孫敖曾㈠諸侯召陵侵楚之師。外之則齊國夏會伯主。于以見大夫敵于諸侯而莫知其非也。凡此者。莫非名稱從其名稱。爵號從其爵號。而是非善惡乃因而見之。初非聖人特以是爲褒貶也。學者必欲于名稱爵號之閒。而求聖人褒貶之意。則窒礙而不通矣。于其不通也而强爲之說。則務爲新巧。何所不至。恐非聖人明白正大之心爾。學者之觀春秋。必先破春秋以日月爲例之說。與夫以名稱爵號爲褒貶之說。而後春秋之旨可得而論矣。

梓材謹案。四庫全書著録先生春秋或問二十卷。附春秋五論一卷。提要云。或問大旨。于三傳之中多主左氏穀梁。而深排公羊。于何休解詁斥之尤力。所著五論。一曰論夫子作春秋。二曰辨日月褒貶之例。三曰特筆。四曰論三傳所長所短。五曰世變。又稱其抗節遇害。其立身本末皎然千古。可謂深知春秋之義云。

附録

盡屏詞章。以致知力行爲務。

出知興化軍。捐俸錢代輸中户以下賦。著莆陽拙政録。

㈠「曾」當爲「會」。

卓氏家學

卓先生克

卓先生存合傳。

卓克字伯仁。卓存字叔義。廷瑞二子也。謂有可教之質。而北溪爲之名字説云。北溪文集。

呂氏門人

補隱君邱釣磯先生葵

雲濠謹案。四庫存目著録先生周禮補亡六卷。提要言其書世有二本。其一分六卷。題曰馬禮注。其一卽此本。不分卷數。而題曰周禮冬官補亡。經義考又作周禮全書。而注曰。一作周禮補亡。案。此書別無他長。惟補亡是其本志。故今以補亡著録焉。

周禮説

役有輕重繁簡遠邇久疏之殊。民有老少强弱貧富之異。是以先均其土地。以別其寬狹磽腴。稽其人民。以知其多寡虚實。量其人身。以知其强弱老少。驗其富壽。以知其貧富有無。必有夫有婦然後謂之一家。必年少富强然後謂之可任。明以察之。公以處之。仁以憫之。而民不以役爲病矣。

附録

蒲壽庚叛降元。先生益自韜晦。元遣御史馬伯庸來徵。以種圃自匿。又率達魯花赤齎幣就聘其家。竟力辭。伯庸等取遺書以去。

何先生夢中附弟夢然。

何夢中。東陽人。内舍生。嘗跋吕圭叔春秋或問。自言預聞指教。不敢祕。與朋友謀而鋟諸梓。庶幾其傳。又與弟參知政事夢然作周禮義一卷。經義考。

北溪續傳

劉先生宗道

劉宗道名駟。以字行。龍溪人。洪武初。以秀才被徵再三。召試稱旨。賜第一。拜左都御史。上格君德民二十事。並見嘉納。後爲邵質董希賢所搆。詔徙南詔。貰還。遜于播州以死。先生明程氏學。遠師陳北溪。其闢佛老甚嚴。好修家禮。鄉人稱愛禮先生。有愛禮集七十卷。福建續志。

瞿先生興嗣附子懋。莊。

瞿興嗣字華卿。常熟人。母感疾。思啖菱。時菱未葉。徧市之不得。解衣入菱澤中。哀號索之竟日。手足皆腫。得菱實三。馳婦㊀遺母。母疾如失。晚閲北溪陳氏性理字義。卽解其要。曰。聖賢之學蓋如是。因戒其二子懋莊曰。我少不學。至老而始悔。若等其勉之。二子刻志事學。莊入明蔚爲名儒。從典簿陞禮部員外郎。宋文憲集。

邱氏門人

補呂先生椿

梓材謹案。閩書云。隱居教授。所著又有詩直解。禮記解。

劉氏門人

陳先生拯

陳拯。劉宗道門人。福建續志。

㊀「婦」當爲「歸」。

宋元學案補遺卷六十九目録

滄洲諸儒學案補遺上
傅氏師承……三七四三
龔先生茂良……三七四三
陳氏先緒……三七四四
補陳先生禧……三七四四
補陳先生衡……三七四四
程氏先緒……三七四五
程先生汝能父宏……三七四五
張氏先緒……三七四五
張先生德運……三七四五
南塘師承……三七四五
施先生師點……三七四五
晦翁門人……三七四六
補李先生燔……三七四六
補張先生洽……三七四八
補廖先生德明……三七五三
補李先生方子……三七五六
補李先生文子……三七五九
補徐先生僑……三七五九
補劉先生爚……三七六一
補劉先生炳……三七六三
補程先生洵……三七六四
補曹先生彦純……三七六九
補詹先生體仁……三七六九
補林先生夔孫……三七七一
補傅先生伯成……三七七二
補黄先生灝……三七七三
補度先生正……三七七四

補任先生希夷……三七七五
補宋先生斌……三七七六
補黃先生畓……三七七六
補陳先生孔碩……三七七七
補吳先生仁傑……三七七八
補陳先生定……三七八〇
補陳先生宓……三七八〇
補程先生端蒙……三七八一
補董先生銖……三七八三
補王先生過……三七八六
補程先生珙……三七八六
補戛先生淵……三七八九
補方先生士繇……三七九〇
補竇先生從周……三七九〇
補湯先生泳……三七九一
補劉先生黻……三七九一
補林先生湜……三七九二
補應先生純之……三七九二
補沈先生僩……三七九二
補張先生宗說……三七九三
補李先生如圭……三七九三
補趙先生汝談……三七九八
補潘先生植……三七九九
補潘先生柄……三八〇〇
補滕先生璘……三八〇一
補滕先生珙……三八〇三
補胡先生泳……三八〇三
補歐陽先生謙之……三八〇四
補饒先生敏學……三八〇七
補孫先生調……三八〇七
補李先生閎祖……三八〇八
補王先生遇……三八〇九

補楊先生楫……三八一〇
補楊先生方……三八一〇
補楊先生復……三八一一
補李先生唐咨……三八一九
補石先生洪慶……三八二〇
補趙先生師淵……三八二一
補趙先生師夏……三八二三
補楊先生至……三八二四
補余先生大雅……三八二五
補鄭先生可學……三八二六
補許先生升……三八二九
補劉先生炎……三八二九
補黃先生士毅……三八三〇
補方先生壬……三八三〇
補方先生大壯……三八三一
補上官先生謐……三八三一
補傅先生誠……三八三一
補黃先生寅……三八三二
補梁先生瑑……三八三三
補馮先生允中……三八三三
補呂先生勝己……三八三三
補楊先生仕訓……三八三四
補葉先生武子……三八三四
補孫先生枝……三八三五
補周先生謨……三八三六
補余先生宋傑……三八三七
補李先生煇……三八三八
補李先生杞……三八三九
補宋先生之潤……三八四〇
補宋先生之汪……三八四〇
補潘先生友恭……三八四〇
補杜先生斿……三八四三

補鄭先生昭先……三八四三
補范先生念德……三八四四
補劉先生孟容……三八四五
補林先生學蒙……三八四五
補徐先生寓……三八四六
補蔡先生念誠……三八四七
補江先生默……三八四八
補戴先生蒙……三八四九
補程先生永奇……三八四九
補林先生至……三八四九
補嚴先生世文……三八五〇
補楊先生與立……三八五三
補楊先生道夫……三八五三
補徐先生昭然……三八五四
補潘先生時舉……三八五五
補吴先生必大……三八五六
補劉先生砥……三八五九
補劉先生礪……三八六〇
補王先生力行……三八六〇
補甘先生節……三八六一
補曾先生祖道……三八六一
補吴先生䄍……三八六二
補陳先生文蔚……三八六二
補方先生誼……三八六四
補張先生顯父……三八六六
補孫先生自修……三八六六
補孫先生自任……三八六六
補黄先生義勇……三八六六
補黄先生義剛……三八六六
補萬先生人傑……三八六七
補曹先生建……三八六九
補詹先生淵……三八六九

補 童先生伯羽……三八七〇
補 李先生宗思……三八七一
補 黃先生學皋……三八七二
補 黃先生幹……三八七二
李先生孝述……三八七三
劉先生炯……三八七四
陳先生宇……三八七四
余先生大猷……三八七四
林先生學履……三八七五
徐先生容……三八七五
曾先生三異……三八七五
程先生深夫……三八七五
林先生師魯父芸齋……三八七六
趙先生師夔……三八七六
趙先生師游合傳……三八七六
萬先生人英……三八七六
林先生用中……三八七六
林先生允中……三八七七
林先生揆……三八七八
郭先生浩……三八七八
曾先生興宗……三八七九
鄭先生文遹……三八八〇
趙先生善待附子汝述汝逵汝遇汝适……三八八〇
林先生補……三八八一
林先生武……三八八二
林先生鼐……三八八二
林先生鼒合傳……三八八二
朱先生飛卿……三八八三
呂先生炎……三八八四
呂先生燾合傳……三八八四
呂先生煥合傳……三八八四
祝先生穆……三八八五

祝先生丙合傳……三八八五
傅先生修附子夢得夢與瑭……三八八五
林先生憲卿附門人吴宗萬林士蒙……三八八六
曾先生逢震……三八八六
郭先生叔雲……三八八六
林先生仁實附弟仁澤從子宋偉……三八八七
江先生文卿父孝伯附李從禮……三八八八
方先生有開父綱……三八八八
鄭先生南升……三八八九
趙先生師郟……三八八九
趙先生師端……三八九〇
池先生從周……三八九〇
杜先生貫道合傳……三八九一
熊先生恪……三八九一
馮先生椅……三八九一
余先生偶……三八九二
余先生範……三八九二
翁先生易……三八九三
廖先生謙……三八九三
廖先生俁……三八九四
鍾先生震……三八九四
陳先生圵……三八九四
陳先生總龜……三八九四
連先生嵩卿……三八九五
金先生去僞……三八九五
周先生亨仲……三八九六
周先生方合傳……三八九六
丁先生克……三八九六
熊先生以寧……三八九六
熊先生節……三八九七
吴先生雄……三八九七
林先生大春……三八九七

林先生恪……三八九八
李先生亢宗……三八九八
許先生瑾……三八九八
吴先生梅卿……三八九八
吴先生唐卿……三八九九
彭先生尋……三八九九
彭先生蠡……三八九九
彭先生方……三八九九
方先生符……三九〇〇
葉先生文炳……三九〇〇
龔先生郯曾祖允昌祖必俞……三九〇〇
鄭先生性之……三九〇一
鄭先生申之……三九〇二
蔣先生康國……三九〇二
許先生儉……三九〇二
鄒先生覘……三九〇二
鄭先生思孟……三九〇三
陳先生秠……三九〇三
包先生定……三九〇三
陳先生範……三九〇四
范先生士衡……三九〇四
楊先生友直……三九〇四
陳先生邦衡……三九〇四
陳先生邦鑰合傳……三九〇五
謝先生璡……三九〇五
胡先生安之……三九〇五
熊先生兆……三九〇六
祝先生禹圭……三九〇七
詹先生介……三九〇七
郭先生邦逸……三九〇七
魏先生恪……三九〇七
詹先生觀……三九〇七

張先生揚卿……三九〇八
王先生阮……三九〇九
程先生若中……三九一〇
陶先生暘附孫熾……三九一〇
郭先生友仁……三九一〇
程先生樗……三九一一
劉先生恭叔……三九一一
金先生朋說……三九一一
邱先生膺……三九一一
唐先生曄父堯章……三九一二
葉先生震……三九一三
龔先生栗……三九一三
林先生巒……三九一三
劉先生子寰附劉清夫……三九一四
劉先生淮……三九一四
吴先生申……三九一五
李先生璠……三九一五
吴先生玭……三九一五
吴先生琮……三九一五
馮先生洽……三九一七
蘇先生玭……三九一七
江先生孚先……三九一七
時先生子源……三九一七
汪先生德輔……三九一八
王先生顯子……三九一八
王先生仲傑……三九一八
徐先生琳……三九一八
任先生忠厚……三九一九
蔡先生懋……三九一九
舒先生高……三九一九
黃先生有開……三九一九
鄒先生浩……三九一九

吴先生雉……三九一九
趙先生子明……三九一九
王先生春卿……三九二〇
黄先生升卿……三九二〇
吴先生振……三九二〇
李先生儒用……三九二〇
林先生子蒙……三九二〇
張先生坰……三九二〇
鄧先生絅……三九二一
鄭先生光弼……三九二一
劉先生子禮……三九二一
陳先生旦……三九二一
鄭先生仲履……三九二一
周先生明作……三九二一
游先生倪……三九二一
游先生開……三九二三
劉先生學雅……三九二三
劉先生學古……三九二三
劉先生瑾……三九二三
黄先生卓……三九二三
陳先生齊沖……三九二三
高先生禾……三九二三
吕先生光祖……三九二三
范先生元裕……三九二三
劉先生淮……三九二三
錢先生木之……三九二三
蔣先生櫄……三九二三
周先生標……三九二四
黎先生季成……三九二四
吕先生竦……三九二四
林先生振……三九二四
吴先生南……三九二四

馮先生誠之……三九二四
魏先生椿……三九二四
饒先生克明……三九二五
陳先生士直……三九二五
傅先生公弼……三九二五
魏先生丙……三九二五
馮先生倚……三九二六
張先生丰應合傳……三九二六
馬先生節之……三九二六
吴先生粢……三九二六
江先生疇……三九二六
蘇先生宜……三九二六
董先生拱壽……三九二六
林先生暘……三九二七
李先生公瑾……三九二七
徐先生文卿……三九二七
趙先生希漢……三九二七
郭先生植……三九二七
李先生埜……三九二七
潘先生履孫……三九二七
薛先生洪……三九二八
陳先生祖永……三九二八
彭先生鳳……三九二八
彭先生樓……三九二八
曹先生晉叔……三九二八
蕭先生長夫……三九二八
陳先生枅……三九二九
林先生德遇……三九三〇
朱先生浣……三九三〇
朱先生涓合傳……三九三〇
朱先生溉合傳……三九三〇
朱先生沅……三九三〇

高先生松……三九三〇
宋先生聞禮……三九三〇
程先生實之……三九三一
張先生彥先……三九三二
董先生壽昌……三九三二
陳先生芝……三九三二
周先生椿……三九三三
李先生德……三九三三
俞先生潔己……三九三三
陳先生夢良……三九三三
胡先生杓……三九三四
余先生潔……三九三四
余先生□附子聚齋孫文夫……三九三四
楊先生若海……三九三五
唐先生總卿……三九三五
吳先生恭之……三九三五
趙先生唐卿……三九三五
魯先生可幾……三九三六
方先生伯起……三九三六
劉先生成道……三九三六
趙先生唯夫合傳……三九三六
蔣先生叔蒙……三九三七
李先生德之……三九三七
林先生仲參……三九三七
江先生元益……三九三七
詹先生淳……三九三八
張先生仁叟……三九三八
石先生□附子繼簫……三九三八
傅伯壽……三九三八
胡紘……三九三九
張氏學侶……三九四〇
張先生元瞻……三九四〇

饒先生□……三九四〇
廖氏同調……三九四〇
岳先生珂……三九四〇
徐氏同調……三九四一
徐先生澄……三九四一
北山同調……三九四一
趙先生彥侯……三九四一
復齋講友……三九四二
尤先生彬附門人陳立伯損伯傳澄……三九四二
喻先生時合傳……三九四二
程董講友……三九四三
張先生顯……三九四三
竇湯講友……三九四三
劉先生宰詳見嶽麓諸儒學案……三九四三
楊氏同調……三九四三
王先生鎮圭……三九四三
童先生君欽合傳……三九四三
黄先生嵩合傳……三九四三
叔光學侶……三九四四
張先生巽詳見嶽麓諸儒學案……三九四四
林氏講友……三九四四
林先生熙之……三九四四
熊氏同調……三九四四
熊先生剛大詳見西山蔡氏學案……三九四四
吴氏學侶……三九四四
陳先生柏……三九四四
鄭先生雄飛……三九四五

宋元學案補遺卷六十九

後學 鄞 王梓材 慈谿馮雲濠 同輯

滄洲諸儒學案補遺上

傅氏師承

莊敏龔先生茂良

龔茂良字實之。莆田人。紹興進士。爲吏部郎官。論禦敵得失曰。景德之勝。本于能斷。靖康之禍。由于致疑。孝宗時。以參政行相事。慶壽禮行。中外覬恩。先生歎曰。此當以身任怨。不敢愛身以弊天下也。卒謚莊敏。姓譜。

附録

起廣東提刑。就知信州。卽番山之址建學。又置番禺南海縣學。既成。釋奠行鄉飲酒以落之。城東舊有廣惠庵。中原衣冠没于南者葬之。歲久廢。先生訪故地。更建海會浮圖。葄寄暴露者。皆揜藏無遺。

先生平生不喜言兵。去國之日。乃言恢復事。或謂曾覿密令。人詠之云。若論恢復。必再留。

先生信之。謝廓然論先生。亦以此爲罪。先生没數年。朱子從其子得副本讀之。則事雖恢復。而其意乃極論不可輕舉。猶平生素論也。深爲之歎息云。

劉後村詩話曰。故參預龔公行役。過一山。有老木參天。再過。其山童矣。居人云。巨室以此造屋。公記以絶句云。千章古木轉頭空。去與人間作棟隆。未必眞能庇寒士。不如留此貯清風。晦翁後見此詩。歎曰。此龔公一生詩讖。意謂公初爲諫官。負重名。晚不必爲執政也。

陳氏先緒

補 陳先生禧

陳禧。侯官人。公權父。爲軍掌籍。靖康初。福州軍亂。殺守臣柳廷俊。朝廷將致討。先生抱籍焚之。家人恐禍及。先生曰。以一身易百千人命。所甘也。閩書。

補 陳先生衡

陳衡字公權。侯官人。質直嚴重。不能治生。而安于貧。嘗曰。吾不怨人。亦莫余怨。不侮人。亦莫余侮也。中歲益貧。以教子爲事。奉養靳之。而資其子使從師友講學。其卒也。朱子誌其墓。朱子文集。

程氏先緒

程先生汝能父宏。

程汝能字公才。德興人。端蒙之祖。天資純篤。不由學問。孝弟忠信自有以絶人。母得末疾。三年衣不解帶。處家慈愛而能嚴。子弟不敢爲非理事。没三十年。鄉人言之猶有出涕者。父宏。亦有鄉行。朱子文集。

張氏先緒

張先生德運

張德運字□□。崇安人。朱子弟子宗説之曾大父也。行成名立。學者稱爲白石先生。魏鶴山集。

南塘師承

施先生師點

施師點字聖與。上饒人。十歲通六經。十二能文。弱冠游太學。試每在前列。司業高宏稱其文深醇有古風。尋授以學職。以舍選奉廷對。調福州教授。未上。丁内艱。服除。爲臨安府教授。乾道元年。陳康伯薦。賜對。八年。兼權禮部侍郎。除給事中。十年。參知政事兼同知樞密院事。紹熙二年。除知紹興府。江西安撫使。嘗謂諸子曰。吾平生仕宦。皆任其升沈。初未嘗容心其間。

不枉道附麗。獨人主知之。遂至顯用。夫人窮達有命。不在巧圖。惟忠孝乃吾事也。三年。卒。年六十九。贈金紫光禄大夫。有奏議七卷。制稿八卷。東京講議五卷。易説四卷。史職五卷。文集八卷。宋史。

附録

陳直齋書録解題曰。聖與在政府六年。上眷未衰。慨然勇退。有識者壯其決。趙南塘汝談。其壻也。

晦翁門人

補 文定李宏齋先生燔

李敬子説

燔謂敬齋箴後面似少從容意思。欲先生更著數語。使學者遵守。庶幾無持之太甚轉不安樂之弊。

燔謂後世人才不振。士風不美。在于科舉之法。然使便用明道賓興之詩。伊川看詳之制。則今之任學校者。皆由科舉而出。亦豈能遽變而至道哉。

朱子答曰。明道所言。始終本末次序甚明。伊川立法。姑以爲之兆耳。然欲變今而從古。亦不過從此規模。以漸爲之。其初不能不費力矯揉。久之成熟。則自然丕變矣。

知止能得。熷嘗謂洞然無蔽之謂知。確然有實之謂得。明則誠矣。知善之明也。得身之誠也。

慮謂知之尤精。而心思所值。無不周悉。

熷謂知止則志不惑亂而有定嚮。志定則此心無擾而靜。心靜則此身無適而不安。心靜身安則用自利。事物之來。不特能卽事見理。又能先事爲防。如後甲三日。後庚三日之云。其于事之終始先後。已至未然。皆無遺鑒。皆無失擧矣。如是而後爲得其所止。則可以謂之誠。有是善而誠極是矣。

熷謂知則知其所當然。慮則并極其未然。

居喪欲嚴内外之限。莫若殯于廳上。庶幾内外不相通。

附録

教授岳州。先生曰。古之人皆通材。用則文武兼尊㊀。卽武學諸生文振而識高者拔之。闢射圃。令其習射。廩老將之長于藝者。以率偷惰。

㊀「尊」當爲「焉」。

改襄陽教授。復往見朱子。朱子嘉之。凡諸生未達者。先令訪先生。俟有所發。乃從朱子折衷。諸生畏服。朱子謂人曰。燔交友有益。而進學可畏。且直諒樸實。處事不苟。他日任斯道者。必燔也。

以直祕閣主管慶元至道宫。先生自謂。居閒無以報國。乃薦崔與之魏了翁眞德秀陳宓鄭寅楊長孺丁黼葉宰龔維藩徐僑劉宰洪咨夔于朝。

爲白鹿書院堂長。學者雲集。講學之盛。他郡無與比。

紹定五年。帝論及當時高士累召不起者。史臣李心傳以先生對。且曰。燔乃朱某高第。經術行義亞黄榦。當今海内一人而已。帝問今安在。心傳對曰。燔。南康人。先帝以大理司直召。不起。比乞致仕。陛下誠能强起之。以寘講筵。其裨聖學豈淺淺哉。帝然其言。終不召也。

朱子語類。有侍坐而困睡者。先生責之。敬子曰。僧家言。常常提起此志。令堅强。則坐得自直。亦不昏困。纔一縱肆。則嗒然頹放矣。曰。固是道家脩養也。怕昏困。常要直身坐。謂之生腰坐。若昏困倒靠。則死腰坐矣。

補 文憲張主一先生洽

雲濠謹案。白鹿洞志稱。袁正肅甫招爲白鹿書院長。擇諸生好學者。日與講説。而汰其不率教者。養士之田乾没于豪右者。復之。

梓材謹案。宋史道學傳載。先生所交皆名士。如吕祖儉。黄榦。趙崇憲。蔡淵。吴必大。輔廣。李道傳。李燔。葉味道。李閎祖。李方子。柴中行。眞德秀。魏了翁。李𡊮。趙汝譡。陳貴誼。杜孝嚴。度正。張嗣古。皆敬慕之。

張氏春秋説

春王正月。胡氏以爲。商周雖改正朔。而實未嘗改月。故有夏時冠周月之説。今按周人改月之證。見于書傳。坦然明甚。但以當時兼存夏正。故于經傳之閒。互見迭出。後人因此或迷而不覺。至胡氏又惑于商書之説。臆決而爲此言耳。其實非也。何以言之。周官于布治言正月之吉。此周正也。而以夏正爲正歲。所謂正歲十有二月令斬冰。此其證之尤章明者。又如七月流火。九月授衣。此夏正月也。而以周之正月爲一之日。觀此二者。可以見其兼存之驗矣。其兼存之。何也。周人雖以天統改用建子。而以夏數之得天。故未嘗廢。而于因事當用之時每存之也。隱元年春王正月。

魯之大野乃田狩之地而遠涉郎。見桓公心不在民而志在于行樂。桓四年春正月。公狩于郎。

文姜播惡于齊襄之時。齊桓圖霸。絶之。義也。以欲求魯定霸而不之拒。莊十五年夏。夫人姜氏如齊。

次于聶北者。屯兵便利以援邢而懼狄。桓公用兵。主于持重。僖元年。齊師宋師曹師次于聶北。救邢。頵在位四十六年。更齊桓晉文之時。僭王猾夏。力爭諸侯。齊桓既没。益肆憑陵。執宋戍齊。毒被中國。及晉文敗之城濮。聲勢稍沮。欲易世子。謀及婦人。自取篡逆。蓋夷狄積惡之應如此。

後世如匈奴頭曼。魏拓跋珪。唐安禄山史思明朱全忠。本朝西夏曩霄。皆受禍于其子。文元年冬十月丁未。楚世子商臣殺其君頵。

孔寧儀行父必因奔楚誘楚子以利。故楚殺徵舒而縣陳。微申叔時之言。則陳遂亡矣。宣十一年冬十月。楚人殺夏徵舒。丁亥。楚子入陳。納公孫寧儀行父于陳。

聞之師曰。稱國以弑者。衆弑其君之辭也。曷爲不言二臣弑之。孟子論貴戚之卿。君有大過則諫。反覆之而不聽則易位。厲公之過大矣。昵用小人。殺戮無辜。舉朝諸卿不保首領。書偃。晉之世臣。以社稷爲心。當可行易位之權。而遽弑之。夫二人嘗以君事之矣。故稱國以弑。分其惡于衆也。悼公逐不臣者七人而不誅。書偃非里克甯喜之比故也。成十八年。晉弑其君州蒲。

虎牢所以不繫鄭者。鄭背華即夷黨楚以爲中國患。悼公動天下之諸侯以討之。而負固自若。故從孟獻子之謀。城其巖邑以制之。以霸主討不服之國。地非鄭之所可私。此春秋明王制以示予奪之正也。襄二年冬。仲孫蔑會晉荀罃齊崔杼宋華元衛孫林父曹人邾人滕人薛人小邾人于戚。遂城虎牢。

季子爲其父之所立。其兄之所屬。違父兄之命。徒以潔身而去。爲高觀宗國之危亂。僚與光之相殘。若秦人視越人之肥瘠。況身爲貴戚。自古聖賢未有視社稷安危若是恝者。夫子所謂果哉末之難矣。其復位而待之言曰。非我生亂。君子殆未之信也。劉質夫之傳曰。札不稱公子。以辭國而生亂者。札爲之也。得聖人之旨矣。襄二十九年。吴子使札來聘。

季孫自行父爲政。即城費以保障私室。爲竊兵權之計。自作三軍。叔孫豹已知其必改。而以盟詛要之。今豹卒而更改前制。蔑公室歸私家矣。昭五年春王正月。舍中牟。

齊景公立二十餘年矣。崔慶相殘。欒高復敗。不能自强其國而爭霸圖。宜國爲陳氏之有也。晏子雖隨事諷諫。所謂以其君顯者抑末矣。昭十六年春。齊侯伐徐。

靈公受國于有疾之兄而盜殺其兄。書盜殺衛侯之兄。深罪之也。昭二十年秋。盜殺衛侯之兄縶。

墮三都。毁其所恃以爲固者。所以制陪臣。抑私家。而復强幹弱枝之勢也。仲由之舉此議。蓋因南蒯侯犯之叛。而爲三家忠謀。使强臣不敢恃强以叛君。陪臣不敢負固以跋扈。而上下皆順。然侯犯南蒯皆以叛爲季氏叔氏之害。故郈費皆墮。獨公斂處父方恃强以敗陽虎。而孟孫用之。故二邑皆墮而成獨不服。雖定公圍之而卒不克也。聖人雖用于魯。而季子三月之餘受女樂而違孔子。孟孫惑于僞不知之説。陰與公斂處父比。成既方命而聖人去。豈非天哉。定十二年十二月。公圍成。

麒麟之于走獸。猶聖人之于人。出類拔萃。爲人物之法則者也。故聖人之生。必以四靈爲畜。包犧畫卦而龍馬出。大舜作樂而鳳凰儀。周公告召公曰。耇造德不降我則鳴鳥不聞。孔子曰。鳳鳥不至。河不出圖。吾已矣夫。然則夫子出于周末。而麟出于大野。以仁聖之君子。天錫仁獸之應。乃理之當然。無足疑者。韓愈氏曰。麟爲聖人出也。聖人必知麟。是以西狩之獲。必夫子觀之而知爲麟也。然氣數之不偶。固異于堯舜之盛。而王霸之道方窮。亦非文王麟趾之時。是以麟雖爲夫子出。然獲于鉏商。而謂爲不祥。以賜虞人。然後取之。其與明王不興而天下不能宗夫子何以異哉。哀十四年春。西狩獲麟。

附録

自六經傳註而下。皆究其指歸。至于諸史百家山經地志老子浮屠之説。無所不讀。平居不異常人。至義所當爲。則勇不可奪。居閒不言朝廷事。或因災異變故。輒顰蹙不樂。及聞一君子進用。士大夫直言朝廷得失。則喜見顔色。

先生進春秋三書表曰。嘗從師友傳習講論。凡二百四十二年之行事。與漢唐以來諸儒之議論。莫不考覈研究。會其異同。而參其中否。積年既久。似有得于毫髮之益。過不自度。取其足以發明聖人之意者。附于每事之左。以爲之傳。名曰春秋集傳。既又因此書之纛。復倣先師文公語孟之書。會其精意。詮次其説。以爲集註。而閒有一得之愚。則亦竊自附于諸賢之説之後。雖生平心思萃在此書。然智識昏耗。學殖弗深。豈敢自謂盡得聖人筆削之大指。至于地理一書。則以封域分合之參差。古今名號之因革。此同彼異。驟改忽更。散在羣書。莫能統會。蓋自誦習之初。已病其然。乃博稽載籍。重加參究。竊規司馬遷十表之模範。述爲一編。以今之郡縣爲經。而緯以上下數千年異同之故。庶幾案圖而考。百世可知。然而私家文籍所有幾何。郡邑圖志未閲千一。雖綱條纛立。而其閒遺闕尚多有之。故凡後來之升降。諸書之所未載。聞見之所未詳。大抵皆仍其舊而已。

梓材謹案。春秋三書。蓋春秋集傳二十六卷。春秋集註一十一卷。并綱領一卷。歷代郡縣地理沿革表二十七卷。并目録二卷也。四庫全書著録春秋集註十一卷。綱領一卷。提要云。考朱子語録深駁胡氏夏時冠周月之説。張氏此書以春爲建子之月。與左傳王周正月義合。足破支離轇轕之陋。車氏腳氣集乃深以張氏改從周正爲非。門户之見。殊不足據云。

黄東發讀晦庵文集曰。張元德謂。許世子之事。左傳云許悼公瘧飲世子止之藥。公羊云止進藥而藥殺也。可見悼公之弑乎藥矣。若當時止偶不嘗。世子何爲遽棄國而出奔。先生謂。于經不見許止出奔事。

補吏部廖槎溪先生德明

廖槎溪語

蓋天人無二理。本末無二致。盡人道卽天道亦盡。得于末則本亦未離。雖謂之聖人。亦曰人倫之至而已。佛氏離人而言天。歧本末而有所擇。四端五常之有于性者以爲理障。父子君臣夫婦長幼所不能無者以爲緣合。甚則以天地陰陽人物爲幻化。未嘗或過而問焉。而直語太虛之性。夫天下無二理。豈有天人本末輒生取舍而可以爲道乎。夫其所見如此。則亦偏小而不全矣。豈所謂徹上徹下一以貫之之學哉。

聖門下學而上達。由灑掃應對進退而往。雖飲食男女無所不用其敬。蓋君子之道費而隱。費卽日用也。隱卽天理也。卽日用而有天理。則于君臣父子夫婦長幼之閒。應對酬酢食息視聽之頃。無一而非理者。亦無一而可紊。一有所紊。天理喪矣。故君子無所不用其敬。由是而操之固。習之熟。則隱顯混融。内外合一。而道在我矣。佛者烏足以語是哉。佛氏之所謂悟。亦瞥見端倪而已。天理人心實然而不可易者。則未嘗見也。其所謂修。亦攝心寂坐而已。棄人倫。滅天理。未見其有得也。此先生所以謂其卒不近也。

喜怒哀樂之未發。卽寂然不動者是也。卽此爲天地之心。卽此爲天下之本。天下無二本。故乾坤變化。萬類紛繁。無不由是而出。而形形生生。各有天性。此本末之所以不可分也。得其靈而爲人。而于四者之際。淵然而虚靜。若不可以名言者。而子思以其無所偏倚而謂之中。孟子以其純粹而謂之善。夫子卽謂生生之體而言之以仁。名不同而體一。亦未嘗離于日用之閒。此先生所以謂分明不待尋究者也。

某昔者讀紛然不一之書。而不得其要領。泛觀乎天地陰陽人物鬼神。而不能一。在邇求遠。未免有極力尋究之過。亦嘗聞于龜山先生之説曰。未言盡心。先須理會心是何物。若體得了然分明。然後可以言盡。某前日之説。正坐是也。然道無須臾可離。日用昭昭。奚俟于尋究。此先生所爲丁寧開諭。某敢不敬承。至于鑑影之惑。非先生之教幾殆也。

某昔者閒居默坐。見夫所謂充周而洞達者。萬物在其中。各各呈露。遂以鑑影之譬爲近。故推之而爲鳶魚之説。竊以爲似之。先生以太虚萬象而闢其失。某讀之。久始大悟其非。若爾則鳶魚吾性分爲二物矣。詳究先生之意。蓋鳶魚之生。必有所以爲鳶魚者。此道體之所在也。其飛其躍。豈鳶魚之私。蓋天理發越而不可已也。勿忘勿助長之閒。天理流行。無纖毫之私。正類是。

此明道先生所以謂之同。某鄙見如是。未知合于先生之意否乎。

朱子答曰。來喻一一皆契鄙懷。足見精敏。固知前此心期之不謬也。

河出圖。洛出書。而起八卦九疇之數。聽鳳鳴而生六律六吕之序。然則黄帝造律一事。與伏羲畫卦大禹錫疇同功。況度量權衡起于律。而衡運生規。規生圓。圓生矩。繩直準平。至于定四時。興六樂。悉由是出。故曰。律者萬事之本。學者詎可廢而不講哉。

附録

累知潯州。有聲。諸司且交薦之。先生曰。今老矣。況以道徇人乎。固辭不受。選廣東提舉刑獄。彈劾不避權要。歲當薦士。朝貴多以書託之。先生曰。此國家公器也。悉不啓封還之。有鄉人爲主簿。先生聞其能。薦之。會先生行縣。簿感其知己。置酒延之。假富人觴豆甚盛。先生怒曰。一主簿乃若是侈耶。必貪也。于是追還薦章。其公嚴類如此。

朱子語類曰。德明問。喪祭禮當依先生指授。以儀禮爲經。戴記爲傳。周禮作旁證。曰。和通典也須看。就中都有議論更革處。語畢卻云。子晦正合且做切己工夫。只管就外邊文字上查。支離雜擾。不濟事。孔子曰。操則存。舍則亡。孟子曰。學問之道無他。求其放心而已矣。須如此做家計。程子曰。心要在腔子裏。不可騖外。此箇心須是管著他始得。且如曾子。于禮上纖細無不理會過。及其語孟敬子則曰。動容貌斯遠暴慢矣。正顔色斯近信矣。出辭氣斯遠鄙倍矣。籩豆之事則有司存。須有緩急先後之序。須有本末。須將操存工夫做本。然後逐段逐節去看。方有益也。須有倫序。只管支離雜看。都不成事去。行有餘力則以學文。志于道。據于德。依于仁。然後游于藝。今只就册子上理會。所以每每不相似。又云。正要克己上做工夫。又問。山居頗適。讀書罷。臨水登山。覺得甚樂。曰。只任閒散不可。須是讀書。又言。上古無閒民。其説甚多。不曾記録。大意似謂閒散是虚樂。不是實樂。陳北溪奠之曰。自排僞之説一行。未仕者顧遠舉而奔潰。已仕者顧位禄而變遷。公以剛嚴毅直之質。獨屹屹乎其閒。所志者。自少至老而愈厲。所守者。更險如夷而益堅。夫子嘗爲之嘉歎。謂公獨爲拳拳。正猶寒松之節。不爲嚴霜而改。精金之質。不爲烈焰而然。非惟師門之無忝。而亦國士之所難。何爲不顯用于中朝。而謹小試于南偏。

補 通判李果齋先生方子

梓材謹案。虞道園光澤縣雲巖書院記云。故宋國子録通守辰州李先生方子講學之故處也。先生祖子孫三世受學朱子之門。遇之鄉先生也。

雲濠謹案。朱子語類有云。邵武人箇箇急迫。此是氣稟如此。學者先須除去此病。先生謂方子曰。觀公資質。自足寡過。然開闊中又須縝密。寬緩中又須謹敬。與本傳畧同。

李果齋語

五性感動而善惡分。是五性皆有動有靜也。惟聖人能定其性而主于靜。故動罔不善。而人心之太極立焉。蓋人生而靜。性之本體湛然無欲。斯能主靜。此立極之要領也。

果齋文集

困之爲卦。二五皆剛而得中。爲賢人君子成德于內之象。而外爲三陰所掩。蓄而不獲施。言而不見信。可謂困矣。然遯世無悶。不見是而無悶。其身可屈。而其志不可奪。安于義命。頹乎其處。順也。然明雖困于人。而幽可感于神。卦爻它皆無所利。而獨利祭祀。豈不以人不能知。而鬼神獨知乎。困齋說。

先生之道之至。原其所以臻斯閫者。無他焉。亦曰主敬以立其本。窮理以致其知。反躬以踐其實。而敬者又貫通乎三者之間。所以成終而成始也。故其主敬也。一其內以制乎外。齊其外以養其內。內則無貳無適。寂然不動。以爲酬酢萬變之主。外則儼然肅然。終日若對神明。而有以保固其中心之所存。及其久也。靜虛動直中一外融而人不見其持守之力。則篤敬之驗也。其窮理也。虛其心。平其氣。字求其訓。句索其旨。未得乎前。則不敢求乎後。未通乎此。則不敢志乎彼。使之意定理明。而無躁易淩躐之患。心專慮一。而無貪多欲速之蔽。始以熟讀。使其言皆若出于吾之口。繼以精思。使其意皆若出于吾之心。自表而究裏。自流而遡源。索其精微。若别黑白。辨其節目。若數一二。而又反復以涵泳之。切己以體察之。必若先儒所謂。沛若河海之浸。膏澤之潤。涣然冰釋。怡然理順。而後爲有得焉。若乃立論以驅率聖賢。鑿説以妄求新意。或援引以相糾紛。或假借以相混惑。麤心浮氣。意象悤悤。常若有所迫逐。而未嘗徘徊顧忌如不忍去。以待其浹洽貫通之功。深以爲學者之大病。不痛絶乎。此則終無入德之期。蓋自孔孟以降。千五百年之閒。讀書者衆矣。未有窮理若此其精者也。

道之在天下。未嘗去也。而統之相傳。苟非其人則不得而與。自孟子没千有餘年。而後周程張子出焉。歷時未久。浸失其眞。及先生出。而後合濂溪之正傳。紹魯鄒之墜緒。前聖後賢之道。該徧全備。其亦可謂盛矣。蓋昔者易更三古而混于八索。詩書煩亂。禮樂散亡。而莫克正也。夫子從而贊之定之删之正之。又作春秋。六經始備。以爲萬世道德之宗主。秦火之餘。六經既已爛脱。諸儒各以己見妄穿鑿爲説。未嘗有知道者也。周程張子其道明矣。然于經言未暇釐正。一時從遊之士。或昧其旨。遁而入于異端者有矣。先生于是考訂訛繆。探索深微。總裁大典。勒成一家之言。仰包粹古之載籍。下採近世之文獻。集其大成。以定萬世之法。然後斯道大明。如日中天。有目者皆可覩也。夫子之經得先生而正。夫子之道得先生而明。起斯文于將墜。覺來裔于無窮。雖與天壤俱弊可也。以上朱文公行實。

附録

劉後村哭李公晦詩曰。不會蒼天意。令君死五谿。少曾遊洛下。晚乃相膠西。白首尊師説。丹心對御題。悲乎成底事。路遠客魂迷。

補 知州李先生文子

雲濠謹案。劉後村跋李耘子所藏其兄公晦詩評。又跋李耘子詩卷。稱爲耘叟。篇目耘子。蓋耘叟之訛。或别一公晦弟耶。

補 文清徐毅齋先生僑

梓材謹案。文清固爲朱門高第。其後亦多稱朱學。然王忠文宋文憲諸公尤心悦東萊。觀文憲思孅人辭與忠文跋語可見。且忠文有大事記續編之作。非吕學而何。溯淵源端由麗澤。宜棃洲謝山之並以此派爲吕學也。

雲濠謹案。王忠文義烏先達傳言。先生所著有讀易記三卷。讀詩紀詠一卷。雜説一卷。文集若干卷。

附録

提舉江南東路常平茶鹽事。上書極言時政。請詔大臣以正己之道正人。憂家之道憂國。庶幾致安于已危。迓治于將亂。丞相史彌遠嗾言官罷之。未幾理宗即位。禮部侍郎眞德秀奏。亮直敢言如徐僑者。請置之言地。而彌遠猶在相位。不報。

其學一以眞踐實履爲尚。奏對之言。剖析理欲。因致勸懲。宏益爲多。若其守官居家。清苦刻厲之操。人所難能。其在人君前。論學則曰在正心。論治則曰在知人。其教學者。以命性心中誠仁爲窮理之要。九思九容爲主敬之本。

嘗作竹門詩曰。竹門何爲設。護此自在身。而有不知者。謂隔一切人。門有閉有開。人有疏有親。閉以謝俗客。開以納嘉賓。或方計財利。我方甘寠貧。或方圖宦達。我方蘊隱淪。豈惟乖趨尚。誠亦困糾紛。若夫道誼交。開益所願聞。清幽能共適。淡薄能相因。與夫學問徒。講説敢辭勤。義理滋我悦。詩書陶我眞。俱不役殽酌。且無因精神。然當時省己。勿或浪尤人。古人重晚節。氣衰當志新。古人貴老成。齒頽資德尊。初心苟無負。斯不愧斯門。

又偶書曰。有原一本流無窮。有物萬殊生不同。自從太極兩儀後。往古來今感應中。又曰。日月東西遞往還。四時遷易不曾閒。要知天地生成妙。只在陰陽進退間。

又卽事曰。自吾齋外付吾兒。除卻詩書總不知。苔色上侵閒坐處。鳥聲來和獨吟時。十分秋景重陽後。一味天涼老者宜。調後身心能自慊。止吾所止復何疑。

姚希得序先生尚書括旨曰。夫五經爲諸書之冠。而虞夏二書皆聖訓典謨。惟精惟一之旨。又爲五經之冠。苟非深明其奧。曲洞其理。安能妄措一詞。今詳觀是帙。註解詳密。毫無滲漏。乃知先生于此書之宗旨。默識心通。至于繼往聖。開來學。豈不賴有此耶。

補 文簡劉雲莊先生壎

雲濠謹案。先生所著。又有東宫詩解。易經説。禮記解。

乞開僞學禁上殿奏劄泰定四年。

臣聞治道之隆。本于士風。士風之美。本于學術。古者司徒之職。典樂之官。今樂官之任也。周衰。孔子取先王大經大法。與其徒誦而傳之。雜見于六經。自漢以來。雖曰崇儒。然漢儒之陋。訓詁益詳而義理益晦。故韓愈原道曰。軻之死。不得其傳。謂其精微之旨不傳也。我宋藝祖皇帝。于干戈甫定之餘。召處士王昭素講易禁中。累聖相承。以爲先務。治教休明。儒宗閒出。然後六經遺旨。孔孟微言。復明千載之後。天下學者。誦而習之。以論孟爲準。以中庸大學爲要。故以事父則孝。事君則忠。而世之所謂道學也。慶元以來。權佞當國。惡人議己。指道爲僞。屏其人。禁其書。十餘年閒。學者無所依尚。義利不明。趨向汙下。人欲横流。廉恥日喪。望其既仕之後。職業備。名節立。不可得也。臣竊迹近事。大學待補。既有成法。四方之士。冒昧而來。譁然取必于朝廷者。動以萬計。既而不得所欲。則詐冒有司。詭計百出。夫士莫重乎始進。志于一得。則廉恥道喪。不復顧惜。則士風之偷。從可知矣。追惟前日禁絶道學之事者。不得不任其咎也。乞降明詔。慶元以來。名曰僞學而禁其書者。元降指揮更不施行。而息邪説。正人心。學知本原。士風歸厚。實宗社之福。

附録

官連城令。蠲無名徵斂。新學宫。教諸生入德之方。士爲翕然知鄉。

寧宗新受内禪。公寓書趙丞相汝愚曰。前日之事。如病寒熱。一旦解散。卽無所苦。至于蠱毒中人。初不自覺。觸物而發。必死矣。孔子曰。抑亦先覺者是賢乎。蓋指韓侂胄也。其後迄如公言。

知德慶府。葺學舍。練軍實。入對。請恐懼修省。開言路以廣忠益。闡公道以進人才。飭邊備以防敵詐。執政議留之。宰臣陳自强目爲僞學。遂以提舉廣東常平茶鹽。

權工部尚書兼右庶子。仍兼講讀。于東宫言帝王之學。當本之大學。探之中庸。參之論語孟子。然後質之詩書。玩之周易。證之春秋。稽之周官。求之儀禮。博之禮記。而通之歷代之史。通鑑之書。以知古今之得失。君臣之事鑑。則物格知至。意誠心正。于修齊治平之道。猶指掌矣。每講論至經史所陳聲色嗜欲之戒。輒懇切再三。以年過七十。乞休不允。比疾。猶黽勉輔導。

其學以不欺爲主。其接物夷易。温然可親。然欲干以私者。皆莫敢出口。

每病學者空談無實。爲天台學四先生祠記曰。學者當窮理以致其知。反躬以踐其實。若趨名以爲高。入耳而出乎口。皆四先生之罪人也。

每夜斂衽默坐。虚心省察。常曰。不于定靜時體察。則應事接物或至有差。嘗取節孝徐先生帖教子弟。其言曰。日入之後。至于夜中。事物俱靜。志氣俱定。是君子思慮經綸之時。晝之所行。夜之所思也。

蔡九峯贊雲莊先生曰。道德美矣。功業偉然。上光所授。下擴所傳。澤被郡邑。名列史編。配享考亭。奚千百年。

梓材謹案。蔡氏九儒書又有九峯挽劉文安公云。考亭雲谷孰居先。名世悠然得正傳。窮理致知須主敬。存心養性道齊賢。淩雲端擬陳三策。魂夢那知隔九泉。没世表章尊所學。四書功足繼朱宣。觀其詩。實屬先生。文安或即文簡之譌。

劉後村文簡祝文曰。士大夫爵高而德尊。身歿而言立。上之史官。下之太常。而朝無貶詞。祠之學宫。列之先賢。而里無異論。如吾文簡公者。可謂盛矣。

補 侍郎劉睦堂先生炳

四書問目

無求生以害仁。有殺身以成仁。炳以爲。理當死而求生。是悖理以偷生。失其心之德也。故曰。害仁理當死。而不顧其身。是舍生而取義。全其心之德也。故足以成仁。若比干諫而死。夫子稱其仁。所謂殺身以成仁也。雖死不顧。只是成就一箇是而已。使比干當諫不諫。而苟免于難。則求生以害仁矣。

朱子答曰。此説得之。然更要見得失其心之德。全其心之德。各是如何氣象。方見端的。

公山佛肸之召。諸家之説善矣。愚必以楊氏解佛肸章爲得其要。蓋公山之召。而子路不悦。夫子雖以東周之意諭之。而子路之意似有所未安也。故于佛肸之召。又舉其所聞以爲問。其自信不苟如此。學者未至聖人地位。且當以子路爲法。庶乎不失其親。不可以聖人體道之權藉口。有學步邯鄲之患也。

柳下惠三黜而不去。其言若曰。苟以直道事人。雖適他國。終未免三黜。若肯枉道事人。自不至三黜。又何必去父母之邦。觀其意。蓋自信其直道而行。不以三黜爲辱也。此其所以爲和而介歟。若徒知其不去之爲和。而不知其所以三黜者之爲有守。未足以議柳下惠也。

附録

蔡九峯贊睦堂先生曰。學承朱子。知止有定。伯仲師友。意誠心正。行修名立。孰不啓敬。德裕後昆。無窮之慶。

補 録參程允夫先生洵

梓材謹案。先生初字欽國。後更字允夫。

程允夫説

仁者。天理也。理之所發。莫不有自然之節。中其節則有自然之和。此禮樂之所自出也。人而不仁。滅天理。夫何有于禮樂。

朱子答曰。此説甚善。但仁天理也。此句更當消詳。不可只如此説過。

明則有禮樂。幽則有鬼神。鬼神者。造化之妙用。禮樂者。人心之妙用。政者。法度也。法度非刑不立。故欲以政道民者。必以刑齊民。德者。義理也。義理非禮不行。故欲以德道民者。必以禮齊民。二者之決。而王伯分矣。人君于此。不可不審。此一正君而國定之機也。

朱子答曰。此説亦善。然先王非無政刑也。但不專恃以爲治耳。

孔氏之門。雖所學者有淺深。然皆以誠實不欺爲主。子曰。由。誨汝知之乎。知之爲知之。不知爲不知。是知也。教之以誠也。若未得爲得。未證爲證。是謂自欺。如此人者。其本已差。安可與入道。樊遲問知。孔子既告之矣。又質之子夏。反覆不知。已不敢之㊀以不知爲知也。凡此皆爲學用力處。

自孔子謂季氏八佾舞于庭。至季氏旅于泰山五段。皆聖人欲救天理于將滅。故其言哀痛激切。與春秋同意。居上不寬。爲禮不敬。臨喪不哀。吾何以觀之哉。寬敬哀皆其本也。聖人觀人。必觀其本。實不足而文有餘者。皆不足以入道。

㊀「之」衍。

朱子答曰。此説得之。

一念之善則惡消矣。一念之惡則善消矣。故曰。苟志于仁。無惡也。又曰。未有小人而仁者也。

朱子答曰。此意亦是。然語太輕率。似是習氣之病。更當警察療治也。

放于利而行多怨。利與害爲對。利于己必害于人。利于人必害于己。害于己則我怨。害于人則人怨。是利者。怨之府也。君子循理而行。理之所在。非無利害也。而其爲利害也公。故人不得而怨。人且不得而怨。而況于己乎。

易曰。敬以直内。義以方外。敬以養其心。無一毫私念。可以言直矣。由此心而發。所施各得其當。是之謂義。此與中庸言喜怒哀樂未發謂之中。發而皆中節謂之和相表裏。中庸言理。易言學。

朱子答曰。此説是也。

子夏曰。仕而優則學。學而優則仕。竊謂仕優而不學則無以進德。學優而不仕則無以及物。仕優而不學。固無足議者。學優而不仕。亦非聖人之中道也。故二者皆非也。仕優而不學。如原伯魯之不説學是也。學優而不仕。如荷蓧丈人之流是也。子夏之言。似爲時而發。其言雖反覆相因。而各有所指。或以爲仕而有餘則又學。學而有餘則又仕。如此則其序當云。學而優則仕。仕而優則學。今反之。則知非相因之辭也。

朱子答曰。此說亦佳。舊亦嘗疑兩句次序顛倒。今云各有所指。甚佳。

善爲説辭。則于德行或有所未至。善言德行。則所言皆其自己分上事也。

善與人同。以己之善推而與人同爲之也。舍己從人。樂取諸人以爲善。以人之善爲己之善也。

朱子答曰。此說亦善。

人有中雖不然。而能勉彊于其外者。君子當求之于其中。中者。誠也。故父在當觀其事父之志。行者。行其志而有成者也。父没。則人子所以事父之大節始終可觀矣。故父没當觀其事父之行事。父之行既已終始無媿。而于三年之閒。又能不失其平日所以事父之道。非孝矣乎。

朱子答曰。此説甚好。然文義似未安。

劉益之問誠之目于温公曰。當自不妄語入。此易所謂修辭立其誠也。

朱子答曰。近之。

篤實也。學當論其實。論其實則與君子者乎。與色莊者乎。君子有實者也。色莊無實者也。

程子曰。孔子言語。句句是自然。孟子言語。句句是事實。所謂事實者。豈非是當行可行底事耶。然未可謂自然者。豈以其猶是思焉而得之歟。

朱子答曰。大概如此。更翫味之。

附録

允夫以詩文求教。朱晦庵答書曰。如欲爲文章士而已。自應不在他人後。如果有志古人之學。則所示猶未得其門。

嘗以道問學名齋。晦庵易其扁曰尊德性。而爲之銘。

初任衡陽主簿。士友登其門者。如出晦庵之門。

朱子答其書曰。每與吾弟講論。覺得吾弟明敏。看文字不費力。見得道理容易分明。但以少卻翫味踐履工夫。故此道理雖看得相似分明。卻與自家身心無干涉。所以滋味不長久。纔過了便休。反不如遲鈍之人。多費工夫方看得出者。意思卻久遠。此是本原上一大病。非一詞一義之失也。記得向在高沙。因吾弟說覺得如此講論都無箇歸宿處。曾奉答云。講了便將來踐履。卽有歸宿。此語似有味。更苦思之。

周益公序先生尊德性齋小集曰。大抵議論正平。辭和氣粹。蓋嘗記其師里人李繒之言曰。道有遠近。學無止境。不可見其近而自止。必造深然後有成。此程氏學也。又曰。文以載道。物有是理。辭者達是而已。此蘇氏學也。君之所得。實本于繒。學者果可無淵源乎。

梓材謹案。是序有云。又酷嗜眉山之文。爲二蘇紀年十卷。

補

曹先生彦純

雲濠謹案。先生爲昌谷兄。魏鶴山誌昌谷墓云。朱文公守南康。兄弟親炙之。爲白鹿洞書院諸生。

補

龍圖詹元善先生體仁

梓材謹案。陳龍川復朱子書云。比見陳一之國録。説張體仁太博爲門下士。每讀亮與門下書。則怒髮衝冠。以爲異説。每見亮來。則以爲異人。輒舍去不與共坐。是可見其衛道之篤。水心爲先生墓志云。初後其舅張氏。既復爲詹氏。故亦稱張體仁云。

雲濠謹案。閩書言先生徙居霅川。讀書悠然自得。復龍圖閣。知静江府。移鄭州。除司農卿。再總湖廣餉事。

詹元善語

不遠復者。善心之萌。敦復者。善行之固。故初九无祇悔。敦復則可无悔矣。不遠復。入德之事也。敦復。其成德之事歟。

六十四卦獨于坎卦指出心以示人。可見心在身中。眞如一陽陷于二陰之内。所謂道心惟微者此也。

民生本乎衣食。天下之務。莫實于此矣。禮義之所以起。孝悌之所以生。教化之所以成。人情之所以固也。故勤儉之俗。莫若豳風。

爲善去惡。合下存一求自快足之心。則好惡必力。自不因循苟且。此之謂云。如此方是爲己之學。否則一念徇外。便是謂之自欺矣。

一非一件之謂。一便貫通。貫字不費力。

此理在人。未應于是曰性。此理在我心。而不能不壞于物欲。故必常去修理。然後德成于我。爲物不貳有。謂天氣下降。地氣上升。合一不二。亦是天地交合化生。似説生物邊去。惟易所云。天得一以清。地得一以寧。在天地主宰上説。確是不二眞諦。

附録

公授太學録遷博士。于時學官號天下選。講學得人之盛。後以爲不可及。公居閒。前後四年。功最多。

累遷太常丞。時高宗定謚。或謂宜稱堯宗。先生言謚法雖有之。于古無據。大行皇帝功莫盛于中興。請比殷武丁謚爲高宗。議始決。

寧宗登極。天下晏然。先生協贊趙忠定之力也。時議大行皇帝謚。先生言壽皇聖帝事德壽二十餘年。極天下之養。諒陰三年。不御常服。宜謚曰孝。卒用其言。

自趙丞相去。士久失職。公率同志請于周丞相。反覆極論。責以變通之法。因疏内名者三十餘人。周丞相不能用。然其後多所收擢。公之力也。

幼學于朱子。沈潛經訓。徧考羣書。誦説百家。本末條暢。屬意星曆。著象數總義以衍其奧。

嘗以今樂譜古詩。方響無不協和。一詩率用一調。惟七月篇。轉三調乃知風雅頌之別。

嘗問朱子。向蒙見教。讀書須要涵泳。須浹洽。因看孟子千言萬語只是論心。七篇之書如此看。是涵泳工夫否。朱子曰。某爲見此中人讀書大段鹵莽。所以説讀書須當涵泳。只要子細看玩尋繹。令胸中有所得爾。如吾友所説。又襯貼一件意思。硬要差排。看書豈是如此。

又問。先生涵泳之説。乃杜元凱優而游之之意。朱子曰。固是如此。亦不用如此解説。所謂涵泳者。只是子細讀書之異名。與人説話便是難。某只是説一箇涵泳。一人硬來安排。一人硬來解説。此是隨語生解。支離延蔓。閒説閒講。少間輾轉。只是添得多。説得遠。卻要做甚。若是如此讀書。如此聽人説話。全不是自做工夫。全無把鼻。可知使人説學是空談。此中人所問大率如此。好理會處不理會。不當理會處卻支離去説。説得全無意思。

張南軒與朱子書曰。詹灃體仁孜孜講學。每相見。職事之外。即商榷義理。殊爲孤寂之慰。

眞西山祭之曰。蓋公之爲人。得諸天者旣異。而充之以學又深。造其淵源。自羣經百氏閟深奧衍之旨。靡不心融而神會。下至陰陽卜筮。幽微幻眇。往往探賾而忘筌。惟其所造者高明。自養者剛大。故雖踐歷清華不以爲泰。屏居林泉不以爲辱。更榮悴而無二色。禍福不爲之遷改。其趣向亦難得也。

補 縣尉林蒙谷先生夔孫

附録

從朱子學。嘗論一陰一陽之謂道。及繼善成性之説。朱子善之。黨禁起。學者懼禍。更事他師。先生從朱子講論不輟。朱子易簀。謂先生曰。道理只是如此。且須做堅苦工夫。

梓材謹案。福州府志。先生著述又有書本義。蒙谷集。

補 忠簡傅竹隱先生伯成

梓材謹案。眞西山嘗跋傅侍郎奏議後。又序傅景裴文編云。大坡早歲執經于紫陽之門。予昔倘佯盤谷竹隱閒。聆公餘論。蓋濟岱典刑之舊。伊洛源流之正。萃于公矣。不獨景裴爲當師也。

附録

劉後村狀其行曰。傅氏自獻簡以論諫顯。忠肅以節義著。太傅以高材稱。公襲忠厚之嫡傳。備家庭之全美。而又受學于朱公。常以君親爲重。利禄爲輕。策名三十年。始登朝列。富貴在前。未嘗少貶以求合。爲都司總餉以沮邊議去。爲諫議又以忤貴近去。自嘉定辛未。至寶慶丙戌。杜門卻掃者十有五年。晚被聘召。正張禹孔光顧惜子孫。不敢斥言王氏之日也。公方歷疏時宰弊政。極論綱常倫紀。毅然以不貲之軀。犯不測之禍。欲以捄遷客炎荒之厄。非獨不爲身計。亦不爲子孫計矣。至于遺表。詞氣慷慨。神明不亂。豈非弘毅忠壯。鞠躬盡力。而死生禍福之變。皆不足以入其心歟。

梓材謹案。行狀首云。太傅守莆。參政龔公茂良年尚少。太傅令諸子從遊。既而龔公仕于泉。每訪公兄弟蕭寺。視其寢處。憮然曰。人不堪其憂。及觀其文。則又欣然曰。咄咄逼人矣。尤爲鄉先生寺丞黃公所稱。是則先生固不名一師也。

又挽傅諫議詩曰。憶昔南山寺。微言叩未終。晚猶温□㊀語。病尚寄書筒。駿廐誰收我。藁陵合殉公。春風溪上淚。遂與海潮東。

補提舉黃西坡先生灝

黃商伯語

鬼神之理未易測識。然學者亦欲隨所見決其是非。祀先之義。向來因聖人不言有無之説。竊謂氣散而非無。苟誠以格之。則有感通之理。況子孫又其血氣之所傳。而感格尤速也。

附録

自幼穎悟强記。與仲兄頤肄業荆山僧舍。玩閲窮晝夜不懈。一日别去。僧曰。子之寢處與余

㊀「□」當作「薦」。

鄰壁閲三年。寂若無人。靜重如此。他日當顯貴。

再調隆興府教授。訪禮賢士。訓勉諸生。增創齋舍。學政大舉。知德化縣。首興縣學。葺濂溪書堂。凡關于教化者。孜孜行之不倦。

雲濠謹案。先生爲隆興教授。已立濓溪祠。而朱子爲之記。

光宗踐祚之初。天下望治。先生當對。首以天德剛健絶聲色嗜好之惑爲言。學問必審師友淵源之正。事親從兄處己酬物秩如也。

朱子嘗與書曰。所論讀書之説。眞無欲之説。皆平正精切。非一概悠悠之論。且年亦過中。而更閲世故。又已多矣。乃能切切用力于此。愈于年少新學之爲者。是可尚已。

梓材謹案。虞道園跋文公先生與黄商伯書後引此有云。商伯與先生論學。如陰陽五行仁義禮智物格知至心喪等書。具見先生所答書。

黄勉齋序西坡文集曰。予始識西坡黄君。見其神清氣勇。襟懷卓犖。而知其資稟之異。見其從師問學而恐不及。而知其趨向之正。見其臨民多惠政。立朝多壯節。而知其事業之偉。歲適大祲。人相食。官吏畏首畏尾。束手坐視。君發廩糶租不待報。竟以得罪。僞禁方嚴。學者更他師。至有師歿不弔者。君謫居。不遠千里。哭泣犇赴。投閒十年。人不能堪。君泊如也。有本者如是。文詞特餘事耳。

補侍郎度性善先生正

度周卿語

正不敏。讀諸先生遺書。學其學。求其道。今十餘年矣。每見當時一事一物。如南國之棠。曲阜之履。旁皇不忍去也。

附録

先生跋周子太極圖説曰。夫太極者。所以發明此心之妙用也。通書者。又所以發明太極之妙用也。

朱子與劉須溪書曰。度君周卿來訪。志趣不凡。知嘗出入門牆。固應如此。雖已不敢隱其固陋。然磨礲浸潤之功。尚不能無望于終教之也。

補 宣獻任斯庵先生希夷

雲濠謹案。萬姓統譜。忠敏次子申先。官至中書舍人。曾孫希夷。從朱文公學。篤信力行。據此則先生固元祐黨人伯雨之後也。

附録

朱子答其書曰。所諭己業荒廢。比亦甚以爲疑。意謂世味漸深。遂已無復此志。今乃猶有愧恨之心。足以見善端之未泯也。一旦幡然。如轉户樞。亦何難之有哉。某衰病之軀。飲食起居尚未能如舊。流竄放殛。久已置之度外。諸生遠來。無可遣去之理。朝廷若欲行遣。亦須符到奉行。難以遽自悤悤也。詳觀來諭。似有仰人鼻息以爲慘舒之意。若方寸之間日日如此。則與長戚戚者無以異矣。若欲學道。要須先去此心。然後可以語上。上蔡先生言。透得名利關。方是小歇處。今之士大夫。何足道能言。眞如鸚鵡也。不知曾見此書否。

魏鶴山跋朱文公與樞密柬曰。前帖論處己接物之要曰。循理而行。自然中節。後帖論讀書作文之要曰。平心熟看。自見滋味。旨哉斯言。聖賢所謂勿正勿忘勿助長。所謂欲其自得之。自得之則居之安。居之安則資之深者。皆是義也。

補　布衣宋先生斌

梓材謹案。先生蓋字文叔。眞西山題宋文叔編仁説云。宜春宋君文叔。輯語孟言仁而爲之標署。用□□㊀矣。予欲其實踐程子之言。而毋蹈朱子之所戒云云。宜春屬袁州。是卽先生也。

補　知州黄復齋先生畚

㊀「□□」當作「意美」。

附録

太史魯直從祖也。子耕不恃家學。挈從郭子和朱元晦甚久。所友雖魁傑士。而皆行篤言信。故子耕蚤歲名重江西。

朱子語類曰。先生問畚與伯豐正淳。此去做甚工夫。伯豐曰。正欲請教先易後詩可否。曰。既嘗讀詩。不若先詩後易。畚曰。亦欲看詩。曰。觀詩之法。且虚心熟讀。尋繹之。不要被舊説粘定。看得不活。伊川解詩。亦説得義理多了。詩本只是恁地説話。一章言了。次章又從而歎詠之。雖别無義。而意味深長。不可于名物上尋義理。後人往往見其言只如此平淡。只管添上義理。卻窒塞了他。如一源清水。只管將物事堆積在上。便壅隘了。某觀諸儒之説。惟上蔡云。詩在識六義。體面卻諷味以得之。深得詩之綱領。他人所不及。

補 修撰陳北山先生孔碩

梓材謹案。經義考。陳氏元大四書講義佚。又引姓譜云。字孔碩。温州儒學教授。世稱北山先生。不言何許人。其字與先生之名同。而又同號北山。豈先生一字元大。而轉以名爲字耶。

附録

東萊卒。先生心喪三年。

遷處州教授。以所聞于三先生者。誘進後學。多成就。

先生性嚴毅。沈靜有守。利禄不動其心。出入中外垂二十年。不肯少變。忤史彌遠。而與葉水心適最善。以上並問學録。

眞西山祭陳北山文曰。嗚呼維公。世之偉人。有德有才。有武有文。閩洛之緒。弗絶如綫。巍巍紫陽。是續是演。靜涵一本。動貫萬微。隱顯相因。體用弗離。公游其門。見謂巨擘。溯流窮源。研幾探賾。藴而蓄之。既粹以精。發而舒之。亦大以宏。非如世儒。沈溺訓詁。非如詞人。聯緝毫縷。平居穆然。色下言徐。遇事劃然。氣陵萬夫。破賊東淮。震霆電激。袖手北山。窈若深嘿。能開能闔。可縮可伸。嗚呼維公。舉世孰倫。經濟之謨。戡定之略。愊塞通施。遁藏自樂。先天思豪力雄。坌涌厥辭。駕風犇雲。而與並馳。尊俎從容。淋漓筆墨。踞視冰澌。爲我僕役。先天之秘。人所莫闚。公獨玩心。皇羲是師。閒者書來。辱以告我。誰與共談。繄子其可。千里相望。數送以詩。學失傳訛。形于歎咨。覬公之志。勇于任道。將扶微言。俾後有考。我云斯文。實寄在公。紫陽之志。盍成厥終。云胡弗淑。奄然長逝。朔風怒兮。助我悲涕。卒而有子。公爲不亡。靈兮來思。舉我一觴。

劉後村挽陳北山詩曰。雖拜龍圖號。自稱槃澗翁。生難招此老。死可見文公。斷簡工夫久。深衣笑語終。定餘藏稿在。虹氣貫山中。

補國録吴盎隱先生仁傑

附録

朱子曰。吳斗南古易既畫全卦。繫以彖辭。再畫本卦。分六爻而繫以爻辭。似涉重複。又彖傳釋彖辭。象傳釋爻辭。繫辭傳則通釋卦爻之辭。故統名之曰繫辭傳。恐不可改繫辭傳爲説卦。蓋説卦之體。乃分别八卦方位與其象類。故得以説卦名之。繫辭傳兩篇釋卦爻之義例辭意爲多。恐不得謂之説卦也。

梓材謹案。四庫全書著録先生易圖説三卷。提要云。其説謂序卦爲伏羲。雜卦爲文王。今之爻辭當爲繫辭傳。繫辭當爲説卦傳。較諸家古易之説特爲新異。迥與先儒不合。然證以史記引同歸殊塗二語爲大傳。不名繫辭傳。隋志謂説卦傳三篇。今止一篇。爲後人亂其篇題。所言亦時有依據。録而存之。用備一説云爾。又案。先生洪範辨一卷。增立新圖。辨歐陽公蘇老泉潁濱父子所論。王厚齋云。

又曰。斗南説禮不王不禘王如來王之王。要荒之君世見中國一世王者立。則彼一番來朝。故王者行禘禮以接之。彼本國之君一世繼立。則亦一番來朝。故歸國則亦行禘禮。此説亦有理。所謂吉禘于莊公者亦此類。非五年之禘也。

又答先生書曰。漢書刊誤固多某所講。然其暗合者亦多。但劉氏所斷句。如項羽傳由是始爲諸侯上將軍。儒林傳出入不悖所聞。皆與史記合。爲原廟渭北。見一書廟渭之閒有于字。劉氏所疑亦有誤。如溝洫志于楚字本文屬下文。有于齊于蜀字皆是句首。而劉誤讀。屬之上句。

周益公遺人書曰。吳斗南博物洽聞。今之五總龜也。

補承奉陳先生定

梓材謹案。信安三子並學于朱子。又從子宇亦朱子門人。

附録

人品甚高。每欲見古人歸宿處。林艾軒與之特厚。朱子告以聖人之學。必自近而易者始。遂反求之生平。

補直閣陳復齋先生宓

雲濠謹案。劉後村大全集龍學傅公伯成行狀云。門人陳宓。已誌其壙。是先生亦爲傅氏門人。

梓材謹案。復齋嘗賜謚。見麗澤卷。特不知何謚耳。

附録

勉齋稱其胸懷坦然。無一毫私欲之累。

知安溪。士民不名爲令。而稱復齋先生。

入監進奏院。上封事言。宫中宴飲。或至無節。非時賜予。爲數浩穰。大臣所用。非親卽故。貪吏靡不得志。廉士動招怨尤。若能交飭内外。一正紀綱。天且不雨。臣請伏面謾之罪。奏入。

丞相史彌遠不樂。而中宫慶壽三牙獻遺至是爲之罷卻。

王䂀軒祭復齋文曰。嗟世家之無人。多自頹其閥閱。惟先生大正獻之家聲。有吕范二公之風骨。歎道學之無傳。幾不絶其如髮。惟先生得文正之正宗。探伊洛諸賢之理窟。又曰。蓋其語也。非賣直以沽名。其黜也。非其心于囊括。其出也。亦有救世之赤誠。其處也。豈但爲保身之明哲。根之以内心之昭融。加之以學問之親切。由本領之純全。故功用之宏闊。將宇宙之是扶。何梁木之遽折。豈蒼生之命果窮。而斯文之脈將絶。

劉後村挽陳師復寺丞詩曰。歲晚滄洲築草堂。卻將逢掖换軒裳。市朝共歎鳳高翥。世俗或疑麟不祥。童子舉扶猶慷慨。門人要絰各淒涼。衰殘無復相鐫切。遺墨常留几案傍。

補太學程蒙齋先生端蒙

附録

自幼已知自好。稍長即能博求師友以自開益。

自名其齋曰求放心。朱子爲之銘。

補太學生。時禁洛學。持書上諫議大夫王自然。責其疏斥正學。及對蘇程王氏策問。主司意在陰詆朱子。先生奮筆曰。王氏以佛老之學蠱壞人心。蘇氏有立朝大節。不以變故死生動心。此其天資超卓。有非常人所可及者。恨其學術未醇。未免有戰國策士餘習。繼孔孟之傳。排異端。闢邪說。道統所傳。不歸之二程。又其誰哉。自知所對不合。投筆徑去。

其在太學。儕輩類趨時好。不復知有聖賢之學。正思擇其可告語者。因事推誠。誨誘不倦。其爲人剛介不苟合。聞人講學議政有所未安。輒造門辨質。或移書譬曉。必極其是非可否之分而後已。

嘗作省過詩曰。此道從來信不疑。安行何處履危機。無心更與世俯仰。有口不談人是非。悔吝愆尤須謹細。存亡得失要知幾。師門有意無人會。一餉忘言對落暉。

朱子答其書曰。且歸侍旁日。與諸弟姪講學甚善。所謂聖賢大旨。斷然無疑。久知賢者有此意思。但覺有枯燥生硬氣象。恐卻有合疑處不知致疑耳。

又答其書曰。大抵近日朋友例皆昏弱無志。散漫無主。鞭策不前。獨正思篤志勤懇。一有見聞。便肯窮究。此爲甚不易得。常與朋友言之。以爲爲學正須如此。方有大望。然亦覺得意思有麤疏處。辨論工夫勝卻翫索意思。故氣象閒有喧鬧急迫之病。而少從容自得之意。此爲未滿人意耳。

又爲之像贊曰。其容退然若不勝衣。而自信有以舉烏獲之任。其言若不出諸口。而衛道足以摧髡衍之鋒。

陳定宇曰。蒙齋撰小學字説。朱子目以大爾雅。然止三千字。同邑董介軒嘗爲註釋。沈毅齋以程訓未備。增廣之。吾邑程徽庵猶以爲未備。合程沈所訓。又增廣焉。

梓材謹案。四庫提要于北溪字義云。同時程氏撰性理字訓一卷。其大旨與北溪同。然書頗淺陋。故趙東山益㊀汪德懋性理字訓疑問書。稱其爲初學者設云。

補縣尉董槃澗先生銖

董叔重說

河圖之數。不過一奇一耦相錯而已。故太陽之位卽太陰之數。少陰之位卽少陽之數。少陽之位卽少陰之數。太陰之位卽太陽之數。見其迭陰迭陽相錯。所以爲生成也。天五地十居中者。地十亦天五之成數。蓋一二三四已含六七八九者。以五乘之故也。蓋數不過五也。洛書之數。因一二三四以對九八七六。其數亦不過十。蓋太陽占第一位已含太陽之數。少陰占第二位已含少陰之數。少陽占第三位已含少陽之數。太陰占第四位已含太陰之數。雖其陰陽各自爲數居中。太陽得五而成六。少陰得五而成七。少陽得五而成八。太陽得五而成九。則與河圖一陰一陽相錯而爲生成之數者。亦無以異也。啓蒙言其數與位皆三同而二異。三同謂一三五。二異謂河圖之二在洛書則爲九。河圖之四在洛書則爲七也。蓋一三五陽也。二四陰也。陽不可易而陰可易。陽全陰半。

㊀「益」當爲「答」。

陰常從陽也。然七九特成數之陽。所以成二四生數之陰。則雖陽而實陰。雖易而實未嘗易也。

朱子答曰。所論甚當。河圖相錯之說尤佳。

或曰。天地之數五十有五。而大衍之數五十。何也。銖竊謂。天地之所以爲數。不過五而已。五者。數之祖也。蓋參天兩地。三陽而二陰。三二各陰陽錯。而數之所以爲數五也。是故三其三。三其二。而爲老陽老陰之數。兩其三。一其二。而爲少陰之數。兩其二。一其三。而爲少陽之數。皆五數也。河圖自天一至地十。積數凡五十有五。而其五十者。皆因五而後得。故五虛中。若無所爲。而實迺五十之所以爲五十也。一得五而成六。二得五而成七。三得五而成八。四得五而成九。五得五而成十。無此定數。則五十者何自來耶。洛書自一五行而九五福。積數凡四十有五。而其四十者。亦皆因五而後得。故五亦虛中。若無所爲。而實乃四十之所以爲四十也。一六共宗而爲太陽之位數。二七共朋而爲少陰之位數。三八成反而爲少陽之位數。四九同道而爲太陰之位數。不得此五數。何以成此四十耶。即是觀之。河圖洛書皆五居中。而爲數宗祖。大衍之數五十者。卽此五數衍而乘之。各極其十。則合爲五十也。是故五數散布于外爲五十。而爲河圖之數。散布于外爲四十。而爲洛書之數。衍而極之爲五十。而爲大衍之數。皆自此五數始耳。是以于五行爲土。于五常爲信。水火木金不得土不能各成一氣。仁義禮智不實有之亦不能各爲一德。此所以爲數之宗。而揲蓍之法。必衍而極于五十以見于用也。

朱子答曰。此說是。

孟子曰。口之于味也五句性也。此性字專指氣而言。如性相近之性。有命焉。此命字兼理與氣而言。如貧賤之安分。富貴之有節是也。仁之于父子也五句命也。此命字專指氣而言。所遇應不應。所造有淺深厚薄清濁之分。皆係乎氣稟也。有性焉。此性字專指理而言。如天地之性之性。

朱子答曰。此説分得好。

性與氣雖不相離。元不相雜。孟子言性。獨指其不雜者言之。其論情才亦如此。要必如程張二先生之説。乃爲備耳。

朱子答曰。甚善。集註中似已有此意矣。

附録

叔重天資警敏。勵志于學。既冠。從鄉之儒先程洵遊。洵語以晦翁所以教人者。盡棄所學。取大學中庸語孟諸書日夜玩習。裹糧入閩。摳趨函丈。不憚勞苦。晦翁亦愛其勤且敏。不倦以教之。嘗語之曰。更宜深察聖賢義利之訓。反求諸身。推類窮根。漸次銷伏。使日用之間全在義理上立脚。方是講學之地。又曰。日用功夫。更于收拾持守中。就思慮萌處。察其孰是天理。孰是人欲。取此舍彼。以致敬義夾持之功。讀書須是就自己分上體認出來。庶幾得力。又曰。此心操則自存。動静始終不越敬之一字。伊洛拈出此字。乃是聖學眞的要妙功夫。學者于此著實用功。不患不至聖賢之域。又曰。更須加意涵養于日用動静之間。不然徒爲空言。無益而有害也。叔重學益勤。志益苦。往來師門。率不一二歲輒至。至必越累月而後歸。

晦翁歸自經筵。日與諸生論學于竹林精舍。命叔重長其事。諸生日所講習。叔重先與之反復辨難。然後卽而折衷焉。並墓誌。

補王拙齋先生過

附録

黄勉齋與先生書曰。契兄生平刻苦。聞老來尚未免聚徒。亦庶不易以道自安。

補程柳湖先生珙

朱子玉山講義

先生曰。熹此來得觀學校鼎新。又有靈芝之瑞。足見賢宰承流宣化興學誨人之美意。不勝慰喜。又承特設講座。俾爲諸君誦説。雖不敢當。然區區所聞。亦不得不爲諸君言之。蓋聞古之學者爲己。今之學者爲人。故聖賢教人爲學。非是使綴緝言語。造作文辭。但爲科名爵禄之計。須是格物致知誠意正心修身。而推之以至于齊家治國。可以平治天下。方是正當學問。諸君肄業于此。朝夕講明于此。必已深有所得。不然亦須有疑。今日幸得相會。正好商量。彼此之間皆當有益。時有程珙起而請曰。論語多是説仁。孟子卻兼説仁義。意者夫子説元氣。孟子説陰陽。仁恐是體。義恐是用。先生曰。孔孟之言。有同有異。固所當講。然今且當理會何者爲仁。何者爲義。曉此兩字義理分明。方于自己分上有用力處。然後孔孟之言有同異處可得而論。如其不曉。自己分上元無功夫。説得雖工。何益于事。且道如何説箇仁義二字底道理。凡天之生物。各付一性。性非有物。只是一箇道理之在我者耳。故性之所以爲體。只是仁義禮智信五字。天下道理不出于此。韓文公云。人之所以爲性者五。其説最爲得之。卻爲後世之言性者。多雜佛老而言。所以將性字作知覺心意看之。非聖賢所説性字本指也。五者之中。所謂性者。是箇眞實無妄底道理。如仁義禮智皆眞實而無妄者也。故信字更不須説。卽仁義禮智四字。于中各有分別。不可不辨。蓋仁則是箇温和慈愛底道理。義則是箇斷制裁割底道理。禮則是箇恭敬撙節底道理。智則是箇分別是非底道理。凡此四者。具于人心。乃是性之本體。方其未發。漠然無形象之可見。及其發而爲用。則仁者爲惻隱。義者爲羞惡。禮者爲恭敬。智者爲是非。隨事發見。各有苗脈。不相殽亂。所謂情也。故孟子曰。惻隱之心。仁之端也。羞惡之心。義之端也。恭敬之心。禮之端也。是非之心。智之端也。謂之端者。猶有物在中而不可見。必因其端緒。發見于外。然後可得而尋也。蓋一心之中。仁義禮智各有界限。而其性情體用又自各有分別。須是見得分明。然後就此四者之中。又自見得仁義兩字是箇大界限。如天地造化。四序流行。而其實不過于一陰一陽而已。于此見得分明。然後就此又自見。如仁字是箇生底意思。通貫周流于四者之中。仁固仁之本體也。義則仁之斷制也。禮則仁之節文也。智則仁之分別也。正如春氣貫徹四時。春則生之生也。夏則生之長也。秋則生之收也。冬則生之藏也。故程子謂四德之元。猶五常之仁。偏言則一事。專言則包四者。正謂此也。孔子只言仁。以其專言者言之也。故但言仁而仁義禮智皆在其中。孟子兼言義。以其偏言者言之也。然亦不是于孔子所言之外。添入一箇義字。但于一理之中分別出來耳。其又兼言禮智。亦是如此。蓋禮又是仁之著。智又是義之藏。而仁之一字。未嘗不流行乎四者之中也。若論體用。亦有兩説。蓋以仁存于心。而義形于外言之。則仁人心也。義人路也。所以仁義相爲體用。若以仁對惻隱。義對羞惡而言。則就其一理之中。又以未發已發相爲體用。若認得熟。看得透。則玲瓏穿穴。縱横顛倒。無處不通。而日用之閒。行著習察。無不是著功夫處矣。珙又請曰。三代以前。只是説中説極。至孔門答問。説著便是仁。何也。先生曰。説中説極。今人多錯會了他文義。今亦未暇一一詳説。但至孔門方説仁字。則是列聖相傳。到此方漸次説親切處爾。夫子所以賢于堯舜。于此亦可見其一端。然仁之一字。須更于自己分上實下工夫始得。若只如此草草説過。無益于事也。

附録

朱子答其書曰。示喻正名之説。胡氏所論固有未盡。然其大義謹嚴。而聖人之妙用變通。又自有不可測者。不可以私情常識議其方也。如以爲疑。則食肉不食馬肝。未爲不知味。姑置此而議其切于吾身者焉。可也。

補 晏蓮塘先生淵

晏蓮塘説

淳熙四年。文公年四十八。注孟子子産聽鄭國之政。謂成周改歲首而不改月。則晚之確論也。嘗欲更注。而其書已行于世。以時令考之。戌亥之月未甚寒。猶可褰裳以涉也。子丑之間。涸陰沍寒。當此之時。而以乘輿濟民。民能免于病涉乎。橋梁道路可以觀政。九月成杠。十月成梁。戒事之辭也。十一月徒杠成。十二月輿梁成。序事之辭也。國語有戒備之意。孟子就凍極之時言之。皆夏時云。

附録

亞夫曰。性如日月。氣濁者如雲霧。朱子以爲然。

朱子與書曰。亞夫別後進學如何。向見意氣頗多激昂。而心志未甚凝定。此須更于日用之間。益加持敬功夫。直待于此見得本來明德之體。動靜如一。方是有入頭處也。

王文憲曰。蜀士趙子寅曰。有問于晏亞夫曰。事父母能竭其力。是心力。是事力。亞夫曰。也要心力。也要事力。曰。心力可竭也。事力不到則何如。亞夫曰。有心力必有事力。人只是辦不得此一片心爾。此心果到。雖園中之冬筍可生。冰下之寒魚可出也。況可得之物乎。

王深寧困學紀聞曰。朱文公門人昜淵。昜音緩。晉有昜清。

謝山箋曰。昜氏之學傳于陽氏。陽氏之學傳于吾鄉史氏。卽靜清也。

補 方遠庵先生士繇

附録

入小學。與他童子從師授經。既退。意不滿。爲朋儕剖析義理。師聞之。悚然自失。既見朱子。卽厭科舉之習。久之遂自廢。不爲進士。專以傳道爲後學師。六經皆通。尤長于易。

嘗得故人詩曰。天涯春色已平分。桃李陰陰晝掩門。黄素久無人問字。緑醽時有客來樽。棲遲未歎流光遠。寂寞還令此道存。珍重故人勤自訊。暮年憂國任乾坤。

王深寧困學紀聞曰。方伯謨。文公高弟也。其言曰。老子之言。蓋有所激者。生于衰周。不得不然。世或黜之。以爲申韓慘刻原于道德。亦過矣。又曰。釋氏固夷也。至于立志堅決。吾亦有取焉。似與師説背馳。

補 竇先生從周

附録

朱子答先生書曰。爲學之要。只在著實操存。密切體認。自己身心上理會。切忌輕自表襮。引惹外人辨論。枉費酬應。分卻向裏功夫。

補庶官湯靜一先生泳

附録

朱子語類曰。讀大學必須論孟及中庸。兼看近思録。先生曰。書讀到無可看處恰好看。

補劉靜春先生黻

梓材謹案。葉氏四朝聞見録云。靜春與眞文忠爲友。而輩行過之。又案。劉氏號靜春者有二。其一則清江劉子澄也。

劉靜春説

或疑萬物通謂之性。奚獨人。愚曰。是固然矣。然此既曰性。則有氣質矣。又安可合人物而言。以自亂其本原也。凡混人物而爲一者。必非識性者也。

告子。孟子之高第。彼其杞柳湍水之喻。食色無善不善之説。縱横繆戾。固無足取。至于生之謂性。孟子辨焉而未詳。得無近是而猶有可取者耶。

附録

葉紹翁曰。朱文公曰。告子徒知知覺運動之蠢然者人與物同。而不知仁義禮智之粹然者人與物異。此其一言破千古之惑。我文公眞有大功于性善如此。文忠已不及登文公之門。聞而知之者也。其讀中庸默與文公合。靜春見而知者。乃終不以先生之説中庸爲是。何歟。

補直閣林盤隱先生湜

附録

公入太學。與石斗文吴偁吴俯張淵並時知名。

性淡薄散朗。雖居官精敏。遇事主斷。而平居但教諸生誦説。若不涉世故者。於善惡賢不肖明白。而尤護惜善類。

補侍郎應先生純之

雲濠謹案。金華徵獻略載。先生篤信考亭之學。

補沈先生僴

附録

朱子語類曰。某嘗喜那鈍底人。他若是做得工夫透徹時極好。卻煩惱那敏底。只略綽看過。不曾深去思量。當下説也理會得。只是無滋味。工夫不耐久。如莊仲便是如此。某嘗煩惱這樣底少間不濟事。敏底人又卻要做那鈍底工夫方得。

補推官張玉峰先生宗説

附録

先生恬于寵利。無聲色之奉。家事授之二子。惟詩書自娱。樂道人之善而略其過。

補撫幹李先生如圭

雲濠謹案。吉安府志載。先生七歲能文。隨父宦至京。孝宗召見。誦尚書無逸篇。上喜賜宴。因父在。以珠簾隔之。宴罷。撤簾賜之。

儀禮集釋

士之醴子醴賓醴婦。經皆作醴。不必改爲禮。士冠禮。

凡逆者皆受女于廟。春秋傳云。其敢愛豐氏之祧。是也。士昏禮。

禮賓賓覿受幣皆當東楹。臣禮也。春秋傳。鄭伯如晉拜成。授玉于東楹之東。士貞伯以爲視流而行速。不安其位。凡敵者授受。當于兩楹閒也。聘禮。

歸大禮之日。既受饔餼。請觀。吴季札聘魯。請觀周樂。晉韓起聘魯。觀書于太史氏。是其類。聘禮記。

春秋傳。趙孟叔孫豹曹大夫入于鄭。鄭伯兼享之。子皮戒趙孟。遂戒穆叔。趙孟欲一獻。及享。具五獻之籩豆于幕下。趙孟辭。乃用一獻。趙孟爲客。此春秋時饗禮之可見者。公食大夫禮。

聘禮賓至卽欲受之者。主人之禮。覲禮且使卽安者。君上之惠。覲禮。

疏衰不廬。而父在爲母爲妻居廬。期大功三月不御于内。而父在爲母爲妻終喪不御于内。期既葬。食肉飲酒。而父在爲母爲妻終喪不食肉飲酒。皆其異者。

雜記。爲妻父母在不杖不稽顙。母在不稽顙。小記。爲父母妻長子禫。其爲妻禫。謂父母不在者也。小記。宗子母在爲妻禫。則庶子母在者皆不禫矣。庶子父在爲妻杖。適子父在爲妻不杖。此其異也。

伯父繼世爲小宗。故謂之世父。五屬之服。同父者期。同祖者大功。同曾祖者小功。同高祖者緦。世叔父與己同出于祖。應服大功。以其與父一體。故進服期也。

鄭氏謂。内宗外宗爲君服斬。非也。服問。君爲天子三年。夫人猶内宗之爲君也。夫人爲天子期。則内宗爲君亦期矣。雜記。外宗爲君。夫人猶内宗也。是外宗内宗之服不異也。所謂與諸侯爲兄弟者服斬者。自主男子言之。婦人不貳斬。何義而以斬服服君乎。周官。内宗外宗内女外女之有爵者。謂嫁于卿大夫士者也。爲夫之君自應服期。其異者并服夫人。猶之仕焉而已者并服小君耳。遂以爲服斬則誤矣。

大傳。有屬從。有徒從。屬從者。所爲服者于己有血屬之親也。徒從者。與彼非親。空從而服之耳。子爲母之黨。妻爲夫之黨。夫爲妻之黨。屬從也。臣爲君之黨。妾子爲君母之黨。妾爲女君之黨。子爲母之君母。妻爲夫之君。徒從也。小記。從服者。所從亡則已。屬從者。所從雖没也服。從服徒從也。

雜記。伯母叔母疏衰踊不絶地。姑姊妹大功踊絶于地。伯叔母義也。姑姊妹骨肉也。姑姊妹雖以出降其情。猶不殺也。

所不臣者。注疏謂以其親服服之。荀顗以爲大夫猶降其親。則諸侯雖所不臣亦絶不服。虞喜以爲大夫亦當從諸侯之例。一世爲大夫不降兄弟。二世不降諸父。三世乃皆降之。如圭謂諸侯世大夫不世。恐不得以世數爲比。所不臣者服此國君。先儒據小記謂與諸侯爲兄弟者服斬。疑亦未然。以上喪服。

左傳楚公子圍設服離衛。鄭子皮曰。二執戈者前矣。則小臣執戈。蓋亦君之常衛。

古之爲椁。累木于棺之四旁。而上下不周。棺之下藉以茵。其上加以折。次加抗席。次加抗木。故陳時亦重累陳之。以上士喪禮。

曾子問曰。天子諸侯之喪祭也。不斬衰者不與祭。大夫斬衰者與祭。士祭不足。則取于兄弟大功以下者。與祭謂執事也。天子諸侯之執祭事者。其臣也。大夫辟正君。其臣不執事。兄弟齊衰者執事。士卑不嫌與君同。故使其屬執事。不足則取于兄弟大功以下。不取齊衰者。又辟大夫也。士虞禮記云。祭必夫婦親之。所以備内外之官也。官備則具備。特牲饋食禮。

賓自門東而位于西階西南。猶燕禮士立于西方。已獻而位于東方也。衆賓已下。則已獻而設薦俎于其位。

凡專其位者。雖共方皆别。自爲上。士喪禮。大夫卽位于門外西面北上。兄弟在其南南上。賓繼之北上。是也。以上有司徹。

儀禮釋宫

宫室之名制。不盡見于經。其可考者。宫必南鄉。廟在寢東。皆有堂有門。其外有大門。堂之屋南北五架。中脊之架曰棟。次棟之架曰楣。後楣以北爲室與房。人君左右房。大夫士東房西室而已。室中西南隅謂之奥。東南隅謂之窔。東北隅謂之宧。西北隅謂之屋。漏室南其户。户東而牖西。户牖之閒謂之依。户東曰房户之閒。房户之西曰房外。房中半以北曰北堂。有北階。堂之上。東西有楹。堂東西之中曰兩楹閒。南北之中曰中堂。堂之東西牆謂之序。序之外謂之夾室。

夾室之前曰箱。亦曰東堂西堂。東堂下西堂下曰堂東堂西。堂南角有坫。堂之側邊曰堂廉。升堂兩階。其東曰阼階。堂下至門謂之庭。三分庭。一在北。設碑。堂塗謂之陳。中門屋爲門。門之中有闑。門限謂之閾。闑謂之扉。夾門之堂謂之塾門之内。兩塾之閒謂之宁門之内外。東方曰門東。西方曰門西。寢之後有下堂。自門以北皆周以牆。人君之堂屋爲四注。大夫士則南北兩下而已。此其著于經而可考者也。

附録

中興藝文志曰。儀禮既廢。學者不復誦習。或不知有是書。乾道閒。有張淳始訂其訛。爲儀禮識誤。淳熙中。李如圭爲集釋。出入經傳。又爲綱目以别章句之指。爲釋宫以論宫室之制。朱熹嘗與之校定禮書。蓋習于禮者。

梓材謹案。先生之視朱子。蓋在師友之閒。故朱氏經義考數朱子校禮弟子不數先生。惟萬氏儒林宗派列先生于朱子之門。

梓材又案。四庫全書本永樂大典著録先生儀禮集釋三十卷。提要云。宋自熙寧中。廢罷儀禮。學者鮮治是經。李氏乃全録鄭康成注。而旁徵博引。以爲之釋。多發賈公彦疏所未備。又著録儀禮釋宫一卷。提要稱其仿爾雅釋宫。條分臚序。各引經記注疏。參考證明。能發先儒之所未發。又云。考朱子大全集亦載其文。與此大略相同。惟無序引。疑朱子嘗録是篇。而集朱子之文者。遂疑爲朱子所撰。取以入集。猶東坡書劉禹錫語。題姜秀才課册。遂誤入蘇集耳。

補文懿趙南塘先生汝談

附録

添差通判嘉興府。與郡守王介志合。改知無爲軍。與光州守柴中行。安豐守陸峻。俱稱循吏。

王臞軒挽南塘尚書詩曰。屈賈文章蚤善鳴。長楊制誥晚尤精。天仙一念隨塵世。屬籍千年誰老成。賀表明明規寶慶。諫箴字字砭端平。不堪耆舊凋零盡。淚到南塘覺盡傾。其二曰。一自黄臺詠摘瓜。傷心吾道竟非耶。病來陶侃少獻替。老去謝安微誤差。萬里長江鐃一曲。連城白璧略纖瑕。太玄草就無人識。付與知音弟子芭。

劉後村挽南塘詩曰。自從水心死。麈柄獨歸公。于易疑程氏。惟詩取晦翁。二箴家有本。孤論世無同。不復重商榷。騎鯨浩渺中。

又序趙虚齋注莊子内篇曰。往歲水心葉公講學。析理多異先儒。習學記言初出。南塘趙公書抵余曰。葉猶是同中之異。如某則直異耳。余駭其言。而未見其書也。端平初。余爲玉牒所主簿。趙爲卿攝郡。右銓趙爲侍郎。朝夕相親。稍窺平生論著。于書易皆出新義。雖伊洛之説不苟隨。惟詩與朱子同。且語余曰。莆人惟鄭漁仲善讀書。子可繼之。勿爲第二流人。余謝不敢當。方欲盡傳其書。俄皆去國矣。

陳直齋書録解題曰。南塘易説專辨十翼非夫子作。其説多自得之見。又曰。南塘書説疑古文非眞者五條。朱文公嘗疑之。而未若此之决也。然于伏生所傳諸篇。亦多所掊擊牴排。則似過甚。

補潘立之先生植

潘立之説

衆人徇私而自蔽。則雖父子猶有豺狼焉。兄弟猶有參商焉。聖人深探本源。萬物一體。是謂踐形。由是樂民之樂。民亦樂其樂。憂民之憂。民亦憂其憂。不以一己外天下。而以一體視天下。此天下所以一家。中國所以一人也。

附録

智識日進。聞見日廣。尤以務實爲己爲本。由是師友交稱之。不事科舉。以敦行終其身。

黄勉齋祭立之曰。昔我兄弟。與君父子。俱以諸生。摳趨林李。偉哉大儒。倡道武彝。悉屏舊習。翻然從之。空谷春融。虚堂夜静。有善相勉。有過相警。四十餘年。豈無他人。與君兄弟。

神交意親。

補 潘瓜山先生柄

梓材謹案。劉後村志黄德遠墓云。中年還里。聞復齋陳公宓瓜山潘公柄方興洛學。二公師勉齋者。勉齋師文公者。德遠遂北面執贄于二公。據此則先生與陳復齋又爲勉齋弟子。又案。先生與鄭毅齋性之同師朱子。先生知毅齋必貴。妻以兄子。劉後村爲毅齋神道碑言。公雖魁輔。潘雖四士。然世兩賢之云。

雲濠謹案。黄勉齋復李貫之書云。閱故書中。得慶元三年朱先生所書編禮人姓名。爲之感慨。又云。向來從學之士。今凋零殆盡。閩中則潘謙之。楊志仁。林正卿。林子剛。李守約。李公晦。江西則甘吉父。黄去私。張元德。江東則李敬子。胡伯量。蔡元思。浙中則葉味道。潘子善。黄子洪。大約不過此數人而已。

潘謙之説

樂天畏天不同。以仁者而居小國。固不免爲智者之事。使智者而居大國。則未必能爲仁者之事。何者。智者分别曲直。未必能容忍而不與之校。如仁者之爲也。

許行欲君民並耕。則于人無貴賤之别。欲市價不貳。則于物無貴賤之差。事雖異而意則同。

孟子因齊王易牛。以發其不忍之心。因夷之厚葬其親。以箴其兼愛之失。皆因其發見處以啓之。

王子墊以人之爲士。下既不爲農工商之事。上又未有卿大夫之職。故疑其若無所事者。孟子言士雖未得位以行道。而其志之所尚則有仁義焉。

朱子答曰。尚志之説甚善。志字與父在觀其志之志同。蓋未見于所行。而方見于所存也。

説大人則藐之。蓋主于説而言。如曰見大人則藐之。則失之矣。

二十七章既言大哉聖人之道矣。而復以優優大哉冠于禮儀之上者。蓋言道體之大。散于禮儀之末者如此。

前輩多以夫子損益四代之制以告顔子。而又曰吾從周。其説似相牴牾者。然以二十八章吾學周禮今用之吾從周之意觀之。則夫子之從周。特以當時所用。而不得不從耳。非以爲當盡從周。若答爲邦之問。乃其素志耳。

君子動而世爲天下道。行而世爲天下法。言而世爲天下則。世猶言世上也。法是法度。則是準則。有可跂之實故言法。言未見于行事。故以其言爲準而行之也。

附録

劉後村挽潘謙之詩曰。復齋之客潘夫子。生死相從未忍分。薛守頗曾參道德。志完何可久從君。魯生邀酒猶同去。龐叟來呼己不聞。莪舍一巵眞永訣。老無腳力拜翁墳。

補 朝奉滕溪齋先生璘

附録

公少與弟德章奉其父命。以書自通而謁教于朱子。朱子復之曰。夫學者患不知其所歸趣。與其所以蔽害之者。是以裴回歧路而不能得所從入。今足下旣知程氏之學不異于孔孟之傳而讀其書矣。又知科舉之奪志佛氏之殊歸皆不足事。則亦循是而定取舍焉耳。復何疑而問于僕耶。意者于其所欲去者未能脱然于胸中。所欲就者又雜然並進。不無貪多欲速之意。是以雖知其然。而未免有茫然無得之歎耳。足下誠若有志。則願暫置于彼。而致精于此。取其一書。自首至尾。日之所玩。不使過一二章。心念躬行。若不知復有他書者。如是終篇。而後更受業焉。則漸涵之久。心定理明。將有以自得之矣。論語一書。聖門親切之訓。程氏之教。尤以是爲先。足下不以愚言爲不信。則願自此書始。

後數年。朱子自寓里來歸。始以弟子禮見。于是得大學中庸章句而熟復焉。旣而筮仕四明。又教之以親仁擇善爲講學修身之助。且曰。楊敬仲。吕子約。沈叔晦。袁和叔。此四人者。吾子所宜從遊者也。

公旣從朱子得爲學大方。異時至東嘉。又從陳舍人止齋問左氏要義。止齋告語甚悉。大略謂左氏本依經爲傳。縱横上下。旁行溢出。皆所以解駁經誼。非自爲書。且告以六經之義。兢業爲本。公佩服焉。

公初爲論語説。朱子善之。因謂爲學以變化氣質爲功。而不在于多立説。公爲愯然。以上眞西山誌墓。

朱子語類曰。問璘昨日卧雲庵中何所爲。璘曰。歸時日已暮。不曾觀書。靜坐而已。先生舉横渠嘗説。言有法。動有教。晝有爲。宵有得。息有養。瞬有存。以爲雖靜坐亦有所存主始得。不然兀兀而已。

又德粹云。初到明州。問爲學于沈叔晦。叔晦曰。若要讀書。且于婺源山中坐。既在四明。且理會官事。先生曰。縣尉既做了四年。滕德粹元不曾理會。

補 縣令滕德章先生珙

雲濠謹案。四庫全書著録經濟文衡前集二十五卷。後集二十五卷。續集二十五卷。提要云。不著編輯者名氏。初刻于正德辛巳。但稱先儒所集。再刻于萬曆丙午。亦不指作者何人。乾隆己未。南昌楊雲服重刊。程恂序之。稱爲宋滕珙編。考珙與兄璘俱遊朱子之門。朱子銘其父墓。稱二子皆有聲州縣間。又稱珙廷對甚佳。蓋亦新安高第也。今觀是書。取朱子語録文集。分類編次。前集皆論學。後集皆論古。續集則兼二集所遺而補之。每一論必先著其緣起。次標其立論之意。條分縷析。條理秩然。視他家所編經世大訓之類。或簡而不詳。或繁而少緒者。迥乎不同。即不出于珙手。要非學有淵源者不辨也。存目録分類標注朱子經濟文衡七十五卷。即萬曆丙午朱吾弼重刊之本也。提要徑以爲先生所編矣。

補 隱君胡桐柏先生泳

梓材謹案。黄勉齋誌周舜弼墓云。先生没。學徒解散。靳靳守舊聞。漫無講習。微言不絶如綫。獨庸㊀廬閒有李敬子燔。余國秀。宋傑。蔡元思念成。胡伯量泳兄弟。帥其徒數十人。惟先生書是讀。伯量兄弟。疑卽西園伯履也。

胡伯量問目

某居喪讀禮。欲妄意隨所看逐項編次。如書儀送終禮之篇目。仍取儀禮禮記朝制條法政和儀略之類。及先儒議論。以次編入。庶幾得以維持哀思。

朱子答曰。有餘力則爲之。若力未及。卽且先其功夫之急切者。乃爲佳耳。

某始成服時。據三禮圖。温公書儀。高氏送終禮。參酌爲冠絰衰裳腰絰絞帶。按禮。衰麻合用生麻布。今之麻布類經灰治。雖縷數不甚密。然似與有事其縷無事其布之緦異。不知于禮合別造生布。或亦隨俗用常時麻布爲之。

朱子答曰。此等但熟考註疏。卽自見之。然喪與其易也寧戚。

補歐陽先生謙之

㊀「庸」當爲「康」。

歐陽希遜説

謙之前此請問。曾點氣象從容。辭氣灑落。堯舜事業亦優爲之。先生批教云。曾點氣象固是從容灑落。然須見得它因甚得到如此始得。若見得此意。自然見得它做得堯舜事業處。謙之因熟玩集註之語。若曰但味其言。則見其日用之間無非天理流行之妙。而用舍行藏了無所與于我。見得曾點只是天資高。所見處大。所以日用之間無非天理流行之妙。惟其識得這道理破。便無所係累于胸中。所謂雖堯舜事業亦優爲之。自其所言。以逆諸其日用之細。而知其能爾也。何者。堯舜之聖。只是一箇循天理而已。然而點雖是見處如此。卻無精微縝密功夫。觀論語一書。點自言志之外。無一語問答焉。則其無篤實功夫可見矣。使曾點以此見識。加之以鑽仰之功。謹于步趨之實。則其至于堯舜地位也孰禦。本朝康節先生大略相似。

朱子答曰。人有天資高。自然見得此理眞實流行運用之妙者。未必皆由學問之功。如康節二程先生。亦以爲學則知無不知也。來喻皆已得之。大抵學者當循下學上達之序。庶幾不錯。若一向先求曾點見解。未有不入于佛老也。

程子曰。生之謂性。性卽氣。氣卽性。生之謂也。又曰。人生而靜已上不容説。才説時便已不是性也。謙之竊意明道所言生之謂性。與告子所言生之謂性不同。明道之意。若謂人生而後方始謂之性。前此天理流行。未有所寄寓。只可謂之善。不可謂之性。然以無可得名。又是性之本源。只且謂之性。若論其體段。則不可謂之性。此人生而靜以上不容説。才説性時便已不是性也。性卽氣。氣卽性。蓋必稟是氣。然後人之形體始立。必命之以是性。然後人之良知良能始具。必有是性而後有是氣。必有是氣而後有是性。二者蓋不能以相離也。人物未生之時。天命之流行。雖其未有底止。不可謂之性。而性之本眞。實渾然而無所閒雜。人物已生之後。氣質之成形。雖其理已命于人。始得謂之性。而性之本體。始與氣質交雜。而有待于察識其端倪矣。程子謂性卽氣。氣卽性。非謂氣便是性。性便是氣。蓋言其不相離也。此程子所謂論性不論氣不備。論氣不論性不明。二之則不是。蓋以此也。

朱子答曰。此段近之。

周禮説

侯伯同七命。其車旗衣服之節並同。故于圭文瑑飾之閒。少異信屈之制。以辨尊卑。聖人名分之嚴。幾微不敢失如此。

子男同一位。穀璧蒲璧同制異飾。以致其辨。

以雞人掌警旦之事。因使以時期告百官

凡聲音之正否。器物之備缺。時節之先後。舞列之謹怠。無非樂政。

年祝如祈穀于上帝與社稷。瑞祝祥瑞之祝辭。古人得祥瑞。必歸功于神也。

雞人呼旦。巾車鳴鈴以應之。示車已夙駕也。巾車已駕。則王不敢緩于登車之節。況執事者乎。以上春官。

天揖。舉手高。尊之也。時揖。舉手平。次之也。土揖。舉手下。卑之也。秋官。

補 縣令饒先生敏學

附録

寶慶元年。知黔陽縣。以學爲政。因俗行化。修縣志。廣學宫。建寶山書院。士子始知向學。

補 孫龍坡先生調

梓材謹案。先生所著又有左氏春秋事類二十卷。龍坡文集四十六卷。魏鶴山誌先生墓。不言其從學朱子。疑當在私淑之列。

附録

講授邑中。發明經術。砥礪名行。務以攘異端正人心爲己任。縣令下車。必須咨訪。蓋館于校官者垂四十年。前後著録之生不下千人。

室之東偏曰寮隱堂。聚書千卷。藏修息游其間。舉世所謂可悦者。一無以動其心。

補 帥幹李綱齋先生閎祖

李守約說

克己復禮爲仁。曾子言容貌顔色辭氣。而其要在動正出之際。

朱子答曰。大抵得之。但曾子之語。功夫更在三字之前。此特語其效驗處耳。

好仁惡不仁章。某竊觀之。人之資稟固有偏重如此。如顔孟之事。亦可見矣。顔子嫉惡不仁之事。罕見于經。可謂好仁者。于孟子則辨數不仁者之情狀。無一毫少貸。可謂惡不仁者。

朱子答曰。此說得之。

孟子口之于味章。言人之性命有此二端。自口之嗜味。以至四體之嗜安逸。形氣之性。君子有弗性焉。自仁之于父子。以至聖人之于天道。道義之性。君子性之。猶舜所謂人心道心。心之在人。特要精別而力行之耳。

朱子答曰。看得儘好。

附録

朱子語類曰。李閎祖云。忮是疾人之有。求是恥己之無。吕氏之說亦近此意。然此說又分曉。

黄勉齋祭之曰。自先生講道武夷。學者紛然。迨今觀之。非俊偉卓犖。方嚴正直。亦何足以費夫子之雕鐫。彼頑鈍齷齪。脂韋輭美。雖曰聞善知慕。未有不見害則避。見利則遷者也。求之師門。如吾守約者。是豈流輩之所可並肩也耶。

補 郎中王東湖先生遇

梓材謹案。先生祭薛艮齋文。自稱學生。是先生于朱張吕之外。嘗從學于艮齋也。

王子合説

乾。聖人之分也。可欲之善屬焉。坤。學者之分也。有諸己之信屬焉。朱子答曰。此説大概得之。但乾坤皆以性情爲言。不當分無形有形。只可謂自然與用力之異耳。

附録

受業三先生之門。考德問業。以正學不明爲己憂。精思力行。以求自得。升上舍。東萊器之。以學職屈公。公守規矩。諸生相戒無敢犯。蘄學久廢。諸生家坐而官餉之。公嚴爲程課。寢食必于學。日爲講説語孟經史。一以洙泗伊洛之傳爲正。夜漏下二十刻。猶徘徊學舍。督諸生誦習。奬勵戒飭。蘄人化之。衣冠濟濟若中州。

提舉浙東常平。入請齋戒以飭躬。大剛以進德。常聞直言以救闕失。樂從公議以扶正道。斷絶斜封墨敕之原。常存親民如傷之念。至官留心賑濟。如在毗陵。

黄勉齋嘗稱其學識之精。義利之明。拔出流俗之表。

補漕使楊悦堂先生楫

附録

黄勉齋祭之曰。嗚呼。遊晦庵先生之門者多矣。篤實無華。强毅有守。孰有出公之右者乎。居家而兄弟化其和。從師而朋友愛其誠。立于朝而君相知其忠。仕乎外而吏民安其仁。非天資之厚。學問之篤。孰能隨所寓内省而不疚者乎。

雲濠謹案。勉齋記楊恭老敬義堂云。吾與通老從遊于夫子之門二十年矣。通老長于吾十年。而首與之處相好也。據此則先生嘗受業于朱子之門矣。恭老。通老兄。名梓。

補提刑楊淡軒先生方

雲濠謹案。朱子爲白鹿洞賦云。悵茂草于熙寧。尚兹今其實論。夫既啓余以堂壇。友又訂余以册書。自注云。廬山記。熙寧中作。已云鞠爲茂草矣。尋訪之初。得樵者指告其處。客楊方子直遂贊興作之謀。既而劉清之子澄亦裒集故實來寄。據此則先生之于晦翁。蓋在師友之閒矣。

補

楊信齋先生復

雲濠謹案。道南源委謂。先生朱子門人。後受業于閩縣黄榦。是先生又爲勉齋門人。又謂。其勁特通敏。學問精深。而精于考索。所著爲祭禮圖十四卷。儀禮圖解十七卷。

梓材謹案。先生一字茂才。見趙希弁讀書附志。

儀禮圖解

鄉飲酒禮無算爵。其文略。註引鄉射以釋之。案。鄉射無算爵。賓與大夫不興。取奠觶。飲。卒觶不拜。執觶者受觶。遂實之賓觶。以之主人。大夫之觶。衆賓長受。而錯皆不拜。注云。錯者。實主人之觶以之主人。實主人之觶以之介。及其交錯而行也。當實主人之觶以之衆賓長。實介之觶以之次大夫。又實衆賓長之觶以之第三位次大夫。實次大夫之觶以之第二位次賓者。如此交錯以辨。卒受者興。以旅在下者于西階上。及其辨也。執觶者洗升實觶。及奠于賓與大夫。所以復奠之者。燕以飲酒爲歡。醉而止。此所以爲無算爵也。

燕禮君尊不酢其臣。主人自酢。成公意。以雖更爵亦酌膳者。明酢之之意出自君也。此禮與尋常酬賓不同。所謂公爲賓舉旅也。蓋君臣之際。其分甚嚴。其情甚親。使宰夫爲獻主。所以嚴君臣之分。與觶酬賓。所以通君臣之情。卿者。君之股肱腹心也。獻後卿。何也。既命大夫爲賓。故先獻賓。獻賓而後獻公。又禮成于酬。禮成而後獻卿。此事之序。禮之宜也。

聘禮夕幣之禮。夕陳幣以授使者。然授幣而未授圭。何也。圭。聘禮之重者也。不可預授。裼襲是一事。垂繅屈繅是一事。不容混合爲一。蓋圭聘之重也。主賓授玉于中堂與東楹之閒。禮之正也。方其受于賈人。授于上介。及歸而授于宰。祇是受命復命之禮。取玉藏玉之儀。故但垂屈相變以彰其文。主賓授受于中堂與東楹之閒。斯爲聘禮之正。故乃裼襲相變以昭其重。以玉爲聘禮設故也。

喪服傳云。自卑別于尊。是以子孫之卑。自別于祖之尊。此義爲是。自尊于卑。乃以子孫之尊。自別于祖之卑。此說于禮有害。而注遂以爲因國君以尊降其親而説此義。則愈非禮意。蓋國君以尊降其親。謂降其旁親。而正統之服不降。爲祖期。爲曾高祖齊衰三月。未嘗降其祖也。鄭注蓋惑于自尊別卑之説。乃以封君之不祖公子爲以尊降其親。而不知公子爲別子。繼別爲宗。謂之大宗。百世不遷。固以公子爲祖矣。若公子之子孫有封爲國君者。則後世子孫只得祖封君。而不得祖公子以紊其別子之宗。非是以封君之尊別于公子之卑而不祖之也。傳既失之。注沿襲繆誤。愈差愈遠。

士喪禮始死哭位。必辨室中堂上堂下之位。非特男女内外親疏上下之分。不可以不正。此亦治喪馭繁整雜之大法也。

祝淅米者。淅筐之稻米以取瀋也。此米凡三用。祝淅米取瀋以沐。一也。祝受宰米并貝以含。二也。祝以飯米之餘煮粥。用二鬲縣于重。三也。

小斂變服。主人袒。括髮。衆主人免。婦人髽。今人無此一節。何也。緣世俗以襲爲小斂。遂失此變服一節。在禮奔喪。入門詣殯東哭。盡哀乃括髮袒。既乃襲經于序東。明日後日朝哭。皆袒括髮成踴。至第四日乃成服。夫奔喪。禮之變也。古人猶謹其序如此。況處變之常。可欠小斂一節而無袒括髮乎。此則孝子知禮者所當謹而不可忽也。

喪奠之禮有三變。始死奠于尸東。小斂奠亦如之。既殯奠于室之奥。設席東面。朝夕奠朔月奠薦新奠亦如之。啓殯入廟。席設于柩西。奠設如初。如初者。如室中之神席東面也。朝祖奠亦如之。降奠及祖奠遣奠皆如之。但設于柩東爲異。

鼎數自一至十二。一鼎者。特豚無配也。士冠醮子。士昏婦盥饋舅姑。士喪小斂之奠朝夕之奠用之。三鼎者。豕魚腊也。特牲饋食昏禮共牢。士喪殯奠朔月奠遷祖奠用之。五鼎者。羊豕魚腊膚也。少牢饋食聘禮致飧衆介。玉藻諸侯朔月用之。七鼎者。牛羊豕魚腊腸胃膚也。公食下大夫之禮。九鼎者。牛羊豕魚腊腸胃膚鮮魚鮮腊也。公食上大夫之禮。十鼎者。正鼎七。牛羊豕魚腊腸胃膚。陪鼎三。膷臐膮也。聘禮致飧上介鼎七羞鼎三是已。十二鼎者。正鼎九。牛羊豕魚腊腸胃膚鮮魚鮮腊。陪鼎三。膷臐膮也。聘禮宰夫朝服設飧鼎九羞鼎三。周禮膳夫五日一舉鼎。十有二物皆有俎是已。少牢五鼎大夫之常事。又有殺禮而用三鼎者。如有司徹乃升羊豕魚三鼎。腸爲庶羞。膚從豕。去腊膚二鼎。以其賓尸殺于正祭。故用少牢而鼎三也。又士禮特牲三鼎有以盛葬奠加一等用少牢者。如既夕遣奠陳鼎于門外是也。郊特牲曰。鼎俎奇而籩豆偶。以象陰陽。鼎有十有十二者。以其正鼎與陪鼎別數則爲奇數也。

案。儀禮吉凶所用。或一豆一籩。或二豆二籩。或四豆四籩。此士大夫之禮然也。周官醢人掌四豆之實。朝事之豆。饋食之豆。加豆之實。羞豆之實。籩人掌四籩之實。朝事之籩。饋食之籩。加籩之實。羞籩之實。此天子之薦禮也。禮器云。天子之豆二十有六。諸侯十有六。此天子諸侯所用之數也。又案。聘禮婦饔餼二十豆。公食大夫下大夫六豆。上大夫八豆。此皆諸侯待聘賓之禮也。周官掌客。上公豆四十。侯伯豆三十有二。子男豆二十有四。此天子待諸侯之禮也。掌客之豆較之禮器之豆數又多焉。何耶。或曰。禮器之數用數也。掌客之數陳數也。

特體去兩髀不升。合左右兩相爲十九體。神俎不用左體。故少牢只用右胖。不合兩相爲十一體。特牲于右胖十一體之中。不用脡脊代脅。故爲九體。士虞喪祭于左胖十一體之中。去脡脊橫脊短脅代脅。故爲七體。

儀禮圖自序

學者多苦儀禮難讀。雖韓昌黎亦云。何爲其難也。聖人之文。化工也。化工所生。人物品彙。至易至簡。神化天成。極天下之至巧莫能爲焉。聖人寫胸中制作之妙。盡天理節文之詳。經緯彌綸。混成全體。竭天下之心思莫能至焉。是故其義密。其辭麗。驟讀其書者。如登太華。臨滄溟。望其峻深。既前且卻。此所以苦其難也。雖然莫難明于易。可以象而求。莫難讀于儀禮。可以圖而見。圖亦象也。復曩從先師朱文公讀儀禮。求其辭而不可得。則擬爲圖以象之。圖成而義顯。凡位之先後秩序。物之輕重權衡。禮之恭遜文明。仁之忠厚懇至。義之時措從宜。智之文理密察。精粗本末。昭然可見。夫周公制作之僅存者。文物彬彬如此之盛。而其最大者。如朝宗會遇大享大旅享帝之類。皆亡逸而無傳。重可歎也。嚴陵趙彦肅嘗作特牲少牢二禮圖質諸先師。先師喜曰。更得冠昏圖及堂室制度并考之乃爲佳爾。蓋儀禮原未有圖。故先師欲與學者考訂以成之也。復今所圖者。則高堂生十七篇之書也。鼇爲家鄉邦國王朝喪祭禮。則因先師經傳通解之義例也。附儀禮旁通圖于其後。則制度名物之總要也。區區用心。雖未敢謂無遺誤。庶幾其或有以得先師之心焉。

祭禮圖解

天帝一也。以一字言。則祀天饗帝之類。以二字言。則格于皇天。殷薦上帝之類。以四字言。則惟皇上帝。昊天上帝之類。以氣之所主言。則隨時隨方而立名。如青帝赤帝黄帝白帝黑帝之類。其實則一天也。前乎鄭康成。如鄭衆如孔安國註書。並無六天之説。鄭康成後出。分爲六天。又皆以星象名之。謂昊天上帝者。北辰也。謂五帝者。太微宫五帝座是也。夫在天成象。在地成形。草木非地。則星象非天。天固不可以象求也。以象求天。是何異于知人之有形色貌象。而不知有心君之尊也。況又附以緯書。如北辰曜魄寶之類。尤爲不經。且鄭註周禮。昊天上帝謂卽天皇大然帝。又析月令皇天爲北辰曜魄寶。上天爲太微五部。前後乖違。是以王肅羣儒引經傳以排之。以五人帝爲五帝則非也。夫有天地則有五行四時。有五行四時則有五帝。帝者氣之主也。易所謂帝出乎震是也。果以五人帝爲五帝。則五人帝之前。其無司四時者乎。鄭則失矣。王亦未爲得也。夫祀天。祀五帝。皆聖人制禮之條目。非分而爲六也。天猶性也。帝猶心也。五帝猶仁義禮智信之心。隨感而應者也。其實則一天也。

四方註疏。曲禮一條謂五官之神。祭法一條謂山林川谷丘陵之神。舞師一條謂四望之神。大宗伯一條謂蜡祭四方百物之神。月令一條謂四方五行之神。大司馬一條謂祭四方之神。詳考諸說。惟舞師帥而舞四方之祭祀謂四望也。其説爲近。蓋四方卽四望而□㊀不同。四望者。郊之屬是也。四方者。四時山川之祀而望祭之。如左氏曰望郊之屬是也。四方者。四時各望祭于其方。如天子祭四方歲徧是也。通而言之。則同時合祭四方謂之望。如舜卽位同時告祭曰望于山川。歲二月東巡狩亦曰望秩于山川是也。諸侯方祀亦曰歲徧。何也。諸侯之國。雖居一方。然國內又各有東西南北。亦各隨四時望祭于其方也。望祭四方。則五官之神。五行之神。山林川澤之神。皆在其中矣。固不可分而爲四也。大宗伯以疈辜祭四方百物亦謂之四方。何耶。案以血祭五嶽。以疈辜祭四方百物。禮固不同。所謂祭四方百物。言祭四方之内百物之神耳。鼓人鼓兵舞帗舞。疏云百物

㊀「□」當作「又」。

之小神是也。非祭四方也。

知禘者禘其祖之所出。不兼羣廟之主。而唯以其祖配之。則禘與祫異。不容混矣。知大祫兼羣廟之主。則自太祖而下。毁廟未毁廟之主皆合食于太祖矣。

案禮經天子祭天地祭社稷。祭莫重于天地。而社稷其次也。胡氏乃合祭地祭社二者而一之。何也。

鄭氏必以迎長日爲建寅之月郊天迎春分之長日。又以周之始郊爲魯郊者。蓋鄭氏欲分圜丘與郊爲兩事。周既以冬至禘圜丘。則冬至不得復有郊。故用易緯之説。以周郊用建寅之月。郊特牲云。周之始郊日以至者。非周之始郊。乃魯郊。夫此章本文明言周之始郊。今乃以周爲魯。豈不繆哉。

禘禮見于大傳小記子夏傳。郊禮見于孝經大雅周頌。祖有功。宗有德。見于王肅賈誼劉歆韋元成。蓋禘與祖宗三條。皆宗廟之祭。無與乎祀天。唯郊一條。爲配天之祭。經傳昭然。不可誣也。祭法禘在郊上者。謂郊以祖配天。禘上及其祖之所自出。禘遠而祖近。故禘在郊上也。鄭氏見禘在郊上。便謂禘大于郊。遂强分圜丘與郊爲二。以禘爲冬至日祀昊天上帝于圜丘。而以嚳配之。以郊爲祭感生帝于南郊。而以稷配之。既謂禘郊皆爲配天矣。遂併以祖宗爲祀五帝于明堂。而以祖宗配之。輕肆臆説。實皆非也。

案祭法與王制不同。大抵王制畧而祭法詳。又案三壇同墠之説出于金縢。乃因有所禱而爲之。

非宗廟之外預爲壇墠。以待他日有禱也。孝經爲之宗廟。以鬼享之。非去墠爲鬼也。晉張融謂祭法去祧爲壇。去壇爲墠。去墠爲鬼。皆衰世之法。則所言難以盡信。

典瑞朝日註云。天子春分朝日。秋分朝月。玉藻朝日于東門之外。馬鄭注皆云。于春分。賈誼亦云。三代之禮。春朝朝日。秋暮夕月。祭法幽宗祭星也。此祭日月星辰之正禮也。郊特牲大報天而主日。配以月。則因郊。覲禮拜日于東門外。禮月于北門外。則因覲。月令祈來年于天宗。則因蜡。春秋傳日月星辰之神。雪霜風雨之不時。于是乎禜之。則因禜。皆因事而祭也。

地示謂社稷也。鄭氏謂祭神州之神于北郊。緯書不足據。

附録

眞西山請鄭林楊三士入尊行堂曰。今禮義之學大明。吾黨之士皆知所用力。非復昔年之比。然致知力行二者並進。自昔難之。必得鄉之耆艾學問踐履素爲月評所推敬者爲之表倡。庶幾後生有所嚮慕而興起焉。采之。僉言若靈山鄭先生。梅塢林先生。信齋楊先生。其人也。

陳石堂序先生儀禮旁通圖曰。是經雖微。士冠昏喪祭卿相見大夫祭幸皆無恙。天子諸侯亦幸存一二。故晦翁通解。勉齋喪禮。信齋祭禮。得以爲依據。如累九層之臺以下爲基。不見足而爲屨之不中者。如執柯以伐柯。柯在彼而則在手也。三十九篇駸駸乎不亡矣。然則十七篇之存。固亦有天意。廢之者有餘罪。興之者誠莫大之功也。三百之數不可考。以圖概之。三十九篇疑可得。

三千在三百中亦可舉。其旁通圖名物制度尤明。盡合十七篇。圖而熟之。旣無昌黎難讀之患。而古人太平之具。一朝而在我矣。

梓材謹案。先生儀禮經傳通解續十四卷。四庫提要稱其重修祭禮。鄭逢辰進之于朝。又述其自序。謂南康學宮舊有家鄉邦國王朝禮。及張侯虙續刊喪禮。又取祭禮稿本併刊而存之。竊不自揆。遂據稿本。參以所聞。稍加更定。以續成其書。凡十四卷云。又案其序上文有時在勉齋左右。隨時咨問鈔識。以待先生筆削云云。是可證先生又爲勉齋弟子也。四庫又著録先生儀禮圖十七卷。儀禮圖一卷。提要譏其未能如朱子經傳通解。李如圭通釋特出釋宮一篇。以總挈大綱。使衆目皆有所麗。蓋先生以釋宮已見通解。學者可以互核。故不別爲之圖爾。

補進士李堯卿先生唐咨

李堯卿說

夫子教人。不出博文約禮二事。在門人莫不知有此學。惟顔子獨于博約之間。有所進。有所得。故高者有可攀之理。堅者有可入之理。在前在後者有可從而審其的之理。非若其它僅可以弗畔而已。此門人之所以不可企及也。

執圭上如揖下如授。旣曰平衡。而又有上下。莫是心與手齊。如步趨之間。其手微有上下。但高不至過揖。下不至過授。

經文先從明明德于天下節次說來。說至下工夫之處。始謂致知在格物。又從物格知至節次說去。説至成功之終處。謂天下平。所以如此反覆推説者。欲人知夫進功之序則不可不勉。又知成功之終則不可不至。于傳之十章。則專以進功爲言。蓋進功之序。在學者當深知其然。則成功之驗自可終耳。此傳文釋經之意也。

天地之塞。吾其體塞者。日月之往來。寒暑之迭更。與夫星辰之運行。山川之融結。又五行質之所具。氣之所行。無非塞乎天地者。

附録

朱子語類。問堯卿先日看甚書。曰。只與安卿較量下學處。曰。不須比安卿。公年高。且□㊀見定底道理受用。安卿後生。有精力。日子長。儘可闊著步去。

補學正石先生洪慶

梓材謹案。先生爲州學正。與李唐咨。林易簡。施允壽。皆以旦評推重。又先生與允壽。以耆艾之年。進學不倦。詳見本學案李先生唐咨傳。

㊀「□」當作「據」。

附録

朱子語類曰。今之學者。有三樣人才。一則資質渾厚。卻于道理上不甚透徹。一則儘理會得道理。又生得直是薄。一則資質雖厚。卻飄然説得道理儘多。又似承當不起。要箇恰好底難得。此間卻有一兩箇朋友理會得好。如公資質如此。何不可爲。只得源頭處用功較少。而今喫緊著意做取。尹和靖在程門。直是十分鈍底。被他只就一箇敬字上做工夫。終被他做得成。

補常丞趙訥齋先生師淵

雲濠謹案。台學源流云。金華王魯齋嘗跋晦翁所與訥齋書。訥齋登朱子之門爲最先。其後遠庵兄弟相繼而進。開之以道誼。締之以婚姻。往來尺牘。其多可知。考儒林宗派。先生從弟師皙師夏兄弟。並爲文公孫壻。受學朱門。

附録

朱子與訥齋論綱目書曰。此書無他法。但其綱欲謹嚴而無脱落。目欲詳備而不煩宂耳。又曰。某今此大病幾死。幸而復蘇。未病時。補得稽古録三四卷。今亦未敢接續整理。更欲續大事記。熙寧以後。亦覺難措手也。此恐它日并累賢者。用功亦不多也。

袁絜齋祭之曰。嗚呼公乎。何其才之傑。而命之屯乎。英明敏達。是非立斷。宦遊所至。聲稱藉藉。天資可謂高矣。學問以充之。師友以磨之。養之以寬宏。守之以賢正。寧陸沈于下位。

恥阿世以苟求。迨夫賢輔當國。推揚甚偉。可以奮飛矣。時事驟變。卷而懷之。棲遲巖壑。樂道無悶。潛心于義理之精微。周覽乎記載之浩博。國朝之本末源流。中興之經營建立。講之尤詳。固將以有爲也。此志未伸。獨以所學。施諸閫内。勞則身先之。財則衆共之。雍雍肅肅。人無間言。善類推挽。漸爲時用。禮樂筆削之選。亦稍清矣。其若沮之者何。沮之未害也。其若病之者何。病猶未愈也。重以内艱。朝方更化。久屈復伸。而公獨不與。沈綿兩年。竟不起疾。嗚呼。何其才之傑。而命之屯乎。

袁清容曰。太常爲朱文公高弟。文公述通鑑綱目。條分列舉。整齊芟奪。迄于成書。皆太常所定。其言理學藴奥。心受耳屬。精析該邃。非若語録所傳。剽臆繆妄。東南後進。咸尊太常。與黄榦氏並。

補 朝奉趙遠庵先生師夏

誠幾圖説

周子曰。誠無爲。幾善惡。此明人心未發之體。而指其已發之端。蓋欲學者致察于萌動之微。知所抉擇而去取之。以不失乎本然之體而已。或疑之。以謂有類于胡子同體而異用之云者。遂妄以意揣量。爲圖如后。

誠㊉幾 惡幾 善幾 此明周子之意。

誠㊉幾 惡幾 善幾 此證胡氏之失。

善惡雖相對。當分賓主。天理人欲雖分派。必省宗孽。自誠之動而之善。則如木之自本而榦。自條而末。上下相達者。則道心之發見。天理之流行。此心之本主。而誠之正宗也。其或旁榮側秀。若寄生龐贅者。此雖亦誠之動。則人心之發見。而私欲之流行。所謂惡也。非心之固有。蓋客寓也。非誠之正宗。蓋庶孽也。苟辨之不早。擇之不精。則客或乘主。孽或代宗矣。學者能于萌動幾微之間。而察其所發之向背。凡其直出者爲天理。旁出者爲人欲。直出者爲善。旁出者爲惡。直出者固有。旁出者横生。直出者有本。旁出者無源。直出者順。旁出者逆。直出者正。旁出者邪。而吾于直出者利導之。旁出者遏絶之。功力既至。則此心之發。自然出于一途。而保有天命矣。于此可以見未發之有善無惡。而程子所謂不是性中元有此兩物相對而生。又曰。凡言善惡。皆先善而後惡。蓋謂此也。若以善惡爲東西相對。彼此角立。則是天理人欲同出一源。未發之前已具此兩端。所謂天命之謂性。亦甚汙雜矣。此胡氏同體異用之意也。

朱子曰。此説得之。而圖子有病。已略改定。更詳之。

附録

嘉定間。知南康軍。奏以星子縣請佃税錢對補上供。撥海洞寺田及魚池入兩學。立三學社倉。善政甚多。

補楊至之先生至

梓材謹案。泉州府志于張巽傳云。時朱子之學大行于泉。如楊至陳易輩。稱清源别派。

梓材又案。先生爲蔡節齋壻。其謂西山妻以女者。非也。並爲正之。

附録

作天道至德聖人至教圖。末言君子法天從政。如風動以教善。雷擊以懲奸。蔡西山奇之。妻以孫女。

朱子答李公晦書曰。至之一族。被擾非常。極可念。渠近日講論儘精細。但前日忿不思難。生此辜端。累及無辜。爲可恨耳。

朱子語類曰。至之少精深。蜚卿少寬心。二病正相反。

補 余先生大雅

梓材謹案。朱子答王德修書云。正叔之來。既獲聞所以相予之意甚厚。又得其所聞于左右者一二。信乎河南夫子所謂終有守者。其傳固如此也。正叔。先生字。是先生嘗奉教于王氏。爲和靖之再傳。

雲濠謹案。本傳以先生爲順昌人。蓋本道南源委。福建通志。且以其父爲廣西經略良弼。然考胡澹庵爲經略誌墓云。乾道二年卒。其子大雅再與計偕。先公三十三年卒。當紹興四年甲寅。時朱子方五歲。其不得爲朱門可知。儒林宗派以爲上饒人。當是也。

附録

朱子答先生書曰。前日三詩。首篇計工㈠程字是大病根。而其下亦未見的實用功得力之處。後二篇亦未見踐言之效。大概皆是平日對塲説相輪慣了意思。致得如此。須是勇猛決烈。實下功夫。力捄此病。

朱子語類。問。吾輩之貧者。令不學子弟經營。莫不妨否。曰。止經營衣食亦無甚害。陸家亦作鋪買賣。因指其門閾云。但此等事如在門限裏。一動著脚。便在此門限外矣。緣先以利存心。做時雖爲衣食不足。後見利入稍優。便多方求餘。遂生萬般計較。做出礙理事來。須思量止爲衣食爲仰事俯育耳。此計稍足。便須收斂。莫令出元所思處。則粗可救過。

㈠「工」當爲「功」。

補司户鄭持齋先生可學

鄭子上説

意不誠則撓亂其心。牽連引動。無所不至。能誠意則心自正。意雖不誠。心固不可欺。

朱子答曰。此説甚善。但不知既謂心不可欺。何故都可撓動。請更詳之。

朱子問性云云。解云。蓋指血氣知識爲性。下又云。近于後世佛家所謂作用是性之説。又云。告子謂人之甘食悦色。性之自然。蓋猶上章知覺運動之意也。可學謂甘食悦色固非性。而全其天則。則食色固天理之自然。

朱子答曰。此説亦是。但告子卻不知有所謂天則。但見其能甘食悦色。卽謂之性耳。

或謂伊川先生。令尹子文之忠。陳文子之清。使聖人爲之。是仁否。先生曰。不然。聖人爲之。亦是清忠。先生解云。心德全體。非事爲一節可論。但二子之清忠。使聖人爲之。固只是清忠。莫亦是仁中之清忠。與二子異。孔子謂二子清忠而未仁。可謂二人既未仁。則清忠亦未至。回也三月不違仁。尹氏曰。三月言其久。若聖人則渾然無間矣。可學觀尹氏之意。蓋以不違仁與安仁異。必則聖人之安仁則無間斷。若只如顔子之不違。則雖欲無間斷不可。非謂不違仁已至極。特有間斷耳。又不知尹氏之意果是如此否。

大學云。在止于至善。程先生所謂理之精微不可得而名。姑以至善目之也。文言曰。元者。

善之長也。程先生云。仁者。善之本。乃是自發出說。與大學非有二善。如孟子說性善。自情觀之。亦是因發以見其善。而其本善者。固昭然而不可掩也。程先生所謂姑以至善目之者。乃所以極形容其精微耳。所謂精微之名爲善。而借此以名之也。近世諸儒論性。往往執此說。謂性不可以善名。而必欲置之于渾淪茫昧之地。乃是粗見其外。而不精見于内。故其說差。

人生有壽夭。氣也。賢愚亦氣也。壽夭出于氣。故均受生而有顔子盜跖之不同。賢愚出于氣。故均性善而有堯桀之或異。然竊疑天地間只是一氣。所以爲壽夭者。此氣也。所以爲賢愚者。亦此氣也。今盜跖極愚而壽。顔子極賢而夭。如是則壽夭之氣與賢愚之氣容或有異矣。明道誌程邵公墓云。以其間遇之難。則其數或不能長。亦宜矣。吾兒其得氣之精一而數之局者歟。詳味此說。氣有清濁。有短長。其清者固所以爲賢。然雖清而短。故于數亦短。其濁者固所以爲愚。然雖濁而長。故其數亦長。

朱子答曰。此說得之。貴賤貧富亦是如此。但三代以上。氣數醇濃。故氣之清者必厚必長。而聖賢皆貴。且壽且富。以下反是。

君子親親而仁民。仁民而愛物。然謂之愛物則愛之惟均。今觀天下之物有二等。有有知之物。禽獸之類是也。有無知之物。草木之類是也。然數罟不入洿池。不麛不卵。不殺胎。不殀夭。聖人于有知之物。其愛之如此。斧斤以時入山林。木不中伐。不鬻于市。聖人于無知之物。亦愛之如此。如佛之說。謂衆生皆有佛性。故專持不殺之戒。似若愛矣。然高宫大室。斬刈林木。則恬不加恤。愛安在哉。竊謂理一而分殊。故聖人各自其分推之。曰親。曰民。曰物。其分各異。故親親仁民愛物亦異。佛氏亦謂理一。而不知分殊。佛氏未必知理一。但借此言。但指血氣言之。故混人民物爲一。而其他不及察者反賊害之。此但據其異言之。若吾儒于物。竊恐于有知無知亦不無少異。蓋物雖與人異氣。而有知之物乃是血氣所生。與無知之物異。恐聖人于此。須亦有差等。如齊王愛牛之事。施于草木。恐又不同。

附録

幼而文。早孤。撫諸弟。教授生徒以自給。裹糧千里從朱子遊。朱子一見如夙友。率一歲歸。歸以書質所疑。竟日端坐。不見怠容。氣和而清。誠信温恭。凡所誘誨。皆爲名士。晚歲嘗曰。吾所聞于師者。皆精微要妙。口傳而不書者也。今老矣。不可獨善其身。將書之以淑斯人。因爲師説十卷。

朱子語類。鄭子上因赴省經過。問左傳數事。先生曰。數年不見。將謂有異同相發明。欲問這般不緊要者何益。人若能于大學語孟中庸四書窮究得通透。則經傳中折莫㊀大事。以其理推之。無有不曉者。況此末事。今若此。可謂颺了甜桃樹。沿山摘醋梨也。

㊀「莫」下脱「甚」。

補 許存齋先生升

附録

朱子曰。順之孟子説。備見用意之精。但苦于太高。卻失本意。

又答其書曰。書中所論。皆的當之論。所恨無餘味耳。更向平易著實處子細翫索。須于無味中得味。乃知有餘味之味耳。敬齋記所論極切當。方表裏看得無疑。此理要人識得。識得卽雖百千萬億不爲多。無聲無臭不爲少。若如所疑。卽三綱五常都無頓處。九經三史皆爲剩語矣。此正是順之從來一箇窠臼。何故至今出脱不得。豈自以爲是之過耶。聞有敬字不活之論。莫是順之敬得來不活。否卻不干敬字。是惟敬故活。不敬便不活矣。此事所差毫釐。便有千里之繆。非書札所能盡。切在細思。會當有契耳。先覺之論。只著得誠字。感字亦是贅語。只如文字不敢與柯丈見。便是逆詐億不信了。

又爲記存齋曰。與生相從。于今六七年。視其學專用心于内。而世之所屑一毫不以介于其間。嘗竊以爲。生之學蓋有意乎孟氏所謂存其心者。于是以存其齋而名之。

補 劉撝堂先生炎

梓材謹案。先生之名本作琰。四庫存目于紫陽宗旨云。考趙希弁讀書附志載晦庵先生朱文公語後録註曰。右東陽王佖記。楊方。黄榦。劉琰。黄灝。邵浩。劉砥。李煇。黄卓。汪德輔。陳芝。吴振。吴雉。林子蒙。林學履。劉礪。鍾震。蕭佐。舒高。魏椿。楊至所録也。儒林宗派朱子之門有劉炎。無劉琰。蓋傳寫者有所避耳。

補黄壺山先生士毅

附録

郡守王遂爲買宅吴下以居。稱考亭名士同郡名儒黄公邃。又謂之有道君子云。

補主簿方先生壬

附録

游太學。謁朱子。以進退之説爲請。

性孝友。與弟申終始無間。家人議析産分籍。各流涕而不忍觀云。

劉後村誌其墓曰。初君祖道輔幼與伊川同學。至老情好不衰。君亦受業于文公。夫師友之誼大矣。孟喜以改師法見擯。叔孫以不薦弟子獲怨。方程朱盛時。嘘生吹枯。及其門者。多致通顯。獨君祖孫終老常調。以程朱窮。不以程朱達也。中更黨論學禁。生徒揜景滅迹。諱稱門人。而君家寶藏程朱翰墨。以二師傳。不以他師名也。至于以隱遁疑伊川。以民瘼責文公。有切磋。無和隨。其與傚夫子之尚左。慕林宗之墊角者異矣。

補方履齋先生大壯

附録

性至孝。執父喪三年不出户。臨歿。戒治喪無用浮屠。衣冠束帶而逝。

補縣令上官先生謐

附録

先生爲學。務求義理。不事表襮。從朱子遊。益加涵養。

補常博傅先生誠

附録

嘗云。伊洛諸公字説得不忉分曉。至朱先生而後大明。所與交遊。皆讀書清介之士。遷太常博士。時眞西山爲正字。輒相過論古今事。

補黄先生寅

黄直翁説

程子曰。三讓者。不立一也。逃之二也。文身三也。寅竊意求之。繼立以嫡。聞父喪而奔。身體不敢毁傷。萬世之通義也。泰伯胡爲而不然耶。蓋不立者。泰伯知王季之賢。又有文王之聖。必能基成王業。從而讓之。亦太王之志也。不奔父喪。非本心也。奔則王季辭立矣。逃而適他國足矣。必至荆蠻。斷髮文身而後已者。蓋不示以不可立則心不安。其位未定。終無以仁天下。繼父志。而成其遠者大者也。三者權也。夫泰伯之讓。上以繼太王之志。下以成王季之業。無非爲天下之公。而不爲一身之私。其事深遠。民莫能測識而稱。兹其德所以無得而加也。

朱子答曰。此説亦是。但以天下讓。只依龜山説。推本而言之爲是。所云不示以不可立則王季之心不安而位未定。此意甚好。非惟説得泰伯之心。亦説得王季之心也。

附録

朱子答江德功書曰。中庸曰。人莫不飲食也。鮮能知味也。直翁以飲食譬日用。味譬理。直翁説是。

補梁先生琢

梁文叔説

體魄歸于地。先生云。體魄自是兩物。不知如何分別。以目之明言之。則目之輪一成而不可變者體也。睛中之明而能照鑑萬象者魄也。魄既降。則目之輪雖存。而其精光則無矣。以耳之聰求之未透。蓋耳但見其竅。而不見其他故也。

朱子答曰。所論目之體魄得之。耳之竅卽體也。何暇他求耶。

補縣尉馮見齋先生允中

附録

嘗云。情本于性。故與心對。心則有知覺而能爲之統御者也。未動而無以統之。則空寂而已。已動而無以統之。則放肆而已。

補朝請吕渭川先生勝己

雲濠謹案。朱子濂溪書堂記云。其遺墟荒茀不治者百年。今太守潘侯慈明與其通守吕侯勝己始復作堂其處。屬某記之。據此文。似先生特晦翁講友。而非弟子然者。

梓材謹案。先生嘗以存名齋。而南軒爲之記。

補 料院楊尹叔先生仕訓

雲濠謹案。先生名勉齋集作士訓。慶元中成進士。勉齋誌其墓。

附録

王郎中遇剛介少許可。獨器君。以子妻之。

朱子守漳。興學校。明禮義。以教其郡之士。擇士之志于學者。置賓賢館以處之。先生在選中。

文公嘗稱其學已知方。

調海陽丞。政尚寬和。民有訟者。以禮義曉譬。多釋爭而去。

補 修撰葉息庵先生武子

附録

初遊鄉校。學周禮于永嘉徐元德。既而與李方子同受學于朱子。一日。朱子書十梅詩畀之曰。吾詩不苟作。以子篤學。故相贈耳。

註岳州教授時。有貧而母老者。名在先生下。乃亟遜其人。而己後之。授郴州。知處州。入爲宗學博士。眞西山謂其學道愛人。視人之休戚猶己也。

補監嶽孫吉甫先生枝

附録

朱子答先生書曰。德粹之來。遠辱惠書。雖未識面。然足以知賢者之志矣。所喻氣質過剛。未能自克。而欲求其所以轉移變化之道。夫知其所偏而欲勝之。在吾日用之間。屢省而痛懲之耳。故周子有自易其惡。自至其中之説。是豈他人所得而與于其閒哉。然此亦或有説焉。不明于理而徒欲救其偏。亦恐矯枉之過而反失夫中也。故古人之學。雖莫急于自修。而讀書講學之功有所不廢。蓋不如是。無以見夫道體之全。而審其是非邪正之端也。

梓材謹案。此書所云。似先生特朱子私淑弟子。

謝山句餘土音孫太常重桂坊詩。吉甫少遊學。朱沈互討論。頗疑晚所得。永康爲最近。慷慨王霸圖。風馳而雨震。秦隴暨江淮。寘掌不可溷。斯人良有用。未得都堂進。祇緣不逮親。投簪志長恨。太常好兄弟。連枝發秋信。天香遍東皋。家學爲中奮。世德歸山長。儒林有玉振。翹首望東皋。誰其嗣令問。可有抱桂翁。老死枯汾晉。雲濠案。山長原注謂杜洲山長元蒙。

補周先生謨

梓材謹案。先生字舜弼。一作舜弜。弜乃弼之古文也。

周舜弼説

絜矩之道。推己度物而求所以處之之方。故于上下左右前後之際。皆不以己之所不欲者施諸彼而已矣。然皆以敬老事長恤孤之三者。推之以見民心之同然。故下文極言好惡不可以異乎人。而財利不可以擅乎己。苟爲不然。皆取惡之道也。是則一章之意。無非發明恕之一字。上章既言所藏乎身不恕。則不能喻諸人矣。于此復推廣之。以極其所不通之意。恕之爲用。其大如此。求其指歸。則不過孝弟慈三者行乎一家。推而至于治國平天下。同一幾而已。孝弟慈非恕。自身而家。自家而國。自國而天下。推之者近。施之者廣。必與人同其欲。而不拂乎人之性。兹其所以爲恕。

朱子答曰。此條説得條暢。

致中和註云。自戒謹恐懼而守之。以至于無一息之不存　則極其中而天地位矣。自必謹其獨而察之。以至于無一行之不慊。則極其和而萬物育矣。夫喜怒哀樂未發謂之中。戒謹恐懼所以守之于未發之時。故無一息之不存。而能極其中。發而皆中節。謂之和。必謹其獨。所以察之于既發之際。故無一行之不慊而能極其和。天地之所以位者不違乎中。萬物之所以育焉不失乎和。致中和而天地自位萬物自育者蓋如此。學者于此。靜而不失其所操。動而不乖其所發。亦庶幾乎中和之在我而已。天地萬物之所以位且育焉。則不敢易而言之。

朱子答曰。其說只如此不難曉。但用力爲不易耳。勉旃勉旃。

附録

朱子語類。問。謨于鄉曲自覺委靡隨順處多。恐不覺有同流合汙之失。曰。孔子于鄉黨。恂恂如也。似不能言者。處鄉曲固要人情周盡。但須分别是非。不要一向隨順。失了自家。天下事只有一箇是一箇非。是底便是。非底便非。問。是非自有公論。曰。如此說。便不是了。是非只是是非。如何是非之外更有一箇公論。才說有箇公論。便又有箇私議也。此卻不可不察。

又。既受詩傳。併力鈔録。頗侍教。先生曰。朋友來此。多被册子困倒。反不曾做得工夫。何不且過此說話。彼皆紙上語耳。有所面言。資益爲多。又問。與周茂元閣邸所論何事。曰。周宰云。先生著書立言。義理精通。既得之。熟讀深思。從此力行。不解有差。曰。周宰才質甚敏。只有些粗疏。不肯去細密處求說。此便可見。載之簡牘。縱說得甚分明。那似當面議論。一言半句便有通達處。所謂共君一夜話。勝讀十年書。若說到透徹處。何止十年之功也。

補 余先生宋傑

余國秀説

始嘗推測人之身所以與天地陰陽交際處。而不得其説。既讀太極圖説。其中有云。人物之始。以氣化而生者也。氣聚成形。則形交氣感。遂以形化。竊謂交際處于此可見。然形化既定。雖不復氣化。而大化之流行接續。如川流之不息。凡飲食呼吸。皆是流通處。此身雖由父母生。而莫非天地陰陽之化。此其所以有天地具情性。而可以參天地贊化育也歟。

朱子答曰。其大概來歷固是如此。然須理會得其性情之德。體用分别各是何面目始得。須逐一體認玩味。令日用間發見處的當分明也。

又嘗因推測人之身而并及于物。以至動植之殊。各極其本原而察之。竊謂陰陽五行之氣化生萬物。其清濁偏正之不同。亦從初有定。而其後大化流行。亦不能變易。如人之必爲萬物之靈。麟鳳龜龍之靈知。猩猩鸚鵡之能言之類。皆是從初如此。後來亦如此。

朱子答曰。以身而言。則所以爲耳目鼻口四肢百體者。皆有當然之理。以至爲衆人爲百物皆然。不可不一一辨别得。非是只要如此推説也。

補李先生煇

雲濠謹案。先生爲敬子先生之兄。朱子答先生書所稱令弟。卽敬子也。

李晦叔說

夫主不可以二者也。四明高氏之說云耳。煇詳此意。謂有宗子之家主祭。故庶子止以其牲祭于宗子之家可也。是不可以有二主也。今人若兄弟異居。相去遼遠。欲各祭其父祖。亦謂不可以二主乎。

朱子答曰。兄弟異居。廟初不異。只合兄祭而弟與執事。或以物助之爲宜。向見說前輩有如此而相去遠者。則兄家設主。弟不立主。只于祭時。旋設位以紙榜標記。逐位祭畢。焚之。如此似亦得禮之變也。

集註解不知命無以爲君子。謂知有命而信之。人不知命。則避害趨利。何以爲君子。而解公伯寮愬子路章乃云。聖人于利害之際。則不待決于命而後安。二說似相反。某謂公伯寮章指聖人言。所以不決之于命。而此章乃爲欲爲君子者而設。

煇竊嘗謂學者卻須常存此心于莊端靜一之中。毋使一毫私意雜乎其間。則方寸之間自有主宰。不致散漫走作。而虛靈洞徹之本體。庶乎可以默識矣。然欲眞實識其虛靈洞徹之本體。則又須是日與義理相親。克去己私。然後心之本體可得而識。

補 李木川先生杞

梓材謹案。經義考云。先生爲朱子授詩弟子。

補宋先生之潤

附録

朱子答其書曰。大抵今之學者之病。最是先學作文干禄。使心不寧靜。不暇深究義理。故于古今之學。義利之間。不復能察其界限分別之際。而無以知其輕重取舍之所宜。所以誦數雖博。文詞雖工。而秖以重爲此心之害。要須反此。然後可以議爲學之方耳。

補宋先生之汪

附録

朱子答其書曰。合看文字。擇其尤精而最急者。且看一書。一日隨力且看一兩段。俟一段已曉。方换一段。一書皆畢。方换一書。先要虚心平氣。熟讀精思。令一字一句皆有下落。諸家註解一一通貫。然後可以較其是非。以求聖賢立言之本意。雖已得之。亦且更如此反復玩味。令其義理浹洽于中。淪肌浹髓。然後乃可言學耳。

補撫幹潘先生友恭

雲濠謹案。上虞縣志於潘直閣傳云。長子友端爲太常博士。次子友恭爲江淮宣撫幹官。又言直閣建月林書院。延朱子相與講明性命之學。並以文學著云。

潘恭叔說

竊詳二子之問。子路以召忽對管仲言之。是以召忽之死爲是。以疑仲不死難爲非。故以爲未仁也。子貢既言不能死。復繼以相之。是疑仲不特不能死。而又事殺其主之人。故亦以爲非仁也。意者。子路以仲爲當死而不當生。而子貢則并以爲設使可生。桓公亦不當事。而俱有未仁之問也。殊不知仲同糾謀。則雖有可死之道。而桓乃當立。則無不可事之理。蓋仲雖糾之傅。然非糾之臣。乃齊之臣也。桓公當立。則桓乃吾君。所當事也。但他之罪。乃在于不能諫糾之爭。而反輔糾之爭耳。是其不死。殆知前日之爭爲不義。而非求生之比也。桓公舍其罪而用之。則名不正而事正。亦非反覆不忠之比也。故夫子答子路不死爲未仁之問。則稱九合之功。曰如其仁。以爲不死之未仁。不如九合之仁也。夫以九合之仁。過于不死之未仁。則夫子之意。未眞以不死爲非可知矣。答子貢不死又相桓爲非仁之問。則復稱其功。又辨其不死。而曰豈若匹夫匹婦之爲諒。自經于溝瀆而莫之知。曰豈若云者。是又以仲之不死過于死也。是夫子之意。皆以不死相桓爲可。而不以其所處爲非也。

若從荀卿之說。則桓公爲殺兄。管仲爲事讎。是仲不可復立于名教之中。聖人當明辨之。以存萬世之防可也。舍二子之所問。而旁及其所就之功。毋乃以功而揜義乎。使二子問仲之功。夫子置其所處之義。而以不可貶者稱之可也。今所問者不答。而所答者非問。則是略其義而取其功也。且不明以辨二子之問。而陰以存萬世之防。當其時而不論。而將有時而論之。幾于不切而謂之切至何也。薄昭之言雖未知其必然。然以聖人取之之意。則妄意謂桓公非殺兄。管仲非事讎可也。

朱子答曰。此論甚善。但管仲之意未必不出于求生。但其時義尚有可生之道。未至于害仁耳。

己欲立而立人。己欲達而達人。欲立謂自立于世。立人謂扶持培植使之有以自立也。欲達謂欲自遂其志。達人謂無遏塞沮抑使之得以自達也。

附録

孫燭湖答先生書曰。每見養源説兄篤志近思。朝夕從事。功用益密。意度益遠。自省荒落無狀。極思相從。以求發落。況玆不𨔛試邑。恐賊夫人之子。兄不棄我。何以教之。虛心克己。固是難事。從來師友交以相病。僕誠不肖。竊自感厲。願著鞭焉。兄毋疑其不受而嗇于言也。

朱子答黄直卿書曰。仙遊不成舉措。然與今之受不係僞學舉狀者。分數亦不多爭。前日得致道書云。鄭明州臨行欲薦潘恭叔。恭叔對必于章中刊去此説。然後敢受。鄭亦從之。此亦差强人意。而在鄭尤不易。聞楊敬仲乃大不以爲然。不知今竟作如何出場也。

宋濳溪題朱文公手帖曰。恭叔通禮學。文公之修三禮。以儀禮與禮記相參爲一書。其不合者分爲五類。周官則别爲一書。恭叔實與討論之列。

補館閣杜先生斿

梓材謹案。辟疆園宋文選跋。先生問道于朱子。與辛幼安諸人游。

附録

朱子語類。先生謂杜叔高曰。學貴適用。

陳同甫曰。叔高之説。如干戈森立。有吞虎食牛之氣。而左右發春妍以輝映于其間。可謂一時之豪矣。

補文靖鄭日湖先生昭先

附録

浦城簿滿謁丞相葛邲曰。君浦城鄭主簿耶。擊賊不受賞。吾聞君名久矣。居政府沈厚鎮靜。愛護人才。振拔淹滯。嘗謂人臣能以文王事紂之心爲心。則未有不可事之君。人子能以七子事母之心爲心。則未有不可事之親。

補 帥機范伯崇先生念德

雲濠謹案。道南源委言先生初簿廬陵。以幹敏聞。仕終宜黄令。

范伯崇語

乾元亨利貞。猶言性仁義禮智。

朱子答曰。此語甚穩當。

温故而不知新。雖能讀墳典索邱。足以爲史。而不足以爲師。

朱子答曰。此論甚佳。

謝山困學紀聞三箋曰。亦説得粗。

語孟聖賢之言。本自平易。又有諸先生相爲發明。義理昭著。如日星然。學者體味于心。念念不已。自然血脈通貫。無所底滯。然後可言有益于吾身。不然涉獵强記。無沈浸醲郁之功。則其所資亦淺淺焉耳。

附録

辟吉州從事。致忠求情。廉勤悃愊。有冤必白。奸無幸免。因葺問事之堂。榜曰盡心。大書噬嗑卦于屏上。闢堂後地。以會文講學。朱子爲之記。

嘗侍朱子訪南軒于長沙。

文公卒。率同門士祭于墓隅曰。天之生賢。蓋亦不數。儲精孕靈。及河維嶽。厥惟孔艱。是以殊邈。先生之生。黃河其清。先生之亡。維嶽其頹。不知何年。復此胚胎。徒友紛集。窀窆告期。山哀浦思。雲慘風悲。臨穴一慟。萬古長辭。金仁山曰。時僞學禁嚴。會葬者六千人。范念德方爲鑄錢司主管官。沿檄檢視坑□㊀。因便道會葬。率同門之士祭于墓隅。念德歸。未至鄱陽。有旨鐫官罷任。蓋臺察劾其離次會葬云。

朱子次莊伯豪自警詩云。十載相期事業新。云何猶歎未成身。流光易失如翻水。莫是因循誤得人。

補 劉先生孟容

雲濠謹案。朱子荅先生書云。承喻爲學之意。終覺有好高欲速之弊。其説亦已見令叔書中矣。令叔蓋謂靜春。朱子與靜春書有云。得公度書。有哭弟之悲。

梓材謹案。朱子荅先生又一書云。來書深以不得卒業于湖湘爲恨。此見志道之篤。然往者以銜𤕤之意。而緩于請益。亦太不勇矣。謂不得卒業。是嘗受業于湖湘。先生殆亦南軒門人耶。

補 林先生學蒙

梓材謹案。道南源委載先生初從朱子遊。後卒業于黃勉齋。著梅塢集。

㊀「□」當作「場」。

林正卿説

伏羲畫卦。以寫陰陽之變化。文王周公作繫爻辭。以決天下之疑。孔子作彖象。以推明事物當然之理。然爻畫既具。而三者已備乎其中。前聖後聖互相發明耳。以伏羲易觀之。則看先天圖。如寒暑往來。陰陽代謝。若有推排。而莫知其所以然者。以文王周公易觀之。則六十四卦之名。乃十八變以後之私記。三百八十四爻。乃三變奇耦之私記。潛龍牝馬等物。如今之卦影。勿用利有攸往等語。如今斷卦之文。以孔子易觀之。則卦名者。時也事也物也。初二三四五上者。位也。而初上又或爲始末之義。九六者。人之才也。處某事。居某時。用某物。其才位適其所當則吉。不然則凶。

附録

陳師復守延平。聘主道南書院。朔望設講席。執經者常百餘人。生平識趨高明。文足以發義理。行足以激貪懦。凡所講論易説。朱子皆然之。

補 徐盤洲先生寓

梓材謹案。朱子文集載先生與陳蕃叟論孟子盡心知性章。蓋嘗問學于蕃叟者。

附録

朱子語類。居甫問。平日只是于大體處未正。曰。大體只是合衆小理會成大體。今不窮理。如何便理會大體。

陳北溪答先生書曰。所喻家居爲俗務所縈。此非吾徒所宜病也。日用萬事。莫非天理所當然。而人道所不容不然。吾于其間。但順以應之。奉天命而共厥職爾。何者爲當務。而何者爲俗務耶。纔以俗言。便理與事判。易生厭射。而不自覺其墮于清寂之境矣。故以流俗爲病則可。而通人事爲俗則未可。

補 山長蔡先生念誠

蔡念誠。一作成。嘉定時師長延平書院。學博而精。行誼尤明粹。一時學士倚爲斯文楨幹。眞西山帥長沙未上。亦來預講。冠履趨蹌。絃誦洋洋聞朝夕。姓譜。

附録

元思事文公最久。辨疑答問必悟徹實踐而後已。

補縣令江德功先生默

梓材謹案。道南源委載先生調安溪尉。丁外艱。歸。詣武夷。從朱子講學。著易訓解四書訓詁以質朱子。朱子曰。此先聖未發精奥也。嘗考國朝典章。撰細策三十六卷。上之。後宰建寧。有異政。卒于官。又案。蔡西山答其書。稱爲老先生。其行輩當在西山之前。然西山答文公書。仍稱爲江德功云。

附録

朱子答其書曰。大抵只是日前佛家玄妙之見尚在。以理爲外。以事爲粗。而必以心法爲主。然又苦其與大易體面不同。須至杜撰捏合。所以欲高而反下。欲密而反疏耳。此是義理本原大差繆處。不但文義之失。然在今日。德功病痛尚是第二義。卻是日用之間。自己分上更不曾實下工夫。而窮日夜之力。以爲穿鑿附會之計。此是莫大之害。正使撰得都是。亦無用處。不得力。況其乖戾日甚一日。豈不枉費工夫。虚度光陰。不惟無益。而反有害乎。某之鄙意。竊願德功放下日前許多玄妙骨董。卽就日用存主應接處實下工夫。理會箇敬肆義利是非得失之判。若要讀書。卽且讀語孟詩書之屬。就平易明白有事迹可按據處。看取道理體面。涵養德性本原。久之漸次踏着實地。卽此等説話。須自見得黑白。不須如此勞心費力矣。

又答李晦叔書曰。隆興江法曹有書寄渠處。必時有便也。其人清苦力學。但溺佛好穿鑿耳。

黄東發讀晦庵文集曰。答江德功多論經書。謂近世溺于佛學。而辨其易説之非。

補

縣尉戴養伯先生蒙

雲濠謹案。温州舊志載。先生用閤門舍人戴勳牒。改名埜。中第。因念假途易名之非。復舊名。應鄉舉。再試不售。曰。可以止矣。郡守楊簡薦于朝。後用御史王潁叔請。詔以原名復官。尋卒。所著有易書四書家説六書故内外篇。第萬姓統譜以家説等爲其仲子侗所作。殆述先生家學之説耶。

補

程格齋先生永奇

雲濠謹案。江南通志載先生云。受學于朱子。居家嘗倣伊川宗會法以合族人。又行吕氏鄉約。冠婚喪祭悉用朱氏禮。僞學難作。遁于邑之東山。平生玩索經傳。所著有六經四書疑義。朱子語粹。格齋稿。疾革。門人問之。正衣冠而起曰。吾不能多言。呼筆大書一敬字而逝。

補

秘書林先生至

梓材謹案。先生爲華亭人。華亭屬松江。書録解題則作檇李人。

林德久説

孟子論三聖。獨伊尹不言聞其風者。亦不言其流弊如夷惠者。何也。豈以其樂堯舜之道于畎畝之中。必待湯往聘之。乃幡然而起。行止近于聖之時也。

朱子答曰。此恐亦偶然耳。如所論者。恐或亦有之也。

易裨傳自序

法象則本之太極。極數則本之天地之數。觀變則本之蓍之十有八變。是三者。大傳之中嘗言之矣。惟其論太極者。惑于四家之説。而失卦畫之本。論天地之數者。惑于圖書之文。而失參兩之宗。論揲蓍者。惑于掛扐之間。而失陰陽之變。今各釐而正之。使不失其條理。則知象數皆自然而然。非私智之能及也。

雲濠謹案。四庫書目著録易裨傳二卷。提要云。凡三篇。一曰法象。一曰極數。一曰觀變。其外篇則論反對相生世應互體納甲變爻動爻卦氣八事。自序稱。謂其非易之道則不可。謂易盡在于是則非。今觀其書。雖未免有主持稍過之處。而所論多中説易之弊。其謂易道變化不窮。得其一端。皆足以爲説。尤至論也。

補 隱君嚴亨父先生世文

嚴時亨説

子路曾皙冉有公西華侍坐一章。夫子既語之以居則曰。不吾知也。如或知爾。則曷以哉。正是使之盡言。一旦進用。何以自見。及三子自述其才之所能堪。志之所欲爲。夫子皆不許之。而獨與曾點。看來三子所言。皆是實事。曾點雖答言志之問矣。未嘗言其志之所欲爲。有似逍遙物外。不屑當世之務者。而聖人與此而不與彼。何也。集註以爲。味曾點之言。則見其日用之間。

無非天理流行之妙。而用舍行藏。了無與于我。是雖堯舜之事業。蓋所優爲。其視三子規規于事爲之末。不可同年而語矣。某嘗因是而思之。爲學與爲治。本來只是一統事。它日之所用。不外乎今日之所存。三子卻分作兩截看了。如治軍旅。治財賦。治禮樂。與凡天下之事。皆是學者所當理會。無件是少得底。然須先理會要教自家身心自得無欲。常常順清氣定涵養。直到清明在躬。志氣如神。則天下無不可爲之事。程子所謂不得以天下撓己。己立後自能了當得天下事物者是矣。夫子嘗因孟武伯之問。而言由也。千乘之國。可使治其賦也。求也。千室之邑。百乘之家。可使爲之宰也。赤也。束帶立于朝。可使與賓客言。聖人固已深知其才所能辦。而獨不許其仁。夫仁者。體無不具。用無不該。豈但止于一才一藝而已。使三子不自安于其所已能。孜孜于求仁之是務。而好之樂之。則何暇規規于事爲之末。緣它有這箇能解横在肚皮裏。常恐無以自見。故必欲得國而治之。一旦夫子之問。有以觸其機。卽各述所能。子路至于率爾而對。更無推遜。求赤但見子路爲夫子所哂。故其辭謙退。畢竟是急于見其所長。聖門平日所與講切自身受用處。全然掉在一偏。不知今日所存。便是後日所用。見得它不容將爲學爲治分作兩截看了。所以氣象不宏。事業不能造到至極。如曾點浴沂風雩。自得其樂。卻與夫子飯疏食飲水。樂在其中。顔子簞瓢陋巷不改其樂。襟懷相似。程子謂夫子非樂疏食飲水也。雖疏食飲水不能改其樂也。謂顔子非樂簞瓢陋巷也。不以貧窶累其心而改其所樂也。要知浴沂風雩。人人可爲。而未必得其樂者。正以窮達利害得以累其心。而不知其趣味耳。夫舉體遺用。潔身亂倫。聖門無如此事。全不可以此議曾點。蓋士之未用。須知舉天下之物。不足以易吾天理自然之安。方是本分學者。曾點言志。乃是素其位而行不願乎其外。無入而不自得者。故程子以爲樂而得其所也。譬如今時士子。或有不知天分初無不足。游泳乎天理之中。□□[一]大快活。反以窮居隱處爲未足以自樂。切切然要做官建立事功。方是得志。豈可謂之樂而得所也。孟子謂廣土衆民。君子欲之。所樂不存焉。中天下而立。定四海之民。君子樂之。所性不存焉。君子所性。雖大行不加焉。雖窮居不損焉。分定故也。孟子所謂君子所性。卽孔子顏子曾點之所樂如此。如老者安之。朋友信之。少者懷之。物各付物。與天地同量。惟顏子所樂如此。故夫子以四代禮樂許之。此浴沂風雩。識者所以知堯舜事業。曾點固優爲之也。然知與不知在人。用與不用在時。聖賢于此。乘流則行。遇坎則止。但未用時。只知率性循理之爲樂。正以此自是一統底事故也。龜山謂堯舜所以爲萬世法。亦只是率性而已。外邊用計用校。假饒立功業。只是人欲之私。與聖賢作處天地懸隔。如子路當蒯聵之難。知食焉不避其難。而不知衛輒之食不可食。季氏富于周公。而求也爲之聚斂而附益之。後來所成就止于如此。正爲它不知平日率性循理。便是建功立事之本。未到無入不自得處。夫子之不與。其有以知之矣。

朱子答曰。此一段說得極有本末。學者立志。要當如此。然其用力卽有次第。已爲希遜

[一] 「□□」當作「大小」。

言之矣。

補 縣令楊船山先生與立

梓材謹案。儒林宗派。朱子門人楊黼字與立。浦城人。又楊與立字子權。蘭溪人。疑卽一人而分載之。

附録

其幽居詩云。紫門闃寂少人過。盡日觀書口自哦。餘地不妨栽竹木。放教啼鳥往來多。又溪頭詩云。溪頭石磴坐盤桓。時見修鱗自往還。可是水深魚極樂。不須妄想要垂竿。

吴師道曰。有道之言。意象自別。頗與禽語相關。窗草不除意同。

北山何基。魯齋王柏。皆嘗訪道于先生。先生一見北山而稱許之。由是盤溪之從遊始盛。魯齋亦有就正于撝堂船山。飍識伊洛淵源之語。

補 楊先生道夫

附録

仲思言。正大之體難存。曰。無許多事。古人已自説了。言語多則愈支離。如公昨來。所問涵養做頭。致知次之。力行次之。不涵養則無主宰。如做事須用人。纔放下或困睡。這事便無人做主。都由别人。不由自家。既涵養又須致知。既致知又須力行。若致知而不力行。與不知同。亦須一時並了。非謂今日涵養。明日致知。後日力行也。要當皆以敬爲本。敬卻不是將來做一箇事。今人多先□㊀一箇敬字在這裏。如何做得敬。只是提起這心。莫教放散。恁地則心便自明。這裏便窮理格物。見得當如此便是。不當如此便不是。既是了。便行將去。今且將大學來讀。便見爲學次第。初無許多屈曲。又某于大學中所以力言小學者。以古人于小學中已自把捉成了。故于大學之道無所不可。今人既無小學之功。卻當以敬爲本。

補徐先生昭然

附録

朱子答先生書曰。所論浩氣甚善。大本㊁子融志氣剛決。故所見亦如此。痛快直截。無支離纏繞之弊。更願益加詳審。當就平實親切處推究體認。久當有以自信。不爲高談虚見所移奪也。

黄東發讀晦庵文集曰。答徐子融有性無性之説甚悉。云。氣質之性。只是本然之性墮在氣質中。

㊀「□」當作「安」。
㊁「本」當爲「率」。

補 教授潘先生時舉

梓材謹案。先生由臨海後徙天台。故四書大全載其説稱天台潘氏。

潘子善説

或疑清廟詩是祀文王之樂歌。然初不顯頌文王之德。止言助祭諸侯旣敬且和。與夫與祭執事之人能執行文王之德者。何也。某曰。文王之德不可名言。凡一時在位之人。所以能敬且和。與執行文王之德者。卽文王盛德之所在也。必于其不可容言之中。而見其不可掩之實。則詩人之意得矣。讀此詩。想當時聞其歌者。眞若洋洋乎如在其上。如在其左右。又何在多著言語。委曲形容。而後足之哉。

矧予之德。言足聽聞。據古注云。道德善言。某竊意言足聽聞自當作一句。言吾之德。言之足使人聽聞。彼安得不忌之。

附録

其言清廟詩。晦庵特稱許之。至于大畜大壯等卦。武成旅獒等書。喪服主式等禮。請益不怠。朱子與子善書曰。辱書備知學問之志。甚善甚善。其用力實在于我。非他人所能代也。又曰。所論爲學工夫。亦甚縝密。尤以爲喜。

又曰。所論主一工夫。甚善。千萬更加勉力爲佳。

又語類。先生問時舉。觀書如何。時舉自言常苦于粗率。無粗㈠密之功。不知病根何在。曰。不要討甚病根。但知道粗率。便是病在這上。便更加子細便了。今學者亦多來求病根。某向他說。頭痛灸頭。腳痛灸腳。病在這上。只治這上便了。更別討甚病根也。

補縣丞吴先生必大

吴伯豐說

衛君待子而爲政。子曰。必也正名乎。胡氏之說固正矣。然恐夫子以羈旅之臣。一旦出公用之。而遂謀逐出公。此豈近于人情。意者。夫子若事出公。不過具言夫子之倫以開曉之。使出公自爲去就。然後立郢之事可得而議也。

朱子答曰。此說甚善。然聖人之權。亦有未易以常情窺測者。

管仲于公子糾。其可以無死者。以其輔之非義故也。若子路之死。失在不合仕于孔悝耳。既食其祿。必死其難。可也。不審于其始。而臨難始曰。吾于此可以無死也。則吾恐世之反側不忠者得以藉口矣。

㈠「粗」當爲「精」。

朱子曰。此說甚善。然聖人不以不死責管仲。何也。

嘗讀太極圖義有云。人物之始。以氣化而生者也。氣聚成形。則形交氣感。遂以形化。而人物生生變化無窮。是知人物在天地間。其生生不窮者。固理也。其聚而生。散而死者。則氣也。有是理則有是氣。氣聚于此。則其理亦聚于此。今所謂氣者既已化而無有矣。則所謂理者。抑于何而寓耶。然吾之此身。卽祖考之遺體。祖考之所具以爲祖考者。蓋具于我而未嘗亡也。是其魂升魄降。雖已化而無有。然理之根于彼者。既無止息。氣之具于我者。復無間斷。吾能致精竭誠以求之。此氣既純一而無所雜。則此理自昭著而不可掩。此其苗脈之較然可睹者也。上蔡云。三日齋。七日戒。求諸陰陽上下。只是要集自家精神。蓋我之精神卽祖考之精神。在我者既集。卽是祖考之來格也。然古人于祭祀必立之尸。其義精甚。蓋又因祖考遺體。以凝聚祖考之氣。氣與質□[一]。則其散者庶乎復聚。此教之至也。故曰。神不歆非類。民不祀非族。

朱子曰。所喻鬼神之說甚精密。大抵人之氣傳于子孫。猶木之氣傳于實也。實之傳不泯。則其木雖枯毁無餘。而氣之在此者猶自若也。此等處但就實事上推之。反復玩味。自見意味眞實深長。推說太多。恐反成汩没也。

有子以孝弟爲仁之本。孟子以事親爲仁。事兄爲義。何也。蓋孔門論仁。舉體以該用。卽所

[一]「□」當作「合」。

其事親者以事其長而得其宜。則仁之道行焉。
謂專言之仁也。孟子言仁。必以其配。卽所謂偏言之者。事親主乎愛而已。義則愛之宜者也。推

朱子曰。此説是。

取之侈廉。不難于擇矣。若可與不可與。可死不可死之間。不幸擇之不精者。與其吝嗇寧過與。與其苟生寧就死。在學者則當平日極其窮理之功。庶于取舍死生之際。不難于精擇也。

朱子曰。此意極好。但孟子之意。卻是恐人過予而輕生也。

附録

朱子答伯豐書曰。閒中頗有學者相尋。早晚不廢講學。得以自警。然覺得今世爲學不過兩種。一則徑趨簡約。脱畧過高。一則專務外馳。支離繁碎。其過高者固爲有害。然猶爲近本。其外馳者詭譎狼狽。更不可言。吾儕幸稍平正。然亦覺欠卻涵養本原工夫。此不可不自反也。

又答劉季章書曰。熹歲前得益公書。報吴伯豐病瘡甚危。適得子約書。乃聞其訃。深爲傷痛。近年朋友讀書講學如此君者。絶不易得。此爲可惜。不但交遊之私情也。

又曰。伯豐初亦不知其能自植立如此。但見其于講論。辦得下功。剖析通貫。非一時諸人所及。心固期以遠到。不謂乃止于此。殊可痛惜。

梓材謹案。朱子又與晏亞夫書云。蔡季通吕子約吴伯豐相繼淪謝。深可傷歎。又答曾景建云。昨聞吉甫之歸。方竊疑

之。伯豐之子乃如此。尤可歎息。其名俟考。

周益公祭之曰。維君孝其母而養不終。發于常而極其恭。□學績文志未充。趨事赴功命勿通。胡然一夕殞厥躬。天奈何噫伯豐。

王深寧困學紀聞曰。孟子集註序説引史氏列傳。以爲孟子之書。孟子自作。韓子曰。輯之書。非自著。謂史記近是。而滕文公首章道性善注則曰。門人不能盡記其辭。又第四章決汝漢註曰。記者之誤。吴伯豐以問朱文公。文公答曰。前説是。後兩處失之。熟讀七篇。觀其筆勢如鎔鑄而成。非綴輯所就也。

黄東發讀晦翁集曰。答吴伯豐書。多論讀大學詩論語西銘。所言多與先生契合。先生託以詩傳補脱及編祭禮。

補童科劉履之先生砥

附録

先生孝友謹信。不改繩墨。爲文純雅宏博。詩不加琢而能達其意。

朱子跋劉司理行實曰。長樂劉砥。及其弟礪。相與來學。累年于兹。更歷變故。志尚愈堅。察其居家孝友。交朋友信實。臨事謹畏。不敢畔繩墨。知其存習之有素也。

補童科劉用之先生礪

梓材謹案。杜清獻爲蔡西山傳言。西山知不免。嘗簡學者劉礪曰。化性起僞。惡得無罪。似先生嘗受業于西山者。

附録

朱子答陳才卿書曰。禮書得直卿用之。漸可整頓。

補王先生力行

雲濠謹案。道南源委云。著文公語録。

附録

事朱子。朱子稱其明敏。勉以退求爲己。

朱子答其書曰。示諭學之難易。及别派所疑。足見好問之意。本欲一一答去。然熟觀之。似未嘗致思。而汎然發問者。若此又率然奉答。竊恐祇爲口耳之資。而無益問學之實。今且請吾友。只將所問數條。自加研究。自設疑難。以吾心之安否。驗衆理之是非。縱未全通。亦須可見大略。然後復以□□□㊀計其間。當有不待問而決者矣。

㊀「□□□」當作「見喻」，衍「□」。

補
甘吉甫先生節

附録

聞蔡丈言。天根爲好人之情狀。月窟爲小人之情狀。又云。陰陽都將做好説也。得以陰爲惡陽爲善亦得。伏蒙賜教。以爲陽善陰惡。聖賢如此説處極多。蓋自正理而言。二者固不可相無。以對待而言。則又各有所主。某疑康節先生言天根月窟。是合偏正而言。後言以爲都是春者。是專以正者言之。不知是否。朱子答曰。看遺書中善惡皆天理。及惡亦不可不謂之性。不可以濁者不謂之水等語。及易傳陽無可盡之理一節。卽此義。可推矣。更以事實考之。只是鴟鴞蝮蝎惡草毒藥。還可道不是天地陰陽之氣所生否。

朱子語類。問。節昔以觀書爲致知之方。今又見得是養心之法。曰。較寬不急迫。又曰。一舉兩得。這邊又存得心。這邊理又到。節復問。心在文字。則非僻之心自入不得。先生應□□㊀。

補
曾先生祖道

雲濠謹案。先生字宅之。朱子文集作擇之。

㊀「□□」當作「曰是」。

附録

問朱子曰。盡己之謂忠。祖道初以爲盡吾心之所至。而無一毫自隱。先生以爲語未瑩。祖道再思之。恐止是竭盡吾心。而無一毫不足之義。朱子答曰。後語轉疏。前語只自隱二字不切。須知不必自隱。然後爲不忠。但有不盡處。便是病也。

補 徵君吴友堂先生昶

梓材謹案。歙縣志載。先生所著有易論及詩説八十卷。史評七卷。詩文五十卷。又案。先生曾孫龍翰有讀家集詩自序云。友堂遺文。今所存者。書説四十卷。易論四十卷。其詩云。吾家友堂翁。硯影雙鬢寒。刻志鑽書史。篝燈照夜闌。寃哉命壓頭。那復博一官。友堂紛遺稿。幾成汲冢殘。江東兵燹餘。白璧喜重完。

附録

存齋鄂州損庵郢州二羅公。内翰野處洪公。尚書文簡程公爲文字交。嘗銘竹夫人。謂毋徇其名。乃邪爾思。鄂州擊節。文簡著雍録。禹貢圖。演繁露等十餘書。多賴折衷。

補 迪公陳克齋先生文蔚

梓材謹案。先生祭朱子文云。嗚呼先生。天地之仁。丁巳之冬。戊午之春。招之使來。授業諸孫。因獲終歲。侍教諄諄。是先生受學晦翁。而即教其諸孫也。

克齋文集

竊謂書者。精一之旨首傳于二聖。彝倫之敘備闡于九疇。天文稽七政之齊。地理盡九州之貢。揖遜征誅。心同而迹異。侯甸男衛。理一而分殊。拔伊尹于耕野之微。相傅說于築巖之賤。官制刑以儆有位。德好生以治民心。無逸俾知于艱難。酒誥深懲于沈湎。鼎耳雉鳴。則祖己之訓入。西旅獒獻。則召公之戒陳。以至用人建官。大則公孤師保。惟其人微。則侍御僕從罔非正。非其人何以經邦而論道。不以正未免親佞而狎邪。所繫非輕。誠□□[一]忽。凡此皆理國安民之要。亦豈無統宗會元之方。要之典學之一言。是乃尊經之明法。伏願陛下加日就月將之志。進日升月至之功。用舜之中。建武之極。以是陶成萬化。鼓舞羣生。還風俗于邃古之初。示法則于將來之永。則臣得漁樵同樂。鉛槧自娛。雖居曠野之遐。若對清光之近。進尚書類編表。

附録

先生自序致遂賦曰。余生多艱。勞筋苦志。顛頓萬狀。少不知學。意謂約可使豐。窮可使通。

[一]「□□」當作「宜罔」。

未免有出分之想。既登師門。日夕講貫。浸灌之久。始悟昨非。且得動心忍性之力。紬繹大易致命遂志之旨。謂命者一定而不可易。一以委之。而從吾所好。

朱子語類。問色容莊。曰。心肅則容莊。非是外面做那莊出來。陳才卿亦説九容。次早。才卿以右手拽涼衫。左袖□㊀偏于一邊。先生曰。公昨夜説手容恭。今卻如此。才卿赧然。急叉手鞠躬曰。忘了。先生曰。爲己之學有忘耶。

補方先生誼

梓材謹案。經義考云。先生爲朱子授易弟子。

雲濠謹案。朱子答周南仲書云。方賓王每書來。説得道理儘有歸著。知與遊從。可謂得友。恐今已歸嘉禾也。

方賓王説

知之爲知之一章。誼謂學者之于義理。于事物。以不知爲知之。用是欺人。或可矣。本心之靈。庸可欺乎。但知者以爲已知。不知者以爲不知。則雖于義理事物之間。有知者而自知。則甚明而無蔽矣。故曰是知也。以此眞實之心。學問思辨。研究不舍。則知至物格。心正意誠之事可馴致也。夫子以是誨子路。眞切要哉。此意言之若易。而于學者日用間關涉處甚多。要當步步以

㊀「□」當作「口」。

是省察。則切身之用蓋無窮也。

夫子爲衛君一章。誼謂本意只是衛君以父子爭國。夷齊以兄弟讓位。類而言之。則輒之罪著矣。楊氏辨論最爲詳盡。但輒之罪則在據國拒父。無父子之義。而叔齊雖有父命。乃以天倫爲重而逃去之。則以叔齊當輒。輒之罪何所容于天地間乎。似不必引郢以爲說。冉有之問。其不爲郢發也明矣。其後説爲勝。然所謂輒乃先君之命。按左氏。靈公嘗欲立公子郢矣。輒乃郢之夫人立之。如所謂蒯聵以父爭。輒便合避位。國人擇宗室之賢者立之。斯爲至當。然猶疑輒之逃避。當在靈公既葬。而夫人欲立之時。如此則庶乎叔齊之風焉。

吾無隱乎爾一章。誼謂聖人之作止語默無非教也。唯聖人然後能之。蓋聖人全體是此理。無物不體。無時不然也。故以此語二三子。亦道其實爾。若如謝氏楊氏之説。則是我二三子共此理。其仰觀俯察與夫百姓日用者。莫非此理之流行。則恐舉物而遺其則。將有運水搬柴揚眉瞬目之意矣。

語子貢一貫之理。誼謂五常而行人倫物理。紛紜雜糅。不可名狀。是可謂有萬而不同者矣。然一體該攝乎萬有。而萬殊歸乎一原。循其本而觀之。則固一矣。卽其用而驗之。則是其本行乎事物之間。斯所謂一以貫之者也。聖人生知。固不待多學而識。學者非由多學。則固無以識其全也。故必格物窮理以致其博。主敬力行以反諸約。及夫積累既久。豁然貫通。則向之多學而得之者。始有以知其一本而無二矣。子貢致知之功已至。其于事物之間。灼然知天理之所在而不疑。

特未究夫一之爲妙爾。夫子當其可而問之。發其疑而告之。故能聞言而悟。不逆于心。觀夫子于曾子之外。獨以告子貢。則其不躐等而施者。抑可見矣。諸儒以多學爲病者。不知其意如何。

補　張先生顯父

雲濠謹案。先生著有孟子問答。經義考云佚。

補　孫先生自修

梓材謹案。朱子答先生書云。未及識面。猥辱惠書云云。則先生于朱子。恐係私淑弟子。

補　孫先生自任

梓材謹案。先生字仁甫。朱子答其書云。未見顔色。辱書甚寵。豈以賢兄嘗有講論之舊。而有取于其言耶。亦疑私淑朱子。

補　堂長黄先生義勇

附録

黄去疾氣宇豪爽。著屯田議。爲朱子所知。學專行確。守師訓不變。執親喪行古禮。

補　黄先生義剛

附録

朱子語類。問。氣質昏蒙。做事多悔。有當下便悔時。有過後思量得不是方悔時。或經久所爲因事機觸得悔時。方悔之際。惘然自失。此身若無所容。有時恚恨至于成疾。不知何由可以免此。曰。既知悔時。第二次莫恁地便了。不消得常常地放在心下。那未見能見其過而内自訟底。便是不悔底。今若信意做去。後藹然不知悔。固不得。若既知悔。後次改便了。何必常常恁地悔。

補 萬先生人傑

雲濠謹案。先生一字正純。朱子答吕伯恭書云。子壽學生。又有興國萬人傑字正純者。亦佳。見來此相聚。云子静卻教人讀書講學云云。

萬正淳説

謝氏曰。義重于生。則舍生取義。生重于義。則當舍義取生。最要臨時權輕重以取中。愚謂舍義取生之説未當有。所謂生重于義者。義之所當生也。義當生則生。豈謂義與生相對而輕重哉。且義而可舍。則雖生無益矣。如此則所爲臨時權輕重者。將反變而爲計較利害之私矣。尚安能取中乎。

朱子答曰。此論甚當。故明道先生曰。義無對。

所謂道者。君臣父子夫婦昆弟朋友之交是也。所謂德者。知仁勇三者是也。此聖人之所謂達道達德。天下公共之理也。此外更無他道。後世學者。惑于異端。求玄求妙。窮高極遠。而不知道果在此而不在彼也。孔子曰。君子之道四。丘未能一焉。君子道者三。我無能焉。聖人非果不能也。亦非姑爲自謙之辭也。蓋欲學者知道之極致。不在他求。而人倫之至。卽斯道之所在也。

呂氏曰。所謂道者。合天地人而言之。所謂人者。合天地之中而言之。夫道固所以合天地人而言。然方論修身以道。則不必遽及于此也。孟子論仁。只說仁人心也。惻隱之心人皆有之。則仁者人也之意。自是分明。今曰合天地之中所謂仁者而言。則似謂一人不足以爲仁。必合天下之人而後足以爲仁也。是其爲言。大而無當。不若人皆有之等語爲明白切要而詳盡也。

朱子答曰。以上二段皆當。

通書謹獨章。動而正曰道。用而和曰德。匪仁匪義匪禮匪智匪信。悉邪也。以太極配之。五常配五行。則道德配陰陽。德陰而道陽也。

朱子答曰。此亦有理。

附録

朱子語類。人傑欲行。請教。先生曰。平日工夫。須是做到極時。四邊皆黑。無路可入。方是有長進處。大疑則可大進。若自覺有些長進。便道我已到了。是未足以爲大進也。顏子仰高鑽堅。瞻前忽後。及至雖欲從之。末由也已。直是無去處了。至此可以語進矣。

補曹無妄先生建

附録

少長知自刻厲。學古今文皆可觀。一日得河南程氏書讀之。始知聖賢之學爲有在。則慨然盡棄其所爲者。而大覃思于諸經。

立之寓書以講于張氏。敬夫發書喜曰。是眞可與共學矣。然敬夫没。立之竟不得見。後至南康。乃盡得其遺文。以考其爲學始終之致。喟然歎曰。平生于學無所聞而不究其歸者。而今而後。乃有定論而不疑矣。

日用間自省小有過差。卽書之册。其討論經學有得。亦悉記之。

朱子答吕伯恭書曰。子靜近得書。其徒曹立之者來訪。氣質儘佳。亦似知其師説之誤。持得子靜近答渠書與劉淳叟書。卻説人須是讀書講論。然則自覺其前説之誤矣。

補輅院詹景憲先生淵

雲濠謹案。先生慶元五年擢第。

附録

嘗以博學宏詞試于春官。既中選。而以嫌黜。遂棄去。不復爲。獨取河洛數君子與文公之書以授子。曰。此爲學之本也。

補 童敬義先生伯羽

雲濠謹案。道南源委。先生著四書集成。孝經衍義。羣經訓解。晦庵語録。然朱氏經義考惟載四書訓解。無此諸名也。

梓材謹案。四庫全書存目有玉溪師傳録一卷。附録一卷。提要云。舊本題宋童伯羽撰。是編所録朱子語。在語録饒本内。本名晦庵語録。明成化中。其九世孫訓以語類諸本參校補訂。改題今名。前列道學統宗一圖。上溯羲孔。而以伯羽直接朱子之下。蓋亦訓之所爲。後附墓表行實。載朱子詩二首。及敬義堂銘。考朱子文集及續刊諸集皆所未載。莫詳所自云。

先生入雲谷。師事朱子。充然有得。時學禁方厲。遂閉户不出。讀書樓上。朱子名其樓曰醉經。

附録

朱子語類。先生問伯羽。如何用功。曰。且學静坐。痛抑思慮。曰。痛抑也不得。只是放退可也。若全閉眼而坐。卻有思慮矣。又言也不可全無思慮。無邪思耳。

詹元善序先生四書集成曰。蓋蜚卿能居敬者也。敬則主一。主一則静。静則多悟。故于聖賢立言之宗旨。皆能覃心而研究之。此四書集成所由擇之精而語之詳也。乾道乙酉六月。偕同志放舟九曲。遇涼風下至。覿論尊德性道問學章。蜚卿謂予曰。此章書多騎牆語。必須先立定主見。然後博觀諸説。如懸鑑取影。如持衡稱物。以辨晰于毫釐千里之間。今觀集成一書。以傳註爲折衷。而凡諸説之曲暢旁通。有足與内註相發明者。彙而採之。間亦自出己意以補闕略。晝一其旨歸。剖斷其異同。聯貫其脈絡。詳者明。簡者括。字字靠實。不涉影響。由其主見先定也。

補教授李先生宗思

雲濠謹案。朱子又爲作蘄州教授廳記。

附録

朱子答張敬夫書曰。有李伯諫者。舊嘗學佛。自以爲有所見。論辨累年。不肯少屈。近嘗來訪。復理前語。某因問之。天命之謂性。公以此句爲空無一法耶。爲萬理畢具耶。若空則浮屠勝。果實則儒者是。此亦不待兩言而決矣。渠雖以爲實。而猶戀著前見。則請因前所謂空者。而講學以實之。某又告之曰。此實理也。而以爲空。則前日之見誤矣。今欲眞窮實理。亦何藉于前日已誤之空見。而爲此二三耶。渠遂脱然肯捐舊習。而從事于此。此人氣質甚美。内行脩飭。守官亦不苟得。其回頭吾道。殊有賴也。

又與方伯謨書曰。得伯恭書云。到會稽見伯諫。守其所聞。牢不可破。自信之篤如此。亦有可尚耳。

補縣丞黄先生學皋

附録

朱子守漳。先生與同郡宋聞詩稺年講論。

郡守方耒。屈居學職。哀論孟義利數章。辨析界限。以訓後進。

補學士黄尚質先生幹

黄氏經説

教人子對父母常言須避老字。一則傷父母之心。一則孝子不忍斥言。非謂人子自身稱老也。服齊衰而心貌無哀戚之實。寧如不服也。左傳載晉平公有卿佐之喪而奏樂飲宴。膳夫屠蒯入諫曰。服以將禮。禮以行事。事有其物。物有其容。今君之容非其物也。以此驗之。哀戚者。喪禮之實也。齊衰制度者。外飾之容也。若但有制度法則。于身而無哀戚。豈得合禮而爲孝哉。

李先生孝述

李孝述字繼善。建昌人。燔從子。受學文公。儒林宗派。

李繼善問目

孝述竊謂。覺是人之本心。不容泯没。故乘間發見之時。直是昭著。不與物雜。于此而自識。則本心之體卽得其眞矣。上蔡謂。人須是識其眞心。竊恐謂此。然此恐亦隨在而有。蓋此心或昭著于靜一之時。如孟子言平旦之氣。或發見于事物感動之際。如孟子言人乍見孺子將入井。皆有怵惕惻隱之心。或求之文字而怡然有得。如伊川先生所謂。有讀論語。讀了後。其中得一兩句喜者。或索之講論而恍然有悟。如夷子聞孟子極論一本之說。遂憮然爲間而受命。凡此恐皆是覺處。若素未有覺之前。但以爲已有是心。而求以存之。恐昏隔在此。不知實爲何物。必至覺時。方始識其所以爲心者。既嘗識之。則恐不肯甘心。以其虛明不昧之體。迷溺于卑迂苟賤之中。此所以汲汲求明。益不能已。而其心路已開。亦自有進步處。與夫茫然未識指趣者。大不侔矣。故孝述竊疑覺爲小學大學相承之機。

朱子答曰。所論甚精。但覺似少渾厚之意。

孝述竊歎。既知之後。復有所謂慮而後得者。恐知是知之至。慮是審之詳。夫物格知至則萬理貫通。固無不知其至善之所在。然恐身有未接。則其義理精微。容有毫釐之未察。或所接之際。事復異宜。故必于此精加審慮。然後始無纖微滲漏之處。此知後必慮。然後爲審。

朱子答曰。言靜安。是未有事時。胸次灑然。慮。是正與事接處。對同勘合也。

孝述竊疑。心具衆理。心雖昏蔽。而所具之理未嘗不在。但當其蔽隔之時。心自爲心。理自爲理。不相贅屬。如二物未格。便覺此一物之理與二不□㊀人。似爲心外之理。而吾心□㊁然無之。及既格之。便覺彼物之理。爲吾心素有之物。夫理在吾心。不以未知而無。不以既知而有。然則所以若内若外者。豈其見之異耶。抑亦本無此事。而孝述所見之謬耶。

朱子答曰。極是。

劉先生炯

劉炯。梓材案。先生蓋亦雲莊弟。文公弟子。儒林宗派。

陳先生宇

陳宇字允初。莆田人。丞相正獻公之從子也。朱子門人。儒林宗派。

余先生大猷

余方叔説

大猷竊謂。仁義禮智信元是一本。而仁爲統體。故天下之物有生氣。則五者自然完具。無生

㊀「□」當作「相」。
㊁「□」當作「邈」。

氣。則五者亦不存焉。只是説及本然之性。先生以爲。枯槁之物。亦皆有性有氣。此又是以氣質之性廣而備之。使之兼體洞照而無不偏耳。

林先生學履

林學履字安卿。永福人。學蒙弟。同學于文公之門。姓譜。

徐先生容

徐容字仁父。朱子授易詩弟子。經義考。

社令曾雲巢先生三異

曾三異字無疑。新淦人。忠節公三聘之弟也。自號雲巢。先生少有時名。楊文節公深嘉之。尤專經學。屢從朱文公問辨。因扁讀書之堂曰仰高。魏鶴山爲之記。三舉鄉貢。當補官。弗就。嘗著新舊官制通考通釋。部使者薦于朝。授承務郎。端平初。召以秘省校勘。辭。再召奏事。除太社令。力求去。時年八十一。姓譜。

程先生深夫

程深夫。古田人。文公弟子。儒林宗派。

梓材謹案。深夫一作深父。朱子别集與林擇之書云。師魯深父皆有書來。相屬勤甚。又一書云。深父遂死客中。深爲悲歎云云。

林先生師魯父芸齋。

林師魯。古田人。文公弟子。儒林宗派。

雲濠謹案。朱子別集有託林擇之祭芸谷文。時乾道五年。又跋芸齋遺文云。先生之子魯山。不遠數百里。過某于漳溪之上。則先生名魯山。師魯。其字也。

附録

朱子與林熙之書曰。聞師魯遽不起疾。深爲悲惋。美才高志。未克有成。既足深惜。而朋從零落。道學寡助。此尤深可憂也。想惟平日切磋義重。有不易處者。奈何奈何。

趙先生師騫

趙先生師游合傳。

趙師騫。師游。皆師淵之弟。而師夏之兄也。昆弟皆學于朱侍講。孫燭湖集。

學長萬先生人英

萬人英。大冶人。爲鄉之秀民。嘗從晦庵先生遊。黄寺丞何知大皆延爲學長。程洺水集。

林草堂先生用中

林用中字擇之。古田人。始從林艾軒學。後聞朱文公授徒建安。復往從焉。文公嘗稱其通悟修謹。嗜學不倦。謂爲畏友。與建陽蔡元定齊名。姓譜。

梓材謹案。道南源委云。學者稱草堂先生。著草堂集。

梓材謹案。朱子與林師魯書云。去年林擇之不鄙過門。以講學爲事。怪其温厚警敏。知所用心皆如老于學者。因扣其師友淵源所自。而得三人者。因曰程深父。曰林熙之。而其一人。則吾芸齋公之子也。芸齋之子。即師魯云。湖南通志本南嶽志。謂先生元祐間。司馬光薦之。除知處州不就。請監南嶽廟。殊繆。先生及從朱張遊。與温公不相及。安得受知于温公也。

雲濠謹案。白鹿洞志。林擇之從文公遊最久。晦翁守南康時。擇之來講學洞中。第以擇之字用中。名字倒置。朱子集中有先生字序云。字曰擇之。又曰敬仲。二字惟所稱。則擇之非名矣。又案。四庫書目南嶽倡酬集。朱子與南軒及先生同遊南嶽倡和之詩也。其集作于乾道二年十一月。

附録

始入學曰。吾當求所謂明心至善。以畢吾志。遂棄舉業。終身不求仕進。

趙忠定帥閩日。嘗親造問政焉。

林先生允中

林允中字擴之。古田人。用中弟。受學文公。儒林宗派。

梓材謹案。薛艮齋與朱子書云。鄉人鄭郎景望。某所畏者。林擇之學于門下。嘗與之進景望。辱知遇矣。某過景望。因復交于擇之弟擴之。見訪吴興。自言亦門下士。不因其歸。求教幾自絶爾。又案。朱子文集有答林光之書二。其一云。充之近讀何書。恐更當于日用之間爲仁之本者深加省察。而去其有害于此者爲佳。充之恐卽擴之有二字耳。不然則其兄弟行也。

附録

朱子爲先生字序曰。始予得古田林生用中。愛其通悟修謹。嗜學不倦。因其請字。字之曰擇之。一日。擇之又請曰。用中之弟允中。亦知有志于學。而其才小不足。願推所以見命之意。曰擴之。何如。予時未識允中。而以擇之之言。知其爲人也。則應曰。諾。明年。擴之亦來。視其志與才。信乎其如擇之之言也。自是從予遊。今四五年矣。徐深察之。則其爲人。蓋晦外而明于內。樸外而敏其中。是以予有取焉。

林先生揆

林揆字一之。文公弟子。儒林宗派。

郭先生浩

郭浩。金華人。知江山縣事。江山縣學故有三賢堂。以祀正介先生周穎。贈宣教郎徐揆。逸平先生徐存。而先生又益以故諫議大夫毛注。贈朝請郎毛桌。且更其扁曰景行之堂。而晦翁爲之記曰。郭侯讀大學之書。而有感于絜矩之一言。其平居論天下事。而有所不平。未嘗不慨然發憤。而抵掌太息也。則其于五君子者。固已非苟知之矣。朱子文集。

梓材謹案。朱子大全集本作邵浩。今考金華東陽縣志。先生乃張橫浦弟子郭欽止德誼之子。則作郭者是也。據以正之。朱氏經義考以邵浩爲朱子授易詩禮弟子。蓋本朱子文集而誤。萬氏儒林宗派于朱門亦有邵浩。無郭浩。亦同此誤。又案。東陽縣志稱其兄弟嘗從朱吕遊。則先生又及東萊之門矣。金華徵獻略載郭氏石洞書院。稱朱子以僞學之禁遊處甚久。欽止使其子淇津皆從之遊。朱子有與郭氏子箋。至今寶之。淇又浩之訛也。

推官曾唯庵先生興宗

曾興宗字光祖。寧都人。乾道七年舉解試。特奏名授肇慶推官。慶元初。禁僞學。先生以嘗師事朱子罷歸。築室筼簹谷。號唯庵。自信益堅。未嘗少挫。敦行古禮。四方從學者日衆。朱子没。心喪三年。所爲詩文。多温厚典則。寧都先賢傳。

附録

年十六七時。已厭科舉之習。一意于聖賢爲己之學。嘗言。吾讀舉子業如嚼蠟。觀諸理學。則心快目明。終日忘倦。人皆笑其與世背馳。君處之怡然。

君嘗誦。程夫子有言。一命之士。苟存心愛物。于人必有所濟。故其在南昌簿雖微。不敢自怠。理冤雪滯。無慮百十人。

居家動遵古禮。冠昏喪祭不肯雜以世俗之儀。子孫環立。必誨以聖賢躬行踐履之學。

歸自南昌。闢所居之南山。創精舍。取後凋之意。扁曰歲寒。儲書聚糧。以待四方士友。爲暮年講切之益。

自知學以來。聞旁有以知道自名者。往從之遊。視其説汪洋惝怳。無所依據。不遠千里。授業于文公之門。文公嘗以純茂篤實。切己致思。用功正當稱之。

貢士鄭庸齋先生文遹

鄭文遹字成叔。福州人。嘉泰四年貢士。朱文公嘗命編次喪禮。著有易學啓蒙或問。春秋集解。禮長編。閩書。

梓材謹案。道南源委言先生從黄勉齋學。得其傳。既與俱登朱子之門。嘗觀太極圖。悟性善之旨。著又有庸齋集。儒林宗派亦列先生于勉齋之門。

參議趙先生善待附子汝述。汝逵。汝遇。汝适。

趙善待字時舉。濮安懿王五世孫。初以祖免恩補官。監四明。作監秩滿。因寓居焉。擢龍興元年進士。歷知岳州。嘗以征税事忤湖南。左遷主管沖祐觀。周益公時爲樞密。盛稱其廉直有守。授浙東按察使參議官。先生早歲精勤。結交英俊。親炙既久。磨勘不休。寓古佛廬以居。設五書案。己處其中。諸子旁列。日以古聖賢之書。課以常式。發其奧義。父子自爲師生。先生既以良牧著稱。諸子亦皆象賢。子汝述。汝逵。汝遇。汝适。繼踵登科。雲濠案。汝述爲尚書。适逵遇皆卿監郎。見齊東野語。而先生庭訓日益切云。袁絜齋集。

梓材謹案。先生嘗從文公遊。其孫壽建鄮山書院。以奉文公。見四明延祐志。

林退庵先生補

林補字退庵。永嘉人。文公弟子。儒林宗派。

林退庵説

某聞明學問之全體。而後可以底夫大成。蓋知至其所至。而不能終其所終者。有矣。未有不知至其所至。而能終其所終者也。孔門之高第。若子夏。子游。子張。止于有聖人一體。則造夫全體者寧有幾人。然全體之不知。則有同門異户之患。雖欲有其一體。不可得矣。古之君子所以終日孜孜。惟恐學不足以知性命之正。才不足以成天下之務。識不足以周萬物之情者。以爲不如是則有所偏倚。而無以立乎其大者也。大者之不立。猶不登泰山無以見天下之小。不遊大海無以見衆流之同歸一源。所存既卑。安藜藿之甘。難語太牢之味。固有以聰明爲障。思慮爲賊。自以爲見性成佛。終不明寂然不動之體也。以智力之所操持。謀略之所駕馭。自許以致功立業。終不明行所無事之知也。涉獵先民之論。泛觀古今之書。自許以博學多聞。終不知皮之不存毛將焉傅也。夫是之謂無以立其大者也。若知從事于其本。而以道之全體爲準的。則學足以知性命之正。必通乎死生之説。而異端不能惑矣。才足以成天下之務。則坦然見王道之易行。不至于不以堯之所以治民者治民矣。識足以周萬物之情。則所識前言往行無非畜德。不至泛濫無統。無立身之地矣。君子反經而已。經正則由天下之正路。而業可大也。德可新也。血氣有盛衰。而與生俱生者未嘗變也。所遇有窮達。在我未嘗有加損也。智及乎此。則可與造全體矣。某雖昏蒙。尚知自勉。追懷古人。夫豈無志。今世英才。誰肯自卑。今欲考百氏之同異。收斂其偏。以求其全。鄉居僻陋。書册無所取。欲廣交四方之名人。合其所長。用以自反。貧窶無資。寸步不能。自致深慮。日月易流。有負初志。結茅爲庵。以退爲名。奉親之暇。涵泳六經。退省乎日用之間。自求日新之功。庶乎有得焉耳。

縣尉林先生武

林武字景文。永嘉人。孝友沖約。博通經史。朱子講道武夷。先生徒步從之。受中庸衣錦之旨。歸扁其室曰尙絅。輯平日所聞爲語録。後以恩科授河池縣尉。秩滿。廣漕交辟。不就。歲歉。賑及遠邇。温州府志。

通判林先生鼒

林草廬先生鼐合傳。

林鼒字伯和。黄巖人。刻意爲學。博求師友。得晦庵。以書請教。晦庵稱伯和求道懇切。而勉以三言。以整齊嚴肅言持敬。以先語孟考諸説切己深思言講學。以充善端去邪志言省察。乾道八年。舉進士。爲奉化簿。改定海丞。郡令受租輸。縱民自槩量。吏不得爲奸。知侯官縣。民服教無訟。上官欲中以罪。訪之民間。聞頌聲而止。通判筠州。未行卒。弟𪊨字叔和。嘗與伯和及趙師淵杜曄昆弟受業晦翁之門。及别請一言爲終身歸宿之地。晦庵曰。若根本上欠工夫。終無歸宿處。凜然有省。年七十一卒。鄉人尊之曰草廬先生。表其所居之里曰景賢。台學源流。

梓材謹案。台州府志載。伯和爲定海丞。晦翁薦修水利。謂其敦篤曉練。爲衆所稱。載叔和與四明沈舒楊袁善。因言陸象山之學。走上饒求之。竟見差異。遂受業于晦翁之門。又稱其以學行知名。早冠鄉書云。

附録

朱子與伯和論學書曰。近世語道者。務爲高妙直截。既無博文之功。而所約之者。又非有復禮之實。其工于記誦文詞之習者。則又未嘗反求諸身。而囂然遽以判斷古今高談治體自任。是皆使人迷于入德之序。而陷于空虛駁雜之中。此不可不察也。

又與叔和書曰。此心此理。隨處操存。隨處體察。無往而非學也。只此日間常切警省。勿令昏惰耳。

朱先生飛卿

朱飛卿。漳州人。受業于朱子。自言窮理而事物紛紜。未能灑落處。惟未見得富貴果不可求。貧賤果不可逃耳。大全集中載其問答甚多。道南源委。

梓材謹案。先生之名不可考。飛卿。其字也。

附録

問朱子曰。先生授以詩傳。且誨之曰。須是熟讀。某嘗熟讀一二過。未有感發。竊謂古人教人。兼以聲歌之。漸漸引迪。故最平易。又疑鄭衞之諸詩皆淫聲。小學之功未成。而遽教以淫聲。恐未能使之知戒。而適以蕩其心志否。抑其聲哀思怨怒。自能令人畏惡。故雖小子門人亦知戒乎。某欲令弟姪輩學詩。尙疑此。未敢斷以文義。

朱子答曰。詩且逐篇旋讀。方能旋通訓詁。豈有不讀而自能盡通訓詁之理乎。讀之多。玩之久。方能漸有感發。豈有讀一二遍而便有感發之理乎。古之學詩。固有待于聲音之助。然今已亡之。無可奈何。只得熟讀而從容諷味之耳。若疑鄭衞爲不可法。即且令學者不必深究。而于正當説道理處子細消詳。反復玩味。應不枉廢功夫也。

隱居呂先生炎

呂先生燾合傳。

呂先生煥合傳。

呂炎字德明。建昌人。與弟燾煥同遊朱子之門。學成而歸。隱居弗仕。道德聞望爲時所重。人物志。

雲濠謹案。白鹿洞志。吕炎字德明。吕燾字德昭。兄弟五人。同遊文公之門。而炎與燾尤知名。

祝先生穆

祝先生丙合傳。

祝穆字和甫。歙人。幼孤。與弟丙雲濠案。儒林宗派作祝癸。穆弟。同從朱文公受業。性温行醇。刻意問學。下筆頃刻數百言。以儒學昌其家。所著有事文類聚。方輿勝覽諸書。姓譜。

雲濠謹案。福建續志載。先生往來荆楚吴越間。所至必窮目登眺。探幽索奇。平生好著述。書無不覽。卜隱于建陽縣治南溪上。學者稱樟隱先生。卒謚文修。祀先儒祠。

樟隱經説

檀弓云。舜葬于蒼梧之野。習鑿齒云。虞舜葬零陵。元和郡縣誌亦云。九疑。舜之葬也。案太史公曰。舜南巡行。死于蒼梧之野。歸葬于江南之九疑山。海經云。舜之所葬。在今道州零陵縣界。蒼梧九疑當是兩處。後人誤引舜死之地。以爲舜葬之所耳。

傅先生修附子夢得。夢與。瑭。

傅修字子期。進賢人。嘗師朱子。而友黄勉齋。天資敏悟。不樂時學。少習輒棄去。端坐一室。左右圖史。持身斬斬無違行。于事親尤篤。朱子没。且葬。柩行。先生悵悵而來。且號且泣。

拜俯伏于道。若將隕焉。送葬者重爲之垂涕。子三人。夢得。夢與。瑭。皆篤信好學。有父風。瑭嘗與鄉貢。黄勉齋集。

林先生憲卿附門人吴宗萬。林士蒙。

林憲卿字公度。懷安人。從朱文公學。色温氣和。擇言謹行。誨人必以義理。鄉鄰化之。皆循循雅飭。其徒吴宗萬。林士蒙。倶知名早卒。姓譜。

附録

喜從當世知名之士遊。聞濂洛治心修身之學。欣然慕之。受業朱文公。與所嘗從學者友。日以孔孟周程之書磨礱浸灌。充養其德性。

文公晚得君。稱其忠信。勉以學。文公没。耆學益苦。

曾先生逢震

曾逢震字誠叟。閩縣人。與林性之倶從朱子遊。恥爲科舉之學。于經史百家無不窺究。而胸中涣然。洞見道體。隱居道山。家之有無不問也。嘗自編録其詩文。名月林醜鏡。閩書。

郭先生叔雲

郭叔雲字子從。揭陽人。文公弟子。儒林宗派。

郭子從說

庶人吉凶皆得以同行士禮。以禮窮則同之可也。故不别制禮焉。今有人焉。其父篤信浮屠。若子若孫皆不忍改。將何時而已。恐人子遭此。勿用浮屠可也。至于家舍所敬形像。必須三年而後改。

附録

始見文公。問爲學之初在格物。物物有理。從何處下手。文公曰。人莫不有知。但不能推而致之耳。格物是格理至徹底處。致知格物只一事。格物以理言。致知以心言也。又教以爲學切須收斂端嚴。就自家身上用工夫。自然有所得。子從由是一意實踐　不爲虚文之學。與其弟割先業以充烝嘗。忌及時祭。一案禮書　不用浮屠。编宗禮宗義二篇以訓族

林敏翁先生仁實附弟仁澤。從子宋偉。

林仁實字□□。永福人。嘗受業于朱文公。退而與其弟仁澤講習如師友。厭棄科舉。刻意聖賢之學。嘉言善行。沈潛玩繹。終其身不少懈。仁澤字德俊。篤行遠識。信于鄉人。厲其子宋偉以學。尤嚴切。自號龍門牧翁。黄勉齋集。

江先生文卿父孝伯。附李從禮。

江文卿。建陽人。李從禮子壻也。晦翁晚居考亭。往茶坂得先生而與之遊。從禮一字勉仲。晦翁嘗與同學舍。有俊聲。試禮部不偶而歸。遂放意詩酒間。得疾以卒。先生父字孝伯者。老而嗜學。喜爲詩。寄詞託諷。多憂時閔俗語。愛從禮之才。與爲忘年友云。朱子文集。

附録

朱子語類曰。江文卿博識羣書。因感先生之教。自咎云。某五十年前。枉費許多工夫。記許多文字。曰。也不妨。如今若理會得這要緊處。那許多都有用。如七年十載積叠得柴了。如今方點火燒。

運判方先生有開父綱。

方有開字躬明。歙縣人。父綱。篤學好古。教子尤力。先生夙悟。嗜學如成人。鄉先生孫彦及當時知名士大加器賞。一時友生如程泰之朱康侯吴益章益恭兄弟與之游。皆爭奮厲。擢隆興元年進士。歷差監行太平惠民北局。誨誘鄉黨子弟。必以義理。多感發爲善士。除國子録。先生學有本原。每升席講經。理致精明。聽者充然有得。歲餘入對。論切時弊。孝宗嘉之。遷司農丞。獻屯田大計。知和州。除轉運判官兼廬師。益勵將士。措置營屯。人服其能。卒年六十三。少出入劉忠肅之門。與樞密□□□布衣交。多聞前輩舊事。復從朱晦庵游。考評問學源流。孜孜不怠。有詩四卷。梓材案。歙縣志作十卷。奏議五卷。淮田屯田詳議三卷。雜文三卷。集驗方八卷。孫燭湖集。

鄭先生南升

鄭南升字文振。潮陽人。晦翁門人也。篤志力學。尤潛心于語孟。所問百餘條。多爲晦翁所取。晦翁稱之曰。看文字須以鄭文振爲法。又云。渠今退去。心中卻無疑也。姓譜。

附録

紹興中。朱子倡道東南。與郭叔雲同往從之。嘗侍坐。晦翁語曰。文振近看文字較細。須用常提掇起惺惺。不要昏晦時少間事來。一齊被私意牽引得去。須用認取自家身與心。卓然在目前爲得主宰。則事物之來。區處得當。文振自是學益進。

朱子語類。曰。看文字須以鄭文振爲法。理會得便説出。待某看。甚處未是。理會未得。便問。又云。渠今退去。心中卻無疑也。

判官趙先生邲

趙師邲字共父。紹熙元年宗室進士。居臨海縣。終嘉興府判官。朱子與吕子約書云。台州有一師邦。在此儘知用力。不易得也。赤城志。

雲濠謹案。先生著有古易補音。樓攻媿爲之跋云。吴氏好古博洽。始作詩補音。吾友趙共父又取其説。以補古易之音。

附録

嘗以書質養老祭義燕義鄉飲酒義内則學庸論語等説。晦庵稱之云。所示諸説。備見用意之精。又云。惠書得聞爲學之志。固已幸甚。及觀所論條目甚詳。皆學者通患。顧非親曾用力。不能知爾。

晦庵嘗論黨籍事云。共父竟入其事。部中亦欲脱之。共父不願也。其卓然難得如此。

趙先生師端

趙師端字知道。黄巖人。朱子自閩歸徽。省墓星源。紹興庚午一至。淳熙丙申再至。其時思返故廬。遲留數月。教澤所振興起。郡從執弟子禮者三十人。慶元丙辰。主教天寧。先生兄弟咸師事焉。迨朱子没。先生爲徽郡守。始創文公書院于郡學。勉齋記之。汪佑紫陽書院建遷源流記。

梓材謹案。勉齋記文公祠堂亦云。師端與其兄弟皆從游于文公先生之門。考宋史宋室世系表。燕王六世孫子英七子。長伯淮生師淵師夔師游師夏。次伯説生師與師端師冀。次伯沭生師雍。次伯渲生師蔵。據是則先生兄弟可知矣。

池先生從周

杜先生貫道合傳。

池從周字子文。黄巖人。嘉定七年特科。嘗遊晦庵朱子之門。屢以書請益。晦庵稱其嗜學。而勉以充拓之功。又同邑杜貫道亦從朱子遊。稱其所陳諸説皆善。但不已其功。久之見處漸分明也。台學源流。

熊謹節先生恪

熊恪字子敬。豐城人。朱子帥長沙。道出清江謀館。客於彭子壽龜年。子壽薦先生。以有宿諸辭。朱子義之。平居和緩。言動不妄。嘗云。學不遷怒之方有二。平日當涵養。臨事當持守。又爲忍銘。以示門人張洽。梓材案。此蓋謂晦翁門人。洽答曰。乳犬攫虎。伏雞搏貍。精神之至也。但恐學者知忍而不知行所當忍。宜勗以懲忿之箴。而復揭忍爲懲忿之訣。先生遂作懲忿記。學者稱曰謹節先生。南昌府志。

運幹馮厚齋先生椅

馮椅字儀之。號厚齋。都昌人。受業于朱子。紹熙進士。仕至江西運幹。家居授徒。所著㊀易書詩語孟太極圖。西銘輯説。孝經章句。喪禮小學。孔子弟子傳。讀史記及詩文志録。合二百餘卷。宋史。

㊀「著」當爲「註」。

厚齋易學

易者。理學之宗。而乾坤二卦又易學之宗也。子思孟子言誠者天之道。先儒謂誠敬者聖學之源。皆本于此。

梓材謹案。先生解箕子之明夷。箕字謂當從易本作其字。李隆山深然其說。而胡庭芳辨之。詳見介軒學案。

雲濠謹案。四庫書目著録厚齋易學五十二卷。提要云。考胡一桂啓蒙翼傳引宋史藝文志云。寧宗時。馮椅爲易輯注輯傳外傳。猶以程正公朱文公未及盡正孔傳名義。乃改彖曰象曰爲贊。又以隋經籍志有說卦三篇。改繫辭傳上下爲説卦上中。俞琰讀易舉要所説亦同。又言輯註多用古文。如坤卦黄裳之裳作常。蒙卦瀆蒙之瀆作黷。屯卦磐桓之磐作般。亶如之亶作亶。師卦丈人作大人。旅卦資斧作齊斧。雖異今本。而皆根舊義。至如履否同人諸卦。以爲舊脱卦名宜補。姤彖女壯勿用取下以爲衍女字之類。則椅之自抒所見者也。輯傳各卦皆分卦序卦義彖義爻義象占諸目。縷析條分。至爲詳悉。其蒐采亦頗博洽。如王安石。張弼。張汝明。李椿年。李元量。李舜臣。閭邱昕。毛樸。馮時行。藺廷瑞諸家。其全義今皆不傳。尚藉是以存梗概。外傳薈粹羣言。亦多所闡發云。

余先生偶

余偶字占之。古田人。文公弟子。儒林宗派。

余先生範

余範字彝孫。古田人。文公弟子。儒林宗派。

余彝孫説

文中子曰。仁義教之本。先王以是繼道德。此先道德而後仁義之説也。艮六三。不拯其隨。程子謂。二不得以拯三之不終。則勉而隨之。不拯而惟隨也。恐隨字未的當。若不拯而惟隨。則如樂正子之于子敖。冉求之于季氏也。當只言不拯其所隨。故其心不快。如孔孟之于時君。諫不行。言不聽。則去而已。勉而隨之。恐非時止之義。

翁竹林先生易

翁易字醉翁。崇安人。通六經。尤長于春秋。游朱文公之門。講明義理。往復辨難。悉究其旨。言行有法。人稱竹林先生。姓譜。

廖先生謙

廖廉字益仲。衡陽人。從朱子講學于南嶽。朱子教以打破舉子程文厄。用詩文之力理會學問。先生毅然承之。姓譜。

附録

朱子語類曰。初見。先生云。某自到此。與朋友亦無可説。古人學問只是爲己而已。聖賢教人。具有倫理。學問是人合理會底事。學者須是切己。方有所得。今人知爲學者。聽人説一席好話。亦能開悟。到切己功夫。卻全不曾做。所以悠悠歲月。無可理會。若使切己下功。聖賢言語雖散在諸書。自有箇通貫道理。須實有見處。自然休歇不得。如人趁養家一般。一日不去趁。便受饑餓。今人事無小大。皆潦草過了。只如讀書一事。頭邊看得兩段。便揭過後面。或看得一二段。或看得三五行。殊不曾子細理會。如何會有益。

廖先生俣

廖俣字季碩。衡山人。以楊誠齋薦。受業朱子之門。朱子答其書云。西銘首論天地萬物與我同體之意。固極宏大。然其所論事天功夫。則自于時保之以下。方極親切。承諭日誦此書。必有以深得乎此。朱子文集。

鍾宗一先生震

鍾震。湘潭人。從朱晦庵受業。建主一書院講道。鄉士夫咸宗之。學者稱宗一先生。姓譜。

陳先生址

陳址字廉夫。莆田人。文公弟子。儒林宗派。

陳先生總龜

陳總龜字朝瑞。建陽人。文公弟子。儒林宗派。

連先生嵩卿

連嵩卿。朱子受易弟子。經義考。

連氏説

兵法遠交近攻。須是審行此道。蓋學者其知要高明。其行須切近。立則見其參于前。所見者何事。竊謂言忠信。行篤敬。所主者誠敬而已。所主者既誠敬。則所見者亦此理而無妄矣。故坐必如尸。立必如齊。此理未嘗不在前也。

朱子答曰。二説皆善。

顔淵問仁。孔子告之以仁與禮。仁與禮果異乎。竊謂五常百行。理無不貫。仁者人此者也。義者宜此。禮者履此。仁之與禮。其命名雖不同。各有所當。皆天理也。人之所以滅天理者。以爲人欲所勝耳。人能克去己私。則天理者復。動容周旋中禮。仁孰大焉。

朱子答曰。仁禮之説亦得之。但仁其統體。而禮其節文耳。

主簿金草窗先生去僞

金去僞字敬直。浮梁人。一舉于鄉。卽棄而從朱子遊。潛心體驗。學者稱曰草窗先生。或勸之著書。曰。經。經也。史。緯也。諸儒之訓釋。晦庵折衷之。集其大成矣。卒不著書。授鍾離主簿。不就。人物志。

周先生亨仲

周先生方合傳。

梓材謹案。舜弼名謨。建陽人。勉齋嘗誌其墓。而人物志以爲瑞昌人。誤。

周亨仲。舜弼之弟也。周方。舜弼從子。舜弼與之從朱子講學于白鹿洞。人物志。

丁先生克

丁克字復之。崇安人。文公弟子。儒林宗派。

附録

黄勉齋祭之曰。賢哉復之。少有大志。蟬蜕于名利之場。鞭加于聖賢之地。視其貌。若不勝衣。考其所操。凜然有君子之器。先民有言。順事而存。得正而斃。達人大觀。生死一致。有如復之。固亦可以無媿矣。

縣尉熊先生以寧

熊以寧。建陽人。從朱文公遊。舉進士。授光澤尉。著有中庸續説。閩書。

熊先生節

熊節字端操。建陽人。文公弟子。儒林宗派。

梓材謹案。四庫全書著録性理羣書句解二十三卷。蓋先生所編。而熊剛大注之者也。提要云。是書採摭有宋諸儒遺文。分類編次。首列濂溪明道伊川横渠康節涑水考亭遺像並傳道支派。次贊。次訓。次戒。次箴。次規。次銘。次詩。次賦。次序。次記。次録。次辨。次論。次圖。次正蒙。次皇極經世。次通書。次文。而以七賢行述終焉。所録之文。亦以七賢爲主。而楊時羅仲素范浚吕大臨蔡元定黄榦張栻胡宏眞德秀所作亦間及焉。明永樂中。詔修性理大全。其録諸儒之語。皆因近思録而廣之。其録諸儒之文。則本此書而廣之。併其性理之名。亦因此書之舊。是其文雖習見。固亦作樂者之葦籥。造車者之椎輪矣。

吴先生雄

吴雄字伯英。平江人。年二十客臨安。因蔡西山元定。見朱文公于考亭。遂受業。與黄直卿康叔臨蔡伯靜及其弟仲默講貫明徹。先生博學貫通。尤有志于當世。星緯占候孫吴兵法咸詣其妙。姓譜。

林慥齋先生大春

林大春字熙之。古田人。朱文公門人也。嘗題十六字云。仲尼再思。曾子三省。予何人也。敢不修整。號慥齋先生。家世崇尚理學。臨終戒子弟不得用浮屠法。姓譜。

林先生恪

林恪字叔恭。臨海人。從晦庵遊。晦庵云。爲學只要致誠耐久。無有不得。又記晦庵自言。所用力處甚約。只就一兩句上用意玩味。胸中自是灑落。此皆進修眞切得力語。晦庵之所以教。與先生之所以學。蓋莫要于此云。台學源流。

附録

其所記文公語甚多。如論終日不違。論孔顔樂處。論集義。論求放心數條。咸切日用。

李先生亢宗

李亢宗字子能。南安人。文公弟子。儒林宗派。

許高山先生瑾

許瑾字子瑜。世居剡之東林。博極經史。嘗從朱子遊。明于理學。鄉先生俞浙狀其行曰。學博而正。行峻而和。文麗而則。君子人也。學者從之。隨其姿稟。皆厭足所欲。稱爲高山先生。宋運既改。徵辟不就。著春秋經傳十卷。兩浙名賢録。

文學吴先生梅卿

吴梅卿字清叔。仙居人。嘉定十七年特科。仕至中州文學。嘗因李果齋方子。獲登朱子之門。

講授甚切。所著有經説語録。台學源流。

吴先生唐卿

吴唐卿。南安人。文公弟子。儒林宗派。

彭東園先生尋

彭尋。都昌人。文行爲鄉里所推。稱曰東園先生。姓譜。

雲濠謹案。朱子語類。二彭初見。問平居做甚工夫。曰。爲科舉所累。自時文外。不曾爲學。曰今之學者多如此。然既讀聖人書。當反身而求。可也。二彭謂先生與弟蠡。則先生亦受學于朱子。文定方。蓋其子也。

尚書彭梅坡先生蠡

彭蠡字師範。都昌人。朱子守南康。從之遊。爲朱子所重。號梅坡先生。官至吏部尚書。人物志。

文定彭先生方

彭方字季正。都昌人。梅坡從子。朱子守南康。先生就學于其門。弱冠魁省闈。累官至兵部侍郎。請歸。加龍圖閣學士。謚文定。人物志。

附録

知歙縣。以縣中地瘠税重。愛養民力。以時征賦。縣嘗有重囚經銀臺疏駁者。或謀死之獄。

季正力爭。卒閱其實以從輕。太守袁甫賢之。發郡帑五百萬佐其惠政。季正悉以代輸下户折斛之額。

爲文公先生祠堂記曰。方生長星光。蓋自先生來爲邦牧。下車而新白鹿洞書院。先君實執經講下。先生以爲經論。相與難疑問答。講明論孟大學中庸西銘諸書。以授學者。故雖以方之不敏。亦得以私淑家庭之訓。爲終身持守之要。兹以晚學。承乏邑宰。入里門而思前哲。覩喬木而想高風。其依依之誠。有不能自已者。

雲濠謹案。先生此文。一則曰私淑。再則曰晚學。似未嘗親受業于文公席下焉者。

通判方先生符

方符字子約。莆田人。少受學于叔父履齋大壯。履齋。朱文公門人也。先生以鄉舉過考亭。拜文公于精舍。文公爲作字説。中慶元進士。歷懷安簿。教授德慶府。通判徽州。劉後村集。

議郎葉先生文炳

葉文炳字晦叔。浦城人。調晉江簿。遲次家居。遂致書請益于朱子。及之官。朱子自漳浦還。告以居官臨民之法甚悉。官至奉議郎。儒林宗派。

龔南峰先生郯曾祖允昌。祖必俞。

龔郯字曇伯。寧德人。曾祖允昌。祖必俞。俱稱善士。先生早從朱文公學。不務口耳。一意躬行。晚與楊復論辨理氣先後之説。尤有造詣。自號南峯居士。有詩文雜著數卷。姓譜。

附録

郯伯問格物致知。朱子曰。格物是物物上窮其至理。致知是吾心無所不知。格物是零細説。致知是全體説。

朱子語類曰。今學者有兩樣意思。鈍底又不能得他理會得到得意思。快捷底雖能當下曉得。然又恐其不牢固。如龔郯伯理會也快。但恐其不牢固。

文定鄭毅齋先生性之

鄭性之名自誠。後以字行。改字行之。號毅齋。侯官人。始受學于朱文公。詢其字。歎曰。好大名字。定交于陳北山。北山命子抑齋韡友焉。嘉定元年。擢進士第一。嘗以虚心納善勸于上。官至知樞密院事兼參知政事。乞掛冠。除觀文殿學士通議大夫致仕。卒年八十四。贈少傅。謚文定。劉後村集。

附録

召爲秘書省正字。疏乞强國勢。勵節義。專大帥之權。久邊守之位。累萬餘言。出知袁州。

端平初。召爲吏部侍郎。奏言。臣苟愛君。誰不欲言。言者多則易于取厭。言之激則難于樂受。少有厭倦形于詞色。則讒諂乘間而入矣。擢左諫議大夫。所至爲民興利除害。崇化厚俗。不事刑威。立朝忠厚正直。無所依附。

雲濠謹案。閩書以先生字性之。著有端平奏議。編年備要。

助教鄭先生申之

鄭申之字惟任。福州人。乾道中進士。官至國子助教。朱文公避學禁來邑時。先生嘗從文公學。教授于鄉。從遊者衆。立文行忠信四齋以處之。文公扁其所居樓曰聚遠。姓譜。

蔣鼎山先生康國

蔣康國字彥禮。古田人。嘗從朱文公講論。文公楚辭集解。凡楚集皆質之彥禮。學者稱鼎山先生。姓譜。

許先生儉

許儉字幼度。閩清人。朱文公弟子。不畜私財。不置私器。三世不分。異庭無間言。鄭性之大書孝友二字以扁其堂。姓譜。

鄒先生輗

鄒輗字行之。平江人。安貧樂道。脱去時習。人咸重之。朱子師長沙。道經平江。先生謁之。

教以歸取四書讀之。于立身宅心自有得。先生歸讀論語。卽恍然有悟。自謂獨得朱子之傳。姓譜。

鄭先生思孟

鄭思孟字齊卿。寧德人。受業朱文公之門。著洪範解義。以發明文公皇極之藴。閩書。

雲濠謹案。萬姓統譜言先生家貧力學。六經註疏手自鈔録。又言黄勉齋嘉其志。遂妻以女云。

陳先生秠

陳秠字秀成。星子人。陳了翁弟子慕之孫。力學忘倦。交遊必擇。三試禮部不第。遂棄科舉。師事文公。義理益精。南康府志。

包先生定

包定字定之。□□人。治春秋書禮三經。聞晦庵自同安歸。奉于家。講學白鹿洞。相從論道。著有中庸解疑。孟子荅問。池州語録。浙江通志。

附録

朱子語類曰。居甫敬之是一種病。都緣是弱。仁父亦如此。定之亦如此。只看他前日信中自説臨事而懼。不知孔子自説行三軍。自家平居無事。只管恁地懼箇甚麽。賀孫説。定之之意。是當先生前日在朝。恐要從頭拆洗。決裂做事。故説此。曰。固是。若論來。如今事體合從頭拆洗。

合有決裂做處。自是定著如此。只是自家不曾當這地位。自是要做不得。若只管懼了。到合說處都莫說。

縣丞陳先生範

陳範字朝弼。崇安人。從朱文公學。嘉定進士。調徽州婺源尉。會有大獄辟疑讞。先生察其不當死。令佐受賕。紿正其罪。吏請書獄。先生歎曰。人命如是之輕乎。吾以書生獲一官。當以死力爭。竟不書。後發覺。令佐坐削。人服其明。調撫州崇仁縣丞。姓譜。

主簿范先生士衡

范士衡字正平。豐城人。從臨川李德遠劉淳叟遊。官馬平主簿。每謂春秋一經。其說漫衍。皆傳注害之。作尊經辨及春秋本末。晚師朱晦庵。晦庵稱爲老友。其書謝艮齋謂爲編次而序之。南昌府志。

楊先生友直

楊友直。其先自華陽徙蜀。先生爲朝奉大夫渙之長子。由太學釋褐。累遷知德慶府。蔚有華問。學者號爲傲齋。先生樂東南廬阜山水。奉親家焉。遂爲南昌路建昌州人。先生晚登朱子之門。與李敬子呂德昭諸子相友。遺文數十卷藏于家。蘇滋溪集。

陳先生邦衡

陳先生邦鑰合傳。

陳邦衡字伯明。縉雲人。隱居教授。作式鄉邦。同弟邦鑰師朱子。窮性理之學。括蒼彙記。

助教謝先生璡

謝璡字公玉。祁門人。嘗從朱子講學。言行醇正。爲世名儒。寶慶二年。由特奏名授迪功郎龔州助教。姓譜。

胡白齋先生安之

胡安之梓材案。宋史程滄洲傳作胡安。字叔器。萍鄉人。受業朱晦庵。經史疑義。多所著述。郡守程公許葺南軒書院。聘先生主講席。學者稱白齋先生。袁州府志。

梓材謹案。先生宋史程滄洲傳作胡安。理宗本紀作胡安定。云。淳祐六年三月戊寅。詔朱熹門人胡安吕燾蔡横並迪功郎本州州學教授。給札録其著述。並條具所欲言者以聞。蔡氏九儒書引此事正作安之。

附録

朱子語類曰。胡叔器問。每常多有恐懼。何由可免。曰。須是自下工夫看此事是當恐懼不當恐懼。遺書云。治怒難。治懼亦難。克己可以治怒。明理可以治懼。若于道理見得了。何懼之有。又曰。胡叔器患精神短。曰。若精神少也只是做去。不成道我精神少便不做。公只是思索義理不精。平日讀書只汎汎地過。不曾貼裏細密思量。公與安卿之病正相反。安卿思得義理甚精。只是要將那粗底物事都掉了。公又不去義理上思量。事物來皆奈何不得。只是不曾向裏去理會。如入市見舖席上都是好物事。只是好物事自家没錢買得。如書册上都是好説話。只是自家無奈他何。

熊拙逸先生兆

熊兆字世卿。安義人。雲濠案。萬姓統譜一作建安人。受學于朱子。學得其傳。隱居弗耀。自號拙逸子。文公爲著拙逸子説以遺之。南康府志。

熊夢兆説

孔子言。關雎樂而不淫。哀而不傷。是言樂不至于淫。哀不至于傷。今詩序將哀樂淫傷判作四事説。似錯會論語意。以此疑大序非孔子作。

朱子答曰。此説得之。大序未知果誰作也。

大雅小雅。或謂言政事及道故謂之大雅。止言政事故謂之小雅。恐不可如此分。

朱子答曰。如此分别固非是。然但謂不可分别。則二雅之名又何以辨耶。

縣令祝先生禹圭

祝禹圭字汝玉。信安人。淳熙中。知休寧縣事。爲政清簡。下民安之。嘗注東西銘解。朱文公爲作新安道院記。姓譜。

幹官詹玉澗先生介

詹介字敬父。縉雲人。朱文公高第。薦于朝。官儒林郎總領所幹官。學者稱玉澗先生。括蒼彙紀。

郭先生邦逸

郭邦逸字道遙。文公弟子。儒林宗派。

魏先生恪

魏恪字元作。文公弟子。儒林宗派。

詹先生觀

詹觀字尚賓。文公弟子。儒林宗派。

詹尚賓問目

孟子曰。人有不爲也。而後可以有爲。又曰。狷者有所不爲。不爲之言則同。不爲之意似有別矣。竊疑狷者之病全在于有所二字。于所當爲者而不爲。則非知所決擇之人矣。狷者之所以不爲者病在何處。自知其偏。加篤學力行審思明辨之功。便可至中耶。抑氣質之偏。自有定量。終不足與有爲耶。

朱子答曰。狷者但能不爲。而不能有爲。亦其氣質習尚之偏耳。知所偏而反之。豈有終不足與有爲之理。

孔子曰。鄉原。德之賊也。所謂鄉原者。言不顧行。行不顧言。閹然媚世。與夫同流合汙。似忠信。似廉潔。所以爲德之賊也。嘗究鄉原之用心。全在于衆皆悅之之一句。所以動他許多不正當底事出來。若夫狷者之病。只在于獨善其身。非若鄉原之病。于用心處有不正矣。使知學問亦可以變其氣習耶。抑亦受病之深。藥力之所不及耶。不則夫子何以云過門不入爲無憾。其待斯人可知矣。

朱子答曰。鄉原患在求悅于人。與狂狷正相反。故夫子深惡之。然亦無不可變之理。但恐其陷溺已深。不肯變耳。

張先生揚卿

張揚卿字清叟。永嘉人。登進士第。官從政郎南康軍學教授。歷仕州縣。以敦樸詳練爲諸公長者所知。朱文公集。

梓材謹案。淳熙八年。文公書光風霽月亭有云。後學朱熹。張揚卿。王沅。周頤。林用中。陳祖永。許子春。王翰。余隅。陳士直。張彦先。黄幹敬。再拜于濂溪先生書堂下。儒林宗派以先生爲朱子門人。則王氏以下皆是矣。第朱子誌其母墓。止言先生爲南康教授。聯事相好也。

王先生阮

王阮字南卿。德安人。韶曾孫也。少好學。尚氣節。隆興初。進士對策。極言宜遷建康。以圖進取。紹熙中。知濠州。修戰守具。金人不敢侵。改知撫州。韓侂胄聞先生名。特命入奏對。先生對畢卽出闕。侂胄聞怒。批旨予祠。遂隱廬山。潯陽舊志。

雲濠謹案。桯史稱先生嘗從張紫微孝祥學詩。又稱紫微與之同遊萬杉。賦詩阮亭。居易録稱其詩號義豐集。

梓材謹案。儒林宗派以先生爲朱子門人。

附録

劉後村序王南卿集曰。公襄敏諸孫。常自稱將種。南宫對策乞都建業。零陵封事論一馬可贍五兵。宜罷榷馬。晚守濠梁。請復曹瑋方田修种世衡射法。而仕止一麾。朱文公嘗歎公之才略。己所不及。而不盡用。世必有任其責者。余讀公之文。悲公之志。乃取文公之語。冠之編端。以行于世。且以慰公之子焉。

程先生若中

程若中字寶石。古田人。從朱子學。躬行無僞。以禮自維。雖子姓侍側。盛暑衣冠肅然。著有槃澗集。道南源委。

陶先生暘附孫熾。

陶暘字□□。號敬齋。蕪湖人。從朱子游。朱子爲作敬齋銘。其孫熾。字茂叔。幼承家學。紹定二年成進士。居官平易。意常泊如。景定初。以中大夫直徽猷閣提舉建康崇禧觀。講學東川書院。卒謚文簡。太平府志。

郭先生友仁

郭友仁字德元。山陽人。朱子授易詩弟子。經義考。

梓材謹案。朱子語類載先生所録。問。吾友昔從曾大卿游。于其議論云何云云。曾大卿蓋謂農卿曾原伯也。

附録

朱子語類曰。德元告行。先生曰。人若于日間閑言語省得一兩句。閑人客省得一兩人。也濟事。若渾身都在閙場中。如何讀得書。人若逐日無事。有見成飯吃。用半日靜坐。半日讀書。如此一二年。何患不進。

程先生榯

程榯字伯文。婺源人。問業朱子。與張南軒等游。不事舉業。篤志學問。淳熙丙子歲歉。鄰郡居民嘯聚。先生往喻之。皆解散。著有原化論。深達性命之旨。又纂集先聖格言。自號翠林逸民。徽州府志。

劉先生恭叔

劉恭叔。南豐人。學周禮。見晦庵。晦庵令其精細考索。後見象山。問見晦庵何得。先生述所教。象山曰。不可作聰明。亂舊章。如鄭康成注書。枘鑿最多。讀經只如此讀去。便自心解。注不可信。或是諱語。或是莽制。象山年譜。

金先生朋說

金朋說字希傳。休寧人。淳熙丁未進士。知鄱陽縣。時厲僞學之禁。凡薦舉改官。悉令漕帥取狀方得擢用。先生應薦上狀。言素師朱熹。講孔孟及程氏遺書。實不知爲僞。遂解職歸。江南通志。

梓材謹案。陳定宇爲汪溪金氏族譜序。稱先生請學朱子。直道從仕。不負師門。

邱先生膺

邱膺字子服。建陽人。從朱子遊。稱爲老友。嘗與刊定周子通書。及論老子營魄楊子載魄之義。蔡西山元定謫舂陵。先生載俎遠郊。涕泣不忍別。羣儕皆感動。朱子得舂陵信。輒以告先生。蓋歎道之孤。不但平生交好之情而已。建寧府志。

附録

朱子曰。季通之行無幾微不適意。邱子服獨爲之涕泣流漣而不能已。處事變。恤窮交。亦兩得其道也。

朱子明序文公詩傳遺説後曰。若七月斯干詩。書以遺邱子服者。尚可考見去取位置小序之法。因附于後。

唐先生曄父堯章。

唐曄字□□。閩縣人。父堯章。字煥文。朱子講道武夷。語先生曰。吾老矣。不能從夫子遊。爾其毋忘吾志。旣先生授業歸。詰其所聞。竦然曰。吾得聞所未聞。死不憾矣。又謂學佛者曰。謂事佛爲可求福田利益耶。是教人以爲善而有所利也。謂能懺雪罪惡耶。是導人以爲惡而有所恃也。使人皆有是心。則爲善不誠。爲惡不忌。佛之教使然也。尚何足學哉。識者以爲知言。故先生兄弟並不徇俗云。黄勉齋集。

葉先生震

葉震。松楊人。淳熙壬寅。朱子以提舉浙東常平行郡縣修舉振荒事。至松陽松岡。時先生隱居教授于家塾。執所業見焉。朱子與語而有契。爲講論語孟子。留旬日而去。後因卽其家塾而拓充之。以爲書院。額曰明善。用爲鄉人之所肄業云。王忠文集。

龔先生栗

龔栗。文公弟子。儒林宗派。

附録

眞西山序先生孝經集義曰。孝經一書。其行于世久矣。至子朱子。乃始分别經傳。去後儒之所傅益者。而經復完。然未暇發揮其義也。予友龔君栗篤志好學。乃本朱子之意。采衆説之長而折衷之。又以生事葬祭之禮見于他書者。彙而輯之。以爲此經之羽翼。學者所疑。則設爲問難。曲而暢之。于是聖門教人之微指。始瞭然無餘藴矣。

梓材謹案。是序有屬之劉雲範者。識以俟考。

林先生巒

林巒。泉州人。文公弟子。儒林宗派。

林氏説

民鮮能久矣。與甚矣吾衰也久矣之久同。

朱子答曰。久矣之説得之。

劉先生子寰附劉清夫。

劉子寰字圻父。建陽人。從朱子受學。能詩文。與同邑劉清夫齊名。自號篁堜翁。有集行世。清夫字靜甫。同時又有翁粹。翁易。游和之倪。魏元壽椿。丁復之克。皆從朱子遊。篤學著書。並稱高第云。福建通志。

附録

篁堜約友人賞春詩曰。人生何事最爲親。不看春容不識眞。岸柳細搖多意思。野花初綻足精神。精神識得施爲别。意思到時言語新。爲報同門須急賞。莫教春去始傷春。

劉先生淮

劉淮字叔通。號泉溪。建陽人。蔡西山卒。先生挽之曰。每過西山輒黯然。精廬岑寂鎖寒煙。未嘗預事空遭謫。不枉非招正自賢。得謗暫時須□暗。著書後世必流傳。嗚呼籍湜編韓傳。何用銘文地下錢。蔡氏九儒書。

梓材謹案。儒林學㈠派以先生列朱子之門。然猶列劉叔通。建州人。則複出矣。

吴先生申

吴申。□□人。朱子嘗答其書云。所喻從祀曲折。乃向者令邸吏于監學畫到如此。因閲楊廣文元範渠住㈡學久。亦云實然。遂依本畫之。近到都下。遍問知識。亦皆云爾決不誤也。

李先生璠

李璠字草堂。平江人。朱子帥長沙。嘗往受業。一統志。

吴先生玭

吴玭字仲玭。文公弟子。儒林宗派。

吴先生琮

吴琮字仲方。朱子授詩弟子。經義考。

梓材謹案。朱子文集答吴生玭云。令弟仲方判院之來。開警雖多。然所未合者亦不少。此可見先生之概矣。

㈠「學」當爲「宗」。

㈡「住」當爲「往」。

附録

朱子語類曰。聖賢言語。只管將來翫弄。何益于己。曰。舊學生以論題商議。非敢推尋立論。曰。不問如此。只合下立脚不是。偏在語言上去。全無體察工夫。所以神氣飛揚。且如仲方主張克己之説。只是治己。還曾如此自治否。仁之爲器重。爲道遠。舉莫能勝。行莫能至。果若以此自任。是□小㈠大事。形神之㈡是肅然。無有師保。如臨父母。曾子所謂戰戰兢兢。如臨深淵。如履薄冰。如此氣象。何暇輕于立論。仲方此去。須覺識見只管遲鈍。語言只管畏縮。方是自家進處。琮起謝云。先生教誨之言。可謂深中意旨㈢。如負芒刺。自惟病根生于思而不學。于是不養之氣襲而乘之。徵于色。發于聲。而不自知也。孟子曰。持其志。無暴其氣。琮雖不敏。請事斯語矣。曰。此意固然。志不立。後如何持得。曰。更願指教。曰。大學之道。在明明德。在新民。是立志處。

㈠「□小」當作「何等」。
㈡「之」當爲「自」。
㈢「意旨」當爲「膏肓」。

馮先生治

馮治字深之。大冶人。朱文公門人。手録性理諸書。誦説不厭。姓譜。

吏部蘇先生玭

蘇玭字訓直。同安人。中散大夫師德之子。天資嗜學。恂恂孝弟。以叔祖致仕恩補將仕郎。歷通判明州。爲晁以道築祠立碣。致其師尊之意。又言于郡。立陳忠肅豐清敏二公祠于學宫。風勵學者。除知衡州。改常州泰州。既擢爲尚書吏部郎。卒年六十有四。寄禄至朝散大夫。天資穎異。讀書一過目輒不忘。尤長考訂異同。少從張子韶徐端立汪聖錫遊。皆期之甚遠。晚學于朱元晦。盡學人禮。元晦亦稱其善學。陸渭南文集。

汪先生孚先

江孚先。晦庵學徒也。晦庵作損益二象説以授之。先生以示其同學。黄榦刻之臨川縣學。以勉同志。而榦爲之跋。經義考。

時先生子源

時子源。東陽人。文公弟子。儒林宗派。

汪先生德輔

汪德輔字長儒。鄱陽人。朱子授易禮弟子。經義考。

附録

朱子答其書曰。示諭工夫長進。深所欲聞。但恐只此便是病痛。須他人見得自家長進。自家卻只見得欠闕。始是眞長進耳。又覺得尋常點檢他人頗甚峻刻。略無假借。而未必實中其人之病。此意亦太輕率。不知曾如此覺察否。此兩事只是一病。恐須遏捺。見得顏子以能問于不能。以多問于寡。不是故意。姑且如此。始有進步處耳。

王先生顯子

王顯子字敬之。永嘉人。朱子授易詩弟子。經義考。

王先生仲傑

王仲傑字之才。縉雲人。文公弟子。儒林宗派。

徐先生琳

徐琳字元明。括蒼人。文公弟子。儒林宗派。

任先生忠厚

任忠厚字正甫。遂安人。文公弟子。儒林宗派。

蔡先生懋

蔡懋字行夫。平陽人。文公弟子。儒林宗派。

舒先生高

舒高。朱子授易詩弟子。經義考。

黄先生有開

黄有開。朱子授易詩弟子。經義考。

鄒先生浩

鄒浩。宣城人。文公弟子。儒林宗派。

吴先生雉

吴雉雲濠案。先生名一作稚。字和中。建陽人。朱子授禮弟子。經義考。

趙先生子明

趙子明。開封人。文公弟子。儒林宗派。

王先生春卿

王春卿。建安人。文公弟子。儒林宗派。

梓材謹案。朱子折桂院行記云。清江劉子澄。長樂林擇之。開封趙子明。温陵許景陽。建安王春卿。長樂余占之陳彦忠。臨淮張致遠。長樂黄直卿俱來。子澄等皆字。則子明春卿亦二先生之字矣。

黄先生升卿

黄升卿。朱子授詩禮弟子。經義考。

吴先生振

吴振。朱子授詩禮弟子。經義考。

李練溪先生儒用

李儒用字仲秉。平江人。長于春秋。朱子帥長沙。與道人吴雄同受業于門。往復辨難。今語類中多其問答。學者稱練溪先生。一統志。

林先生子蒙

林子蒙。湖南人。朱子授詩禮弟子。經義考。

張先生垌

張垌字景林。德興人。文公弟子。儒林宗派。

鄧先生絅

鄧絅字衛老。將樂人。朱子授易弟子。經義考。

鄭先生光弼

鄭光弼字子直。朱子受易弟子。經義考。

劉先生子禮

劉子禮。建州人。文公弟子。儒林宗派。

陳先生旦

陳旦字明仲。建陽人。文公弟子。儒林宗派。

鄭先生仲履

鄭仲履。朱子授易弟子。經義考。

周先生明作

周明作字元興。建陽人。朱子授易詩禮弟子。經義考。

游先生倪

游倪字和之。建寧人。文公弟子。儒林宗派。

游先生開

游開字子蒙。建安人。文公弟子。儒林宗派。

劉先生學雅

劉學雅字正之。建陽人。文公弟子。儒林宗派。

劉先生學古

劉學古。崇安人。平甫玶子。文公之壻也。受學文公。儒林宗派。

附録

朱子語類。先生謂學古曰。康節詩云。閒居謹莫説無妨。蓋道無妨便是有妨。有做好人則上面煞有等級。做不好人則立地便至。只在把住放行之閒爾。

劉先生瑾

劉瑾。建陽人。文公弟子。儒林宗派。

黄先生卓

黄卓字先之。一字德美。南平人。朱子授易詩禮弟子。經義考。

陳先生齊沖

陳齊沖。同安人。文公弟子。儒林宗派。

高先生禾

高禾字穎叔。晉江人。文公弟子。儒林宗派。

吕先生光祖

吕光祖。朱子授易弟子。經義考。

范先生元裕

范元裕。朱子授易弟子。經義考。

劉先生淮

劉淮字子從。揭陽人。文公弟子。儒林宗派。

錢先生木之

錢木之字子升。晉陵人。朱子授易詩禮弟子。經義考。

蔣先生櫄

蔣櫄。朱子授易弟子。經義考。

周先生標

周標。朱子授易弟子。經義考。

黎先生季成

黎季成。寧都人。文公弟子。儒林宗派。

吕先生竦

吕竦字士瞻。朱子授易弟子。經義考。

林先生振

林振字子玉。朱子授易弟子。經義考。

吴先生南

吴南字宜之。朱子授易弟子。經義考。

馮先生誠之

馮誠之。朱子授詩弟子。經義考。

魏先生椿

魏椿字元壽。建陽人。朱子授詩弟子。經義考。

附録

朱子語録。椿臨行詣教。曰。凡人所以立身行己。應事接物。莫大乎誠敬。誠者何。不自欺不妄之謂也。敬者何。不怠不慢不放蕩之謂也。今欲做一事。若不立誠以致敬。説這事不妨。胡亂做了。做不成。又付之無可奈何。這便是不能敬。人面前底是一樣。背後又是一樣。外面做底事。内心卻不然。這箇皆不敬也。學者之心。大凡當以誠敬爲主。

饒先生克明

饒克明。邵武人。文公弟子。儒林宗派。

陳先生士直

陳士直字彦忠。閩清人。文公弟子。儒林宗派。

傅先生公弼

傅公弼字夢良。莆田人。文公弟子。儒林宗派。

魏先生丙

魏丙。朱子授詩弟子。經義考。

馮先生倚

張先生丰應合傳。

馮倚。張丰應。並大冶人。文公弟子。儒林宗派。

馬先生節之

馬節之。朱子授詩弟子。經義考。

吳先生㮣

吳㮣字直翁。文公弟子。儒林宗派。

江先生疇

江疇。朱子授詩弟子。經義考。

蘇先生宜

蘇宜。朱子授詩弟子。經義考。

雲濠謹案。儒林宗派朱子門人有蘇宜久。當卽先生。

董先生拱壽

董拱壽字仁叔。饒州人。朱子授詩弟子。經義考。

林先生賜

林賜字聞一。朱子授禮弟子。經義考。

李先生公瑾

李公瑾。朱子授禮弟子。經義考。

徐先生文卿

徐文卿字斯遠。玉山人。文公弟子。儒林宗派。

趙先生希漢

趙希漢字南紀。岳陽人。文公弟子。儒林宗派。

郭先生植

郭植字廷碩。廬陵人。文公弟子。儒林宗派。

李先生埜

梓材謹案。先生爲文公高弟。附見清江學案補遺李師愈傳。

潘先生履孫

潘履孫。金華人。友恭子。文公弟子。儒林宗派。

梓材謹案。儒林宗派朱子門人又有潘履正。當與先生一家。

薛先生洪

薛洪字持忠。永嘉人。文公弟子。儒林宗派。

陳先生祖永

陳祖永字慶長。會稽人。文公弟子。儒林宗派。

彭先生鳳

彭鳳字子儀。宜春人。文公弟子。儒林宗派。

彭先生樓

彭樓字子應。宜春人。文公弟子。儒林宗派。

曹先生晉叔

曹晉叔。建安人。文公弟子。儒林宗派。

蕭先生長夫

蕭長夫。福州人。文公弟子。儒林宗派。

附録

眞西山贈序曰。三山蕭長夫。學琴四十年。飢寒流落。困悴無聊。獨不肯就其聲以悦俚耳。嘉定丙子。過予大江之東。予與之登鐘山。訪定林。酌寒泉而撫脩竹。長夫忻然爲鼓一再行。雍雍乎其薰風之和。愔愔乎其采蘭之幽。跌蕩而不流。悽惻而不怨。信六一之言。有不吾欺者。蓋其嘗游紫陽先生之門。習聞君子之義。其能窮而不變也固宜。雖然游先生之門者衆矣。顧未聞有不變其學如君之不變其技者。此予之所以重歎也。

陳先生枅

陳枅字自修。長樂人。文公弟子。儒林宗派。

附録

朱子語類。枅嘗問先生。自謂矯揉之力雖勞。而氣稟之偏自若。警覺之念雖至。而怠惰之習未除。異端之教雖非所願學。而茫忽之差未能辨。義利之間雖知所抉擇。而正行惡聲之念或潛行而不自覺。先覺之微言奥論讀之雖間有契。而不能浹洽于心意之間云云。曰。所論皆切問近思。人之爲學。惟患不自知其所不足。今既知之。則亦即此而加勉焉耳。爲仁由己。豈他人所能與。

惟讀書窮理之功不可不講也。

林先生德遇

林德遇字若時。仙遊人。文公弟子。儒林宗派。

朱先生淙

朱先生涓合傳。

朱先生溉合傳。

朱淙。朱涓。朱溉。仙遊人。皆文公弟子。儒林宗派。

朱先生沅

朱沅字叔元。文公弟子。儒林宗派。

高先生松

高松字子合。龍溪人。文公弟子。儒林宗派。

宋先生聞禮

宋聞禮字叔履。龍溪人。文公弟子。儒林宗派。

程先生實之

程實之字士華。歙縣人。文公弟子。儒林宗派。

尊己遺文

前輩謂讀書要識聖賢氣象。某謂讀尚書亦當識唐虞三代氣象。唐虞君臣交相儆戒。夏商以後。則臣戒君爾。禹皋戒君。儆于未然。辭亦不費。夏商以後。則事形而後正救之。如太甲高宗肜日旅獒等篇。且反覆詳至。不憚辭費矣。啓與扈戰于甘。以天子之尊統六師。與一强諸侯對敵。前此未聞也。湯之伐夏。自湯誓湯誥外。未嘗數桀之惡。且有慚德。武王伐紂。則有泰誓武成凡五篇。歷歷陳布。惟恐紂惡不白。己心不明。略無回護意矣。伊尹諫太甲。不從而放之。前此無是也。使無尹之志。則去鷙拳無幾。然太甲天資力量遠過成王。太甲悔悟。尹遂可以告歸。周公則讒疑交起。雖風雷彰德之餘。宅中圖大之後。不敢去國。又切切挽召公同心輔佐。用力何其艱也。堯以大物授舜。舜以大物授禹。此豈細事。而天下帖然無異辭。盤庚以圮于耿而遷國。本欲安利萬民。而臣民讙譁。至勤三篇訓諭而僅濟然。盤庚猶可也。周之區處商民。自大誥以後。畢命之前。藥石之。飲食之。一以爲龍蛇。一以爲赤子。更三紀之久。君臣共以爲國家至大至重之事。幸而訖于無虞。視堯舜區處苗頑。又何其甚暇而無勞也。精一執中。無俟皇極之煩言。欽恤明刑。

何至吕刑之騰口。降是而魯秦二誓見取于經。而王迹熄。霸圖兆矣。世變有隆汙。風俗有厚薄。故應如此引而伸之。觸類而長之。讀書者其可苟乎哉。

張先生彦先

張彦先字志遠。臨淮人。文公弟子。儒林宗派。

董先生壽昌

董壽昌字仁仲。文公弟子。儒林宗派。

陳先生芝

陳芝字庭秀。文公弟子。儒林宗派。

附録

朱子語類。庭秀問。今當讀何書。曰。聖賢教人。都提切己説話。不是教㈠向外只就紙上讀了便了。自家今且剖判一箇義利。試自點㈡當自家。今是要求人知。要自爲己。孔子曰。君子喻于義。

㈠「教」下脱「人」。
㈡「點」當爲「睹」。

小人喻于利。又曰。古之學者爲己。今之學者爲人。孟子曰。亦有仁義而已矣。何必曰利。孟子雖是爲時君言。在學者亦是切身事大。凡爲學且須分箇内外。這便是生死路頭。今人只一言一動。一步一趨。便有箇爲義爲利在裏。從這邊便是爲義。從那邊便是爲利。向内便是入聖賢之域。向外便是趨愚不肖之途。這裏只恐㊀人劄定脚做將去。無可商量。若是已認得這箇了。裏面煞有工夫。卻好商量也。

周先生椿

周椿字伯壽。文公弟子。儒林宗派。

李先生德

李德字季元。文公弟子。儒林宗派。

俞先生潔己

俞潔己字季清。文公弟子。儒林宗派。

陳先生夢良

陳夢良字與叔。文公弟子。儒林宗派。

㊀「恐」當爲「在」。

梓材謹案。儒林宗派朱子門人又有蔡謨。元昭。戴邁。吕侁。知絅。周頤。盧淳。劉楝八人。未詳其字與居。又有馮去疾。余正夫。徐子顯。丁仲澄。馮彦忠。陳公直。徐彦童。陳希周。閭邱次孟。董立之。黄達子。江元益。林叔仲。馮德英。林仲參。許敬之。陳宣仲。戴明仲。徐子顏。林士謙。林恭甫。符國瑞。葉永卿。李德之。方克大。周得之。周莊仲。吴仁文。陳仲亨。張仁叟。陶安國三十一人。不知其爲名爲字。亦不知其爲何許人。姑附識之。以俟博考。

胡先生杓

梓材謹案。解學士春雨堂集周處士墓表云。吉之人士。若周倫。蕭服。彭醇。胡杓。楊長孺。曾三聘。皆程朱之門。彭醇在元祐黨籍。則以上皆程門可知。楊曾之爲朱門。亦無疑。考廬陵胡澹庵之孫有名榘者。先生蓋其兄弟行。晦庵視澹庵爲前輩。則其孫行之有在朱門可知矣。

余先生潔

雲濠謹案。先生字伯秀。廬山志引□疏云。朱子門人。又有曹彦約簡甫。周謨舜弼。余潔伯秀。李暉晦叔。劉貢煥文。熊兆世卿。其所居並近鹿洞。是先生爲朱門之證。與余宋傑字國秀者。當别爲一人。

余思齋先生□附子聚齋。孫文夫。

余□。德興人。以進士科爲遂昌尹。是爲思齋。先生及游晦翁之門。居家註感興詩。及蔡氏三問解。與夫性理諸書。子聚齋。仍以進士業貢于鄉。而值舉罷。不得盡試。聚齋子文夫。濡染家教。性復高爽。不動于勢利。進取兢然。惟恐墜思齋基構是懼。而銀峯之塾興焉。戴剡源集。

梓材謹案。江西通志。銀峰書院在德興縣市延福坊。宋淳熙間。邑人余瀚余淵延朱子講學其中。先生蓋二余之一。

楊先生若海

楊若海。□□人。朱子謂之曰。令祖全節翁孝義篤至。又能堅正自守。當時權貴欲一見之。竟不爲屈。至于通判公。又得張趙所知。持論凜然。不肯阿附秦老。可謂無忝于所生者。前輩高風。誠可敬仰。爲子孫者。其忍不思所以奉承而世守之乎。朱子語略。

梓材謹案。姚姬傳跋朱子語略云。語略。楊與立所編。與立乃楊文公大年之裔。其族有楊驤。楊道夫子若海。皆從于朱之門。此卻見于語録中。而其生平之詳。皆不可考。以先生爲道夫子。當别有所據。

司法唐先生總卿

雲濠謹案。象山與唐司法書云。總卿從朱丈遊。蓋亦朱子門人。

吴先生恭之

吴恭之字叔惠。潮陽人。著經説。謝山劄記。

梓材謹案。謝山學案劄記。先生與張先生顯父。並識云。皆當是朱子弟子。

趙先生唐卿

趙唐卿。□□人。與楊子順楊至之辭歸。請教。文公曰。學不在讀書。然不讀書又不知所以爲學之道。聖賢教人。只是要誠意正心。脩身齊家。治國平天下。所謂學者。學此而已。若不讀書。便不知如何而能修身。如何而能齊家治國。聖賢之書。説脩身處便如此。説齊家治國處便如此。節節在那上。自家都要去理會。一一排定在這裏。來便應將去。朱子語類。

魯先生可幾

魯可幾。□□人。文公謂之曰。事不要察取盡。朱子語畧。

附録

朱子語類。或言趙子直多疑。先生曰。諸公且言。因甚多疑。魯可幾曰。只是見不破爾。

又。魯可幾問釋氏因緣之説。曰。若看書。作善降之百祥。作不善降之百殃。則報應之説誠有之。但他説得來不是。又。問陰陽之説如何。曰。也是不在其身。則在其子孫耳。

方先生伯起

劉先生成道

趙先生唯夫合傳。

方伯起。劉成道。趙唯夫。皆精舍諸生也。文公疾。諸生來問病。文公起坐。曰。誤諸生遠來。然道理只是恁地。但大家倡率做些堅苦工夫。須牢固着脚力方有進步處。時在坐者。徐君甫。梓材案。當是徐居甫。林子武。陳器之。葉味道。蔡仲默及諸先生云。文公夢奠記。

蔣先生叔蒙

梓材謹案。温州府志于朱門徐寓徐容下云。按同時從學有蔣叔蒙沈僩。見朱子全書語録。則先生亦朱子門人也。

李先生德之

李德之。朱子門人。儒林宗派。

附録

朱子語類曰。德之看文字尖新。如見得一路光明。便射從此一路去。然爲學讀書。寧詳毋畧。寧近毋遠。寧下毋高。寧拙毋巧。若一向罩過。不加子細。便看書也不分曉。然人資質亦不同。有愛趨高者。亦有好務詳者。雖皆有得。然詳者終是看得溥博浹洽。

林先生仲參

林仲參問下學之要受用處。曰。潑底椅卓在屋下坐。便是受用。若貪慕外面高山曲水。便不是受用底。舉詩云。貧家淨埽地。貧女好梳頭。下士晚聞道。聊以拙自脩。前人只恁地説了。朱子語類。

江先生元益

江元益。邵武人。問朱子曰。近日門人勇者爲誰。曰。未見勇者。朱子語畧。

詹先生淳

詹淳。文公之徒也。文公將卒。改大學誠意一章。令之謄寫。又改數字云。文公夢奠記。

張先生仁叟

張仁叟問論語或問。朱子曰。是十五年前文字。與今說不類。當時欲脩。後來精力衰。那箇工夫大改㈠掉了。朱子語類。

常簿石先生□附子繼篇。

石□。會稽人。官太常寺簿。師朱先生。爲門人高第。以黄勉齋爲同門後進。其後繼篇爲鄂州教授。而勉齋適分符于沔。爲之記州學四賢祠。黄勉齋集。

侍郎傅景仁伯壽

傅□□㈡伯壽字景仁。晉江人。伯成兄。朱子門人。儒林宗派。

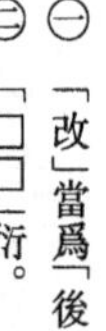

㈠「改」當爲「後」。

㈡「□□」衍。

附録

眞西山序傅樞密文集序曰。宣城一書。意慮懇款。陳金人必亡之勢。與中國必勝之理。而始末以勢未可勝爲言。其論古今用兵成敗利害甚悉。欲治其在我者。以竢敵之釁。當是時權臣開邊意鋭甚。公之持論固如此。然則世之以傅會詆公者。亦豈盡知其中心之所存哉。

胡□□紘

胡紘。慶元人。幼穎悟好學。讀書過目不忘。累官吏部侍郎。出爲廣東經畧使。所至有政聲。姓譜。

附録

朱子語類。李枅一日獨侍坐。先生忽嚬蹙云。趙丞相謫命似出胡紘。問。胡紘不知曾識他否。曰。舊亦識之。此人頗記得他文字。莆陽之政亦好。但見朋友多謂其狠愎。

梓材謹案。四庫全書存目考亭淵源録二十四卷。提要云。此編仿伊洛淵源録之例。首列延平籍溪屏山白水四人。以溯師承之所自。次載朱子始末。次及同時友人南軒以下七人。次則備列考亭門人。自勉齋以下二百九十三人。其二十三卷。則門人之無記述文字者。但列其名凡八十三人。末卷則考亭叛徒趙師雍傅伯壽胡紘等三人。亦用伊洛淵源録載邢恕例也。

張氏學侶

張先生元瞻

張元瞻。清江人。元德之兄也。朱子答黄直卿書言。子約累書來辨中庸首章。張元德説得頗勝子約。而其兄元瞻看得尤好。若得伯豐且在與之切磨。可使江西一帶路徑不差云。朱子續集。

梓材謹案。朱子答元德書云。甘君處見送行語。令兄意亦甚佳。兄弟自爲博約。想有味也。是先生固深於講學者也。

神童饒先生□

饒神童。臨川人。則明之曾大父也。幼穎異。有大名。稍長。與主一張先生洽爲友。壻于豐城范氏。明春秋之學。未及顯而卒。道園學古録。

廖氏同調

岳先生珂

岳珂字肅之。號倦翁。湯陰人。居于嘉興。鄂忠武王飛之孫。敷文閣待制霖之子也。官至户部侍郎。淮東總領制置使。宋時九經刊板。以建安余氏興國于氏二本爲善。廖剛又釐訂重刻。當時稱爲精審。先生復取廖本九經。增以公穀二傳。及春秋年表春秋名號歸一圖二書。校刊于相臺書塾。並述校刊之意。作總例一卷。其目一曰書本。二曰字畫。三曰註文。四曰音釋。五曰句讀。

六曰脱簡。七曰考異。皆舉訂同異。考證精博。釐舛辨疑。使讀者有所依據。實爲有功于經學云。四庫書目提要。

徐氏同調

徐先生澄

徐澄字清伯。號韋齋。金華人。淳熙丁未進士。起家教授郡州。官至福建路提點刑獄公事。風節行義。與義烏文清公並稱。世號二徐。宋文憲集。

北山同調

祕閣趙東巖先生彦侯

趙彦侯字簡叔。宗室秦悼惠王之後。自汴入閩爲閩人。少嗜學。補將仕郎。賜進士第。歷常熟主簿。鄂州法曹。夔州縣録參。因留書十年改秩。知安溪縣。潔廉豈弟。與陳宓齊名。縣小俸薄。先生苦淡過甚。竭力營太夫人甘旨。自食粗糲而已。傅伯成每言于人曰。爲陳君廉易。爲趙君廉難。秩滿。就部註兩浙轉運司主管文字。丁母憂。服除。提轄左藏庫。坐失覺察吏盗金去國。俄予祠。時方挈家抵京。不能歸。僑居于霅。起判紹興府。知惠州。除西外宗正。未幾。改南外攝郡兼舶運。繼饕殘化以廉。平泉人大悦。知饒州。未上。改湖南提刑。就除轉運判官權帥事。久使湖外。屢援禮經引舉乞祠。給假三月。暫歸故居。卒年七十有一。積官至朝議大夫。詔除直祕閣。不及拜。平生不汲汲仕進。立身有本末。所居蕭寺。洗剔屋後山。名曰東巖。與北山陳孔碩詩文往還最密。有詩五十卷。劉後村集。

附録

王臞軒輓趙東巖詩曰。已矣東巖不憖遺。年來雅道日陵夷。臞儒得似顔徒幾。良吏能爲□㊀輩誰。此老清脩如玉屑。當官懇惻念茅茨。可憐一夜長庚隕。空使人懷殄瘁悲。

復齋講友

主簿尤先生彬附門人陳立伯。損伯。傅澄。

隱君喻先生時合傳。

尤彬字叔文。□□人。家貧苦學。工詞賦有聲。一時名士葉李王邁皆與之爲友。陳立伯損伯傅澄皆師事之。端平二年。特奏名調眞陽主簿。卒于官。同邑有喻時者。字景山。紹定五年。未老即掛冠。隱居大飛山中。以詩與郡人直龍圖閣陳宓相唱酬。稱爲三俊。姓譜。

㊀「□」當作「結」。

程董講友

縣尉張雙澗先生顯

張顯字立道。德興人。與董盤澗程蒙齋爲友。遡程朱之學。登進士。授武義尉酒醋監。理宗詔舉孝廉。馬光祖以先生應。特遷史館。著有雙澗文集。饒州府志。

竇湯講友

文清劉漫堂先生宰詳見嶽麓諸儒學案。

楊氏同調

王先生鎮圭

童先生君欽合傳。

黄先生嵩合傳。

王鎮圭。童君欽。黄嵩。信齋之流也。南康張侯虙序勉齋續儀禮經傳通解謂。是雖喪祭兩門。而卷帙多前書三之一。點勘之功。鄉貢進士楊復爲多。助以王童黄三君。披閱精强。錯簡脱字往往無之云。續儀禮經傳通解序。

叔光學侶

張錦溪先生巽 詳見嶽麓諸儒學案。

林氏講友

林先生熙之

林熙之。師魯之友也。朱子答其書云。易文言德不孤正是發明大字意思。謂德盛者得之矣。然與物同亦是此意。試玩敬義立而與物同之意當得之。恐不可云只是説與物同也。朱子文集。

梓材謹案。朱子又與一書。在別集。

熊氏同調

熊先生剛大 詳見西山蔡氏學案。

吴氏學侶

陳先生柏

陳柏字茂卿。仙居人。號南塘。與同邑謙齋吴梅卿清之直軒吴諒直翁父子遊。而深于道德性命之學。蓋自謙齋從考亭門人傳其遺緒。而微辭奥旨先生得之爲多。時有慥堂鄭雄飛景温輩行稍後。而事先生爲甚謹。人以其學行之同。以四君子稱之。先生著朝夕箴。一名夙興夜寐箴。凡二百八字。王魯齋讀而善焉。以教上蔡書院諸生。使人録一本寘于坐右云。宋文憲集。

梓材謹案。潛溪又言繫先生師友之盛。似明以謙齋爲師。直軒慥堂爲友。然潛溪爲天台顧氏先德碑言。天台四君子。如南塘。謙齋。直軒。慥堂。首言先生。而以吴氏父子次之。是又不以謙齋爲先生師也。台州府志則直云文學是梅卿弟子。又云。四方學者輻輳其門。王平章爚。郭待制磊卿。皆遣子從焉。

梓材又案。程氏讀書分年日程。亦引王魯齋使人寫夙興夜寐箴一本。謂其云夜以養氣。足以證西山之誤。

鄭慥堂先生雄飛

鄭雄飛字景温。號慥堂。仙居人。端平二年成進士。累官祕書少監。户部左侍郎。冰檗自守。剛方不撓。景定中。太學生金渭謂請與縣尉吴諒同祀。稱六賢堂。台州府志。

宋元學案補遺卷七十目録

滄洲諸儒學案補遺下

宏齋門人……三九六三

補 趙先生范……三九六三

補 趙先生葵……三九六四

張先生元簡詳見勉齋學案……三九六六

方先生靦……三九六六

范先生益之見下范氏家學……三九六六

忠靖講友……三九六六

張先生志道……三九六六

張氏門人……三九六七

徐先生伯琛……三九六七

雷先生宜仲……三九六七

張氏私淑……三九六八

楊先生諟別見濂溪學案補遺……三九六八

廖氏門人……三九六八

補 鄒先生應博……三九六八

鄭先生思尹……三九六八

果齋家學……三九六八

李先生治……三九六八

李先生炎子……三九六九

果齋門人……三九六九

宋先生慈別見西山眞氏學案補遺……三九六九

徐氏家學……三九六九

徐先生錄……三九六九

徐先生鈞合傳……三九六九

徐先生鏄合傳……三九六九

徐氏門人……三九七〇

補 朱先生元龍……三九七〇

補葉先生由庚…………三九七〇
朱先生□父元德…………三九七二
龔先生應之…………三九七三
康先生植…………三九七三
樓先生大年…………三九七三
王先生復附師葉子儀諸葛希仁…………三九七四
石氏師承…………三九七五
王先生若訥…………三九七五
文貞先緒…………三九七五
黃先生夢炎…………三九七五
雲莊家學…………三九七五
補劉先生垕…………三九七五
雲莊門人…………三九七六
眞先生德秀詳西山眞氏學案…………三九七六
劉先生克莊詳見艾軒學案…………三九七六
林氏門人…………三九七六
補江先生萬里…………三九七六
古心同調…………三九七六
翁先生合別見九峯學案補遺…………三九七六
傅氏家學…………三九七七
補傅先生壅…………三九七七
傅氏門人…………三九七七
陳先生宓見上晦翁門人…………三九七七
趙先生時煥附師黃以寧…………三九七七
劉先生克莊詳見艾軒學案…………三九七七
李先生丑父父宗之…………三九七八
黃氏家學…………三九七八
黃先生栝…………三九七八
黃先生子鱗…………三九七八
惟善門人…………三九七九
補趙先生景緯…………三九七九
陽先生枋詳下晏氏門人…………三九七九

陳氏門人……三九七九
劉先生彌邵詳見艾軒學案……三九七九
陳先生平甫……三九八〇
顧先生君度合傳……三九八〇
顧先生君立合傳……三九八〇
趙先生阜見下梅塢門人……三九八〇
王先生邁詳見西山眞氏學案……三九八〇
湯先生露……三九八〇
程氏家學……三九八一
程先生端臨……三九八一
程先生端本合傳……三九八一
拙齋門人……三九八一
程先生□別見龜山學案補遺……三九八一
曼氏門人……三九八一
補陽先生枋……三九八一
方氏門人……三九八三
趙先生□……三九八三
瓜山門人……三九八四
補黄先生績……三九八四
陳先生平甫……三九八五
顧先生君度……三九八五
顧先生君立並見陳氏門人……三九八五
黄氏講友……三九八五
趙先生以夫別見晦翁學案補遺……三九八五
溪齋門人……三九八五
梅先生寬夫……三九八五
德章家學……三九八五
補滕先生鉛……三九八五
滕先生鉦……三九八六
胡氏門人……三九八六
李先生仁深……三九八六
仁齋家學……三九八七

補陳先生成交……三九八七
仁齋門人……三九八七
鄭先生思孟見上晦翁門人……三九八七
綱齋門人……三九八七
石先生賡……三九八七
朱先生鑑詳見晦翁學案……三九八八
東湖門人……三九八八
楊先生仕訓詳上晦翁門人……三九八八
悦堂家學……三九八八
楊先生□別見勉齋學案補遺……三九八八
悦堂門人……三九八八
劉先生克莊詳見艾軒學案……三九八八
子直門人……三九八八
宋先生慈別見西山眞氏學案補遺……三九八八
邱先生麟……三九八八
孫先生伯温別見慈湖學案補遺……三九八八
信齋家學……三九八九
楊先生公節……三九八九
信齋門人……三九八九
李先生鑑詳見勉齋學案……三九八九
鄭先生鼎新詳見勉齋學案……三九八九
林先生桂發……三九八九
堯卿門人……三九九〇
補陳先生思謙……三九九〇
陳先生淳詳北溪學案……三九九〇
石氏門人……三九九〇
曾先生祕……三九九〇
訥齋門人……三九九〇
袁先生甫詳見絜齋學案……三九九〇
曹先生逢己別見絜齋學案補遺……三九九〇
遠廬家學……三九九一
趙先生希悋……三九九一

遠廬門人……三九九一
劉先生克莊詳見艾軒學案……三九九一
持齋門人……三九九一
朱先生塾……三九九一
朱先生埜……三九九一
朱先生在詳晦翁學案……三九九一
履齋家學……三九九一
方先生大東……三九九一
方先生符見上晦翁門人……三九九二
方先生澄孫附弟淯孫……三九九二
方先生清孫……三九九二
見齋家學……三九九三
馮先生伯震附從弟惟尹惟説……三九九三
馮先生輂……三九九三
料院家學……三九九三
楊先生景亮……三九九三
楊先生廛合傳……三九九三
杜氏家學……三九九四
杜先生去非……三九九四
杜先生去華合傳……三九九四
范氏家學……三九九四
范先生益之……三九九四
梅塢門人……三九九四
趙先生阜……三九九四
江氏家學……三九九五
江先生□……三九九五
戴氏家學……三九九五
戴先生仔……三九九五
戴先生侗……三九九七
船山門人……三九九八
王先生柏……三九九八
王先生侃並詳北山四先生學案……三九九八

仲思家學……三九九八
楊先生若海見上晦翁門人……三九九八
友堂家學……三九九八
吴先生錡……三九九八
克齋門人……三九九九
朱先生塾……三九九九
朱先生埜……三九九九
朱先生在並詳晦翁學案……三九九九
王先生柏詳見北山四先生學案……三九九九
車先生若水詳見南湖學案……三九九九
夏先生自明……三九九九
曹氏家學……三九九九
曹先生廷……三九九九
輅院家學……四〇〇〇
詹先生樞……四〇〇〇
尚質門人……四〇〇〇
徐先生鉠……四〇〇〇
程林門人……四〇〇〇
林先生用中見上晦翁門人……四〇〇〇
祝氏家學……四〇〇〇
祝先生洙……四〇〇〇
國録家學……四〇〇一
方先生璟……四〇〇一
方先生琚合傳……四〇〇一
方先生琥合傳……四〇〇一
厚齋家學……四〇〇一
馮先生去非……四〇〇一
厚齋門人……四〇〇二
馮先生洽見上晦翁門人……四〇〇二
朝瑞家學……四〇〇二
陳先生庚……四〇〇二
江氏家學……四〇〇二

江先生萬頃附子鐸……四〇〇二
江氏門人……四〇〇二
周先生垕附子應極……四〇〇二
文先生天祥詳見巽齋學案……四〇〇三
劉先生辰翁詳見巽齋學案……四〇〇三
詹先生仲美……四〇〇三
李先生明通……四〇〇三
附傳……四〇〇三
周先生天錫父九鼎……四〇〇三
傅氏續傳……四〇〇四
傅先生□附門人陳信仲……四〇〇四
程氏私淑……四〇〇四
程先生若庸詳見雙峯學案……四〇〇四
宏齋家學……四〇〇四
補李先生鑣……四〇〇四
趙氏家學……四〇〇五
補趙先生滘……四〇〇五
趙先生淇……四〇〇五
趙先生淮……四〇〇五
趙氏門人……四〇〇六
胡先生潁……四〇〇六
胡氏同調……四〇〇七
杜先生榮祖……四〇〇七
葉氏門人……四〇〇八
補陳先生天澤……四〇〇八
王氏門人……四〇〇八
補石先生一鼇……四〇〇八
唐先生震詳見鶴山學案……四〇〇九
石氏同調……四〇〇九
施先生南一從父郁……四〇〇九
文貞師承……四〇〇九
傅先生肖說……四〇〇九

澹齋門人……四〇〇九
劉先生應龜……四〇〇九
朱先生叔麒見下東堂家學……四〇一〇
山南學侶……四〇一〇
胡先生渭附從孫一中……四〇一〇
厲志家學……四〇一一
朱先生幼學……四〇一一
葉氏門人……四〇一一
王先生濟……四〇一一
王先生炎澤附子良玉良珉……四〇一一
東堂家學……四〇一二
朱先生叔麒……四〇一二
朱先生同善詳見北山四先生學案……四〇一三
龔氏家學……四〇一三
龔先生軾……四〇一三
陽氏家學……四〇一三
補陽先生恪……四〇一三
小陽門人……四〇一五
補韓先生居仁……四〇一五
黄氏家學……四〇一五
補黄先生仲元……四〇一五
黄氏門人……四〇一八
林先生應承附孫以辨……四〇一八
林先生棟……四〇一八
隱居家學……四〇一八
補趙先生順孫……四〇一八
定宇先緒……四〇一九
陳先生廣勉……四〇一九
陳先生應午合傳……四〇一九
補陳先生源長……四〇一九
訥齋家學……四〇二〇
趙先生與票……四〇二〇

若水續傳……四〇二〇
方先生之泰……四〇二〇
孫氏家學……四〇二一
補孫先生璹……四〇二一
少監私淑……四〇二三
楊先生桓別見魯齋學案補遺……四〇二三
吴氏家學……四〇二三
吴先生豫……四〇二三
吴先生龍翰……四〇二三
吴先生霞舉別見晦翁學案補遺……四〇二三
時舉家學……四〇二三
趙先生壽……四〇二三
林氏家學……四〇二三
林先生璹……四〇二三
吕氏私淑……四〇二三
鄭先生翔附師吕正甫……四〇二三
張氏續傳……四〇二四
張先生庭堅……四〇二四
陳氏家學……四〇二四
陳先生斗龍……四〇二四
石氏門人……四〇二五
補陳先生取青……四〇二五
補黄先生滑……四〇二五
丁先生廷玉……四〇二九
許先生文昌……四〇二九
許先生文奎……四〇二九
王先生龍澤……四〇三〇
王先生龍友……四〇三〇
蔣先生明龍……四〇三〇
謙齋家學……四〇三〇
吴先生諒……四〇三〇
毅齋門人……四〇三〇

唐先生璘……四〇三〇
唐氏學侶……四〇三二
劉先生克莊詳見艾軒學案……四〇三二
傲齋家學……四〇三二
楊先生友義附子師盤孫宗伯
宗仁宗德宗侃三傑……四〇三二
義豐門人……四〇三二
林先生維屏……四〇三二
王先生模……四〇三三
王先生萬章合傳……四〇三三
王先生宗望合傳……四〇三三
和中門人……四〇三三
宋先生慈別見西山眞氏學案補遺……四〇三三
呂氏家學……四〇三三
呂先生折……四〇三三
鄭氏家學……四〇三四
鄭先生憲……四〇三四
靜學家學……四〇三四
許先生熹……四〇三四
許先生勳……四〇三四
陳氏同調……四〇三五
補李先生直方……四〇三五
文貞學侶……四〇三五
陳先生□……四〇三五
施氏門人……四〇三六
葉先生李……四〇三六
朱先生清……四〇三六
劉王門人……四〇三七
黄先生溍詳上石氏門人……四〇三七
劉氏續傳……四〇三七
劉先生仲寶……四〇三七
黄氏續傳……四〇三七

黃先生異……四〇三七
任氏續傳……四〇三七
任先生士林詳見潛庵學案……四〇三七
四如門人……四〇三八
詹先生清子……四〇三八
草窗門人……四〇三八
補陳先生櫟……四〇三八
補程先生顯道……四〇四七
復齋門人……四〇四八
王先生彌道……四〇四八
歐陽續傳……四〇四八
毛先生應龍……四〇四八
信齋私淑……四〇四九
陳先生普詳見潛庵學案……四〇四九
孫氏師承……四〇四九
魯先生月卿……四〇四九
周蔡續傳……四〇四九
蔡先生季霖附子士仁……四〇四九
厚齋續傳……四〇五〇
汪先生標……四〇五〇
陳氏家學……四〇五〇
補陳先生樵……四〇五〇
鹿皮講友……四〇五三
李先生惠別見北山四先生學案補遺……四〇五三
李先生聲……四〇五三
李先生序詳見北山四先生學案……四〇五四
鹿皮學侶……四〇五四
郭先生霖……四〇五四
黃氏家學……四〇五四
黃先生梓……四〇五四
黃先生暄……四〇五五
黃先生袒別見北山四先生學案補遺……四〇五五

黃氏門人……四〇五五
補王先生禕……四〇五五
補陳先生基……四〇六七
補蔣先生允升……四〇六八
陳先生堂別見潛庵學案補遺……四〇六八
朱先生廉……四〇六八
傅先生藻……四〇六九
楊先生芾……四〇六九
蘇先生伯衡詳見北山四先生學案……四〇七〇
申屠先生性……四〇七〇
徐先生本中……四〇七一
鄭先生濤詳見北山四先生學案……四〇七一
傅先生亨……四〇七一
傅先生貞合傳……四〇七一
陳先生中……四〇七一
陳先生克讓……四〇七二
解先生開別見北山四先生學案補遺……四〇七二
陳先生及……四〇七二
黃先生璋……四〇七二
張先生復……四〇七二
王先生世堅附孫得志……四〇七三
徐先生歡……四〇七三
汪先生杞……四〇七三
夏先生洪參……四〇七三
吴先生□……四〇七三
饒先生□父安道……四〇七四
別附……四〇七四
盧白皡……四〇七四
高氏同調……四〇七四
虞先生摯……四〇七四
許氏家學……四〇七五
許先生熹……四〇七五

許先生勳並見石氏門人……四〇七五
許先生熊……四〇七五
許先生怡……四〇七五
許先生愉……四〇七五
李氏門人……四〇七六
補胡先生淺……四〇七六
補陳先生士允……四〇七六
王氏續傳……四〇七七
王先生褘見上黄氏門人……四〇七七
定宇家學五傳……四〇七七
陳先生善……四〇七七
陳先生良祖……四〇七七
陳先生光……四〇七八
定宇門人……四〇七八
補倪先生士毅……四〇七八
補朱先生升……四〇七九
補葉先生大有……四〇八〇
補吴先生彬……四〇八〇
董先生眞卿詳見介軒學案……四〇八一
戴先生蘭……四〇八一
程先生植……四〇八一
金先生若愚大父健……四〇八二
王氏門人……四〇八二
高先生珉……四〇八二
孫氏續傳……四〇八二
孫先生元蒙……四〇八二
魯氏門人……四〇八三
孫先生元蒙詳上孫氏續傳……四〇八三
董先生復禮……四〇八三
退思續傳……四〇八三
林先生伯生……四〇八三
鹿皮門人……四〇八四

吳先生中……四〇八四
楊先生芾詳上黄氏門人……四〇八四
朱先生廉見上黄氏門人……四〇八四
華川家學……四〇八四
王先生紳……四〇八四
華川門人……四〇八五
吳先生褕父明善……四〇八五
朱先生仲桓……四〇八五
徐先生膺父方舟……四〇八六
朱先生文……四〇八六
夷白家學……四〇八六
陳先生天騏附師趙本初……四〇八六
夷白門人……四〇八六
徐先生緬父元震……四〇八六
毛先生□……四〇八七
中屠家學……四〇八七
中屠先生澂……四〇八七
中屠先生溶合傳……四〇八七
時甫門人……四〇八八
朱先生廉見上黄氏門人……四〇八八
高氏門人……四〇八八
季先生應期……四〇八八
胡氏門人……四〇八九
補李先生思齊……四〇八九
補徐先生黼……四〇八九
補胡先生太和……四〇八九
朱先生廉見上黄氏門人……四〇八九
陽氏續傳六傳……四〇八九
陽先生□……四〇八九
郭氏續傳……四〇九〇
郭先生樌……四〇九〇
倪氏門人……四〇九〇

汪先生志道父泰初……四〇九〇
汪先生存心合傳……四〇九一
朱先生晏……四〇九一
朱氏家學……四〇九一
朱先生同……四〇九一
朱氏門人朱子七傳……四〇九二
范先生準……四〇九二
陳先生盤……四〇九二
汪先生侊……四〇九二
金先生居敬並見草廬學案補遺……四〇九二
程先生天……四〇九二
吳氏門人……四〇九三
汪先生德馨……四〇九三
孫氏門人……四〇九三
牟先生□……四〇九三
牟先生□合傳……四〇九三
董先生□……四〇九三
暢軒家學……四〇九三
郭先生熙附孫琤……四〇九三
郭先生元亮……四〇九四
退軒門人……四〇九四
葉先生黼……四〇九四

宋元學案補遺卷七十

後學 鄞 王梓材 慈谿馮雲濠 同輯

滄洲諸儒學案補遺下

宏齋門人

補 忠敏趙先生范

附録

丞相史彌遠報公書。令諭四總管各享安靖之福。公乃爲書謝廟堂。且決之曰。今上自一人。下至公卿百執事。又下至士民軍吏。無不知禍賊之必反。雖先生之心亦自知其必反也。衆人知之則言之。先生知而獨不言。不言誠是也。内無臥薪嘗膽之志。外無戰勝攻取之備。先生隱忍不言。而徐思所以制之。此廟謨所以爲高也。然以撫定責之晞稷。徐。而以鎭守責之范。責晞稷者。函人之事也。責范者。矢人之事也。既責范之惟恐不傷人之事。又禁其爲傷人之痛。惡其爲傷人之言。何哉。其禍賊見范爲備。則必忌而不得以肆其姦。他日必將指范爲首禍激變之人。劫朝廷以去范。先生始未之信也。左右曰可。卿大夫曰可。先生必將曰。是何惜一趙范。而不以紓禍哉。必將縛范以授賊。而范遂爲宋晁錯。雖然。使以范授賊。而果足以紓國禍。范死何害哉。諺曰。護家之狗。盜賊所惡。故盜賊見有護家之狗。必將指斥于主人。使先去之。然後肆穿窬之姦而無所忌。然則殺犬固無益于弭盜也。欲望矜憐。别與閒慢差遣。彌遠得書。爲之動心。知安慶府。未行。改知池州。繼兼江東提舉常平。彌遠訪將材於趙葵。葵以公對。進直敷文閣。淮東提點刑獄。兼知滁州。公曰。弟而薦兄。不順。以母老辭。

補忠靖趙庸齋先生葵

梓材謹案。先生又號信庵。見陳定宇集福州通判傳署。

雲濠謹案。先生之謚。一作忠清。林竹溪誌潘左藏墓云。娶劉氏。繼趙氏。庸齋忠清公女兄也。

附録

一日。其父方賞將士恩。不償勞。軍爲變。公時十二三。覺之。亟呼曰。此朝廷賜也。本司别有賞賚。軍心賴一言而定。人服其機警。

李全之獻俘也。朝廷授以節鉞。公策其必反。乃上書丞相彌遠。全造舟益急。公復致書彌遠曰。一安一危。一治一亂。係朝廷之討叛與不討爾。又言于朝曰。葵父子兄弟世受國恩。每見外夷盜賊侵侮國家。未嘗不爲忠憤所激云云。參知政事鄭清之贊決之。乃加公直寶章閣。淮東提點刑獄。兼知滁州。

詔授淮東制置使。兼知揚州。入對。帝曰。卿父子兄弟宣力甚多。卿在行陣。又能率先士卒。捐身報國。此尤儒臣之所難。朕甚嘉之。頓首謝。

葬其母。乞追服終制。不允。公上疏曰。移忠爲孝。臣子之通誼。教孝求忠。君父之至仁。忠孝一原。並行不悖。故曰。忠臣以事其君。孝子以事其親。其本一也。臣不佞。戒謹持循。惟恐失墜。往歲叨當事任。服在戎行。偕同氣以率先。冒萬死而不顧。捐軀戡難。效命守封。是以孝事君之充也。陛下昭示顯揚。優崇寵數。使爲人子者感恩。爲人親者知勸矣。臣昨于草上被命。起家勉從權制。先國家之急。而後親喪也。今釋位去官。已返服居廬。乞從彝制。又不許。再上疏。乃命提舉洞霄宫。不拜。

林竹溪挽信庵趙少保詩曰。勳名以感靖嘉日。身係安危三十年。自去鴻樞開督府。迄辭鵷閣老平泉。早看養馬封侯將。晚作騎鯨捉月仙。縱道進賢冠最好。不須畫此上淩煙。其四曰。出語無多動造微。公于學問似生知。客游槐府珍遺帖。世誦樗翁序近詩。握手最先門下士。傷心誰勒墓前碑。匆匆四十年間夢。憶到廬江下榻時。

仇山村題三忠堂詩曰。謝砌諸郎入寄奴。機雲忘祖亦忘吴。一門一品如今有。三世三忠自古無。

雲濠謹案。盛庶齋老學叢談云。趙南仲兄弟平李全日。參議官則全子才。蔣山僧喜曰。逆全誅矣。謂其姓賊名也。名賊姓而少一乀。合姓名而觀。是倒懸李全而無左臂也。宋史忠靖本傳。端平元年。汴隄破決。兵多溺死。而范上表劾葵。詔與全子才各降一秩。是平全之後。全子才猶與忠靖同事。若本傳上文言。其父聘鄭清之全子才爲之師。則恐係牟子才之譌。俟再考正。

直閣張先生元簡

詳見勉齋學案。

方先生輗

方輗字叔行。平江人。資稟凝重。李宏齋教授岳陽。先生慕紫陽之學。師承忘返。宏齋誨之詩。先生謝棄科舉業。從事根本之學。時友人方明甫以才行歷聘諸召。先生戒以聖學詳于爲己。不專爲人。自是明甫不應辟召。先生平生未嘗疾言遽色。家庭雍睦。子弟肅如。僮僕亦知守禮。四方慕德而來者。户外履常滿。參政魏鶴山嘉其學行。名其室曰學者。姓譜。

范先生益之

見下范氏家學。

忠靖講友

張先生志道

張志道字潛夫。金壇人。嘉熙間。上書言事。景定初。特恩免解。趙忠靖葵辟置幕府。宋亡不仕。鎮江府志。

雲濠謹案。先生有易傳三十卷。

張氏門人

迪功徐先生伯琛

徐伯琛字通夫。豐城人。師清江張元德。元德以其子妻之。嘗語先生曰。讀書自有解處。須盡捐富貴習見。自識聖賢之心。讀論語則如親見孔子。讀孟子則如親見孟子。因言求意。方不枉讀。先生受教。服勤數年。修身踐言。如恐不及。聚書甚富。建閲浩閣以貯之。景定中。授迪功郎。卒年九十三。南昌府志。

尚書雷先生宜仲

雷宜仲字宜叔。豐城人。師張元德洽。得朱子緒餘。補太學生。史嵩之以右相開督府。陰植奸黨。與弟巖之。勢焰熏灼。嚬笑可生殺人。會天變。先生上書。指斥其罪。由是流落久之。擢淳祐進士第二。爲右司諫。與賈似道不合去。經略廣東。又奏言廣東進上供銀率抑買爲民害。有旨蠲之。又乞復故相吴潛官仍賜謚以勵臣節。復濟邸封爵以厚天倫。録江西二陸之後以勸學徒。德祐間。除禮部尚書。尋爲廣東經略安撫使。偕文丞相起義勤王。丞相入衛。又與信州謝疊山招諭軍民。固守嶺嶠。元游騎至。力戰。病臂創而卒。豫章書。

張氏私淑

楊先生諲別見濂溪學案補遺。

廖氏門人

補提刑鄒先生應博

附録

袁蒙齋記寧國府修學記曰。鄒君典教宣城。憫俗學之横流。懼斯道之湮鬱。始至。日與諸生講習。以求正人之心。環視學宫歲久滋圮。慨然歎曰。吾以教爲職。固陋如是。心甚恧焉。于是葺而新之。

鄭先生思尹

鄭思尹。

果齋家學

李先生治

李治。公晦之子。年十有五。鋭志于學。請字于眞西山。西山爲本大學之義。字之曰自修。

而祝之以詞。眞西山集。

李先生炎子

李炎子字雲幼。果齋從子。劉後村跋其詩卷云。余少走四方。于當世勝流多所款接。識果齋伊洛之醇。識斛峯蕭汲之直。識徑畈龔鮑之潔。李君雲仲示詩三帙。讀而異之。問其譜系。果齋其諸父也。觀其詩詠。斛峯徑畈其師也。又云。君父師皆以其學魁天下。詩文特其緒餘耳。劉後村集。

果齋門人

安撫宋先生慈別見西山眞氏學案補遺。

徐氏家學

徐先生錄

徐先生鈞合傳。

徐先生鏄合傳。

徐錄。徐鈞。徐鏄。文清子。皆傳其家學。金華府志。

徐氏門人

補左司朱勵志先生元龍

梓材謹案。先生一字冠之。與袁蒙齋善。尉青陽時。蒙齋持節江左。檄入幕。稱其敏而篤學。

附録

宋潛溪題宋儒遺墨後曰。鄉先生朱冠之。嘗以勵志自號。袁正肅公爲作大字書。且造銘辭一通。先生之志。剛大堅勁。袁公之銘。雄渾剴切。皆學者所當則傚。

王忠文曰。褘幼聞公言行。想見其人巖巖不可犯。及讀公家集。獲窺其剛大之氣。浩然無餒。益信公之正色立朝。危言峻行不可奪者。一本于誠。非世之矯訐而欺世盜名者可同日語也。

補葉通齋先生由庚

梓材謹案。先生嘗從周大亨習春秋。爲舉子業。見潛溪所作傳。金華府志載其平生不務著書。惟研濂洛諸儒之説以教人。僅有論語纂遺若干卷。詩文若干卷。瘖叟自志一卷。藏于家。

葉通齋語

太極圖與先天圖實相表裏。固不待預見先天圖而暗與之合。先天有圖。其辭已具于大傳説卦中。亦不待邵子别爲論議而後明。況先天乃伏羲所圖。無非法象自然之妙。太極乃周子自出心思。擬形畫象而爲之者。先天圖當作先天圖觀之。太極圖當作太極圖觀之。圖雖不同。而其理則未嘗不一也。若曰周子之爲圖。盡在於修之一言。使學者可以用功。謂之隨時立教。至是益備。則可耳。不可謂陰有以補先天圖之未備也。先天圖自太極生兩儀。加倍而爲四八。以至于六十四。左自一陽而六陽。右自一陰而六陰。自然生之不窮。皆是天地本然之妙。太極圖止于四象。以爲火水木金。即其中以爲土。説至五行輒止。各有其義。未易優劣。正不必將先天圖比並參校也。

梓材謹案。此先生辨何北山疑周子太極圖補先天圖之未備之説。王虎文崇炳金華徵獻略載此云。通齋之論亦未備。北山以太極補先天之未備者。以太極在于修之一言。而先天止法象之自然。不及工夫也。殊不知先天固未嘗無功也。先天圖坤遇震爲復。謂之天根。乾遇巽爲姤。謂之月窟。天根主發生。鼓萬物之出機。月窟主閉藏。鼓萬物之入機。學者善念初萌。洪蒙始判。粹然至善。謂之復。復者。陽之動也。當念心攝持。翕聚保合。不雜于妄。謂之姤。姤者。陰之靜也。知復而不知姤。則孤陽已薄而藏不密。知姤而不知復。則獨陰易滯而應不神。姤復循環。乾坤互用。動靜不失其時。此聖人之心學。邵子所謂天根月窟頻往來。三十六宫都是春者。此乃先天之學也。通齋不明邵子先天之學藏有修吉悖凶之義。而但泛言先天圖與太極圖之不同。恐不能破北山之疑也。

記録之書。非經體也。移易固未爲不可。第論語乃孔子之微言。與他記録者實殊。非可以緒分類合也。南軒張子以程子之意。類聚孔孟言仁。朱子猶恐長學者欲速好逕之心。滋入耳出口之弊。又況孔子之言。誠有不可破壞。以今第一卷首條子温而厲。威而不猛。恭而安。類爲夫子出處若入。門人記孔子德容之盛。未爲不可。第二卷首條堯曰。至公則説。乃弟子於終篇。特記聖學之傳。以著二十篇之大旨。與孟子篇終歷敘道統同一意。亦恐不但思古傷今而已也。今欲尊四書爲魯經。唯以孔子格言大訓與問答之語爲經。門人所自言及子思孟子之書爲傳。則庶幾爾。夫欲尊之曰經者。以其大公至正。爲萬世常行之道。不可下同諸子並稱。不必類合而後尊也。

梓材謹案。此先生論王魯齋以論語屬詞聯事。集爲魯經章句。而以大學中庸孟子爲之傳之說。

附録

徐文清謂人曰。成父從余最久。靜愿無他好。講學意趣殊深。吾道爲有所託矣。遂以通名其齋居。且戒之曰。心體之流行。卽天道之流行也。無乎不通。而塞之人。其物矣。先生佩之終身。縣大夫過門問政。多以謹義利之辨及視民如傷告之。邑民陰被其賜。

宋潛溪爲傳贊曰。婺傳朱子之學而得其眞者。先生與何北山王魯齋以道學爲東南倡。評者謂。北山深潛沖澹。得學之醇。魯齋通睿絶識。得學之明。先生精詳暢達。得學之通。考其一時化迪之盛。入其室者。殆春風和氣之襲人。從容一言之加。輒睟面盎背。而鄙吝爲之消盡。

朱先生□父元德。

朱□。義烏人。東堂先生元德之子也。東堂與徐文清友善。二子實從之游。時文清家居。東堂爲作適意亭。延致之。以資和兌講習之益。柳待制集。

梓材謹案。宋潛溪爲朱丹谿石表辭云。當宋之季。有東堂府君者。諱良祐。懿然君子人也。蓋以六經爲教。以宏其宗。

東堂二子。其一名中。此則丹谿五世祖。已佚其名。

龔先生應之

龔應之字處善。義烏人。嘉定癸未進士。以經義受知穆陵。歷踐清要。官至右史。終于中大夫直寶謨閣。黄文獻文集。

梓材謹案。儒林宗派列先生于徐文清之門。

運判康先生植

康植字子厚。義烏人。嘉定進士。授奉化主簿。歷官兵部郎官。除浙西提點刑獄公事。劾奏平江守臣史宅之治郡無狀。時宅之兄嵩之爲丞相。并連及之。其言以謂。宅之不思掩前人之愆。專務聚斂。以事貢獻。是以小忠而成其大不忠也。嵩之不知而使之。不智。知而使之。不仁。其上罔陛下。又不忠之大者也。羣臣明知其罪而不言。皆逆陛下之意。而不敢嬰其鋒。是逢君之惡。亦不忠之徒也。疏入。理宗震怒。欲重罪之。杜丞相範時在樞府。爲之極諫。理宗尋悟。官終福建運判官兼攝建寧府卒。其在廣德時。取大學語。名其齋曰誠求。父仲穎與徐文清爲同年。先生以故早師事之。師門中獨先生從游最久。與同邑秘書丞王世傑皆號稱高弟。王忠文集。

州判樓先生大年

樓大年字元齡。義烏人。從鄉先生徐文清公游。文清。晦庵弟子。故先生長于性命之學。登嘉定癸未進士。知隆興府南昌縣。爲治先教化。建利去病若嗜欲然。遷奉議郎通判吉州。提點刑獄李迪。以先生廉愼。命録一道滯囚。先生隨重輕而疏裁之。抱成案就迪。言咸聽。未幾。攝郡事。江東大姓查氏。以父遺書。據幼弟資產幾六十萬。弟長。訴之州縣。歷二十年不解。迪曰。非清白吏如元齡。不足以究此。以事下。先生舉張詠決子壻爭財故事爲例。人以爲允。歲終。吏以公帑錢粟羨餘來白曰。此公券内物。前官具有例。先生斥之。以助軍餉。尋陞朝奉郎卒。初。理宗降訓廉謹刑二詔。先生因摭古之可法戒者二百事疏之。號銘心偶録。藏于家。宋文憲集。

王先生復附師葉子儀。諸葛希仁。

王復字子勉。臨海人。師事葉子儀諸葛希仁。二公皆其父滋高弟也。杜清獻公丞烏義㊀。因介之拜毅齋徐公。自是從游其門。及清獻升。政府招之不出。嘗曰。子勉性情與吾相似。此友豈多得哉。王實翁亦素善先生。及爲郡。每事多所咨訪。後值明堂恩。子應午隨衆爲乞初品服。先生曰。布衣。吾分也。勿累我。即死以深衣殮。足矣。其高潔如此。台州府志。

㊀「烏義」當爲「義烏」。

石氏師承

王先生若訥

王若訥。□□人。監榷貨務都茶場。石晉卿少嘗受業焉。黄文獻集。

文貞先緒

黄先生夢炎

黄夢炎字子暘。浦江人。後家義烏。文獻公溍曾祖也。淳祐十年進士。仕至朝散大夫行太常丞。兼樞密院編修官。兼權左曹郎官。以朝請大夫致仕。先生以文章家知名當世。黄文獻集。

梓材謹案。金華府志載先生扁所居曰桂隱。室曰澹齋。有詩文十卷。

附録

幼能屬文。年十有一。鄉先生或戲謂曰。少甘羅之一幾。早已能文。應聲曰。加孔子之數年。可以學易。鄉先生大奇之。

雲莊家學

補 知州劉靜齋先生垕

雲濠謹案。道南源委。學者尊爲靜齋先生。著有毛詩解。家禮集註。

附録

寶慶三年。知江寧。爲政愷悌。不擾而辦。制閫以賢能薦。俾兼幕府。

雲莊門人

文志眞西山先生德秀詳西山眞氏學案。

文定劉後村先生克莊詳見艾軒學案。

林氏門人

補文忠江古心先生萬里

附録

陳寧定隨録曰。江古心江東漕司勸農文有云。良農竭力盡分。勝如士大夫文貌虛僞。此語深可喜。

古心同調

侍講翁丹山先生合別見九峯學案補遺。

傅氏家學

補知州傅先生壅

雲濠謹案。眞西山集。薦賢能才識之士三人。先生居其一。西山稱其學其文皆有父風。其一爲鄭寅。其一爲樓昉。

傅氏門人

直閣陳復齋先生宓見上晦翁門人。

朝散趙恥齋先生時煥附師黄以寧。

趙時煥字文晦。始名時敏。字克勤。旣易名。猶以舊字行。秦王之後。南渡後。居外邸。先生幼號奇童。擢嘉定庚辰第。謝絶富豪求婚者。鄉前輩黄公以寧爲女擇對。意屬先生。遂壻黄氏。爲侯官尉。調長溪東尉。累擢户部架閣兼吏部館檢閲。考試得策卷。喜曰。必名世士。揭曉則徐霖也。除太社令。陞兼校勘太常寺簿。乞以張魏公配享。遷秘書郎著作佐郎。歷知撫州端州廣西提刑。提舉江西常平。以風聞去。除廣東運判。卒年五十七。積陞朝散大夫。未達時。翁壻間自爲師友。又受教于鄉先生忠簡傅公。故問學有源委。而議論依名節。有恥齋雜稿。考亭文鈔。臨汝講義。各若干卷。劉後村集。

文定劉後村先生克莊詳見艾軒學案。

李先生丑父父宗之。

李丑父字艮翁。雲濠案。後村誌其墓云。初名鋼。字汝礪。莆田人。父宗之。字伯可。通判邵武軍。以文名其鄉。未第時。授徒城北。執經者歲數百人。諸史百家。口答疑問。人曰。伯可。書厨也。先生幼而穎悟。讀書迎刃解。學成。以文游諸公間。劉後村王曜軒方鐵庵甚奇其才。年四十一始捷鄉解。明年擢第。調昭武户曹。建守王公實先生座主也。俾子弟就師焉。再倅建安。攝府事。一毫無所私。守庸齋趙公以學問切磋。相得歡甚。除太學博士。劾去。既歸曰。吾師淵明矣。買草堂西隙地。卽亭山也。因以自號。景定庚申。以太府丞召。道中遷秘書郎。癸亥遷著作郎。擢禮部郎官。甲子請外。提舉湖南常平義倉。以臺疏去。先生少游竹隱之門。有文若干卷。膚齋續稿。

黄氏家學

録參黄先生栝

黄栝字□□。都昌人。商伯次子。其兄杭。奉母爲浙西總幹官。卒于官所。時先生爲建昌軍録參。聞之。恐爲母憂。且扶護之乏人也。卽棄官謝事而往。其審輕重之義。明決若此。可見其家傳之懿云。杜清獻集。

黄先生子麟

黄子麟字麒卿。商伯孫也。不爲郡守草行表。不食學廪粟。以狷介稱。文亦精覈。吴禮部集。

惟善門人

補文安趙星渚先生景緯

附録

車玉峯台州新斸五邑坊場河渡錢記曰。使君以正學高節爲儒林所嚮。講道于西山精舍。朝廷雖强起之。未久還山。世想其風采。前守王公旣正風俗之偏。于是集五縣之賢而有行者。舉鄉飲之禮。以起古道。建上蔡書院。會萃英彦。求古人所以用心之學。請于上。願得今樞密大參平舟先生楊公與今使君爲之師。楊公主其綱于朝。使君謙遜未決。天子乃命之爲守。旣至。無他號令。大書陳古靈諭俗。散布于市廛山谷之間。又作勸孝歌辭。其辭曰。子有不順。親無不可。百姓有感泣者。旣而講大學于郡庠。講中庸于書院。抽神吐祕。千古昭然。使爲農工商者進而爲士之識。爲士者進而爲希賢希聖之識。此于人心最爲有造。吾之所謂如天者也。

進士陽字溪先生枋詳見晏氏門人。

陳氏門人

劉習靜先生彌邵詳見艾軒學案。

雲濠謹案。萬姓統譜言先生嘗質經于陳宓。

陳先生平甫

顧先生君度合傳。

顧先生君立合傳。

梓材謹案。劉後村誌黄德遠墓云。復齋瓜山二公。于門人中尤稱陳平甫。黄德遠。顧君度。君立。

附録

劉後村祭顧君立文曰。嗟嗟吾子。介特自守。三軍莫奪。一介不取。後生奚自。皆自復齋。如子實踐。幾何人哉。自我南來。聘子于館。語常日晡。坐或夜半。察子暗室。無一念欺。君父在前。敬義夾持。謂可師儒。謂可風憲。不然異時。入廉吏傳。

教授趙先生阜見下梅塢門人。

朝請王曜軒先生邁詳見西山眞氏學案。

教授湯先生露

湯露。延平人。復齋先生門人也。復齋守延平。盡行朱子之化。先生得其傳。言出人從。教授韶州。士多崇信。權學謝升賢修學未完。先生節縮經繼之。乃底于成。廣東黄志。

程氏家學

程先生端臨

程先生端本合傳。

程端臨。端本。正思二弟也。亦知爲學。正思所以告之者。皆人倫大法所繫。不雜他語。朱子文集。

拙齋門人

程可庵先生□別見龜山學案補遺。

曼氏門人

補進士陽字溪先生枋

陽枋字宗驥。初名昌朝。巴川人。居字溪小龍潭之上。因以自號。端平元年。冠鄉選。淳祐四年。以蜀難免入對。賜同進士出身。闔帥交辟。于昌州監酒税。于大寧爲理掾。于紹慶爲學官。晚以子炎卯貴。加朝奉大夫致仕。年八十一卒。著有字溪集十二卷。先生嘗從朱子門人度正曼淵游。故集中與人往復書簡。大都講學之語。皆明白篤實。其易象圖説一篇。多參以卦氣納甲之法。不盡與朱子本義合。又與税與權論啓蒙小傳一篇。乃暮年所作。尤見其孳孳力學。至老不衰云。四庫書目提要。

大陽遺文

竊聞帝王爲治。學校其大務也。學校之説。明倫則大端也。欲明倫。先明德。講學有其序也。天下之生久矣。君臣父子兄弟夫婦朋友之倫有五。天所序也。仁義禮智性之德有四。天之命也。天倫天德。聖王必建學校以明之。天人相因以成也。帝俗熙熙。五教敷焉。王民皞皞。庠序建焉。體其所以天。而盡其所以人。使明者益明。而闇者復其所明。講學之功可以一日無于天下哉。國朝學校徧天下。漢以來所未有也。其始蓋欲使天下之人格物致知。由仁義禮智之性。以明夫君臣父子兄弟夫婦朋友之倫。修諸身。行諸家。而措諸天下之事業也。文勝利汨。士寖失其本眞。學校之所進退。惟辭章工拙是校。而士之息焉游焉相與講明于是焉者。亦惟佔畢編綴。吐芳漱華。以獵富貴。至于人倫之本。行而不著。是豈皆士焉者之過哉。上下之所講究。一不由乎五常四德。則人心日危。道心日微。物誘于前。盪耳目而動心志。七情失其所止。輒出而應之。理欲交戰。正邪轇轕。得失判乎呼吸毫釐而逕庭霄壤矣。士所以貴乎講學者也。講明乎論孟一貫盡心。皆人倫之統會也。講明乎中庸大學至善時中。皆人倫之準的也。明乎易而倫著于潔靜精微。明乎書而倫妙于精一執中。明乎三千三百之禮。則肌膚固。筋骸束。而倫安矣。明乎國風雅頌之樂。則性情正。思無邪。而倫正矣。明乎春秋。則君臣父子夫婦長幼朋友王伯夷華之大倫大分。天冠地履。

燦然于心目矣。倫卽理也。散于百行萬物。著于六經。明于學校。而根極于人心。君子明此心。以貫萬理。治萬事。而爲天地萬物之主宰。皆不出乎是倫之外。講學豈可不是之先乎。重修夔州明倫堂記。

濟險難之深者。未容以安靜圖。拯柔弱之極者。不可以尋常應。在今日治國之法。守株是乎。投機是乎。嘗稽之易而有疑。蹇難也。坎險也。均之爲險矣。何聖人旣以見險能止譽蹇之知。而復以心亨行有尙論坎之功。豈險難之深。又當出險以平險歟。夫小過過也。大過過也。均之爲過矣。何聖人以不可大事爲小過之戒。而復以利有攸往爲大過之亨。豈柔弱之勢。又當至剛以濟物歟。奚止于是。以逸待勞。以飽待飢。軍之良法也。胡爲先聲奪人。晉復以是敗秦歟。致人而不致于人。軍之善政也。胡爲寧我薄人。楚復以是駕晉歟。大寧監策問。

方氏門人

趙素軒先生□

趙□號素軒。去婺守爲本道倉使。王魯齋送之詩云。人物乾淳舊典型。滿腔全是遠蒼仁。來時懶作三刀夢。去日留爲一道春。千里桑麻深雨露。雙溪風月更精神。出門父老歡迎處。猶有文公舊部民。濂洛風雅。

瓜山門人

補 山長黄德遠先生績

雲濠謹案。先生有兄名績。見艾軒學案補遺。劉後村大全集載先生墓誌。言德遠少與兄齊名。既弱一個名愈重云云。後村又爲作獨不懼齋記。

附録

少凝重。稍長力學。慨然有求道之志。

中年聞陳師復得朱子之學。遂師事焉。集同志十餘人于陳氏仰止堂。旬日一講。及師復卒。遂于望仙門外築東湖書院。春秋祀焉。聚講一如平時。先生雖布衣。爲鄉先生三十年。門人著録牒以數十百計。

晚聞虚齋趙以夫作易通。與之上下其論。虚齋曰。平生所得益友。惟德遠耳。

前夫人宋氏。名德麟。字瑞甫。通九經及前漢書。工楷法。嬪德遠十有六年。逮事尊章。皆曰吾門增一孝女。

劉後村挽黄德遠堂長詩曰。雖與長君友。居常敬少君。何曾錦襖子。竟老布襦帬。申白無殊禮。程朱有舊聞。誰爲復齋事。應計附青雲。

陳先生平甫

顧先生君度

顧先生君立並見陳氏門人。

黃氏講友

尚書趙虛齋先生以夫別見晦翁學案補遺。

溪齊[一]門人

縣尉梅裕堂先生寬夫

梅寬夫字伯大。縉雲人。調慈溪尉。德祐初。攝知縣事。率義勇應文丞相。至常州戰死。嘗師滕溪齋璘。得考亭之學。所著裕堂講義。刻于鄉校。浙江通志。

德章家學

補縣令滕萬菊先生鉛

[一]「齊」當爲「齋」。

滕萬菊語

書之大意。一中而已。允執厥中。書所以始。咸中有慶。書所以終。以此一字。讀此一書。迎刃解矣。

雲濠謹案。方秋崖序先生尚書大意云。溪齋先生與其弟合肥令君同登晦翁之門。學者謂之新安兩滕。和叔漸涵于二父之淵源。披剥于百家之林藪云。

滕先生鉦

滕鉦字和叔。婺源人。幼聞朱子之學。務爲實踐。兄疾。走千里視療。兄卒。撫姪如子。景定初。舉孝廉不赴。徽州府志。

胡氏門人

李先生仁深

李仁深字聲伯。德興人。閩帥駿之子。而監税仁扆之兄也。伯季皆孝敬祥順。先生用寶璽恩補將仕郎。再調南昌丞。未上而卒。年四十五。嘗摘詩蒸民之義扁其室曰則齋。以朝夕而思焉。父友胡伯量爲文公高弟。先生實師尊之。其卒也。伯量狀其行。而西山眞氏銘其墓云。眞西山集。

仁齋家學

補 陳先生成父

陳成父字玉汝。駿子。儒林宗派。

仁齋門人

鄭先生思孟見上晦翁門人。

絅齋門人

石先生賡

石賡。□□人。學于晦庵門人李閎祖。作四書疑義。黄東發云。經義考。

四書疑義

晦庵註。學之爲言效也。人性皆善。而覺有先後。語有病。當言氣稟有清濁。故質有昏明。而覺有先後。學而時習章。

慈溪黄氏曰。此於文字上生枝節。實則覺有先後。則清濁昏明者已在其中矣。

註云。鬬穀於菟。穀本作轂。乳也。借作穀。令尹子文章。

奉直朱先生鑑詳見晦翁學案。

東湖門人

楊先生仕訓詳上晦翁門人。

悦堂家學

監税楊得庵先生□别見勉齋學案補遺。

悦堂門人

文定劉後村先生克莊詳見艾軒學案。

子直門人

安撫宋先生慈别見西山眞氏學案補遺。

邱先生麟

邱麟。連城人。楊子直方弟子。儒林宗派。

縣令孫先生伯温别見慈湖學案補遺。

信齋家學

楊先生公節

楊公節。福安人。信齋從子。著有論語講義。劉後村跋云。當赤白囊交馳戎馬滿郊之際。楊君方挾朱氏四書與其伯父禮書游行四方。昔管幼安客遼東。虞仲翔在交州。皆研究經學。開門授徒。近世尹和靖譙天授亦轉仄兵間。卒爲大儒。先賢皇皇汲汲于學。不以時厄世難而少輟也。君行矣。安知斯世無爲君紫金臺者。劉後村集。

信齋門人

李先生鑑詳見勉齋學案。

鄭先生鼎新詳見勉齋學案。

制幹林先生桂發

林桂發字□□。閩人。艾隱先生守道之子也。受業晦庵之門人楊信齋。以繼先志。登淳祐丁未進士第。嘗官沿海制司幹辦公事。黄東發嘗會先生于吴門。稱其衮衮談古今。析義理。如傾河漢不可休。東發文集。

堯卿門人

補 鄉舉陳先生思謙

雲濠謹案。先生所著春秋三傳會同四十卷。道南源委稱其教授學者。多所誘進云。又案。陸氏元輔謂。先生嘗冠鄉薦。見知于朱子。蓋亦朱子門人也。

文安陳北溪先生淳詳北溪學案。

石氏門人

曾先生祕

曾祕。温陵人。官龍巖縣丞。龍巖縣學廢壞三十餘年。而丞某君始復營建。迫代去。不克就。先生嗣其職。因其緒而成之。晦翁爲之記云。二君相繼貳令于此。能深以興學化民爲己任。其志美矣。而曾君又嘗從吾友石許諸君遊。是必能誦其所聞以先後之者。此邑之士。其庶幾乎。朱子文集。

訥齋門人

正肅袁蒙齋先生甫詳見絜齋學案。

曹先生逢己別見絜齋學案補遺。

遠廬家學

趙先生希㤅

趙希㤅。黄巖人。遠廬子。自號見泰。知南外宗正兼泉之郡紱。卜城東偏廢寺基。創立泉山書院。前爲燕居堂。後爲文公祠。以勉齋遠廬西山復齋配。劉後村集。

遠廬門人

文定劉後村先生克莊詳見艾軒學案。

持齋門人

中散朱先生塾

朝奉朱先生埜

侍郎朱先生在詳晦翁學案。

履齋家學

方先生大東

方大東字東叔。履齋子。未冠。辭藻軼出。端平甲午。始與其二子澄孫清孫同拔冑解。于是年五十矣。廷試復中乙科。調泉州永春縣主簿。攝甌寧縣府學教授。民曰廉尉。士曰賢師。劉後村集。

通判方先生符見上晦翁門人。

方先生澄孫附弟淯孫。

方澄孫字蒙幼。以字行。東叔長子。入小學。警悟異羣兒。再拔胄薦。中丁未甲科。教授邵武軍學。賓禮耆宿。作成俊秀。一經賞識。後多知名。歷倅南劍州。改泉州。會闕守。朝命攝郡兼舶。趙節齋建江閫。辟機幕。擢國子監主簿。節齋移淮閫。改辟議幕。府罷需次。邵武軍以秘書郎召。卒年四十八。所著有絅錦集。通鑑表微。鄉先達如方鐵庵王臞軒李儀曹皆折節與之友。湯東澗爲銘絅錦堂。先生經傳皆探索精微。詞藝各根極體要。遇貧賤布衣交。往往解衣揮金。初陟岵。弟淯孫尚幼。扶攜教養。以至成立。劉後村誌其墓云。余與蒙仲連壻也。既爲一世所愛敬。然深自損挹。逢人則曰。後村。吾師也。故哀其死者多以唁余。余曰。昔也。余奇若人。爲吾里有英物。爲故人有令子。爲吾徒有畏友也。今也。余哀若人。爲朝廷惜髦髦。爲臺閣惜詞人。爲東閣惜奇士也。嗟乎蒙仲。吾無所用吾情矣。劉後村集。

方先生清孫

方清孫字潛仲。東叔次子。幼敏悟絶出。入太學。卒年三十二。嘗後族叔元善。事所後父若本生父。待兩家骨肉情義如一。劉後村集。

見齋家學

馮先生伯震附從弟惟尹。惟說。

馮伯震。閩縣人。考亭門人。允中之族也。與從弟惟尹俱太學生。惟尹之弟惟說。與先生先後擢進士第。黄文獻集。

馮先生崋

馮崋梓材案。先生名一作崋。字君重。閩縣人。少力學。工爲文。從父伯震深器重之。伯震在太學。先生不遠千里負笈從之游。所接識皆一時鉅儒望士。由是學益博。文益奇。嘗以漕薦上春官。不合。將南歸。道梗于兵。乃卽太湖上授弟子業。至元十三年。元兵下常州。主帥延見。問撫安之術。改授南劒州儒學教授。而不果行。因留爲吴興人。終其身不復言仕進。所居室曰龜峯。示不忘故山也。著有四書直解若干卷。文三卷。詩五卷。樂府一卷。黄文獻集。

料院家學

鄉貢楊先生景亮

楊先生塵合傳。

楊景亮與弟塵。料院尹叔之子也。尹叔教子以孝弟忠信爲先。其餘利禄未嘗一語及之。故先生兄弟皆篤學謹行。克世其家。先生鄉貢進士。廑爲族人後。黄勉齋集。

杜氏家學

杜先生去非

杜先生去華合傳。

杜去非。叔高之子。去華。幼高之子。並有文名。吴禮部集。

范氏家學

范先生益之

范益之。伯崇之子。爲文公精舍諸生。文公疾。復來問病。葉味道云。先生萬一不諱。禮數用書儀如何。文公搖首。先生云。用儀禮如何。文公復搖首。蔡仲默曰。儀禮書儀參用如何。文公首肯之。文公夢奠記。

梓材謹案。朱子續集答黄直卿書云。伯崇已赴官番陽。留其季子在李敬子處。資質亦淳謹。但未有奮迅拔出之意耳。又一書云。伯崇之子見留精舍。隨敬子作舉業。亦淳謹朴實。可喜也。蓋先從敬子。後從文公耳。

梅塢門人

教授趙先生阜

趙阜字則平。尤溪人。湘泉先生綱之子。陳復齋守延平。作道南書院。聘梅塢林處士爲堂長。

湘泉命先生從師焉。復齋于諸生中獨稱君清明秀敏。期之甚遠。以甲午鄉賦擢乙未第。知舉眞文忠稱其賦有古體。再轉爲漳州録事參軍。調潮州教授。未上。卒于家。秩止從政郎。劉後村集。

江氏家學

江先生□

江□。德功之子也。蔡西山答德功云。二哥穎悟異常。識趣高遠。殊不可得。千萬保養。使與君子相處。令相觀而善。祇爲人事因循。不得讀書。然資稟亦好。今此相見。與舊不同。若得明師益友磨礪之。可爲賢子弟。又云。若令其到考亭。正所謂得師者。蔡氏九儒書。

戴氏家學

孝廉戴先生仔

戴仔字守庸。永嘉人。麗水尉蒙之子。嘗以孝廉薦。年近四十。卽棄去場屋。大肆其力于學。密察于義理之精。考質于古今之載。詩書易周禮四書下逮史傳皆有傳述。未嘗一出以自衒。姓譜。

非國語辨

觀非國語之書。而見宗元之寡識也。夫孔子不語怪力亂神。不語之則是矣。謂其盡無。固不可也。上古之世。風氣初開。天地尚闇。民神之道雜糅弗章。自顓帝分命重黎秩敘天地。然後幽明不相侵瀆。書所謂絶地天通。罔有降格者也。不但古爲然也。今深山大藪之中。人跡鮮至之地。往往産異見怪。民人益繁。而後聽聞邈焉。故近古之書多怪神。不足異也。不特國語言之也。書六十篇往往有是焉。盤庚告其羣臣。諄諄乎乃祖乃父告我高后之説。周公説于三王。金縢之册至今存焉。故記曰。夏道尊命。殷人尊神。率民以祀神。先鬼而後禮。彼誠去之未遠也。周官宗伯有巫祝禱祠之人。掌詛盟禬禜之事。攻説及乎毒蠱。厭禳施于夭鳥。牡橭以殺淵神。枉矢以射怪物。世之讀者往往懷子厚之見。遂以爲非周公子書。夫國語之書皆先王之遺訓。周官之書乃先聖之典禮。其大經大法章明較著者。與日月俱懸。其小未能明者。存之以俟其通耳。故孔子曰。多聞闕疑。愼言其餘。則寡尤。多見闕殆。愼行其餘。則寡悔。覩子厚與吴武陵吕温書。知不免乎後來之悔尤矣。夫古之爲享祀朝聘。以觀威儀省禍福也。故古之觀人也。受玉而惰。受脤而不敬。或視遠而步高。或視下而言徐。與夫言之偷惰。手之高下。容之俯仰。皆有以見其禍福。何者。其民氣素治。故其亂者可得而察也。子厚見夫今人之亟有是而未嘗死亡也。則以訾古。此朝菌蟪蛄之智也。夫知人而後可以知天。子厚不知民則焉知天道。伯陽父仲山甫王子晉單穆公單襄公伶州鳩史伯衞彪傒觀射父九人語言皆不可訾。訾之。其爲不知大矣。叔孫僑如之貪邪。郤至之汰侈。矜伐不可奬。奬之。其爲同德明矣。子貢曰。文武之道未墜于地。在人。賢者識其大者。不賢者識其小者。吾讀國語之書。蓋知此編之中。一話一言皆文武之道也。而其辭閎深雅奥。讀之味尤雋永。然則不獨其書不可訾。其文辭亦未易貶也。故予爲之説曰。嗜古者好古書。便今者喜俗論。

嗜古者多迂談。便今者多疏快。予迂誕之徒也。亦因以自道云。

少監戴先生侗

戴侗字仲達。登淳祐第。歷軍器少監。辭疾不起。有易書四書家説。六書考内外篇。姓譜。

六書故自序

侗也聞諸先人曰。學莫大乎格物。格物之方。取數多者書也。天地萬物。古今萬事。皆聚于書。書之多。學者常病乎不能盡通。雖然。有文而後有辭。書雖多。總其實六書而已。六書既通。參伍以變。觸類而長。極文字之變。不能逃焉。故士惟弗學。學必先六書。古之教者。子生十年。始入小學。則教以六書。六書也者。入學之門。學者之所同先也。以爲小學者過矣。由秦而下。六書之學遂廢。雖有學焉者。往往支離傅會。而不適于通。至于曲藝小技。下爲曹伍。故士益不屑。而其學益不講。千載而下。殆無傳焉。夫不明于文而欲通于辭。不通于辭而欲得于意。是聾于律而議樂。盲于度而議器也。亦誣而已矣。先人既以是教于家。且欲因許氏之遺文。訂其得失。以傳于家塾。而不果成。小子懼先志之墜。爰摭舊聞。輯成三十三卷。通釋一卷。其所不知。固闕如也。卽其所知。亦焉敢自是乎哉。姑藏家塾。以俟君子。

梓材謹案。四庫全書著録先生六書故三十三卷。提要言。是編大旨。主于以六書明字義。謂字義明則貫通羣籍。理無不明。凡分九部。一曰數。二曰天文。三曰地理。四曰人。五曰動物。六曰植物。七曰工事。八曰雜。九曰疑。盡變説文之部分。實自此始云。

附録

虞道園序吴正道六書存古辨誤韻譜曰。至永嘉戴氏父子者出。所著六書故。六書之外。設疑一條。以識不可强通者。近世書法之要論也。

船山門人

文憲王魯齋先生柏

王立齋先生侃並詳北山四先生學案。

仲思家學

楊先生若海見上晦翁門人。

友堂家學

吴先生錡

吴錡。歙縣人。埸圃居士豫之世父也。號學行先生。歙縣志。

克齋門人

中散朱先生塾

朝奉朱先生埜

侍郎朱先生在 並詳晦翁學案。

文憲王魯齋先生柏 詳見北山四先生學案。

車玉峯先生若水 詳見南湖學案。

夏先生自明

夏自明。宜春人。壯歲從上饒陳先生文蔚問答疑難。無苟同之病。清容居士集。

曹氏家學

曹先生廷

曹廷。餘干人。無妄先生建之弟也。無妄愛之甚至。與相切磋。如嚴師友。無妄卒之日。語之曰。吾雖甚病而學益進。此心瑩潔。無復纖翳。如是而死。庶可以言命矣。朱子文集。

梓材謹案。象山文集有與曹挺之書。挺之當即先生之字。

輅院家學

詹敬齋先生樞

詹樞。崇安人。輅院淵之子。能世其學。嘗以其學講于節齋蔡氏昆弟。眞西山執親喪。從之再三。西山謂其講明踐履。必欲以聖賢爲指歸。非他學者比也。眞西山集。

梓材謹案。蔡九峯爲節齋周易經傳訓解後序云。友人詹樞。懼傳寫之差。訛舛之謬。故謹録之。以廣吾兄之傳。是先生講學于蔡氏昆弟之證。

尚質門人

徐先生鈌

徐鈌。

程林門人

林先生用中見上晦翁門人。

祝氏家學

山長祝先生洙

祝洙字安道。歙人。寶祐進士。景定中。爲涵江書院山長。郡守徐直諒薦其趨向不凡。學問有本。其祖姑實晦庵之母。而其父穆嘗從晦庵于雲谷之間。微言緒論。目染耳濡。先生在家庭講論精密。比來涵江。闡揚師訓。發明經旨。士論稱之。姓譜。

國録家學

方先生璟

方先生琚合傳。

方先生琥合傳。

方璟。方琚。方琥。歙人。承議郎有開之子。承議遣之執經事吕東萊。孫燭湖集。

厚齋家學

宗學馮先生去非

馮去非字可遷。都昌人。椅之子。淳祐元年進士。幹辦淮東轉運司。寶祐四年。召爲宗學諭。罷歸。著易象通義洪範補傳一卷。宋史。

雲濠謹案。先生號深居。方桐江跋其詩言。馬裕齋光祖清溪祠先賢。去非爲贊。皆可觀。年八十餘卒云。

附録

丁大全爲左諫議大夫。三學諸生叩閽言不可。下詔禁戒。詔立石三學。先生獨不肯書名碑下。

未幾。以言罷歸。

厚齋門人

馮先生治見上晦翁門人。

朝瑞家學

陳先生庚

陳庚。建陽人。朝瑞子。眞西山謂其能不墜世學。眞西山集。

江氏家學

江古崖先生萬頃附子鐸。

江萬頃字子玉。號古崖。都昌人。文忠公萬里弟。歷守大郡。所至以循廉稱。知南劒州。內寬外明。政教備舉。以興學爲第一義。嘗增置學田。以助廩餼。元兵至境。委置私第。冒險難。自都昌赴饒州兄所。偕子鐸。俱被執。罵賊而死。人物志。

江氏門人

周先生𡾰附子應極。

周𡾰。鄱陽人。咸淳進士。與廬陵劉會孟。廣信李明通。同登丞相江文清之門。有名。入元。

授同知廣州事。不赴。子應極字南翁。弱冠失怙。事母孝謹。大德中。待制翰林。程雪樓集。

文文山先生天祥詳見巽齋學案。

劉先生辰翁詳見巽齋學案。

詹先生仲美

詹仲美。鉛山人。嘗登故相江文忠之門。而學於白鹿洞。有覩於晦翁之説。爲五典蒙求。戴剡源文集。

李先生明通

李明通。廣信人。

附傳

隱君周先生天錫父九鼎。

周天錫字極翁。安福人。父九鼎。篤信行。歲饑。能損粟直以售。遇朋友急厄。傾貲解撫。裕如也。牟内翰林領史事。將薦以自近。後不果。文丞相信公靳許可。扁其齋居曰信。太學博士劉辰翁復銘之。先生嘗以詞賦上轉運所。江丞相讀其文。奇之。事親盡孝。侍疾治喪悉如禮。以遵父志。性不事表襮。勸之仕。謝曰。吾求全吾初。遂因以自號云。清容居士集。

傅氏續傳

傅先生□附門人陳信仲。

傅□。温陵人。陳信仲。其門人也。虞道園跋信仲行卷云。傅先生。故宋進士。某幼時嘗得其所爲賦讀之。泰定丁卯。陳衆仲自温陵來。知先生道德年齒之盛。嘗賦詩寄之。又跋信仲行卷云。傅先生送信仲赴廣州教官。既有序言。此則送其秩滿赴選京師者也。虞道園學古録。

程氏私淑

程先生若庸詳見雙峯學案。

宏齋家學

補李先生鑣

李鑣。南康軍舉人第十一名。方秋崖回其啓云。廬山之陽。居多人傑。宏齋之後。今見聞孫。遂以伏羲之書。來羣鳴鹿之彦云。方秋崖集。

趙氏家學

補趙先生湆

梓材謹案。陸君實爲作丹陽館記。稱其爲忠靖公之子。忠肅公之孫。忠肅師張宣公。淵源所漸。有自來矣。

趙先生淇

趙淇字元德。冀國忠靖公次子也。歷官直龍圖閣。廣南東路發運使。加右文殿修撰尚書。刑部侍郎。入元拜中奉大夫。湖南道宣慰使。卒謚文思。始應童子舉時。五經各問數十條。應對如響。故參政吴淵許妻以女。既而與其弟故相潛俱得罪遠竄。或勸之絶婚。先生曰。詸利害而渝成言。市人不爲也。冀國善之。爲請於朝而親迎焉。人以爲知禮。道園學古録。

梓材謹案。元文類載虞摯撰先生墓誌云。劬書植學。旁極佛老醫卜。靡不該洽。所著詩文樂府曰太初紀夢二十餘卷。藏於家。又稱其以平遠自命。太初其别號云。

趙先生淮

趙淮。葵從弟子。李全之叛。屢立戰功。累官至淮東轉運使。以言罷。德祐初。起爲太府寺丞。戍銀樹壩。兵敗。與其妾俱被執。至瓜州。元帥阿朮使之招李庭芝。許以大官。陽許諾。至城下大呼曰。李庭芝。男子死耳。毋降也。元帥怒殺之。棄尸海濱。宋史。

附録

先生被執於溧陽豐登莊。至府辭家廟云。祖父有功王室。德澤沾及子孫。今淮計窮被執。誓以一死報君。卽登舟去。至瓜州被殺。

梓材謹案。先生號靜齋。長沙人。文文山集跋趙靖齋詩卷云。趙史君以靖名齋。其與世澹然相忘。而寄思於詩。有沖邃閑遠之韻。以靖爲受用也。下文止言其後不及其盡忠以死。似別爲一人。

趙氏門人

都承胡石壁先生穎

胡穎字叔獻。湘潭人。父璪。娶趙方弟雍之女。二子。長曰顯。有拳勇。以材武入官。數有戰功。先生自幼風神秀異。機警不常。趙氏諸舅以其類己。每加賞鑒。成童卽能倍誦諸經。中童子科。復從兄學弓馬。母不許。曰。汝家世儒業。不可復爾也。遂感勵苦學。尤長於春秋。紹定三年。趙范討李全。檄入幕。以賞補官。五年。登進士第。授京秩。歷官知平江府兼浙西提點刑獄。移湖南兼提舉常平。卽家置司。性不喜邪佞。尤惡言神異。所至毀淫祠數千區。以正風俗。衡州有靈祠。吏民夙所畏事。先生撤之。作來諗堂。奉母居之。嘗語道州教授楊允恭曰。吾夜必瞑坐此室。察影響。咸無有。允恭對曰。以爲無則無矣。從而察之。則是又疑其有也。先生甚善其言。以樞密都承旨爲廣東經略安撫使。移節廣西。尋還京湖總領財賦。咸淳間卒。先生爲人正直剛果。博學强記。吐辭成文。書判下筆千言。援據經史。切當事情。倉卒之際。對偶皆精。讀者驚歎。宋史。

附録

文文山祭都承胡石壁文曰。嗚呼。世婉孌以偷生。公指九天以爲正也。人阸𡾾以自矜。公玉雪而不曜明也。俗鬼蜮以誑人於冥冥。公揭日月而搏雷霆也。石壁之鋒。神入天出。金鐵可摧。孰爲公直。石壁之藴。尊華賤質。泰華可移。孰爲公筆。四海一定。我卷我舒。大川獨航。予紼予纚。萬微未燭。吾蓍吾龜。更幾千百載之祝融而後爲此奇。

胡氏同調

杜先生榮祖

杜榮祖字□□。東陽人。性剛嚴。有才學。雖處家庭。衣冠未嘗不肅整。宋季兵起。晦迹林泉。以竹處自號。無仕進意。入元。署建德教官。秩滿。擢黄州路儒學教授。尋遷澧州路。二州士民咸慕其德。子弟亦賴私淑。率爲佳士。居二歲。以親老辭。有司以名聞於朝。特授婺州路義烏主簿。以義烏去家近。便省覲。無何。調邵武庫筦。又以親老辭。朝廷重嘉孝行。授紹興府嵊縣丞。未上。轉江州路税務提領。年將七十。告老。擢同知長興州事致仕。修邑志。柳文肅集。

葉氏門人

補 陳王巖先生天澤

梓材謹案。胡石塘爲先生子。孝子傳云。五世大父詢。避宋靖康亂。由許徙家杭昌化縣。猶號潁城散人以自表。是先生本許人也。又稱先生治詩。應寶祐三年臨安府舉。嘗從葉公采學。葉學李公方子。李學徽國文公。又云。既屢試尚書禮部不中度。游清獻公爲相。趙忠惠公爲尹。葉公爲宰。以行能上之。招致多不就。築室百丈谿上。講所學。又言其將葬。門人士相與私謚文節。參政文公及翁題墓上曰文節先生。又稱孝子。作百丈谿書院祠三君子。侑以先生云。

王氏門人

補 石蟠松先生一鼇

附録

吴草廬序先生易説曰。主簿傅君。以其師石君晉卿所著易説示予。予讀之。喜其説理之當。説象之工。蓋於象學理學俱嘗究心。世之剽掠掇拾以爲説者。何能幾其十一。聞石君兩目無見。古之瞽者爲樂師。取其用志不分也。樂一藝耳。易之道詎一藝所可比。瞽而爲易師。亦其外物不接。内境常虚。故能精專若是歟。

忠介唐先生震詳見鶴山學案。

石氏同調

施先生南一從父郁。

施南一字與之。義烏人。從父郁字景父。由太學内舍登高第。擢國子博士。先生咸淳戊辰進士。官太學博士。與石一鼇黄溍同時。並以文學教授。名人科士多出其門。所著有春秋經傳紀要。萬曆金華府志。

文貞師承

傅先生肖説

傅肖説字商佐。義烏人。黄晉卿八歲入學。受書於先生。後七十年。乃與先生從孫藻游。黄文獻集。

滄齋門人

劉山南先生應龜

劉應龜字元益。義烏人。宋咸淳閒游太學。德祐失國。反耕築室南山之南。賣藥以自晦。居久之。會使者行部。知先生賢。强起以主教鄉邑。調長月泉。復俾正杭學。卒年六十四。先生學本經濟。而以簡爲宗。所著夢稿六卷。癡稿六卷。聽雨留稿八卷。人稱之曰山南先生。黄左曹以文章家知名當世。先生以外孫實得其傳。黄文獻集。

附録

黄文獻山南先生挽詩曰。仰驚喬嶽失嶙峋。千載風流可復聞。鼎有丹砂輕縣令。囊無薏苡詫將軍。苧袍歲月孤青簡。石室文章閟白雲。淚盡侯芭悲獨立。短衣高馬祗紛紛。

朱遯山先生叔騏見下東堂家學。

山南學侶

太學胡先生渭附從孫一中。

胡渭字景吕。諸暨人。幼有異質。孶孶問學。尤謹於踐履。入太學輒爲秋試第一。劉應龜在太學。與先生俱允蹈齋生。會元兵南下。學廢士散。先生既居田里。無復當世志。乃益致其力於經史百氏之言。而務極其旨趣。手書危坐。雖老無少懈。爲文壹主於理。至於詩歌儷語率不苟。有雞肋集若干卷藏於家。先是。里中爲舉子業者。多來學於先生。從孫一中實在列。迨一中取進士。得鄉郡録事以歸。而先生不及待矣。黄文獻集。

厲志家學

推官朱先生幼學

朱幼學。義烏人。父元龍之學。得朱陸之異而會其同。先生用蔭入仕。爲臨安府觀察推官。能世其家業。王忠文集。

葉氏門人

王先生濟

王濟。義烏人。以景定二年應薦爲國子。免解進士。娶葉隱君通齋之女。無子。嘗鞠其族子而弗克家。復選族人。得南極先生炎澤以爲子。黄文獻集。

山長王南稜先生炎澤附子良玉。良珉。

王炎澤字威仲。義烏人。少嗜書。稍長。治舉子業。當宋末。場屋事廢。因專意探索聖賢微旨。又從徐文清門人傳考亭之學。窮居約處。閉門授徒。絶口不言仕進。學者尊爲南稜先生。待人一本於誠。言論無所隱蔽。爲諸生講說。務推明大義。不事支離穿鑿。著有南稜類稿二十卷。二子。良玉。常山教諭。良珉。義烏訓導。金華府志。

梓材謹案。明文海吴匏廬寬爲王允達墓表云。五世祖炎澤。得朱吕道學之傳。婺人謂之南稜先生。謝鐸爲墓誌則云。忠文之祖南稜先生炎澤。實得朱子再傳之學於葉通齋由庚。遂以授黄文獻公溍。是先生爲文獻師也。雲濠謹案。黄文獻誌先生墓。言家庭所受。既得其素。而通齋爲外大父。又從徐文清公傳考亭之學。風聲氣習之所存。感發尤多云。

附録

用部使者察舉。起爲東陽常山兩縣教諭。遷石峽書院山長。所至以善教養得士譽。初。進士君無嗣。爲之嗣者不克紹其業。更選於族人。得先生以爲子。田廬俾先生盡有之。先生固辭曰。夫爲人後者。貴能紹先業耳。田廬。非所計也。而田廬或不均。先業未有不因以隳者。進士君。賢者也。卒成其志。

東堂家學

簽判朱遯山先生叔騏

朱叔騏。義烏人。良佑之孫。而文清高第弟子鄉貢進士中之子也。三世父子遞相傳授。辨析名理。密於牛毛。先生兼以文辭馳騁於當時。人讀之者。若窺古鼎鐘雲雷之文。不覺改容易視。元贈朝列大夫。裕軒同善。其子也。宋文獻集。

雲濠謹案。黄文獻書曾大父代朱簽判作啓劄後云。遯山朱公。蚤從我曾大父户部府君遊。府君奇其材。以仲弟望江令之女歸焉。公年二十有六。擢龍飛乙科。初筮處之幕職。又云。凡爲啓劄。總若干通。輒録以授公之孫濂。以先生爲濂之祖。

知先生號遯山。而書及黄氏之門矣。

朱裕軒先生同善詳見北山四先生學案。

龔氏家學

龔先生軾

龔軾。應之從子。紹箕裘之業。明五經。號五登士。王忠文集。

陽氏家學

補陽以齋先生恪

梓材謹案。元文類載先生平蠻記。記至元十三年及元貞元年事。

以齋經説

案月令仲冬陰極陽生而麋角解。則知麋陰物。其性自涼。疏以山獸澤獸爲義。似未安。天官獸人。

虞祭時。男女各立尸。至祔廟後。凡祭止一尸。祭統設同几是也。春官司祧。

車軫四尺。註以爲輿後横木。下記言。加軫與轐焉。四尺。注以爲軫輿也。蓋軫後横木之名。通輿下四面皆可謂之軫。其形則方。故曰軫方象地。輿下四面雖皆曰軫。而論軫之高。則以後横木爲度。軫圍一尺一寸。方徑二寸四分寸之三。輪六尺六寸。故軹高三尺三寸。并軫與轐共高四尺。考工記。

雲濠謹案。此二條。周官義疏所引作楊氏恪。引用姓氏次楊氏恪于慈湖之後。其字謹仲。似以爲慈湖一家。然慈湖之子恪字叔謹。與其從子叔中叔正一例。則知字謹仲者。以齋陽氏恪也。以陽爲楊。傳寫誤耳。不然。慈湖字敬仲。其子復字謹仲。爲不符矣。

附録

吴淵穎序黄氏周正如傳考曰。番陽董生始出夏時考正二卷云。此巴川陽恪先生作也。恪之先君從涪陵虆。而淵又受業于朱子。蓋嘗舉朱子之言曰。三王之正不同。周用天正。豳風之詩又皆以人爲紀。是則改正者。改歲首也。未嘗改月數也。上卷專論春秋。下卷雜論他經及傳。一切附著己説。最爲明了。考正之作。實朱子意也。然而朱子四書集註。詩集傳。自用周正周月。臨江張洽。朱門高弟。春秋集註且謂周正建子卽以爲春。聖人雖欲行夏之時。而春秋因史作經。方尊周而一天下。不可遽改之也。朱子之意。豈果考正之意哉。予蓋歸而質之黄君景昌。君則曰。左氏。魯人也。使其不與孔子同時。亦當近在孔子後。左氏信矣。若夫豳風之詩。周公所作。是固追述公劉居豳之事。當夏正者也。未可以説春秋。乃作周正如傳考二卷。以辨考正之不然。

小陽門人

[補]禮部韓先生居仁

附録

程氏讀書分年日程標注曰。韓禮部號艾溪。汴人。早與果齋史先生同師常德陽先生。至元間。來爲慶元路經歷。力興學校。敦請果齋爲大學師。相與定議諸生明經必主某説。兼用某説。蓋用朱子貢舉私議法也。其後人爲禮掌行科舉。鄧善之云。科舉之行集議。折衷奏裁。韓君美備殫心力。事成而公□□□□□(一)。

黄氏家學

[補]參議黄四如先生仲元

尚書考

書有古今。不勝其多變矣。中更殘缺。諸儒勤而繹之。有上古帝王之書。則典謨訓誥誓命之

(一)「□□□□□」當作「卒殆非偶然」。

外。有三墳等書及劉向所録周書七十一篇是也。有夫子筆定之書。則昔之百篇爲科斗文是也。自百篇已定之餘。旋經秦火。復出漢壁。而百篇又非夫子之舊矣。故有伏生口授之書。而鼂錯以意屬讀之者。是其一也。有孔壁復出之書。而孔安國變科斗爲隸古。謂之隸存古。是其二也。二者所傳。或三十三篇。或五十八篇。則百篇既損而又損矣。然伏生。齊人也。齊人語異。口相傳授。必有遺失。自鼂錯已病其不盡知矣。幸而繼出於屋壁之藏。而漢人已無識科斗書者。孔安國始以所聞伏生之書。因義考文。定其可知者。更以竹簡寫之。方伏生口授之時。已失其本經。所聞者既非眞。而古文又非後人之所易曉。則更定之閒。豈無有差失者乎。伏生之授如彼。科斗之傳又如此。沿流求源。得一書而讀之。亦云勤矣。奈何巫蠱之禍方興。是書之傳。天其祕諸。天下來世又安知有張霸僞書乘漏抵欺而得以惑世乎。大抵漢晉儒者猶未見古文。若大禹謨。孔壁續書之首篇也。地平天成。而杜預謂其逸。載見瞽瞍。而趙岐謂其逸。關石和鈞。載於五子之歌。而韋昭謂其逸。惟尹躬暨湯咸有一德見於書。而鄭康成謂其逸。若是者。皆未見孔壁續出之書也。泰誓三篇。雖非伏生所傳之舊。而古文猶有存者。予有亂臣十人。同心同德。萇宏能道之。杜預以爲。今泰誓無此語。民之所願。天必從之。單襄公能記之。韋昭以爲。今泰誓無此語。若是者。皆未嘗見古文泰誓也。賈逵尚書之疏。以火流爲烏爲周之瑞。服虔釋左傳之文。以亂其紀綱爲桀之時。其僞妄有如此者。劉歆作三統曆引武成。而有五日甲子咸劉高王受之語。鄭康成注禹貢引胤征。而有厥篚玄黄昭我周王之詞。其乖牾有如此者。若是者。皆未嘗見孔傳也。是則兩漢以來。

能及見古文者什一。以僞傳僞者是也。至晉齊之閒。是書漸出。而舜典猶失。至開皇始大備。自漢巫蠱事起。至隋開皇二年。凡六百七十餘年。向之五十八篇乃始克傳於世。至天寶復廢古文。以今文代之。而頗改其詞。古文由此遂絶。則今之所傳者。又復非安國之全書矣。嗟夫。安國言古文已非孔壁之全。天寶易今文又非安國之全。使千載而下。博觀載籍。引經考古。孰從而定之哉。

附録

宋既改物。歸隱重山密林。不與世接。四方有受學者。先生爲敷繹濂洛關閩之説而開導之。宋潛溪序先生後集曰。先生産於艾軒之鄉。耳目之所濡染。固已先立乎其大者。復因父師之故。矻矻窮年。遂探考亭之正緒。其所著皆六經之微。所宣皆天地之祕。蓋有未易涯涘者。

梓材謹案。四庫書目著録先生四如講稿六卷。提要云。其謂多述朱子之緒論。然亦時出新義。發前儒所未發。如行夏之時。則據禮運孔子得夏時於杞註。謂夏四時之書。而不取三正之説。周官井田。則謂周時皆用井田。而不取鄭氏畿内用貢。都鄙用助之説。爲周南召南。則據詩鼓鐘及内傳。季札觀樂。謂南卽是樂。又謂周召爲二公采邑。非因二公得名。案之經義。不必一一脗合。要爲好學深思。能自抒所見者也。又四如集。提要則謂黄氏在宋末講學諸家特爲篤實。其出處均合道義。故其文章不事馳騁。而自有端厚横直之氣云。又案。經義考引黄淵序黄氏春臺易圖序末云。大德丁未清明莆四如老人黄某七十七筆也。淵卽先生之改名也。

黄氏門人

機宜林先生應承附孫以辨。

林應承字汝大。莆田人。嘗受學於黄德遠。續得潘瓜山陳復齋之傳。咸淳中。與長子棟同登第。歷官宗正寺簿。宣撫司機宜。宋亡不仕。年七十二卒。孫以辨字子泉。通易春秋。尤善説詩。皇慶中。詔以科目取士。子泉不苟求合。究心程朱之學。福泉之士爭聘爲師。方在泉山。一日促歸。未浹旬卒。朱文霆稱其明死生之際云。姓譜。

林先生棟

林棟。黄德遠高弟。第進士。劉後村集。

隱居家學

補參政趙格齋先生順孫

附録

八歲能誦説九經。嘉定十五年。賜童子出身。眞文忠公見而奇之。謂其父曰。大君之門者。必此子也。先生不以自矜。益務親師取友。而求其所未至。朝淬夕礪幾三十年。乃以春秋試。於鄉於禮部皆第一。

梓材謹案。先生所著四書纂疏二十六卷。洪陽巖天錫爲之序。牟存齋子才爲其中庸纂疏序。四庫書目提要云。格齋距朱子三傳。故是書備引朱子之説。以翼章句集註。所旁引者。惟黄幹。輔廣。陳淳。陳孔碩。蔡淵。蔡沈。葉味道。胡泳。陳植。潘柄。黄士毅。眞德秀。蔡模一十三家。亦皆爲朱子之學者。不旁涉也。

定宇先緒

陳先生廣勉

陳先生應午合傳。

陳廣勉字志問。休寧人。應城尉唯親兄之子也。以詩經應甲子鄉舉。紹定五年壬辰第三甲出身。調舒城縣尉。累換福州通判。未上卒。年七十有九。先生學正文粹。誠而謹畏。儉而廉勤。定宇猶及見之。與貢元應午兄弟自爲師友。貢元亦以詩經中甲午鄉舉。四方從學者衆。陳定宇集。

雲濠謹案。先生爲定宇族祖。定宇集又有通守陳公傳。言其自少負儁聲。叔姪弟兄自爲師友。與應城公治經雖不同。而學術淵源則同。又言貢元字志可。

補 陳復齋先生源長

雲濠謹案。定宇集先世事略云。先考諱履長。字復之。晚年更諱源長。從學者號之曰復齋。又云。先考之幼也。遭家否極。篤志勤學。年十七從諸叔遊淮。因假館焉。歸則見祖遷矣。家益落。故終身假館凡六十年。從遊二百餘人。父子兩世。從之比比。又云。先考少習書。外家諸舅有春秋學。因改習春秋。

訥齋家學

趙先生與票

趙與票字晦叔。黄巖人。始登宋辛未進士第。爲鄭州教授。至元十四年。見世祖于上京。言宋亡根本所在。親切感動。世祖傾屬。迄爲翰林學士知制誥。同修國史。積官至嘉議大夫以卒。伯祖師淵。與朱文公纂次通鑑綱目凡例。微言奥語。耳受身履。故其所行尤近。嘗與許仲平論伊洛閫域。首言力行致知。清簡爲高。沈默自祕。皆東南極弊。文以顯道。捨是無以議。仲平深然之。清容居士集。

梓材謹案。元文類載閻復所撰先生墓誌銘。與清容集大略相同。蓋清容代院長作也。特其名作與票。攷宋史宗室世系表。燕王八世孫師雍。其孫與絲與票。則作票者是也。元史先生本傳亦作與票。云卒贈通議大夫。禮部尚書。天水郡侯。謚文簡。

附録

伯顔渡江。先生詣軍門上書。勸以不嗜殺人。且乞全其宗黨。

若水續傳

方先生之泰

方之泰字巖仲。莆田人。朱門高弟寧卿壬之孫也。幼警敏。踰冠拔鄉薦。遂入上庠。中壬辰進士第。歷尤溪縣尉。教授英德府。知長溪縣。通判袁州。秩承議郎。初筮。郡檄尉市鉛以造祭器。力爭曰。不給直而白科。猶不祭也。至㈠英與諸生相浹治㈡。課試略如中州。士習一變。新學宮祠九賢。長溪久不治。以堂除綰銅墨。謂悦堂楊公楫。處士楊公復。道㈢前輩也。勉齋黄公榦。邑士之師也。並祠焉。汰縣庠冗職。增弟子員。劉後村集。

孫氏家學

補 知縣孫先生璹

附録

母黄夫人。于君嚴而有恩。公退莫歸。必詰其所理之政。苟至平允。則喜溢顔開。一或未然。深加責譙。曰。我見爾父决事多。當否乃易知耳。

㈠「至」衍

㈡「治」當爲「洽」。

㈢「道」當爲「邑」。

少監私淑

司業楊先生桓別見魯齋學案補遺。

吳氏家學

吳先生豫

吳豫字正甫。歙縣人。友堂孫。甫冠失怙。嘔血彌年。從學行遊。一守學行規訓。嘗曰。我讀書不求甚解。若訓詁章句。聱病帖括。非我所謂學也。儲書萬卷自娛。築場圃禾稼閒。號場圃居士。子龍翰。歙縣志。

迪功吳先生龍翰

吳龍翰字武賢。咸淳鄉貢。授迪功郎。編國史院實録。入元。鄉校諸生禮請充教授。尋棄去。爲堂曰躋壽。以奉親爲樂。居喪一遵古制。號古梅。有詩十六卷。雜著二百餘篇。子霞舉。歙縣志。

吳先生霞舉別見晦翁學案補遺。

時舉家學

趙先生壽

趙壽。四明人。家儒科。元大德二年。請于朝曰。伊吾祖鄂州善待從文公遊。今天子興是學。

願割田別居以祠。而名曰鄮山。事甫下而卒。清容居士集。

梓材謹案。方桐江續集趙氏鄮山書院詩序云。四明趙公伯崖父法從名門。年六十餘。自稱最樂翁。不以世故縈懷。而獨有志斯文。割大廈腴田。創鄮山書院。聞于有司。設師弟子員。以學以教。以厚風俗之本云。

林氏家學

林先生𤦺

林𤦺字壽玉。一字叔玉。紫陽門人河池尉之孫也。擢景定壬戌丙科。歷除主管禮兵部架閣文字。用薦改宣教郎。遷樞密院編修官。遭内艱而宋亡。遂不仕。自少抱負不碌碌。中罹艱棘。斂其鋒鍔。益磨礲淬厲于學。以故卒就平實云。柳待制集。

吕氏私淑

鄭先生翔附師吕正甫。

鄭翔字朝舉。□□㊀故建昌人。年踰幼學。端重如成人。登鄉先達吕正甫之門。從行倅撫郡。吕之父。朱子門人也。先生薰染見聞。嗜小學四書。歲己亥避地。道遇游騎。被掠。僅以一親脱走。猶攜小學四書宋名臣言行録自隨。夫婦躬爨。奉養于艱棘中。元定南土。歸隱廛閭。有江西茶運

㊀「□□」當作「修江」。

使。辟充掾史。未幾。以老謝去。先生每疏聖賢格言于屏間。朝夕目之。以省厥躬。吳文正集。

張氏續傳

張先生庭堅

張庭堅。文憲曾孫。文憲著春秋集傳集註地理沿革表三書。李廣文萬畝主教清江。俾先生赴學校正補刊。于是集傳始爲全書。張氏春秋三書後序。

陳氏家學

陳先生斗龍

陳斗龍字南仲。文節先生子。鄉先生孫朝瑞。以温州路儒學提舉。言其侍病服喪廬墓時事移提學。得推擇爲宗晦書院山長。將之甌。先生之妻之父之甥盛紳告之曰。若母王。產若未一歲。歸錢塘。聞其家在清湖中。先生大驚且哭。即日與婦訣。具裝行。曰。必與母俱歸。若弗能得。何歸爲。後奉母歸。竟如其言。作百丈谿書院。延師教里子弟學。又至錢塘。將從胡石塘問學。石塘爲作陳孝子傳云。石塘文集。

附録

黄文獻陳孝子詩曰。南仲杭陳氏。斗龍父所名。家臨百丈溪。父書傳考亭。夫亦人之子。胡獨以考稱。爲仲適母盛。王實生寧馨。盛謂我己出。無殊祝螟蛉。仲父諱弗言。王卒不自明。睠然舍之去。呱呱聞泣聲。年運日已往。頭角稍崢嶸。籲天乞殞滅。願以益父齡。父歿盛亦亡。弔影傷孤煢。或乃告之孤。曰汝王所生。王居清湖上。去此無十程。時仲新捧檄。精廬擬橫經。悲號棄其官。肩輿親奉迎。安知世代易。人非餘故城。鄰有鶴髮嫗。呼之久始譍。言我與汝母。少小俱娉婷。汝母生汝歸。去作江東行。不知今在無。老我猶零丁。仲也聞益悲。贏糧事晨征。六年困逆旅。冷雨啼青燈。譬彼無母雛。投林輒哀鳴。永豐有施氏。大屋深重扃。於焉得母處。一夕相合并。母子更抱持。淚如九河傾。三日負母還。盜賊方搶攘。倉黄與之遇。白刃紛交横。頓首前致辭。覼縷陳衷誠。能令激高義。相戒勿敢驚。仲昔以至行。上天降休禎。靈雁旣羣集。嘉瓜復冬榮。區區彼蝨蝨。豈遂無人情。聖門語純孝。厥有閔與曾。未聞无奇節。謠誦傳轟轟。此道古或希。此事今可徵。我歌雖云俚。庶感蚩蚩氓。

石氏門人

補 國學陳巘翁先生取青

梓材謹案。東陽縣志載先生嘗抗章詆賈似道誤國。不報。歸隱于家。自號閒巘翁。宋亡。元相伯顏見其章。欲用之。辭。其子鹿皮子有閒巘賦。閒巘。池上小閣也。

補 文獻黄晉卿先生溍

梓材謹案。先生嘗從山南先生劉應龜學。其中表父行也。見文獻文集。

黃文獻集

時盈時虛。天理之常。迺仁迺義。人道之綱。是以君子。立不易方。故曰。勿行爾悔。無患名不大。勿信爾欺。無患禄不隨。客獨不觀夫蘭滋九畹。珠媚重淵。無脛以自致。無舌以自宣。至其流光晶。吐郁烈。則人亦莫得而棄捐也。答客問。

絃歌之化。本于四科之文學。後世專門名家。猶有儒術飾吏者。以經義決事者。夫何古道湮墜。士習日媮。羣居則既思空言。而指簿書辨答爲細務。從政則苟道吏議。而視仁義禮樂爲虛文。不幾于所養非所用。而所用非所養歟。國學蒙古色目人策問。

去聖日遠。後生小子日以空言相高。端木氏之所不得聞者若已有聞。漆雕氏之所未能信者若已可信。雷同勦説。併爲一談。雖有知言之君子。亦莫能察其所志之遠近。所學之淺深也。同上。

夫窮經而不能致用。則經爲空言矣。作事而不歸于古。則其爲事亦苟焉而已矣。同上。

昔之言治者。必推賈誼董仲舒。而劉向稱仲舒雖伊吕無以加。誼雖伊管未能遠過。則是誼仲舒皆伊尹之流也。然而一則曰伊吕。一則曰伊管。豈仲舒所言純乎王道。誼所言雜出于霸道歟。國學漢人策問。

天壤之間。並生者人。矧曰同類。其有弗親。孰予之從。來之紛若。匪善何信。匪信何樂。相古易象。示人以朋。毋敢適莫。惟德是徵。復而朋來。實用无咎。坤以喪朋。厥慶終有。一陽之至。我其誒焉。三陰之聚。我其舍旃。豈玆記言。與易殊旨。便辟佞柔。既曰損矣。二人同心。其樂也康。比之匪人。其樂也荒。朋樂齋箴。

身也者。父母之遺體也。不辱其身。不羞其親。可謂孝矣。人莫不有親也。而不能人人皆爲孝子者。弗思而已能致思焉。則一舉足而不敢忘父母矣。一出言而不敢忘父母矣。跋思親堂記。

昔人之論文。率謂文主于氣。氣命于志。志立于學者也。驕氣盈。則其言必肆而失于誕。吝氣歉。則其言必苟而流于諂。惟夫學足以輔其志。志足以御其氣者。氣和而聲和。故其形于言也。粹然一出于正。吳正傳文集序。

記曰。凡釋奠者。必有合也。說者以合爲合樂。然則釋奠之有樂。其出于古歟。若其音節器數。則自漢儒未嘗言之。前史所載。元嘉之六佾。特施于太學。開元之宮懸。僅設于兩京。政和造雅樂名大晟。始頒行于天下。而紹興著令。郡邑釋奠。其樂三成。蓋至是而州縣學有事於先聖先師。無不用樂者矣。海鹽州新作大成樂記。

六經之言學。肇見于武丁之命說。而論爲學之道。曰遜曰敏而已。遜者欲其謙退。而如有所不能。敏者欲其進脩。而如有所不及。退則虛而受人。進則勤以勵己。二者固不容偏廢也。蓋遜雖美德。必敏則有功。由是言之。則爲學之道。所重尤在于敏也。敏學齋記。

魯論所記。子夏氏有仕優則學。學優則仕之言。說者謂斯言非爲學而弗仕者勸。乃爲仕而弗學者戒也。然則學之優或不必於仕。仕之優曷可以無學乎。學齋記。

資治通鑑綱目。考亭朱子續經之筆也。其推蜀繼漢本于習鑿齒。絀周存唐本于沈既濟。而感興詩第六章第七章皆不之及。蓋天理之在人心。初無閒于古今。先儒所見。適與前人暗合。而非有所祖述。學者誦感興詩。則不可不與史氏所記並觀也。辨史一則。

輿之方。輪以圓而相資。鑿之方。枘以圓而相違。天下之方。盡于五寸之矩。所不能盡者。物情之不齊。是故君子方以正己之度。圓以任物之宜。主至靜以爲德。不自毁于腓隨。惡圓而喜方。諒所秉之莫移。爾息爾藏。矩範在兹。無矜而名。尚允蹈之。方齋銘。

附録

先生性篤孝。親没。營冢域于三釜山。有乳虎馴狎之異。月旦望必展省。大寒暑不易。先世遺文。歲久頗有殘缺。極力搜訪。補綴成編。在州縣清白自將。所至無圭田。粥産以佐其費。

先生在朝。不事造請。銓曹或失于收斂。亦不自言。與人交無鉤距。不事矯飾以爲容悦。而誠意獨懇至。素寡嗜欲。甫四十卽獨榻處外。及登法從。蕭然不异布衣時。遇佳山水。則觴詠終日忘去。以上神道碑。

其居經筵。每進講必陳仁義道德之説。在史館。筆削無所阿。祠堂碑。

議者謂先生爲人高介類陳履常。文辭温醇類歐陽永叔。筆札俊逸類薛嗣通。行狀。

宋景濂序文集曰。先生家藏日損齋稿二十五卷。縣大夫胡君惟信鍥梓以傳。謂濂嘗從先生學。

俾爲之序。濂也不敏。何足以知先生。追念疇昔。侍几杖華川之上。先生酒微酡。歷論獻文。原乎學術。每至數百言。自顧于道無聞。不足上承明訓。方將刻厲。剔去陳腐。以振華英。而九京不可作矣。俯仰今古。能無感乎。

又序日損齋筆記曰。凡經史奥旨。昧者顯之。譌者訂之。辭雖優柔不迫。而難決之疑。久蔽之惑。皆渙然而冰釋。其據孔氏之傳。而以八卦爲河圖。辨僧瑩之妄。而知熙陵爲仁君。此尤超然自得之見。

梓材謹案。金華府志載宋濂贊其肇開科考。即以儒學自奮。嶷然獨任道之重。上承朱吕道統。天下學士咸知師法云。

丁先生廷玉

丁廷玉。石晉卿弟子。儒林宗派。

許先生文昌

許文昌。東陽人。號空雲處士。與弟文奎。從鄉先生石公游。有雋聲。于同產。兩人友愛尤篤。黄文獻集。

大使許遯齋先生文奎

許文奎。東陽人。處州路大使。少好學。厭章句。慨然有澄清之志。歷任踰年。棄官歸。遂絶意進取。于八華山中構精舍。與許空雲遊。登高嘯歌。逍遙物外。因號遯齋。著遯齋小識。東陽縣志。

御史王先生龍澤

王龍澤字潛淵。義烏人。権貨若訥之孫也。石晉卿高弟。咸淳甲戌進士第一人。黄文獻集。

梓材謹案。程鉅夫爲吏部尚書。薦前進士七人。起先生爲行臺監察御史。

王先生龍友

王龍友。義烏人。御史龍澤之弟。御史師事鄉貢進士石先生晉卿。而先生又繼石氏之門。黄文獻集。

蔣先生明龍

蔣明龍字飛卿。諸暨人。嘗執弟子禮於石先生。黄文獻集。

謙齋家學

吴直軒先生諒

吴諒。

毅齋門人

御史唐先生璘

唐璘字伯玉。古田人。舉進士時。臺臣有奏對次官不許論邊事者。先生時策。極詆之。後累官廣東經略安撫使。進太常少卿。以内艱哀毁卒。先生居官大節。母教之助爲多。史稱之曰。古之遺直也。姓譜。

附録

劉後村跋唐察院文稾曰。御史唐公論著若干卷。平生單辭隻字麤言細語備焉。他人扃鐍覆藏不可示子孫者。公悉録以傳後。曰策論。曰師友問答。曰奏議。曰賦詠。曰記序。曰書疏。自太學生至爲御史。自吴尉至爲方伯連率。一學問也。一操守也。一議論也。予少從公遊。凡公一話一言。昔親炙於三十年之前。今扣擊於三十年之後。如律令。如符券。未嘗少差。前輩謂龔彦和爲玉界尺。余於公亦云。

梓材謹案。後村爲鄭毅齋墓表云。察官唐璘常劾某士。某士蓋當時朝家倚以治賦者。上欲留之。公言不可。璘不知之。反疑公庇之。遂劾公寬而無制。儒而多私。璘素出公門下。其改秩登畿。皆用公薦。疏入。朝論駭之。公言璘素孤直。所言深中臣罪。璘遂出漕江東。俄擢廣帥。余與璘布衣交。晚使番禺。與璘語及公。璘未嘗不服公之雅量。而自悔其輕發也。據此。則先生實爲毅齋門人。而後村。其學侣也。所謂從遊親炙。其遜詞耳。

又跋唐察院判案曰。方其與朋友講學也。一字之差。一義之疑。反覆論辨。纍數千言。及其爲百姓決訟也。察見情僞。出入條令。嚚訟之人皆駭伏。舞文之吏不能變。可謂本末具舉。精麤無閒者矣。

唐氏學侶

文定劉後村先生克莊詳見艾軒學案。

儆齋家學

楊先生友義附子師盤。孫宗伯。宗仁。宗德。宗侃。三傑。

楊友義。建昌人。儆齋先生友直之弟。迪功郎。淮西制置司幹辦官。子師盤。白鹿洞書院教諭。教諭六子。長子宗伯。字禮卿。能言。祖母李教之讀書。凡先世遺訓。皆使知之。既就外傅。進退言動。悉有矩度可觀。鄉先生亟稱之。居家孝友。親喪致哀。建塾延師。以教諸子。諸弟賴其教。皆卓然樹立。宗仁宗德。以高年深隱。表號處士。宗侃三傑。以文藝宏敏。並爲學官。宗侃調上高縣麻塘巡檢。三傑擢淮東宣閫掾中。嘗授徒建業。臺臣御史稱薦其才。自儆齋登朱子之門。其昆季子孫。接於見聞。觀感而化。其制行若此。則家學世德之淵懿。其亦有所本歟。蘇滋溪文集。

義豐門人

林榕臺先生維屏

林維屏字邦援。福寧人。從義豐遊。通性理學。而於易詩書尤有造詣。梁克家判福州。延禮郡庠。講道受業者一時雲集。著有易本論。六十四卦論。洪範三頌封建藩鎮五霸春秋等論。韓柳辨疑語録諸書。學者稱榕臺先生。道南源委。

王先生模

王先生萬章合傳。

王先生宗望合傳。

王模字君定。霞浦人。與子萬章宗望。共執經於義豐之門。宗望字希古。義豐嘗稱其文大似唐子西。希古學有源委。於器數制度考校獨精。道南源委。

和中門人

安撫宋先生慈別見西山眞氏學案補遺。

呂氏家學

呂先生折

呂折。南康人。官寺簿。添差通判。其卒也。黄東發祭之曰。辛未之夏。試郡臨汝。公亦來止。歡若雅故。但見公之氣貌則端粹。性行則淑均。議論則不事乎枝葉。設施則必由於本根。某始心悦而誠服。亟訪求其梗概。知我公之嚴君。實晦翁之高弟。方理宗之表章正學。聘晦翁之高弟來歸。卽我公之嚴君。坐白鹿而爲師。又曰。少年嘗從學於浦城。閉户不出。夜不就寢者踰年。晚年猶五鼓而夙興。紬繹沈思。熟誦先聖之遺編。世所謂中庸大學者。身未必行。惟見筆舌華靡。公所謂中庸大學者。口未嘗言。見之躬行踐履。黄東發文集。

鄭氏家學

鄭先生憲

鄭憲字彦仁。仙居人。雄飛姪。景定三年進士。歷官太學博士。德祐間。元兵壓境。奉母逃。元兵追殺其母。號泣曰。吾義當死國。苟且竊旦夕生者。母在則然耳。今若此。負土葬其母畢。遂雉經於墓右。台州府志。

靜學家學

許先生熹

許先生勳

許熹字華甫。東陽人。文奎子空雲處士育以爲己子。左右侍養。各盡其道。與弟勳。受業石公之門。先生務以靜專自持。同門中推爲高第。恬於進取。始分教於武義。再調處之麗水台之天台。充湖之東湖書院山長。又調饒州路儒學教授。拜命而卒。黄文獻集。

梓材謹案。王海日記許氏四傳堂有云。從蟠松遊者。則有曰華甫。曰功甫。曰希章。咸以德行見重於鄉。功甫卽勳字。希章未知其名。

陳氏同調

補隱君李復庵先生直方

附録

德祐初。會上求直言。抗疏闕下。不報。歸自京師。益潛心六籍。窮搜百氏之書。議論風生。聲實兼著。

文貞學侶

陳先生□

陳生者。不知何所人也。黄晉卿爲之詩云。陳生少也孤。秉志何軒軒。讀書奉慈母。承顔郁春溫。兀然處膝下。不閒晨與昏。叢叢萬井中。陳生深閉門。暉暉百花時。陳生不窺園。常恐去左右。或乖覆育恩。一朝抱長痛。飛霜隕秋萱。鹽酪不入口。日夜涕傾盆。欲娶弗及養。矢言終不昏。尚賴百歲後。兄子父所孫。朝來遊子衣。忽逐東風翻。世方醉糟粕。何庸薦犧尊。陳生顧謂我。是事安足論。幸託山水窟。放情詠蘭蓀。嗟今學步者。觸險爭飛奔。願爾利鋤钁。深劚六籍根。願爾進竿觵。高泝百聖源。源長流自遠。根大枝乃蕃。勿搖崔嵬筆。誇作礧磈言。弘惟孝與悌。百行茲其元。咄哉行勿休。日月方沄沄。贈言豈予敢。情眞覺辭繁。匪爲陳生榮。庶感薄俗敦。黃文獻集。

施氏門人

文簡葉先生李

葉李字太白。一字舜玉。杭州人。少有奇質。從學於施南一。補京學生。宋景定閒。嘗與同舍生康棣而下八十三人。伏闕上書。攻賈似道。竄漳州。宋亡。歸隱富春山。至元中。召見。詢以治道安出。先生歷陳自古帝王得失成敗之由。世祖首肯。時各道儒司悉以曠官罷。先生因奏。各道儒學提舉及郡教授。實風化所係。請復立提舉司。專提調學官。課諸生。講明治道。而上其成才者於太學。以備錄用。凡儒户徭役。乞一切蠲免。可其奏。累擢尚書左丞。又請立太學。薦周砥等十人爲祭酒等官。從之。陞平章政事。固辭。許之。卒。追封南陽郡公。諡文簡。元史。

布衣朱東山先生清

朱清字元之。富陽人。自幼力學。平居以氣節自許。宋末。與葉太白李爲同門生。甚契。元至元閒。太白居左揆。士趨附恐後。先生獨漠然。若未始有一日之雅者。太白每念之不置。數遣人迎致。卒不往。以布衣終其身。所居在邑之東山下。鄉人咸稱東山先生。杭州府志。

梓材謹案。黄文獻公跋右丞葉公上書副本云。東山朱公伯清。少與公同師事施先生南一。是先生當名伯清。而施先生之名。史作南字。未知孰是。

劉王門人

黄先生溍詳上石氏門人。

劉氏續傳

山長劉先生仲寶

劉仲寶。建陽人。以選署餘姚之高節書院山長。其先少師文簡公受業考亭云。黄文獻集。

黄氏續傳

山長黄節庵先生異

黄異。都昌人。提舉灝之裔孫。少好學。讀書於白鹿洞。至元閒。舉進士。爲廣東惠州學録。後陞道源書院山長。元季兵變。隱不仕。自號節庵。有詩集三十卷。姓譜。

任氏續傳

山長任松鄉先生士林詳見潛庵學案。

四如門人

詹先生清子

詹清子。武夷人。黄四如門人。嘗類次四如六經四書講義爲六卷。宋濳溪集。

草窗門人

補鄉舉陳定宇先生櫟

定宇語録

學者規模貴大。工夫貴密。規模不大。而工夫徒密。則狹隘而無以受道之廣大。工夫不密。而規模徒大。則疏畧而無以造道之精微。譬如一片屋。閒架大矣。而無門無壁。是何等屋。裏面雖繪飾極好。而閒架卑陋。又何足取。今人多是外有餘而内全無。虚驕輕剽。若此者不可學。其高於我者當學之。温良恭儉讓都要學。切不可謂能動筆便自負。大抵自下者人必高之。自高者人必下之。

定宇文集

三皇五帝之書。自孔子時而已失。二帝三王之書。遭嬴秦氏而不全。今所存五十八篇。其體有六。典謨訓誥誓命是也。篇名元有此六字者。固不待言矣。其無此六字。如太甲。咸有一德。旅獒。無逸。立政。訓體也。盤庚。勘黎。微子。多士。多方。君奭。周官。誥體也。胤征。誓體也。君陳。君牙。吕刑。命體也。雖其閒不無簡編之殘斷。字語之舛訛。然上自堯舜之盛。下逮東周之初。二千餘年之事。猶賴此可考焉。兼諸經之體。多已見於書中。舜皋之歌五子之歌。三百篇祖也。周官六卿。太平六典之綱也。洪範之占用二。可以見易之用。舜典皋謨之五禮。可以該禮之名。自虞迄周。二千年之史筆在焉。下逮周平王秦穆公。正與春秋接矣。諸經各得其一體。而書具諸經之全體。原注。又朝覲巡狩祭禮卽位表紀等禮。書多載之。又道理之淵藪在四書。而四書之宗祖往往出於書。堯典之克明俊德以下。大學修齊治平之所出也。康誥之克明德作新民。大學明德新民之所出也。禹謨之精一執中。中庸明善成身時中之所出。湯誥之降中恒性綏猷。中庸命性道教之所出也。語之言仁。孟之言性。亦於書之克仁恒性出焉。它所本祖。遞數之不能終。治經而不盡心於此。非知本者。書解折衷自序。

讀四書之序。必以大學爲先。然綱三目八。布在十有一章。初學未有許大心胸包羅貫穿也。論語或一二句三數句爲一章。照應猶易。啓發侗蒙。宜莫先焉。朱子集註。渾然猶經。初學亶未易悟。坊本句解。率多膚錯。又祇爲初學語。豈爲可哉。某沈酣四書三十年餘。授徒以來。句積月累。累以成編。自集註外。朱子之語録。黄氏之通釋。趙氏之纂疏。洎餘諸儒之講學可及者。咸採之。廣漢張氏説亦閒取焉。某一得之愚。往往附見。或有發前人未發者。實未嘗出朱子窠臼外。自揆晚生。懼賈僭踰罪。抑不過施之初學。俾爲讀集註階梯。非敢爲長成言也。論語訓蒙口義自序。

中庸説下學固少。而其中説下學處則甚切。如二十章擇善固執一條。及二十七章尊德性道問學一條是也。且朱子亦嘗于序文提出擇善固執。以配大舜精一之言。以見道統之相傳不外乎此矣。學者誠能據此以爲用力之方。而以誠之一言貫通之。復如朱子所分之三大段以區別之。則所謂始言一理。末復合爲一理者。理皆見其爲實理。中散爲萬事者。事皆見其爲實事。而所謂其味無窮。皆實學也者。的爲實學。而非虚言矣。中庸口義自序。

詩序之作。或以爲孔子。或以爲子夏。或以爲國史。皆無明文可攷。惟後漢書儒林傳以爲衛宏作詩序傳於世。今攷小序。與詩牴牾臆度傅會繆妄淺陋常多。有根據而得詩意者常少。其非孔子子夏所作。而爲宏所作。明矣。詩經句解序。

太極圖説。周子所自著。道學之精語也。不特道理淵永。文亦簡重正大。粹然聖經賢訓之文焉。今選古文。而終之以太極西銘二篇。豈無意者。蓋文章道理。實非二致。欲學者由韓柳歐蘇詞章之文。進而粹之以周程張朱理學之文也。以道理探其淵源。以詞章壯其氣骨。文于是乎無弊矣。太極圖説序。

西山眞文忠公嘗并唐陽子宋石子之言。揭以示長沙學者。略曰。近世言學。可信者凡三言。陽子曰。學者。學爲忠孝也。石子曰。學者。學爲仁義也。警世之深。爲人之切。則尹子學爲人之言。又進乎二子矣。愚因眞公説而紬繹之。竊謂三子之言。若三而實一。忠孝者。人所以爲忠臣孝子也。仁義者。人之道所以立也。學爲忠孝。學爲仁義。卽所以學爲人也。送吴玄庵序。

所貴乎人。在求盡其性。踐其形耳。能盡性以踐形。形雖矮。不失爲聖賢。性不盡。形不踐。形雖長。不救其爲愚不肖。是故堯長。舜短。文王長。周公短。其所以爲聖。一也。不聞以是優堯文。劣舜周公也。古之短小而以賢智稱者良多。長大而愚不肖者尤不少。使長大卽爲魁梧。短小眞爲寢陋。則曹交巨無霸賢于孫叔敖晏嬰矣。送彭矮仙序。

論禍福之大者。莫大乎生子孫之賢不肖。而富貴利達貧賤憂戚次之。朱文公。理學宗師。亦信地之有理。地之無理。文公肯信之乎。然地之有理。知之非艱。守之維艱。知之矣。不守之。苟且以求合。遷就以謀利。雖知猶不知爾。送楊叔昭序。

儒家以大學爲門庭。中庸爲閫奥。入其門庭。造其閫奥。由是而讀戴記之四十七篇。大本立矣。宜無難者。大學中庸固自程子朱子而後。拔之四十九篇之中。尊之四庫數萬籤之上。然宋仁宗天聖五年丁卯。王堯臣之及第也。賜以中庸篇。寶元元年。吕溱之及第也。賜以大學篇。于戴記中表此二篇。以風厲儒臣。豈非已開四書之端乎。禮記集義凡例。

鄭氏康成之註禮也。遇解不通者。必强改之。讀某字如某字。如宿離不貸。急繕其怒。改離爲儷。改繕爲經之類是也。只從本字。自有證據。理甚的當。何可輕易。必如大學親民之爲新民。命之爲慢也。始爲當耳。然鄭所改。亦有當從者。今諸解者。又必盡非之而盡翻之。又不可也。同上。

聖道其天矣乎。天之道至誠無息。其爲物不貳也。不貳者。一也。無雜也。而萬物自爲之。

各得其所焉。不過于一中分。造化雖萬也。而實一之散殊也。亦未嘗雜也。蓋至誠無息者道之體。萬殊之所以一本也。萬物各得其所者道之用。一本之所以萬殊也。天地以生物爲心。亦惟以一心貫通。而以天之道猶以一心貫之。孰謂聖人之于道。而不以一心貫之乎。聖人之道。其泛應曲當。用各不同。若雜然而無倫也。若聖人之心。則惟渾然一理之貫通而已。曷嘗有一毫之駁雜者。故曰。吾道一以貫之。而曾子所以深契于一唯也。曾子猶然契于一唯。而況顏子乎。夫子於回。終日與言。博之以文。且於斯道之萬殊無不言矣。其以一心貫萬殊。而歸一於本者。則博之之餘。未嘗不約之以禮也。夫豈矜博而陷於支離分雜者。若莊生述孔顏問答。則異是矣。道不欲雜論。

以程子玩物喪志之言自警。毋徒誇洽乎記聞。則博不至於溺心。以朱子發憤永刊落之句自勵。毋徒矜巧乎文章。則文不至於勝質。得與山房說。

松谷發明士之孝。拳拳有望於吾黨之士。謂講之明則知之眞。知之眞則行之力。固然矣。愚猶謂知之既至。行猶當力。降而庶人之孝。人雖庶也。行則士也。詩云。釐爾女士。爲女而有士行者。庶人能孝。非庶人而有士行乎。庶人未嘗學問。天性之美自能行之。士嘗學問。必能考聖賢之成法。而或有愧於庶人之孝行。且不可以名人。矧可以名士。程松谷孝經衍義跋。

天所賦爲命。人所受爲性。所賦所受不過此理而已。理。道理也。然道字大綱包涵說。理字就道字中分析精細說。如言義理條理是也。在物爲理。理雖散在萬物。而實具於人之一性。知在物爲理。又知性之即理。則物我貫。內外合矣。以理言性。則性非氣稟食色之粗。就性求理。則理卽吾仁義禮智之實。天下無性外之理。亦不於性外而求理。此物我一理之妙。而全内外之道也。以此言性理。其庶幾乎。答吴仲文問性理二字。

理勝物。淡勝麗。六字最好。不特詩如此。文亦當如此。答吴仲文問詩。

三代以上。治與道分。經與史分。朱子謂吕伯恭不合先看史。麄了眼。只當先看經。此後世經與史分故也。二帝三王時。治統與道統合。聖賢達而在上。道明且行。此時經卽史。史卽經也。帝王往矣。治統與道統分。道統寄於孔孟。窮而在下之聖賢。道雖明。不行矣。是後經自經。史自史也。答胡雙湖書。

周公往。百世無善治。孟子没。千載無眞儒。無善治。聖賢之道不行。無眞儒。聖賢之道不明。道不行而猶明焉。以其講明。見諸推行。道猶有可行之日。道不行而併不明焉。則人心昧昧乎莫知所之。而道終無可行之時。上許左丞相書。

道統之傳。莫要乎三聖授受之言。而脗合乎斯言者。有子思之中庸焉。喜怒哀樂卽人心也。率性謂道卽道心也。明善非惟精乎。誠身非惟一乎。君子時中。又何異於執中乎。人心惟危四句講義。

六經言性。自湯誥始。子思之言性。實自湯誥出。惟皇上帝。降衷於下民。以天賦之命言也。於下民之三辭。已略見人所受之意矣。若有恒性。以人受之性言也。若之一字。已略見率性之意矣。克綏厥猷惟后。猷卽率性之道。而后之克綏厥猷。卽脩道之教也。謂子思之言不自成湯來。可乎。天命之謂性三句講義。

禮記集義

脩身而能踐其言者。方謂之善行。躬行之行既脩。而所言又合於道。此行禮之本也。

彼有求道之誠。則尊嚴而道可傳。我有枉道之教。卽褻瀆而道終不可傳也。

孝爲百行之原。稱其孝者。出乎鄉黨州閭之公論。則孝弟慈信皆孝者之所兼備。故各隨所見而稱之。

女子子以父視則子也。亦不同席而坐。今人單舉此句。施之父子之同筵者。非矣。以上曲禮。

先世事略

自始祖府君以下。十有八世而至櫟。他房有以儒學顯者。而本房獨無有。然洪範五福。貴不與焉。數世以來。壽皆八九十。無下七十者。祖與妣偕老。無再娶者。父子皆親傳。無祝螟者。皆稱善人。無一爲人所指者。

又自曾祖以上。世潤其屋。降是窶殊甚。然家雖空而行頗實。口雖羹蓼飯糗之不給。而經炊史酌之味無窮。

先曾祖平生不好佛。治命命先祖曰。我死。喪葬參用古今禮。毋作佛事。先考先叔所以喪先祖祖妣。不肖所以喪考妣。皆不敢變焉。大抵此説儒者知之者多。能行之者寡。不搖於俗論。則奪於婦人。惟不肖不搖不奪。昔程子曰。吾家治喪。不用浮屠。洛中亦有一二人化之。近年同邑求邇范公。歙邑古梅吴公之家皆然。然程子大賢。范吴富者。人無敢非之。吾家三世不幸皆貧。流俗不過曰。是貧甚不能爲。故立異耳。嗟乎。安得家肥屋潤。更酌古禮行之。以一洗流俗之言哉。

陳榕門曰。述家世者。無不競尚貴顯。人亦以此豔稱之。甚則比附而粉飾之。以爲非是則舉無足述也矣。定宇先生所述。先世絶無貴顯。而清白家風。吉祥善事。難能而可貴。莫大於此。區區一時之貴顯。均不足以擬之。家之可久也。不以勢而以德。不信然哉。至不作佛事一節。學士大夫類能言之。兹乃推明所以不能行之故。力挽頹風。更於禮教有補。

附録

三歲。祖母吴氏口授孝經論語。輒成誦。

七歲能通經義。比十有五。即出而淑人。自是刻意劬躬。日勵於學。文以益進。

十五歲爲人師。二十三歲慨然發憤聖人之學。

先生弱冠時。代族人清孫作懋遷有無化居三句題文。有曰。聖人勉天下不自私之心。所以致養者無不足。聖人動天下不自已之機。所以致治者無不同。遂爲麗澤文盟之冠。

先生惟以作書立言爲務。於書無所不讀。讀則一一反覆研窮。必領其要而後已。然必以諸經爲本。坐臥諷誦不輟。至若朱子四書。則貫穿出入。尤所用意。於是語孟有口義。書解有折衷。

讀易有編。釋詩以句。六典有撮要。三傳有節註。大小雅有釋。於通鑑則約取其全要。於通略則增廣其未備。大抵必以不倍先儒之説。不失本文之意爲主。

梓材謹案。四庫全書著録先生尚書集傳纂疏六卷。提要云。是編以疏通蔡傳之意。故命曰疏。以纂輯諸家之説。故命曰纂。又以蔡傳本出朱子指授。故第一卷特標朱子訂正之目。每條之下。必以朱子説冠於諸家之前。閒附己意。則題曰愚謂以别之。考定宇别有書説折衷。成於此書之前。其序稱朱子説書。通其可通。不强通其所難通。而蔡氏於難通罕闕焉。宗師説者固多。異之者亦不少。予因訓子。遂掇朱子大旨及諸家之得經本義者。句釋於下。異同之説。低一字折衷之。則定宇之説書。亦未嘗株守蔡傳。而是書之作。乃於蔡傳有所增補。無所駁正。與其舊説迥殊。自序稱聖朝科舉興行。諸經四書一是以朱子爲宗。書宗蔡傳。固亦宜然云云。蓋延祐設科以後。功令如斯。故不敢有所出入也。

先生質實重厚。剛毅鯁直。其平日履操。如玉無瑕。居家處鄉。雖温然和厚。而莫不肅然敬憚。於朋友不妄交。不苟合。然既内交至誠。終久弗渝。爲文不事雕琢。而波濤汗漫。追配古作者。人有所問。無不卽答。答卽無不詳備。以是學者樂從之遊。而先生亦能應接不倦。各隨其資質而成就之。

宋亡。科舉廢。先生慨然發憤。致力於聖人之學。涵濡玩索。貫穿古今。嘗以謂有功於聖門者莫若朱子。朱子没未久。而諸家之説往往亂其本眞。乃著書亡慮數十萬言。凡諸儒之説。有畔於朱子者。刊而去之。其微辭隱義。則引而伸之。而其所未備者。復爲説以補其闕。於是朱子之説大明於世。

居家教授。因其所居。稱定宇先生。

嘗曰。明理然後能作文。講學然後能明理。於何下手。不出於讀六經四書而已。先生爲朱門世嫡。每有著論。非紫陽不稱。蓋私淑心傳。確然不虚也。

胡雙湖與先生書曰。今後爲書。告免師席二字。某與先生爲斯文至交。只當以兄弟之情相與。才過一字。便非所宜蒙也。

胡雲峯與先生書曰。年來老成凋謝。先生斯文碩果。某不得以時參請。是自棄也。幸而族家託眷名閲。往還不乏。尚得因風賜教。以鞭其不逮。

曹宏齋序先生四書發明曰。壽翁於文公之説。如李光弼代子儀軍。營壘士卒麾幟無所更。而氣象加精明焉。壽翁足以爲文公忠臣矣。

揭文安誌其墓曰。吴先生梓材案。謂草廬。居通都大邑。又數登用於朝。學者四面而歸之。故其學遠而彰。尊而明。陳先生居萬山閒。與木石爲伍。不出門户者數十年。故其學必待其書之行。天下乃能知之。及其行也。亦莫之禦。先生可謂豪傑之士矣。

汪古逸曰。先生於朱子四書。貫穿出入。涵濡既久。簡牘斯形。鄉先達曹公經序其論語口義。以文公忠臣稱之。由今以觀。世有纂疏集成。雖皆爲四書羽翼。然語録無新舊之分。衆説有泛切之混。章句集註反爲所汩没。讀者蓋深病之。及發明出。而此弊始掃。謂之忠臣。不亦宜乎。

補**程松谷先生顯道**

附録

陳定宇跋孝經衍義曰。松谷孝經衍義載經文五孝。而采堯舜禹湯文武之孝。以次及於歷代明君賢卿大夫士庶人之孝。著其行事以實之。庶幾人知仁孝非徒空言。聖賢的有實事。而不懈於取法也。此意古矣。

復齋門人

教諭王先生彌道

王彌道。□□人。少從陳復齋遊。教諭番學時。屢請學於方虚谷。得其字説。未幾教諭古歙。又爲江寧教官。定宇送之以序。定宇集。

歐陽續傳

毛先生應龍

毛應龍字介石。豫章人。元大德閒。澧州教授。撰周禮集傳。總諸儒訓釋。斷以己意。凡二十四卷。張氏内閣書目。

梓材謹案。四庫全書本永樂大典著録先生周官集傳十六卷。提要云。是書於諸家訓釋引據頗博。而於鄭鍔之解義。徐氏之音辨。及歐陽謙之之説。所採尤多。其自出己意者。則題應龍曰以别之。其中有沿襲誤説。未考古義者。至乎冕服車旗之度。廟祧昭穆之制。司尊彝之六尊六彝。司几筵之五几五席。方弓義弓之異名。正歲正月之並用。條列引證。頗爲詳晰。又稱所著别有周官或問五卷。永樂大典割附集傳之後。其存者篇幅寥寥。不能别成一帙。今仍附於各傳下。使一家之説。互相參證。亦足以資發明焉。

信齋私淑

陳先生普詳見潛菴學案。

孫氏師承

附魯先生月卿

魯月卿。四明人。爲鄉先生。董復禮孫元蒙皆其弟子。寧波府志。

周蔡續傳

蔡先生季霖附子士仁。

蔡季霖。九江瑞昌人。作義學。卒。其子士仁等修其屋室。贍其供給。延名師。進宗族鄉黨而教之。如其父時。不敢廢。虞道園爲之記。以爲文公之爲教。元思舜弼之流風遺俗之猶有存者。道園學古録。

厚齋續傳

汪先生標

汪標字國表。鄱陽人。入太學登第。附元後。曾宰鄉邑。後隱居著述。手編諸家易解一鉅集。書名經傳集解。以馮厚齋易解爲柢本。又博求古今解增入。合理義象占爲一。藏于家。胡庭芳說。

陳氏家學

補 隱君陳鹿皮先生樵

雲濠謹案。先生所著書。曰易象數新説。洪範傳經解。四書本旨。孝經新説。太極圖解。通書解。聖賢大意。性理大全。答客問。石室新語。淳熙糾繆。鹿皮子飛飛觀小稿。合數百卷。

鹿皮子説

後世之詞章。乃士之脂澤。時之清玩耳。舍六經弗講。而事浮詞綺語。何歟。

近時學經者。如三尺之童觀優於臺下。但聞臺上語笑聲。而弗獲觀其形。所以不知姸媸。惟人言是信。

蓋明月之珠失之二千年。上自王公。下至甿隸。莫不悵然索之而不可得。牧豎於大澤之濱偶獲之。豈可以其賤而忽之乎。

鹿皮子集

爲天道之大原兮。有物混淪。大不知其外有兮。細又入於無倫。長上古以爲生兮。閲方□[一]而長存。懷道體之大全兮。命元氣以爲憑。天人於是乎成性兮。裂積氣而標形。太極賦。

父慈子必孝。兄友弟亦恭。倘使誠心在。如何不感通。生來同一氣。兄弟是天倫。只要長和合。休言富與貧。古有難兄弟。今無好弟兄。何由風俗好。凡百近人情。以上勸兄弟。

附録

入太虚洞著書。郡人宋濂往謁之。先生步出。戒侍子治酒醢。執斝觥爲獻酬。歌古詩爲歡。已執濂手。慨然太息。濂歸。復遺之書曰。吾且死。吾道苦無所授。子聰明絶倫。胡不一來。來。片言可盡也。而傳經者頌言濂洛之學。大明於淳熙。何可少也。濂卒不往。

自題鹿皮子墓曰。石上苔侵古瓦棺。化□[二]深鎖萬松關。坐看天上樓成日。吟到人間詩盡年。勾漏無靈丹竈冷。孟郊未死白雲閑。江南春草年年緑。又向他生説鄭玄。

[一]「方□」當爲「萬世」。

[二]「□」當作「臺」。

宋文憲誌其墓曰。元統閒。嘗候君子洞中。君子慨然曰。秦漢而下。説經而善者不傳。傳者多不得其宗。淳熙以來。羣儒之説尤與洙泗伊洛不類。余悉屏去傳註。獨取遺經。精思至四十春秋。一旦神會心融。燭見聖賢之大旨。又曰。吾以九疇爲六府三事。而圖書爲易象者不可誣。以片言統萬論。而天下古今無疑義。以庸言釋經旨。而野人君子無異辭。謂神所知之謂智。知天下殊分之謂禮。知分之宜之謂義。知天地萬物一體之謂仁。禮復則和。和謂樂。謂天地萬物一體。經學之會要一視萬物。則萬殊之分正。家齊國治而天下平矣。又曰。家國天下一枳也。枳一爾而穰十焉。枳有穰而一視之。其於人則仁也。發而視之。穰有十則等有十。其於人則君臣父子長幼之等夷。刑賞予奪之殊分。所謂禮也。視十爲十者禮之異。視十爲一者仁之同。分愈異則志愈同。禮愈嚴則仁愈篤者。先王之道也。分愈異者志愈同。故合枳之穰。反求其故地。枚舉而銓次焉者。差之黍銖則人己無别。犬牙錯而不齊。斂之不合而一不可㈠。分愈異者致愈同。禮愈嚴者仁愈篤。此先王之道也。故治家國天下者。不以禮則彝倫斁。禮樂廢而仁亡。是故洙泗伊洛朝夕所陳者。天下萬殊之分。視聽言行之宜。所操者。禮之柄耳。故學聖人者必始于禮焉。故一體萬殊者。孔子之一貫。於洙泗伊洛之言無不統者也。理一分殊之義廢。則操其枝葉而舍其本根。洙泗伊洛之會要不可見。章句析而附會興。遺經不可識矣。

㈠「可」下脱「一見」。

楊鐵崖序其文集曰。鹿皮子著書凡二百卷。予始讀其詩曰。李長吉之流也。又讀其賦曰。劉禹錫之流也。至讀其所著書。而後知其可附李孝光虞集。以達乎歐韓王董。以羽翼乎孔孟。蓋公生於盛時。不習訓詁文。而抱道大山長谷之間。其精神堅完足以立事。其志慮純一足以窮物。其攷覽博大足以通乎典故。而其超然所得者。又足以達乎鬼神天地之化。宜其文之所就可必行於人。爲傳世之器無疑也。

梓材謹案。鐵崖集又有鹿皮子文集後辨。稱其爲有道之人。并以老莊説辨之云。

梓材又案。阮亭居易録。鹿皮子集四卷。詩學温李。寒食詞一篇。有麥秀黍離之痛。又云。古賦頗工。

馬平泉曰。陳君采生當元季。槁死窮巖。孫夏峯稱爲守先待後之儒。余觀其生平緒論。及其酒酣歡歌。所以惓惓於宋景濂者。悠然想見其爲人。吾獨怪景濂何不一往。以畢其説。乃爲世俗之言所阻。厥後幸際休明。學殖淺薄。無大建豎於世。有以哉。夫以君采之學。不獲奮翮雲衢。爲世羽儀。而欲寄一線於來者。亦卒不可得。天之不相道與。何斯人之多窮也。

鹿皮講友

州同李適庵先生惠別見北山四先生學案補遺。

李先生聲

李聲字鴻遠。東陽人。幼讀書。有志操。以父珪不仕元。遂隱居著書。與陳樵許謙遊。所著農桑圖説。司農苗好禮採録成集。進於朝。有旨刊布民間。承旨李孟因薦之吴學士澄。復招以書。卒不就。東陽縣志。

李先生序

詳見北山四先生學案。

鹿皮學侶

郭先生霖

郭霖。東陽人。幼穎悟。愽覽百家。及與朱世濂同候陳樵於太霞洞。因誦法程朱。潛心經傳者十餘年。當道聞其異。屢徵之。謝病不就。儲書千餘卷。日與四方賢士相砥礪。暇則釣於練溪。濱人皆呼爲溪上翁。嘗語廉曰。世變極矣。天必生聖人爲之主。但予老不及見耳。不數年。龍興淮甸。而先生已前卒。朱伯清集。

黄氏家學

黄先生梓

黄梓字仲慕。侍講之子。以蔭補官。同知餘姚州事。宋濳溪序以送之。謂其才贍而智周。能力於行。弗滯於物云。宋文憲集。

黄先生暄

黄暄。文獻之孫。潛溪字之曰伯宣。且爲字辭以勖之。宋文憲集。

黄先生昶別見北山四先生學案補遺。

黄氏門人

補忠文王華川先生褘

雲濠謹案。先生所著。又有續東萊大事記。始謚文節。屈氏習學編言。建文卽位。其子紳上言父死節狀。賜謚文節。則忠文其改謚也。金華徵獻略云。正統六年。復以義烏令劉傑之請。改謚忠文。

梓材謹案。宋潛溪思孅人辭。爲吕成公而作也。其自跋云。予旣爲此辭。嘗録一通寄王子充。子充蓋有志同予學吕者。書以識之。庸俟異日各考其學之成也。是先生與潛溪皆私淑東萊者矣。又案。先生名凡三易。初名偉。次名湋。後更名褘。皆從韋。以其聲之近也。

華川經説

載籍以來。六經之文至矣。凡其爲文。皆所以載道者也。陰陽之變化。載於易。帝王之政事。載於書。人之情性。草木鳥獸之名物。載於詩。君臣内外之名分。人事之善惡。載於春秋。尊卑貴賤之等。聲容之美。以建天地之中和。載於禮樂。此其爲道。實至著至久。與天地同化而同運者。而皆託於文以見。嗚呼。此固聖人之文也歟。世有作者。舍聖人則無所爲學。其爲文也。苟以載夫道。雖未至於聖人之文。其必不謬於聖人者矣。

聖人之文。厥有六經。易以顯陰陽。詩以道性情。書以紀政事之實。春秋以示賞罰之明。禮以謹節文之上下。樂以著氣運之虧盈。凡聖賢傳心之要。帝王經世之具。所以建天衷。奠民極。立天下之大本。成天下之大法。皆於是乎在。是故世之學者。本之詩以求其恒。本之易以求其變。本之書以求其質。本之春秋以求其斷。本之樂以求其通。本之禮以求其辨。夫如是。則六經之文爲我之文。而我之文一本於道矣。

六經者。聖人致治之要術。經世之大法。措諸實用。爲國家天下者。所不可一日或廢也。孔子嘗曰。我欲託諸空言。不如載諸行事之深切著明也。後世學者。因以謂聖人未嘗見諸行事。而惟六經是作。顧遂以空言視六經。而訓詁講説之徒。又從而浮詞曲辨淆亂之。於是聖人致治經世之用微矣。

聖人之經。儒者之傳。諸子百家之著述。歷代太史之紀録。以及天文地理。陰陽律曆。兵謀術數。字學族譜之雜出。敷落旁行。虞初稗官燕談脞語之並興。其爲説不同。爲教亦異。而其爲書。類皆學者所當讀而通之者也。雖然學問無窮。歲月有限。誠有不能徧觀而盡識者。而惟聖人之經。則弗可以莫之究也。

學者之於經。不可徒誦其文而已也。必將求其道以淑諸身。明其法以用於世。而所學始不徒爲空言也。

忠文學庸説

大學在禮記中通爲一篇。朱子始分爲經傳。以明德新民止善爲三綱領。以格物致知誠意正心修身齊家治國平天下爲八條目。惟其閒格物致知傳。朱子以爲亡而補之。孰知其未亡也。今卽其書求之。有曰知止而后有定。定而后能靜。靜而后能安。安而后能慮。慮而后能得。物有本末。事有終始。知所先後。則近道矣。此謂知本。子曰。聽訟。吾猶人也。必也使無訟乎。無情者不得盡其辭。大畏民志。此謂知本。此謂知之至也。此十七句。是爲格物致知傳。蓋錯在他所。則爲羨語。而取以爲傳。則極其精切。朱子勇於補。而不知移易。何耶。且三綱領八條目之外。安有所謂本末。乃別爲之耶。董丞相及玉峯車氏西礀葉氏皆著論以辨其非。使朱子復生。將必以其言爲然也。

中庸古有二篇。見漢藝文志。而在禮記中者。一篇而已。朱子爲章句。因其一篇者。分爲三十三章。而古所謂二篇者。後世不可見矣。今宜因朱子所定。以第一章至第二十章爲上篇。以第二十一章至三十三章爲下篇。上篇以中庸爲綱領。其下諸章。推言智仁勇。皆以明中庸之義也。下篇以誠明爲綱領。其後諸章。詳言天道人道。皆以著誠明之道也。如是既不失古今之體。又不悖朱子之旨。魯齋王氏蓋主此説云。

忠文文集

夫上天以生物爲心。而雷霆霜雪有時而搏擊焉。有時而肅殺焉。然皆暫而不常。向使雷霆霜雪無時不有。則生物之心息矣。封事。

朱子以九爲洛書。十爲河圖。謂本乎邵子之説。而邵子特曰。圓者河圖之數。方者洛書之文而已。且九一三七二四六八之圖其象圓。一六二七三八四九之圖其象方。則邵子以九爲河圖。而十爲洛書。蓋未可知。故朱子雖力攻劉氏。而猶曰。易範之數誠相表裏爲可疑。又曰。安知圖之不爲書。書之不爲圖。是故不能無疑於此也。河圖論。

鄭氏曰。河出圖。天地有自然之象。洛出書。天地有自然之理。蓋文以錯綜而理載焉謂之書。數以布列而象寓焉謂之圖。圖經而書緯。圖約而書博者也。是故知圖之爲圖。書之爲書。則有以知昔之所謂洛書者皆非洛書。而河圖非止於一圖矣。同上。

或曰。六經。聖人之心學也。易有先天後天之卦。乃聖人之心畫。書有危微精一之訓。乃聖人之心法。詩者心之所發。而禮由心制。樂由心生者也。春秋又史外傳心之典也。又曰。説天莫辨乎易。由吾心卽太極也。説事莫辨乎心。由吾心政之府也。説志莫辨乎詩。由吾心統性情也。説理莫辨乎春秋。由吾心分善惡也。説體莫辨乎禮。由吾心有天序也。道民莫過乎樂。由吾心修人和也。心中之理無不具。故六經之言無不該也。然則以聖人之心言。六經者。經其內。以聖人之用言。六經則經其外矣。心者其本。而用者其末矣。舍内而言外。棄本而取末。果可以論六經乎。曰非然也。心固内也。而經則不可以内外分。内外一體也。而尤不可以本末論。聖人之道。蘊諸心而不及於用者有之矣。未有措諸用而不本於心者也。況乎六經爲書。本末兼該。體用畢備。吾卽聖人之道以言之。則聖人之道爲易明。而聖人之心爲已見。本體之全。固在是矣。若夫徒言乎心而不及於用者。有體無用之學。佛老氏之所爲道也。豈所以言聖人之經哉。六經論。

先儒以謂。治六經者必先通乎四書。四書通則六經可不治而通也。至於六經四書所以相通之類。則未有明言之者。以予論之。治易必自中庸始。治書必自大學始。治春秋則自孟子始。治詩及禮樂必自論語始。是故易以明陰陽之變。推性命之原。然必本之於太極。太極卽誠也。而中庸首言性命。終言天道人道。必推極於至誠。故曰治易必始於中庸也。書以記政事之實。載國家天下之故。然必先之以德。峻德一德三德是也。而大學自修身以至治國平天下。亦本原於明德。故曰治書必始於大學也。春秋以貴王賤霸誅亂討賊。其要則在乎正誼不謀利。明道不計功。而孟子尊王道。卑霸烈。闢異端。距邪説。其與時君言。每先義而後利。故曰治春秋必始於孟子也。詩以道性情。而論語之言詩。有曰。關雎樂而不淫。哀而不傷。又曰。可以興。可以觀。可以羣。可以怨。禮以謹節文。而論語之言禮。自鄉黨以至於朝廷。莫不異焉。樂以象功德。而論語之言樂。自韶舞以及翕純皦繹之説。莫不備焉。故曰治詩及禮樂必始於論語也。總而論之。四子本一理也。六經亦一理也。自陰陽性命道德之精微。至於人倫日用家國天下之所當然。以盡乎名物度數之詳。四子六經皆同一理也。四子論。

易云。在天成象。在地成形。水火金木土。其形在地者也。而天有其星焉。所謂象也。豈惟五星哉。凡物莫不皆然。故夫齊吴燕宋韓楚周秦魏趙諸國之地。地之形也。而其星在天象之謂也。地有是形則天有是星。有是星則有是名。曰齊吴燕宋韓楚周秦魏趙列國者。非後世有是名而舉以爲分野之名也。何以知其然也。徵諸東海南海九河河閒河中巴蜀中山有以知之也。東海南海九河河閒河中非國。中山巴蜀非若諸國之顯也。故曰。地有是形則天有是星。而分野者。指列星所屬之分而言也。分野論。

世之言曰。爲忠孝者不兩全。夫豈然哉。臣子之道一也。豈有不相爲用而又相害者哉。是以其私則兩害。以其義則兩得。今夫有親在而君有難。則將死之乎。抑否乎。亦曰身從其居。志從其義而已。思報堂記。

洛書非洪範也。昔箕子之告武王曰。我聞在昔。鯀陻洪水。汨陳其五行。帝乃震怒。不畀洪範九疇。彝倫攸斁。鯀則殛死。禹乃嗣興。天乃錫禹洪範九疇。彝倫攸序。初不言洪範爲洛書也。孔子之繫易曰。河出圖。洛出書。聖人則之。未始以洛書爲洪範也。蓋分圖書爲易範。而以洪範九疇合洛書。自漢儒孔安國劉向歆諸儒始。其説以謂。河圖者。伏羲氏王天下。龍馬出河。負圖其背。其數十。遂則其文。以畫八卦。洛書者。禹治水時。神龜出洛。負文其背。其數九。禹因而第之。以定九疇。後世儒者以爲。九疇。帝王之大法。而洛書。聖言也。遂皆信之。而莫或辨其非然。孰知河圖洛書者。皆伏羲之所以作易。而洪範九疇。則禹之所自敘。而非洛書也。

其以河圖爲十者。卽天一至地十也。洛書爲九者。卽初一至次九也。且河圖之十。不徒曰自一至十。而天一生水。地六成之。水之位在北。故一與六皆居北。以水生成於其位也。地二生火。而天七成之。故二與七皆居南。以火生成於其位也。以至東西中之爲木金土。無不皆然。至論其數。則一三五七九凡二十五。天數也。皆白文。而爲陽爲奇。二四六八十凡三十。地數也。皆黑文。而爲陰爲偶。此其陰陽之理。奇偶之數。生成之位。推而驗之於易。無不合者。其謂之易。宜也。若洛書之爲洪範。不過以其數之九而已。然一以白文而在下者。指爲五行。則五行豈有陽與奇之義乎。二以黑文而在左肩者。指爲五事。則五事豈有陰與偶之義乎。八政皇極稽疑福極。烏在其爲陽與奇。五紀三德庶徵。烏在其爲陰與偶乎。又其爲陽與奇之數二十有五。爲陰與偶之數二十。通爲四十有五。則其於九疇何取焉。是故陰陽奇偶之數。洪範無是也。而徒指其名數之九以爲九疇。則洛書之爲洛書。直而列之。曰一二三四五六七八九是矣。奚必黑白而縱橫之。積爲四十五。而效河圖之爲乎。

且河圖洛書所列者數也。洪範所陳者理也。在天惟五行。在人惟五事。以五事參五行。天人之合也。八政者。人之所以因乎天也。五紀者。天之所以示乎人也。皇極者。人君之所以建極也。三德者。治之所以應變也。稽疑者。以人而聽於天也。庶徵者。推天而徵之人也。福極者。人感而天應之也。是則九疇之自一至九。所陳者三才之至理。而聖人所以參贊經綸。極而至於天人證應。禍福之際。以爲治天下之法者也。其義豈在數乎。豈如易之所謂天一地十者。中含義數。必有圖而後明。可以索之無窮。推之不竭乎。漢儒徒見易係以河圖與洛書并言。而洛書之數九。遂以爲九疇。審如是。則河圖之書十也。伏羲畫卦何爲止於八乎。

先儒有言。河圖之自一至十。卽洪範之五行。而河圖五十有五之數。乃九疇之子目。夫河圖固五行之數。而五行特九疇之一耳。信如斯言。則是復有八河圖而後九疇乃備也。若九疇之子目。雖合河圖五十有五之數。而洛書之數乃止於四十有五。使以洛書爲九疇。則其子目已缺其十矣。本圖之數不能足。而待他圖以足。則造化之示人者。不亦既疏且遠乎。而況九疇言理不言數。故皇極之一不爲少。庶徵之十不爲多。三德之三不爲細。福極之十一不爲鉅。今乃類而數之。而幸其偶合五十有五之數。使皇極濟於庶徵之恒暘恒雨。六極之憂貧惡弱而亦備一數之列。不其不倫之甚乎。且其數雖五十有五。而於陰陽奇偶方位將安取義乎。

班固五行志舉劉歆之說。以初一曰五行。至威用六極。六十五字爲洛書之本文。以本文爲禹之所敘則可。以爲龜之所負而列於背者則不可。夫既有是六十五字。則九疇之理與其次序。亦已粲然明白矣。豈復有白文二十五。黑文二十。而爲戴履左右肩足之形乎。使既有是六十五字。而又有是四十五數。並列於龜背。則其爲贅龐。不亦甚乎。

且箕子之陳九疇。首以鯀陻洪水發之者。誠以九疇首五行。而五行首於水。水未平。則三才皆不得其寧。此彝倫之所爲斁也。水既治。則天地由之而立。生民由之而安。政化由之而成。而後九疇可得而施。此彝倫所爲敘也。彝倫之敘卽九疇之敘者也。蓋洪範九疇原出於天。鯀逆水性。汩陳五行。故帝震怒。不以畀之。禹順水性。地平天成。故天以錫之耳。先言帝不畀鯀。而後言天錫禹。則可見所謂畀。所謂錫者。卽九疇所陳三才之至理。治天下之大法。初非有物之可驗。有迹之可求也。豈曰平水之後。天果錫禹神龜而負夫疇乎。仲虺曰。天乃錫王勇智。魯頌曰。天錫公純嘏。言聖人之資質。天下之上壽。皆天所賦予。豈必是物而後可謂之錫乎。使天果因禹功成。錫之神龜以爲瑞。如簫韶奏而鳳儀。春秋作而麟至。則箕子所敘。直美禹功可矣。奚必以鯀功之不成發之乎。

夫九疇之綱。禹敘之。猶羲文之畫卦也。而其目。箕子陳之。猶孔子作彖象之辭以明易也。武王訪之。猶訪太公而受丹書也。天以是理錫之禹。禹明其理而著之疇。以垂示萬世。爲不刊之經。豈有詭異神奇之事乎。鄭康成據春秋緯文有云。河以通乾出天苞。洛以通坤吐地符。又云。河龍圖發。洛龜書感。又云。河圖有九篇。洛書有六篇。夫聖人但言圖書出於河洛而已。豈嘗言龜龍之事乎。又烏有所謂九篇六篇者乎。孔安國至謂天與禹。神龜負文而出。誠亦怪妄也矣。人神接對。手筆粲然者。寇謙之王欽若之天書也。豈所以言聖經乎。

劉牧民嘗言。河圖洛書同出於伏羲之世。而河南程子亦謂。聖人見河圖洛書而畫八卦。吾是以知孔安國劉向歆父子班固鄭康成之徒。以爲河圖授羲。洛書錫禹者。皆非也。

河圖之數。卽所謂天一至地十者也。洛書之數。朱子於易啓蒙詳言之。其言曰。河圖以五生敷㊀合五成數。而同處其方。蓋揭其全以示人。而道其常數之體也。洛書以五奇數統四偶數。而各居其所。蓋主於陽以統陰。而肇其變數之用也。中爲主而外爲客。故河圖以生居中而成居外。正爲君而側爲臣。故洛書以奇居正而偶居側。此朱子之説也。而吾以謂。洛書之奇偶相對。卽河圖之數散而未合者也。河圖之生成相配。卽洛書之數合而有屬者也。二者蓋名異而實同也。謂之實同者。蓋皆本於天一至地十之數。謂之名異者。河圖之十。洛書之九。其指各有在也。是故自一至五者。五行也。自六至九者。四象也。而四象卽水火金木也。土爲分旺。故不言老少。而五之外無十。此洛書所以止於九也。論其方位。則一爲太陽之位。九爲太陽之數。故一與九對也。二爲少陰之位。八爲少陰之數。故二與八對也。三爲少陽之位。七爲少陽之數。故三與七對也。四爲太陰之位。六爲太陰之數。故四與六對也。是則以洛書之數而論易。其陰陽之理。奇偶之數。方位之所。若合符節。雖繫辭未嘗明言。然卽是而推之。如指諸掌矣。朱子亦嘗言。洛書者。聖人所以作八卦。而復曰九疇並出焉。則猶不能不惑於漢儒經緯表裏之説故也。以上洛書辨。

七尺之身。具形甚微。所以配兩儀而特立。亘千載而不朽者。曷從而致之。夫亦曰德以爲之實。才以爲之資。不德不成。不才不施。不成無以有諸己。不施無以見於時。內不自有。外不自見。則不過塗之人而已。其無媿於此身者幾希。是故仁義以建其本。禮樂以暢其支。將之以忠信。

㊀「敷」當爲「數」。

華之以文辭。推而用世。細則以彌綸當世之務。大則以立邦家太平之基。此之謂明體而道用。成德而達才。古之君子。如是而已。吾何足以與於斯。雖然學顔子之學。志伊尹之志。固吾之自勉而不疑。誓斯言其允蹈。庶日夕以孳孳。座右銘。

華川卮辭

人身甚微細也。而至廣且大者也。範圍天地。經緯古今。綜理人理。醻酢事變。何莫非心思之所致也。於是聖賢有心學焉。先之以求放心。次之以養心。終之以盡心。是故心學廢。人之有心者猶無心矣。無心則無以宰其身。倀倀焉身猶一物耳。何名爲人哉。

人心之靈。思而已矣。書曰。思曰睿。睿作聖。管子曰。思之思之。又重思之。思之而不通。鬼神將通之。非鬼神之力也。精誠之極也。揚子曰。神心恍惚。經緯萬方。孔子曰。心之精神是爲聖。大學致知格物之功。其有出於思之外者乎。或曰。易言何思何慮。何也。曰。始於思。終於無思。非無思也。不待思也。庖丁之解牛。輪扁之斲輪。復何待於思哉。

道之大原出於天。萬世亡弊。弊者。道之失也。惟其弊也。故有偏而不起之處。而政有眊而不行。先王舉其偏而正之。蓋補其弊而已矣。

天理人欲。勢必相反。故循天理則絶人欲。徇人欲則滅天理。然世固有徇人欲而合天理者。有絶人欲而反天理者。齊桓晉文之霸也。九合諸侯。一匡天下。號令列國。幾于改物。無非徇人欲也。然其尊王室。安中國。攘夷狄。則循天理矣。楊子墨翟老佛之徒。以爲我兼愛清淨寂滅爲教。無非絶人欲也。至於無父無君。殄人類爲禽獸之歸。則滅天理矣。循天理。絶人欲。惟聖人能之。徇人欲。滅天理。則小人矣。霸者異端。處二者之間。其將盜名而陷於一偏者乎。

人有三不祥。曰盈。曰矜。曰爭。盈則傾。矜則陵。爭則刑。惟盈故矜。惟矜故爭。

學在力。力則無不至。性質之駑駘不與焉。騏驥千里。跛鼈亦千里。

道成而不獲於天者。命也。時至而不用於人者。性也。命在天。性在人。在天者不可强而致。在人者不可强而從。毋以智術殺身。毋以政術殺人。毋以業術殺子孫。毋以學術殺天下萬世。

天道遠。人道邇。故君子貴於盡人道。人心昧。天心顯。故君子蘄於合天心。人可欺也。天不可欺也。心不可欺也。名之爲物。與福相爲乘除。與禍相爲倚伏。名之重者福必減。禍必增。故造化之所忌者名。君子欲逃焉而不得者也。

附録

明太祖取婺。徵至行在。禮遇之。語必稱子充而不名。及進平江西頌。上喜曰。吾固知浙東有二儒者。卿與宋濂耳。學問之博。卿不如濂。才思之雄。濂不如卿也。

史臣曰。謀略運于帷幄。功業顯于治民。文章用于垂憲。道學見于格君。忠義著于死事。此五者。聖賢全體大用之學也。而禕兼之。豈非天下古今之全才乎。

補

陳夷白先生基

梓材謹案。先生自稱韋羌山人。

夷白齋集

物無二本。人無二心。孩提之童。純乎堯舜也。兔罝武夫。文王莫欺。達巷黨人。孔子莫逃也。飛廉惡來非不足。箕子比干非有餘也。道之則蒼舒庭堅。反是則檮杌饕餮也。君子潛心往行前言。善乎吾師。不善吾戒也。楊墨學仁義。似是而實非。老子言道德。紅紫之亂朱也。必出門使民如雍之事斯語。參前倚衡如師之書諸紳。嗚呼敬之。其殆庶幾也。潛心閣銘。

蓋往而復來者。日也。衰而不可復盛者。人也。往而復來者無紀極。衰而不可復盛者復須臾。此則百歲之中無非可愛之日。一日之内無非致愛之時。推是心也。人皆有之。聖賢獨先得其所同然耳。彼具聖人所同然之心而弗知踐也。不有其身者也。不有其身。自暴自棄者也。愛日堂記。

昔者。孔子繫易。至大有之上九曰。天之所助者順也。人之所助者信也。履信思乎順。又以尚賢也。是以自天祐之。吉無不利也。蓋上九處大有之極。而能下從六五。君子象之。則克以盈滿爲戒。謙退自將。況天之所助。恒在於崇善。而崇善之至。又莫大於尚賢乎。且君子居大有之時。固當用其剛明之德。出時遏惡揚善。代天工養庶類。然非大車以載如九二。公用享於天子如九三。匪其彭如九四。厥孚交如如六五。則不若初九之無交害。上九之自天祐也。思順堂記。

士之志學。猶農夫之志於耕焉。易其田疇。修其疆畔。先之以耒耜。申之以耰耡。而添之以錢鏄。時其農祥農正以樹藝之。凡庶草惡莠非其種。與夫百螣之爲苗孽者。耘耔之。莯剌之。勿使滋且息焉。然後穀之庭者碩。堅者好。而烝嘗薦饗衣食之源不匱。志學齋記。

附録

戴九靈序先生夷白齋稿曰。先生。黄公之高第弟子。嘗負其所有。涉濤江。遊吴中久之。又自吴踰淮。泝河而北。達於燕趙。留輦轂之下久之。於時雖未有所遇。然自京師及四方之士。不問識與不識。見其文者。莫不稱美之不置。則其得之黄公者深矣。

補學正蔣先生允升

雲濠謹案。宋景濂爲先生哀辭。言季高篤意於學。方先生既歿。復負笈師事侍講黄公。會濂亦執洒埽於公門。與季高交益密云。戴九靈亦爲文以誄之。

山長陳先生堂別見潛庵學案補遺。

編修朱先生廉

朱廉字伯清。義烏人。自少刻苦勵志。淹貫經傳。悉領要義。學文於黄晉卿。明初。知府王宗顯辟爲郡學師。及浙東行省右丞李文忠開鎮嚴州。尤加禮敬。遂移長釣臺書院。洪武三年。詔修元史。起爲纂修官。史成。拜翰林編修。既而授經楚府。陞長史。久之。病瞶致仕歸。窮經講誦。嘗取晦庵語類。摘其精義。名曰理學纂言。有文集十七卷。金華府志。

梓材謹案。先生爲白雲高弟。裕軒先生同善之長子。石太樸爲文獻神道碑。言門人朱世濂。蓋先生本名世濂。後改爲濂。而又爲廉耳。又案。先生爲龍谷精舍記云。春谷子。華川朱世濂也。所編理學纂言。凡例全倣近思録。凡八千三百條。宋景濂序之。

附録

先生自幼至老。酷嗜朱子之書。每謂人曰。朱子之學。菽粟布帛也。天下一日不可無也。

廉使傅先生藻

傅藻字伯長。義烏人。受業黄晉卿。以文章著名。由本縣儒學召授翰林編修。尋拜監察御史。官至河南廉使。先生爲御史時。奉勑案鳳陽獄。道途往還。成紀行詩若干卷。率有關於風教。一日召對。以詩進呈。帝大悦。作和章四首賜之。義烏縣志。

學官楊鶴巖先生芾

楊芾字仲章。義烏人。徙居東陽。早從鹿皮子陳樵游。復登黄文獻溍之門。文詞典雅。操筆立就。洪武初。膺薦上京。以疾辭歸。著有百一稿。無逸齋稿。輯元詩爲正聲類編。總若干卷。自號鶴巖先生。金華先民傳。

梓材謹案。宋文憲公誌鹿皮子墓。以先生爲其高第弟子。東陽縣志載。先生既從李序陳樵游。晚登黄溍之門。一時咸推先登。溍亦自謂不意晚年復得此友。其才氣幹局。出入宋濂許存仁王禕諸公之間云。

附録

教授蘇先生伯衡

詳見北山四先生學案。

洪武初。義烏令胡子實聘爲儒學官。講學授徒。士樂歸之。

申屠先生性

申屠性。暨陽人。家故貧。稍習吏事以自給。未幾。金華黄文獻公爲其州之判官。一見卽大奇之。曰。子何以吏爲哉。遂教之治經。爲舉子業。客丹邱柯九思所。與京兆杜本武威余闕臨川危素永嘉李孝先尤知己。中辛巳甲申副榜。授歙縣儒學教諭。改信之貴溪。序遷婺州路月泉書院山長。所至扶善遏過。得師道甚。至正間。浙東廉訪副使百家訥以五經師起之。舍諸郡庠。事無大小。悉咨之。而後行浙東之政遂爲天下第一。後以徙卒。先生學通春秋。而深於左氏傳。鄉之諸生執經考疑者繼於門。著春秋大義。課諸子以學。家庭之間自爲師友云。戴九靈集。

梓材謹案。阮亭居易録云。吴草廬集有跋曹操廟詩序云。山南江北道憲司巡歷至夷陵。毁冀牧曹操廟。其議自書記申屠駉發之。然則駉亦快士也。唐肅亦有申屠子迪跋曹操廟文。蓋駉字子迪。不知於先生何屬也。

雲濠謹案。申屠駉爲耀州史君。其父翰林待制僉淮西江北道廉訪司事。爲至元名御史。諱致遠。字大用。東平壽良人。

見文獻集博古堂記。

徐先生本中

徐本中。吴人。費晉卿留錢唐。與游者相率推之爲師。晉卿不可。而先生猶執契家子之禮不廢。及至京師。與國子齒。晉卿方長學官。乃爲師弟子之禮。及歸吴中。晉卿作序送之。黄文獻集。

博士鄭先生濤詳見北山四先生學案。

傅先生亨

傅先生貞合傳。

傅亨。雲中人。占籍燕京。以鄉貢擢第。爲將仕郎。太常禮儀院太祝。弟貞。以國子釋褐。爲從仕郎章佩監知事。兄弟皆嘗從黄文獻遊。文獻居國學。又適在弟子列。黄文獻集。

雲濠謹案。傅先生亨爲文獻謚議。自署前應舉翰林文字承事郎同知制誥。兼國史院編修官。新除文林郎太常博士。

陳先生中

陳中字子中。涿州人。由父仕江南。遂家焉。先生嘗合其同志五六人。從黄晉卿南屏山中。丹徒亦在焉。晉卿視先生爲畏友。稱其析理據事。毫髮不苟。巴西鄧學士嘗爲扁所居室曰庸齋。黄文獻集。

陳先生克讓

陳克讓。□□人。文獻壻也。嘗從文獻鄞江上。後官惠州儒學正。黄文獻集。

教師解筠澗先生開別見北山四先生學案補遺。

陳先生及

陳及字時甫。從黄晉卿學。學成而歸。游者嘗數十百人。朱編修廉送人序有云。東陽古稱多名人鉅儒。予所師事而接識者三君子焉。曰陳公君采。胡公景雲。陳公時甫。皆以高年碩望領袖儒紳。其言論風采。藹然盛德之儀型。其見推重如此。所著有詩文若干卷。隆慶東陽志。

黄先生璋

黄璋。華亭人。始文獻校文鄉闈。先生首以薦書北上。試有司不合而歸。益肆其力於學。無少懈。及文獻起自退休。入直詞林。被旨預聞試事。先生以再薦而來。竟不偶。後以特恩補官。黄文獻集。

張先生復

張復。諸暨人。文獻爲諸暨州判官之明年得之。蓋喪其母。踰再閏猶哀慕不已。益求時之聞人爲詩若文。以抒無窮之悲焉。黄文獻集。

王先生世堅附孫得志。

王世堅。東陽人。學古文於黃晉卿。孫得志。承家學。自五經周禮儀禮。至明時一代典章。及天文地理方技諸書。靡不涉覽。金華徵獻略。

徐先生歡

徐歡字中和。東陽人。性恬靜。從黃晉卿遊。博通經史諸子百家。尤工詩賦。嘗與宋濂蔣允升友善。洪武初。郡守權偉以明經薦。辭。隱居南槐林。吟詠自娱。宋文憲集。

汪先生杞

汪杞。許白雲黃晉卿弟子。儒林宗派。

夏先生洪參

夏洪參。寧海人。文獻序其文稿云。予筮仕寧海之歲。屬當大比。凡充賦者八十有五人。惟夏君年最少。又稱其一出不售。輒遠引而去云。黃文獻集。

吴先生□

吴生者。黃巖人也。文獻送其歸黃巖詩序。稱其爲人好修。且有文。言若不能出諸㊀。與人交。

㊀「諸」下脱「口」。

乃煦煦有恩義。而未嘗欲人譽己也。其來京師。受知於侍從近臣。而以名聞於天子。遂獲齒於國之貴游子弟。及校其藝。又數出衆人之右。解褐將有日矣。未嘗欲以爲閭里之榮也。今方去。而省其親於東南五千里鉅海之上。懼夫離羣索居。無所恃以爲善也。故欲聞一言於先生長者以自壯。其求之也。亦異乎人之求之者矣。黄文獻集。

饒先生□父安道。

饒生者。臨川人也。文獻送其父安道序云。饒君安道。自臨川攜其子而來。既俾奉贄堂上。以禮見。顧以限於常員。未及執經就列與諸生齒。安道告予。將與俱歸家食以需次。願得一言爲別云。黄文獻集。

别附

虚白皡

梓材謹案。黄晉卿門人有在釋氏者。爲繡湖沙門皡公。號虚白。見貝清江集。附誌於此。

高氏同調

虞先生摯

虞摯字處道。永嘉人。善詩文。與高明齊名。温州舊志。

許氏家學

許先生熹

許先生勳並見石氏門人。

隱居許樵隱先生熊

許熊字吉甫。東陽人。文奎季子。使就學。朝益暮習。孳孳不懈。平生安于素分。而無慕乎外。自號樵隱以見志。黄文獻集。

梓材謹案。先生嘗從許白雲遊。見王海日所作許氏四傳堂記。又案。東陽縣志載白雲八華書院云。文懿病目眚。倦於應接。門人許孚吉迎至玆山講學。孚吉疑是吉甫。傳寫之訛。

學録許先生怡

許怡字和伯。東陽人。華甫長子。洪武初。辟蘭溪學録。東陽縣志。

梓材謹案。胡仲子白雲亭記云。距婺之東百有五十里。其邑爲東陽。未至邑四十里。其鄉爲懷德。其山有曰八華。故文懿先生講學之所也。山之麓。許氏居之。其兄弟曰和伯。曰晉仲。伯温伯恭自以其生也晚。不及登先生之門。幸嘗私淑諸人。而與有聞焉云云。則先生兄弟固白雲私淑弟子也。

教諭許先生愉

許愉字晉仲。華甫次子。性孝友。博學能文。工於詩。長史朱廉稱其有盛唐風致。至正中。

遊燕京。黄晉卿時在翰林。見其文。語人曰。許愉。吾里之徐無黨也。縉紳交薦之。先生辭歸。洪武初。部使者薦署金華縣儒學教諭。不赴。所著有林塘風水辨。隆慶東陽志。

李氏門人

補 徵君胡蔗庵先生淡

雲濠謹案。鹿皮子爲作蔗庵賦。

補 陳先生士允

周易集註自序

周易一經。自孔子傳之商瞿氏。而下傳之至今。上下千七百年。說者亡慮數十百家。前倡後和。咸務明經。倡於前者。不必禁後人之有言。和於後者。不必遜前人之已作。要在歸於至當。百世以俟聖人而不惑爾。漢魏晉宋齊梁陳唐諸儒姑置勿論。至宋。程邵張朱諸夫子出。而以身任道學之寄。皆嘗心契羲文周孔之心。意會羲文周孔之旨。見諸著述。宜無餘藴者矣。及合沙鄭氏。沙隨程氏。隆山李氏。厚齋馮氏。平庵項氏。數君子者接武而起。致其精思。亦皆有以擴先儒之所未發。然則學愈講則愈明。義愈析則愈精。討論潤色。夫豈厭於多乎。士允不敏。竊嘗沈潛經義。而博究乎諸家之說。或者病其博而未約。因約羣言。爲之集註。乃不自揣。閒亦竊附臆說之一二焉。夫探珠於淵。終身不過得珠。採玉於山。終身不過得玉。至於其他奇珍異寶。固不得以兼致。此專門獨見之學。所以難爲工也。掉鞅乎百貨之區。游目乎羣玉之府。奇珍異寶。雲委山積。左掇右拾。莫非希世之珍。又將於中掄其最者。此會萃諸儒之説。所以易爲好也。臆説之附。誠不自揣。譬猶陳燕石於瓊瑤之閒。編魚目於明月之側。寧無不類之慚乎。然嘗聞之。昔程夫子之傳易也。未濟之義。采諸工師之言。古之君子不以人廢言也久矣。士允之不敏。雖不敢引遙睇於作者之林。而方之執藝事之賤工。尚或不容多讓。世無程夫子。則已有之或將有採於斯乎。

王氏續傳

王先生禕詳見黄氏門人。

定宇家學五傳。

陳先生善

陳善字成與。定宇族孫。從游六年。定宇文集。

陳先生良祖

陳良祖。定宇族孫。從之游。請字。字之曰存心。定宇文集。

陳先生光

陳光。貢元應午之曾孫。穎而淳。少從定宇學。字以實卿而爲之說。定宇文集。

定宇門人

補 隱君倪道川先生士毅

雲濠謹案。四庫全書存目著録先生重訂四書輯釋二十卷。提要云。至正辛巳。刻於建陽。越二年。又加刊削。卷首有倪氏與書賈劉叔簡書。述改刻之意甚詳。此重訂所由名也。此本改題曰重訂輯釋章圖通義大成。首行列倪氏之名。次列新安東山趙汸同訂。次列鄱陽志升朱公遷約旨。次列新安林隱程復心章圖。莆田王元善通考。次列鄱陽王逢訂定通義。書中亦糅雜蒙混。紛如亂絲。不可復究其端緒。是已爲書賈所改竄。非倪氏之舊矣。

附録

汪環谷序四書輯釋曰。同郡定宇陳先生。雲峯胡先生。睹集成之書行於東南。輾轉承誤。莫知所擇。乃各摭其精純。刊剔繁複。缺畧者足以己意。陳先生著四書發明。胡先生著四書通考。皆足以摩刮向者之敝。而陳先生晚年。且欲合二書而一之而未遂也。友人倪君仲宏。實從游於陳先生。有得於講劘授受者蓋稔且詳。乃會萃二家之説。字求其訓。句探其旨。鳩僝精要。考訂訛舛。名曰四書集釋。學者由是而求子朱子之意。則思過半矣。薛敬軒曰。四書集註章句之外。倪氏集釋最爲精簡。

梓材謹案。元史類編稱先生祖父三世以經學教授鄉里。先生世其學。以教授於黟二十三年。黟人化之。又稱著四書輯釋。明永樂閒。詔儒臣纂修四書大全。實本其書。又有尚書作義要訣四卷傳於世。趙東山作先生改葬誌。稱於他經皆未就。故朱氏經義考以爲。此必書坊僞託也。

補學士朱楓林先生升

朱楓林語

大哉。六籍之功乎。立天地之心。植生民之命。措斯人於至治。傳是道於無涯。先聖後聖。因時而起。制作傳述。其事不同。而此心此理則未嘗異也。是故詩者。人情之宣也。書者。政事之化也。禮者。列義理之序。而樂者。陶天地之和也。易者。上古聖人所以開物成務。而春秋者。夫子所以正王道而明大德者也。聖人之道載於經。聖人之心無窮。經之理亦無窮也。大學中庸旁注自序。

先儒用聖賢功夫。故能因經文以得聖賢之意。學者用先儒功夫。而能因經解以得先儒之意。幾人哉。性質庸常。學力鹵莽。父兄師友取經解而督之讀。經與解經不能以意相附。其弊也。斷裂經文。使之血脈不通。首尾不應。欲求其知味樂學。不可得也。此愚所以於六經四書皆欲旁註之。以爲教子授徒之計。而未暇悉成也。

附録

授池州學正。江南北學者多從之問業。號楓林先生。嘗曰。旁註之作。知其麄者。以爲小學訓詁之入門。悟其妙者。知爲研慮造道之要法。

梓材謹案。先生嘗編小四書。其序云。上章困敦。赴紫原書會。與友朋商確。爲齋生定讀書次序。首蛟峯蒙求。凡將急就之儔也。名物者。小學之先也。次勿齋字訓。性理學問。天人之道。治教之原也。次陳先生歷代蒙求。使知古今朝代之畧。次黄成性史學提要。使知傳統事迹之詳。然後循序乎六籍之學。歸趣乎孔孟之教。究極乎濂洛之説。庶幾入門適道。有序有條。本末兼備。終始相成者矣。又言曰。小四書。蓋以别於晦庵四書云。

雲濠謹案。先生所居梅花初月樓。明太祖親灑字以賜。所著有易詩書周官儀禮禮記論語孟子大學中庸孝經小學旁註。又有書傳續。書傳補正。老子孫子旁注。

補　葉先生大有

梓材謹案。定宇文集有送先生往淮序云。吾妹壻葉兄應宗。號曰敬齋。其兄子大有謙甫。少從予游。迪以周程朱子淵源之學云云。蓋先生爲定宇從甥。

補　吴先生彬

吴仲文語

爲善而發於歌詠。則令聞益彰。爲惡而發於歌詠。則遺臭益遠。所以讀詩者。因詩之善惡。

而有感發懲創之心也。自古淫亂之人。未有不殺身亡家者也。聖人所以著之於經者。使後世爲惡者。知雖暗室深閨之所爲。亦無隱而不顯。聖人既存之。以示萬世。後人讀之。豈不可以爲戒。如麀聚之醜。牝晨之凶。則其可醜可惡之尤者。使聖人删之。則後世之昏淫穢亂於奥户綺疏之間。自謂隱密。其誰知之。將肆於爲惡。而愈無忌憚矣。聖人存之。將以扶植天命民彝。有關世教而存鑒戒。又况詩人之用心忠厚。譏而不訐。刺而不詆。其詞紆餘而不暴。含蓄而不露。舒徐而不切。委蛇而不直。往往使人逆其意而讀之。意在言外。是譏刺之中有忠厚之意也。孔子曰。放鄭聲。而存鄭風淫奔之詩者。何也。蓋存之所以見風俗而垂鑒戒。絶其聲於樂以爲法。而存其詞於詩以爲戒。二者並行而不相悖。

董先生眞卿 詳見介軒學案。

戴先生蘭

戴蘭字庭芳。休寧人。少從定宇游。三年。警敏異常兒。定宇器之。又稱其好學不倦。定宇文集。

程先生植

程植字仲本。節卿大尹之嗣子。歸自廣東。來從定宇游。定宇謂其資不爲敏。而其心則甚勤。立志良可嘉。而求效似大急云。陳定宇集。

雲濠謹案。定宇又爲先生字說。謂其先字仲芳。廣東廉訪僉事詹公爲之更曰仲本云。

金先生若愚大父健。

金若愚字伯明。休寧人。尚書忠肅之八世孫也。生三歲而孤。大父健教育之。元黙涒灘之歲。始從定宇游。定宇文集。

王氏門人

高先生珉

高珉字仲温。乳溪名儒名叟之孫。好學不倦。師王彌道。陳定宇集。

孫氏續傳

山長孫先生元蒙

孫元蒙字正甫。鄞人。臨海令璹之孫。少孤。勤學好問。學詩於魯月卿。同門皆出其下。介然有守。嘗爲郡庠司訓。一言少忤。遂引去。郡守畱之不得。俾攝鄞學事。食其禄。固辭不受。家貧。僦屋而居。講學自治。尤篤於倫理。與人交。久而益敬。又爲杜洲山長。寧波府志。

附録

有司選故家俊秀補學宫弟子員。遂請往時鄉先生魯月卿杜孟傳居上庠。以先世嘗同官於朝。

有通家之好。喜曰。文獻之傳。固自有人乎。因受詩魯氏。出入諸家之説。訛者正之。疑者辨之。紹興葉敬常倅餘姚。延之館下。同知劉文大宇文子貞方行鄉飲酒禮。先生爲定揖讓進退之儀。觀者以爲合於古。歸主杜洲書院。申明朱子月試季考法。朔望讀吕氏鄉約。書善紀過。以示勸懲。遠近裹糧而至者數百人。平生於書無不讀。爲文婉而有法。嘗舉有司。不售。遂不復踐場屋。盡出所業以授學者。戒之曰。學在我。爵禄系之天。

魯氏門人

山長孫先生元蒙

詳上孫氏續傳。

董先生復禮

董復禮字秉彝。奉化人。嗜書。不以貧輟其學。師事鄉先生魯月卿。爲舉子業。試有司不中。遂不復踐場屋。爲歌詩雜文。皆清麗古雅。學士袁伯長深加器重。寧波府志。

退思續傳

林先生伯生

林伯生字成之。平陽人。爲考亭高弟退思先生五世孫。篤實好學。嘗謁潛溪於金華山中。相與講學術異同。論風俗淳漓。以茂才貢士。銓曹擢爲侍儀舍人。宋文憲集。

鹿皮門人

吴先生中

吴中字子善。東陽人。少從鹿皮子陳樵游。樵卒。從其母居陋巷閒。家貧。年三十不能娶。不介意。每鼓琴自娱。或把筆吟咏。宋學士濂與善。卒。爲之銘。以固窮稱之。東陽縣志。

楊鶴巖先生芇詳上黄氏門人。

朱先生廉見上黄氏門人。

華川家學

博士王先生紳

王紳字仲縉。忠文公褘之仲子。性至孝。痛父死節。遂匍匐往雲南求遺骸。既至。不可得。乃即其處製神主。號慟幾絶。洪武末。以文行薦。授國子博士。著繼志齋集二十卷。姓譜。

雲濠謹案。明文海謝鐸表王孝莊墓有云。忠文子博士君嘗登宋潛溪之門。與正學方先生爲同志友。

王仲縉説

聖人垂訓方來。於六經尤著。六經非聖人之所作。因舊文而删定者也。易因伏羲文王之著而述之。大傳所以明陰陽變化之理。書因典謨訓誥之文而定之。所以紀帝王治亂之迹。春秋因魯史之舊而修之。所以明外霸内王之分。詩因列國歌謠風雅之什而删之。所以陳風俗之得失。禮所以著上下之宜。樂所以尊天地之和。皆切於日用。當於事情。而爲萬世之準則也。其於取舍用意之際。似寬而實嚴。若疏而極密。故學者舍六經無以爲也。

聖人因自然之道。著爲自然之文。故因其變化之理而成易。因其訓誥之體而成書。因其治化之蹟而成詩。因其褒貶之法而成春秋。因其□□㈠之□㈡而成禮。因其和暢之用而成樂。此六經之文所以終天地亘古今而不易者。以其出於自然也。

華川門人

吴先生綸父明善。

吴綸。金谿人。父明善先生博學篤行。先生客金陵。數從王子充遊。忠文文集。

宋㈢先生仲桓

朱仲桓。吴人。少好讀書。數從子充問學。忠文文集。

㈠「□□」當作「節文」。
㈡「□」當作「實」。
㈢「宋」當爲「朱」。

徐先生膺父方舟。

徐膺。桐廬人。父方舟遺之從子充遊。忠文文集。

梓材謹案。方舟讀書之室曰滄江書舍。

朱先生文

朱文字悦道。義烏人。從王忠文遊。學博才贍。剛方少許可。洪武六年。舉明經。授知星子縣。廉介自持。興學勸農。奏罷茶貢。後陞贛州府同知。盡心撫綏。金華府志。

夷白家學

陳先生天騏附師趙本初。

陳天騏。夷白族子。年十九。其父伯淳至杭見夷白。時同至者叔姪九人。留而不去者五人。先生最少。而知務學問。夷白延師。俾習舉子業。未幾。夷白過吴門。屬之受詩於會稽趙本初。俄得軟腳疾以卒。夷白齋集。

夷白門人

徐先生緬父元震。

徐緬。吴郡人。父元震。字孟達。命之從陳夷白遊。初名勉。以與蕭梁時宰相東海徐勉同名。

乃易爲勔。而宋倖臣朱勔雖非同姓。而同郡。又易爲緬。蓋其字公遠。而緬之爲言遠也。於是皆以爲宜。且請夷白序其説。夷白齋集。

梓材謹案。陳夷白夙與孟達遊。爲作棹軒記。又爲作朝會堂東軒記。又作書紳齋云。孟達居松陵笠澤閒。蓄書數千卷。教其子。孟達卒。夷白爲之壙銘。蓋世居常熟之虞山云。

毛先生□

毛生者。夷白之徒也。夷白送之歸越云。昔人受易田王孫。孟喜梁邱同一門。卓哉古學貴師授。愛爾毛生敏而秀。侍父宦游千里餘。從師問業三冬後。越王臺上瞰滄溟。百川趨之終不盈。毛生東歸究源委。親見陽烏海底生。夷白齋集。

申屠家學

教授申屠先生澂

申屠先生溶合傳。

申屠澂字仲敬。諸暨人。父性受業黄晉卿之門。先生與兄溶梓材案。一作濬。九靈山房集申屠先生墓誌云。子男二人。長濬。次澂。得其淵源。謹言端行。俱爲鄉里所敬憚。而先生尤寡合。工古文詞。精篆籀小楷。辟本路教授。辭疾不行。晚節益堅。諸暨縣志。

時甫門人

朱先生廉見上黄氏門人。

高氏門人

明經季菌翁先生應期

季應期字均饒。號恥庵。又號菌翁。瑞安人。少穎悟。受春秋於高明誠。既而得關閩諸儒全書讀之。於天道性命之微。古今事物之理。與夫百家子史。莫不極其津涯。尤樂於誨誘。嘗曰。窮經以致其用。反躬以踐其實。不如是。讀書奚益。洪武十九年。有以明經薦。遂引年歸。八十三卒。姓譜。

梓材謹案。温州舊志作季應旂。所著有樊莊集。

菌翁自誓詩

希賢希聖吾儒事。大道從來不遠人。地載風霆俱是教。天垂象緯豈非仁。無能畫虎翻成拙。有技屠龍未是神。俯仰兩間無愧怍。練衣簞食任長貧。

胡氏門人

補 李先生思齊

李思齊字齊賢。東陽人。寓居湖山。從胡淢遊。受知白雲許先生。至正間。由鄉薦爲龍泉知縣。洪武初。宋濂以明經薦。爲河南按察司僉事。命下而卒。隆慶東陽志。

補 徐先生黼

徐黼字舜文。東陽人。早從胡淢學治禮經。元末不仕。作野心亭八詠以見志。洪武初。以明經薦。授本縣儒學訓導。隆慶東陽志。

補 胡先生太和

胡太和。蔗庵門人。蔗庵卒。先生輓之曰。丹心根本崇祠宇。白髮思親結墓廬。東陽縣志。

朱先生廉見上黄氏門人。

陽氏續傳六傳。

陽玉井先生□

玉井陽氏。家傳易學。蓋自五世祖得之吴蓮蕩。蓮蕩得之晦庵。淵源有自。故其家如字溪。如以齋。各有易説行於世。玉井以明易擢高科。年將八十。工於易。見王申子輯説。特編一帙與之辨難。平山蹇氏爲之跋。王申子説。

梓材謹案。四庫全書玉井大易緝説提要云。案陽氏者佚其名。惟其姓見申子此書中。字爲陰陽之陽。蓋宋陽枋之族也。朱彝尊經義考作楊氏。誤。

郭氏續傳

貞成郭暢軒先生櫝

郭櫝字德茂。號暢軒。黄巖人。其先世居仙居。正肅公磊卿游紫陽之門。與二杜爲友。家庭相承。學有源委。先生少勤問學。以理學爲諸儒倡。燕居修飾。危坐終日。洪武初。薦授饒陽知縣。考滿上道。會從兄遘罪誅。亦逮及先生。邏者察於途。搜篋中。惟所著易説雜評暢軒稿數十卷。及爪髪一束以聞。上嘉其清。賜紗幞銀帶寶鈔以旌之。既歸。號台南兀者。年六十三卒。門人私謚貞成先生。台州府志。

附録

先生由伊洛上遡洙泗。專用靜中工夫。其教人以收放心爲先。

倪氏門人

汪先生志道父泰初。

汪先生存心合傳。

汪志道。黟人。倪仲弘門人。仲弘教授於黟二十有三年。既没。家貧不能葬。逾四年。乃克葬於休寧故里赤邱之原。地下濕。欲更諸爽塏。力未能也。其弟存心相與謀曰。先生設教吾邑。遂留家焉。蓋所謂没而可祭於社者。吾里西北黄塘有善地。請改葬先生於此。以繫邑人之思。可乎。其孤聞。謙不敢當。邑令周希濂聞其言而嘆美之。命以己意爲書授仲弘家。又命諸孤急諏日營葬焉。初。其父泰初聞仲弘之賢而敬禮之。築室下阜里中。請仲弘奉二親來居。躬率子弟與邑人同學焉。趙東山存稿。

朱先生晏

梓材謹案。先生字平仲。見倪氏朱子綱目凡例序。

朱氏家學

朱先生同

朱同字大同。休寧人。楓林先生之子也。洪武中。舉明經。官至禮部右侍郎。所著有覆瓿集。安徽通志。

梓材謹案。歙縣志云。舉人才爲吏部司封員外郎。所著又有新安志。

朱氏門人朱子七傳。

范先生準

范準字平仲。休寧人。元末。從趙東山朱楓林汪仲魯游。學問該博。爲文宏議闊論。洪武中。以明經舉任本邑訓導。官至工部主事。著有虀甕稿。西游率稿。謬稿。塞白稿。何陋軒稿。安徽通志。

陳先生盤

陳盤字自新。又以字行。號伴竹先生。定宇曾孫。早從朱楓林趙東山遊。以制業受知於郡守陳觀靖。難兵起。守倡義師。先生實贊之。金川失守。同守被逮。陳定宇文集紀言。

汪先生侊

金先生居敬並見草廬學案補遺。

都事程先生天

程天。官中軍都督府斷事。與主事范準。侍郎朱同。同庚同師同業同仕。而死亦同。人以爲異。姓譜。

吴氏門人

汪先生德馨

汪德馨。家渠口。恕齋次孫。吴仲文爲其塾師。字之叔明。陳定宇集。

孫氏門人

牟先生□

牟先生□㊀

牟□。牟□。陵陽人。父景陽。官四明。孫正甫自鄉先生魯氏歸。遣二子從之。貝清江集。

董先生□

董□。江浙行省參知政事孟起之子也。孟起謂孫正甫有古人風。而其子亦師而受業焉。貝清江集。

暢軒家學

郭退軒先生熙附孫琤。

郭熙。黄巖人。貞成先生櫝子。博學篤行。號退軒。旣卒。門人私謚爲文康先生。孫琤。號

㊀「□」下脱「合傳」。

筠心。克世其學。所輯有郭氏詩選。文獻録。台州府志。

郭先生元亮

郭元亮。黄巖人。櫕從子。以儒士任新昌訓導。有尚書該義十二卷。文集五卷。行於世。台州府壽。

退軒門人

葉先生黼

葉黼字士冕。號拙訥。黄巖人。博通經史。好古力行。嘗從文康先生郭熙遊。得饒陽性理之學。授徒數十人。其教以孝弟誠敬爲本。而文藝次之。家故貧。然好施。授徒所得束脩。恒以給鄉族之貧者。嘗折衷學庸衆説。摭取朱子語録。及黄超然通義相發明者。附周易本義。未終而卒。台州府志。

宋元學案補遺卷七十一目録

嶽麓諸儒學案補遺

曾氏先緒……四一〇一

補曾先生信道……四一〇一

竹洲先緒……四一〇一

吴先生彥啓……四一〇一

吴先生民宗合傳……四一〇一

竹洲師承……四一〇二

孫先生彥及……四一〇二

宋氏先緒……四一〇二

宋先生沆……四一〇二

雙溪先緒……四一〇三

王先生槖……四一〇三

南軒門人……四一〇三

補胡先生大時……四一〇三

補彭先生龜年……四一〇五

補吴先生獵……四一〇七

補游先生九言……四一〇八

補游先生九功……四一一〇

補周先生奭……四一一一

補趙先生善佐……四一一一

補簡先生克己……四一一二

補陳先生琦……四一一三

補張先生巽……四一一三

補王先生居仁……四一一四

補趙先生方……四一一四

補蔣先生元夫……四一一四

補曾先生摶……四一一五

補吴先生儆……四一一五

補蘇先生權……四一一九
補李先生壁……四一一九
補宋先生甡……四一二〇
補潘先生友端……四一二一
王先生炎……四一二三
舒先生誼……四一二三
葉先生定……四一二三
馬先生之純……四一二三
徐先生椿年……四一二三
黄先生執矩……四一二四
鄭先生伯壽……四一二四
鄭先生仲禮……四一二四
方先生□……四一二五
別附……四一二五
鄧友龍……四一二五
畏齋學侶……四一二五
歐陽先生誠之……四一二五
實齋師承……四一二六
方先生其義……四一二六
竹洲學侶……四一二六
吴先生俯……四一二六
劉氏學侶……四一二七
湯先生師中……四一二七
雙溪講友……四一二八
王先生至卿……四一二八
止堂家學……四一二八
補彭先生欽……四一二八
補彭先生鉉……四一二八
彭先生銓……四一二九
默齋門人……四一二九
補劉先生宰……四一二九
補王先生遂……四一四一

袁先生標……四一四三
實齋同調……四一四三
吴先生應賢……四一四三
簡氏門人……四一四四
崔先生與之別見邱劉諸儒學案補遺……四一四四
竹洲家學……四一四四
吴先生垌……四一四四
竹洲門人……四一四四
方先生恬……四一四四
黄先生何……四一四六
詹先生景陽……四一四七
汪義端別附慶元黨案……四一四八
周氏家學……四一四八
補周先生端朝……四一四八
宋氏家學……四一四九
補宋先生自適……四一四九
宋先生自道合傳……四一四九
宋先生自逢合傳……四一四九
宋先生自述合傳……四一四九
宋先生自遜合傳……四一四九
宋先生自達……四一五〇
雙溪家學……四一五〇
王先生恕……四一五〇
雙溪門人……四一五一
彭先生圖南……四一五一
馬氏門人……四一五一
喬先生行簡詳見麗澤諸儒學案……四一五一
棣華家學……四一五一
吴先生垕別見晦翁學案補遺……四一五一
漫堂家學……四一五一
劉先生直孺……四一五一
實齋家學……四一五二

王先生志叔……四一五三
實齋門人……四一五三
孫先生子秀……四一五三
林先生叢桂……四一五四
孫氏學侶……四一五四
方先生山京父季仁……四一五四
黃氏家學……四一五五
黃先生渙……四一五五
黃先生閱附子華……四一五五
黃氏門人……四一五五
程先生珌……四一五五
洛水講友……四一五九
舒先生搗……四一五九
鍾氏續傳……四一五九
鍾先生夢鯉……四一五九
馬氏續傳……四一五九
馬先生光祖詳見西山眞氏學案……四一五九
孫氏家學……四一六〇
孫先生炳炎……四一六〇
孫氏門人……四一六〇
黃先生震詳東發學案……四一六〇
洛水家學……四一六〇
程先生海……四一六〇
程先生渭合傳……四一六〇
程先生漢合傳……四一六〇
程先生洙合傳……四一六一
程先生汴合傳……四一六一
程先生渥合傳……四一六一
程先生其恕……四一六一
程先生其孚合傳……四一六一
程先生其清合傳……四一六二
程先生其扆合傳……四一六二

程先生其深合傳……四一六三
程先生其元合傳……四一六三
洛水門人……四一六三
呂先生午……四一六三
雙溪續傳……四一六三
王先生偁詳見介軒學案……四一六三

宋元學案補遺卷七十一

後學 鄞 王梓材 慈谿馮雲濠 同輯

嶽麓諸儒學案補遺

曾氏先緒

補 曾先生信道

曾信道。建昌人。東萊題紫微與先生手簡後曰。信道丈以學問識度爲舍人伯祖所許。不幸早世。其子撙節夫復與某爲同年進士。而節夫外舅李夔州。則某少所承事者也。故雖未得與節夫合堂同席。而知其父子之賢爲詳。東萊遺集。

梓材謹案。先生名發。信道。其字也。仕爲吉州教授。南軒稱其友睦之行推于其鄉云。

竹洲先緒

吴先生彦啓

吴先生民宗合傳。

吴彦啓。進士及第。竹洲叔祖。吴民宗。竹洲伯父也。竹洲和金尚書棣華堂詩韻序云。吴氏之不造有年矣。而近歲讀書者稍倍于前。所以師表而教誨之者。有吾叔祖與伯父。叔祖棄諸孫八年矣。今之所以執經而進見。質疑而問義。與有所法而不敢爲非者。惟吾伯父在。乃者家君闢屋數椽。以棣華名之。金殿院貽以佳什。伯父賡和。且敘所以名齋之意。訓諸子姪焉。吳竹洲集。

雲濠謹案。竹洲有過叢桂堂詩云。故叔祖教授讀書之所。

竹洲師承

縣丞孫先生彥及

孫彥及。□□人。官縣丞。吳竹洲之師也。竹洲和先生棣華堂詩韻。稱其詩引援古今。發明大義。使學者知不徒事汗㈠墨而已。其卒也。竹洲祭之云。嗚呼。死生通乎晝夜。達者以爲當然。朋友盡于始終。君子之所甚篤。而況某于公有師弟子之分。在禮有心喪三年之服。嗚呼哀哉。雖欲勿哭。焉得而勿哭。吳竹洲集。

宋氏先緒

宋先生沆

宋沆字叔子。金華人。文林郎茂叔之父也。學篤行高。鄉人尊之曰厲齋先生。眞西山集。

㈠「汗」當爲「翰」。

梓材謹案。慈湖遺書宋母王氏墓誌言。長子甡。年十五六較藝郡庠。數居前列。妣王氏誨之曰。女父無恙時。講道于家。未嘗强以語人。而就問者衆。每使學者熟味論語學而時習一章。所學果何學。所習果何習。是弗之思。詎可效舉子習小技。角勝負。止于科第而已耶。茂叔。其長子。次子修叔。從陸伯衡遊。

雙溪先緒

王先生稾

王稾。婺源人。雙溪之父也。贈中奉大夫。先生事母極愛敬。問起居。視飲食。日日皆有常節。有疾不離左右。藥必嘗而後進。承顔養志唯謹。執喪苫次。三年不飲酒。不茹葷。不入私室。事兄嫂致恭且順。行之以禮。終其身無違言。教兄子以詩書。不啻如己子。平生詩文遺稾題曰南窗雜著。雙溪文集。

南軒門人

補 胡季隨先生大時

雲濠謹案。南軒爲先生名其讀書之室曰勿齋。而爲之記。

梓材謹案。象山與林叔虎書。謂胡季隨乃五峯之幼子。師事張南軒。又講學于晦翁之門。學不得其方。大困而不知反云。

胡季隨説

戒謹恐懼慎獨。統而言之。雖只是道。都是涵養功夫。分而言之。則各有所指。獨云者。它人不知。己所獨知之時。正友恭所謂已發之初者。不睹不聞。卽是未發之前。未發之前。無一毫私意之雜。此處無走作。只是存天理而已。未説到遏人欲處。已發之初。天理人欲由是而分。此處不放過。卽是遏人欲。天理之存。有不待言者如此。分説自見端的。

朱子答曰。此説分得好。然又須見不可分處。如兵家攻守相似。各是一事。而實相爲用也。

涵養工夫實貫初終。而未發之前只須涵養。纔發處便須用省察功夫。至于涵養愈熟。則省察愈精矣。

朱子答曰。此數句是。

致中和。天地位。萬物育。若就聖人言之。聖人能致中和。則天高地下。萬物莫不得其所。如風雨不時。山夷谷湮。皆天地不位。萌者折。胎者殰。皆萬物不育。就吾身言之。若能于致字用功。則俯仰無愧。一身之閒。自然和暢矣。

朱子答曰。此説甚實。

附録

季隨從學晦翁。晦翁使讀孟子。他日。問季隨。如何解至于心獨無所同然乎一句。季隨以所見對。晦翁以爲非。且謂季隨讀書鹵莽不思。後季隨思之既苦。因以致疾。晦翁乃言之曰。然讀如雍之言然之然。對上同聽同美同嗜説。

補忠肅彭止堂先生龜年

梓材謹案。萬姓統譜言。先生從朱張講學。樓攻媿爲先生神道碑言。先生著内治聖鑒二十卷。訓蒙經解奏議外制并表牋雜著合爲若干卷。

附録

調安福縣丞。郡委檢察保甲而無其籍。憮然曰。是縣之根本不務。可乎。乃以法聯合統紀。又户別其老病强弱之丁。士農工賈之業。租税有無多寡之數。調夫既均。後有賑貸。按籍立辦。他日檢旱賴此。尤得其要。蠲放不及二分。而民間歡服。以爲前此未有得實如此者。請藏此牘以爲後法。

主管仙都觀。自初第而歸。益篤于學。以毋自欺名齋。以書問南軒中庸語孟大義。至是義理愈明。開發後進。摳衣北面者日衆。復與劉子澄往復問辨。時相與折衷于朱子。而學愈成。丁内艱。執喪盡禮。誠信備極。葬之日。觀者歎其可法。以致敬致樂致憂致哀致嚴裒集格言。類爲一書。名五致録。晚又定祭儀。行于家。

王厚齋曰。司馬公家範亦以五致類事。忠肅之書本于此。

寧宗御筆擧御史。有不植黨與之言。公奏但當察君子小人。不可問黨與。元祐黨籍第一人是司馬光。小人陷君子。變白爲黑。何所不有。

楚州應詔一疏。尤極剴切。謂信任君子之意未孚于人。而暱比小人之跡已見于外。君子告陛下之言。小人或得預聞。而小人誤陛下之事。君子或不能知。送伴至楚。聞朱子奉祠。又奏君子小人消長甚詳。皆不得報。

公性資剛方。學識正大。而議論尤爲簡嚴勁直。善惡是非務盡理。義所當爲。白刃可蹈。正色立朝。其愛君憂世之誠。先見之識。敢言之氣。皆人所難及。

晚既投閒。專以養性讀書爲事。扁所居曰止堂。悠然自得。幾微不見于顏面。

自僞學之説興。鮮不變者。公于關洛之書益加涵泳。著止堂訓蒙一書。蓋始終不變者也。

陸象山送彭子壽序曰。余與彭君同爲江西人。聞其賢久矣。比來始識其面。直諒之氣固可得之眉宇閒。以彭君之賢。疇昔擇交必善士。取舍向背不畔于善惡是非之大歸。不必過求。自可不失爲今世賢士大夫。然自視欿然。若有所甚不足者。嘗相與講求古聖賢格物致知之説。自謂不能無疑于此。而不肯自安于其所已知者。此吾所以奇彭君而有望于彭君者也。

魏鶴山序止堂文集曰。公始讀程子易傳。知爲學之要。又從朱張問辨講切而學益成。由是尊聞行知。造次理道。居而訓子孫。淑朋類。必孝弟謹信。志道依仁也。必窮理格物。謹獨守約也。出而告君父。敎世子。必正心脩身。事親刑家。畏天愛民也。必尊儒務學。簡修勸忠。别慝癉惡也。蓋言未有不根諸理。而理未有不求諸近。非若異端之誣民。文士之譁世也。

眞西山跋忠肅文集曰。忠肅以濂洛爲師者也。故見諸著述。大抵鳴道之文。而非復文人之文。

補 文定吴畏齋先生獵

梓材謹案。魏鶴山跋行實言。先生受業于里人陳仲思符。王明遠公明。尋受易于陳善長元。父康年以易受知于張忠獻公。因得交宣公。遂從宣公卒業。嶽麓書院成。以選爲諸生。乾道三年。朱文公來會宣公。又獲親炙焉。及試南宫。之婺謁吕成公。與語。奇之。

附録

卽城北僧舍授徒。太中公交遊道廣。先生力貧養志。太中公卒。執喪一循古制。不用浮屠。湘中士大夫喪禮黜浮屠。自先生始。

除廣西路轉運判官。尋宣公舊規。修校官㈠。闢漕司酒庫以爲桂林精舍。與同志共學焉。兼知成都府。蜀士學于成都者。春秋試率數千人。弟子員五百餘。先生揭朱文公白鹿書院學規誨之。

從張忠獻公聞復讐二字。及從宣公又聞求仁之要。終身誦而行之。以故士心豫附。所至林立。

㈠「官」當爲「宫」。

補 文清游默齋先生九言

梓材謹案。朱子答李伯諫書云。近游誠之相過。開爽可喜。渠南北事甚熟云云。注云。伯鈞㊀之子。

默齋問答

問南軒。明道先生曰。發己自盡謂忠。循物無違謂信。表裏之謂也。又曰。盡己之謂忠。以實之謂信。忠信內外也。九思思之。所謂忠者。無自欺也。無自私也。凡見于所言所爲。發于其中而著之于外者。無有一毫不盡此心焉。所謂信者。亦是此心之發時。因其應事于外而名之者也。因其理之有定。當其可而無違。是之謂忠信。忠信本無二致。自其發于內而言之之謂忠。自其因物應之之謂信。故曰表裏之謂也。明道以此釋曾子之言爲人謀。則謀在我。是亦發于中之意。與朋友交。則朋友在外。是亦遇事而應之之意。二先生論忠信內外。大概如此否。

南軒答曰。盡于己爲忠。形于物爲信。忠信可以內外言。亦可以體用言也。要之。形于物者。卽其盡于己者也。玩程子之辭義。蓋包涵矣。

又問。明道先生曰。維天之命。於穆不已。不其忠乎。天地變化草木蕃。不其恕乎。伊川先生曰。乾道變化。各正性命。恕也。侯子曰。伊川說得有功。天授萬物之謂命。春生之。冬藏之。

㊀「鉤」當爲「鈞」。

歲歲如是。天未嘗一歲誤萬物也。可謂忠矣。萬物洪纖高下短長各得其欲。可謂恕矣。九思謂。維天之命。於穆不已。蓋一元之氣運行無息。所謂天行健者也。以其行健無息。故能生生萬物。而各稟此善意。故曰恕。其在人體之則曰。乾乾誠意無毫髮閒斷。則發見于外。斯能以己推之。以心之所本既善。則應人接物皆如其心。可謂恕矣。觀明道謂草木蕃。于伊川言各正性命。不見有差殊。其在萬物。得其所以蕃生。便是正性命。不知侯子何以分輕重。兼謂維天之命爲天授萬物者。恐此天命只是天理。伊川所謂在天爲命。不必須是授之萬物始謂之命。故又謂春生冬藏。歲歲如是。未嘗誤萬物爲忠恕。此亦只是恕。蓋已發者也。

南軒答曰。明道之言。意固完具。但伊川所舉各正性命之語。爲更有功。忠。體也。恕。用也。體立而用未嘗不存乎其中。用之所形。體亦無乎不具也。以此意玩味。則見伊川之言尤有功處。侯師聖所説忠字。恐未爲得二先生意。天命且于理上推。原未可只去一元之氣上看。

附録

朱子答劉澄之曰。游誠之彊敏可喜。而忮狠之根不除。又計校世俗利害太切。切恐不免上蔡鸚鵡之譏耳。

魏鶴山序默齋集曰。默齋氣稟誠實。而早有立志。知所以自厚其躬矣。矧得一世大儒執經而受學焉。是惟無言。言則貫融精粗。造次理道。使假之年。且見于用。其所成蓋不止此。

宋潛溪題朱文公手帖曰。誠之游澹軒也。澹軒蚤從張宣公游。晚復事文公。文公遇之如黄直卿。

謝山鮚埼亭詩集南圻攝山得朱儒游文清公默齋題名詩。乾淳薪火紹湖湘。白下登樓有漫塘。多少遺書都泯滅。誰尋心畫到荒岡。自注。默齋從宣公于長沙。及官秣陵。得漫塘爲高第。

雲濠謹案。萬姓統譜載先生工詩。如東風未肯催桃李。留得疏籬淺淡香。平生意思春風裏。信手題詩不用工。閒處漫憂當世事。靜中方識古人心句。詩家所稱。故梨洲學案原本云。游九思字誠之。有詩名。但别出游九言號受齋。而不知其爲莊簡九功之號。則非矣。

補 莊簡游受齋先生九功

雲濠謹案。樓攻媿爲羅簽密點行狀云。調定江軍節度推官。建安游君九功。魁傑士也。時爲九江録參。一見契合。相與爲莫逆之交。

附録

劉後村祭之曰。於維游氏遠矣。淵源御史。授業河南之門。爰及默齋。學于南軒。公稍後出。以篪和塤。兄之賢季。師之嫡孫。匪曰菁華。先植本根。

梓材謹案。後村又爲受齋集序云。公家自御史肅公得伊川輩。傳默齋。文清公爲南軒高第。公師祖而友兄。百年文獻在焉。又言。其偏交諸老。尤爲後溪劉公所知云。

又挽詩曰。昔在高陽里。曾登夫子堂。武城愧言偃。畏壘化庚桑。病臂書全缺。驚心劍忽亡。平生芻一束。道遠不能將。

補鄉舉周斂齋先生奭

梓材謹案。先生著有經世指要。

附録

南軒講學潭州。先生受業于門。稱高第。

嘉定閒。眞西山帥潭。命縣令徐質夫作漣溪書院。以先生主教事焉。

朱子語類。蕭佐對以允升藏修之所正枕江上。南軒題曰漣溪書堂。鄉曲後學講習其閒。但允升今病。不能出矣。先生曰。南軒向在靜江。曾得書。甚稱説允升。所見必别。安得其一來。次第送少藥物與之。

補知州趙先生善佐

附録

知常德時。州人相率以其治行言于使者。先生聞之。亟諭止之曰。太守德薄政荒。不能宣布聖天子寬大之詔。父老不以爲有罪。又何善之可稱。其急歸教子弟。敦孝弟。忍小忿。崇信義。使太守之政有能善俗者。則父老之賜厚矣。

始至贛州時。以書問朱子爲政所宜先。至官一一罷行之。踰年而卒。民畫其像祠之。

補 簡先生克己

雲濠謹案。廣州志載先生卒壽八十餘。

附録

少習舉業。已而厭之。歎曰。言行未寡尤悔。遽投牒事干禄。豈古人意哉。遠遊湖湘。師事張南軒數年。講性理之學。以眞知實踐爲事。南軒稱其精確有守。既得其傳。退歸杜門。不妄與人交。所知詢之。則曰。吾方治吾身。心未暇也。書南軒論性之言爲座右銘。以爲仁莫要乎克己。己私既克。愛之理無所蔽。則與天地萬物血脈貫通。而其用亦無不周矣。其取名克己者。蓋顧名思義之意。

鄉邑以其耆而有德。皆敬禮焉。崔與之自倅邕洎被召。往來謁見。皆執弟子禮。廖德明帥廣。

日往見之。時延至郡齋講論舊學。每諦聽。必拱立。其爲名流所重如此。啓迪後生過于父。師事無長少。咸稱簡先生云。

補機宜陳克齋先生琦

附録

南軒春日和陳擇之詩曰。花落花開總可憐。嶠南亦復好風煙。雨餘起我故園夢。漠漠浮鷗水拍天。年華冉冉春將半。花事悤悤雨滿城。想得東郊變新緑。未妨攜酒趁初晴。泗上當時鼓瑟人。風雲豈是樂閒身。言外默傳千聖旨。胸中長有四時春。日長漸有簡編樂。春半已將櫻筍來。無數青山相慰藉。有時明月共徘徊。

補張錦溪先生巽

附録

從南軒歸。杜門養晦。人罕知者。

閒從劉叔光遊。因得所聞于朱子者。然疑其教不止是。

補　進士王先生居仁

梓材謹案。一統志載先生與龔蓋卿同時執經南軒之門。深有造詣。旣登進士。遂隱居不仕。自號習隱云。

補　忠肅趙先生方

梓材謹案。先生爲辛稼軒所得士。宋史稼軒本傳。稱其帥長沙時。閱禮記卷曰。觀其議論。必豪傑士也。此不可失。啓之。乃趙方也。

雲濠謹案。虞道園爲趙文惠神道碑云。魯國弟常生端明殿大學士太師衛國忠肅公方爲魯公後。又云。初。胡文定公父子倡明伊洛之學于湖南廣漢。張子實受而傳之。與新安朱子共承絶學于百世之下。游張氏之門者。惟長沙吳獵德夫氏得其傳。而衛國事張子最久。又從朱子學。所聞不下于德夫氏。而克以學問任大事。赫然樹勛業于當時。則過之矣。

補　鄉薦蔣先生元夫

附録

先生嗜學。善屬文。兩請鄉薦。貴賤不欺。

補 撫幹曾先生撙

梓材謹案。先生在湖南時。從南軒遊。嘗官荆湖南路安撫司。準備差遣。母張氏。南軒誌其墓。

雲濠謹案。先生嘗以拙名齋。南軒爲之記。

補 文肅吴竹洲先生儆

竹洲文集

前書論學伊川者之弊。非好爲異。以伊洛之所以異于釋老者。正以其本末具舉。先後有序。故自格物致知。正心誠意。脩身齊家。而後治國平天下。孔子亦自志學積而至耳順從心。若説才有所見。便易脗合。想非今之學者所能。非惟今之學者不能。雖孔夫子亦五十而學易。蓋易窮天地陰陽人情物理之變。且如孟子論治。始於田桑雞豚之畜。煞要理會。在若一有所見。便與之脗合。雖孔夫子亦不能如此。

且如孟子説三聖人。得百里而君之。皆能以朝諸侯。有天下。使儒者當之。便能做得這個事否。彼其施設固自有序。步步便有實效。非如釋家之説。推墮滉漾中也。未説行道濟世之事。且只做一個好學者。亦須博學而詳説之。不可如學佛之人。窺見一斑。便謂天上地下惟我獨尊。蓋吾儒之學者。周知萬物與天地相似。且願吾弟自格物致知以次正心誠意。須要脩身齊家而後行之天下。記曰。禮儀三百。威儀三千。苟不至德。至道不凝。中庸一書。不止專説理性。惟以性命中和爲本爾。以上答汪楚才書。

愛身者去其疾。疾去而身自安。不必導引服餌而後得壽也。愛民者去其害。害去而民自遂。不必興利施惠而後治也。愛民堂記。

兄弟。天倫也。夫婦。人合也。孝友。天性也。利害之所在。人僞之所從起也。孟子有言。人之所以異于禽獸者幾希。庶民去之。君子存之。今夫天倫之至親。嘗離于人合之間。言天性之至愛。常奪于人僞之滋長。君子之所存。存其天也。天之所存。人之所以異于禽獸者也。讀友于堂詩。書其後。

古人有臨渴掘井之喻。痛其平昔不讀書也。然臨渴掘井。猶有得泉之理。至渴不肯掘井者。是終渴死無悔也。勸學文。

官長家世業農。知吾農民甚苦寒于蠶。而不足于食。凡國家宗廟社稷之奉。軍旅之須。官吏之俸禄。州縣之用度。一絲一粟。無非取辦于吾農民。且有里胥之追呼。官吏之刑責。豪右大家之兼并。游手亡賴之生事。凡所以苦吾農民者。復不一也。然明則有法令。惟吾農民是卹。幽則有鬼神。亦惟吾農民是依。農民之家。誠能長幼相率。竭力從事。無怠于輸則無追呼之擾。無囂于訟則無刑責之及。睦于閭門。比于鄉黨。則兼并生事之人。亦不應無故而相加。場圃既登。牛羊在野。婚姻往來。爲酒爲食以相勞苦。亦可以自樂于寬閑之野。而無羨于世之貴且富者。彼忘本逐末之人。冒風波。陷險阻。終身于憂患。而不能一日安其居。甚至于顛覆喪亡。而不得復返于其鄉者。亦豈如吾農民安生樂業自相保聚之爲福哉。勸農文。

附録

公之没也。奉議公已九十。呼其子。泫然流涕。曰。子之事親也。生有養。死有送。今吾先而祖以死。有餘恨矣。汝其毋忘乃父之志。以事爾祖。又曰。汝其知所以立身立家乎。忠恕者。百行之本也。恭儉者。百行之端也。其了然于死生之故。有釋老所不能及者。

其答吴益深書曰。某未第時。嘗從陳阜卿先生學爲舉子之文。歷仕後。常見尹少稷論古文。二先生于古今之文蓋習矣。而察者晚。而後見薛士隆言王伯之略。見南軒先生論誠明之妙。而志氣已衰。精力已憊。方且茫然自失。未知所以爲根本之計。詩曰。譬彼舟流。莫知所屆。心之憂矣。不遑假寐。用力益至。則其所至當益大。毋若某之學。終于無所歸宿焉。則善。

其爲棣華小録序曰。紹興乙亥。子吴子自虞庠謁告歸于家。邑之士以治經術作文章從予遊者數十人。譬諸草木。吾臭味也。然人生天地閒。如賓鴻客燕。窮達聚散何可常也。異時汾陰河南從宦于四方之游。江東渭北相望于千里之外。在位彈冠之興。樽酒論文之思。將于此乎取之。小録所以作也。

先生寫眞自贊曰。性多忤物。智不及事。習疏慵而樂放肆。澤雉之畜乎樊中。神雖王而失其性。咈其志。噫。

朱晦翁與汪伯虞書曰。邕州使君往見張荆州呂著作。皆稱其才。今讀記文。又有以見其所存者。益恨未得一聽議論之餘也。

梓材謹案。伯虞之兄伯舉。作堂于所居之西。金尚書名以尊己。而竹洲爲之記云。

葛氏泌爲之傳曰。公天資雄渾。學該體用。高遠而不爲迂。切近而不爲陋。上下數千年間。世變升降。制度因革。燦然若指諸掌。出入諸子百家。天官稗説。靡不洞究。發爲文辭。每一引筆。若飄風驟雨。不可止遏。公英邁慷慨。忠義激烈。雖窮居厄處。抱膝長吟。以社稷安危爲己任。方隆興天子鋭意北向。效奇獻策者無算。公獨憮然曰。是碌碌者。釣取爵位耳。使吾得當一面。提精兵數萬。必擒頡利以報天子。蓋公平日之志也。公之才足以佐理天下。而不得居卿相之位。公之氣足以并吞胡虜。而不得任鈇鉞之寄。公之節足以揮斥奸慝。而不得綱維國之風憲。公之文足以麾光雲漢。而不得黼藻國之綸綍。公之命固有所制。然孝盡于親。道信于友。名尊于身。孰得而制哉。

趙忠定爲先生像讚曰。儒林儀表。國家棟梁。風雲翰墨。錦繡文章。駕長虹于寥廓。聽鳴鳳于高岡。

程洺水序竹洲集曰。蓋公在太學十年。交當世士。所以涉歷者爲甚深。而公與其兄受徒棣華。旁近數州之士。從之遊者歲常數百。所以陶育大醇者爲尤至。晚而湘南又親得南軒鍼砭而切磋之。

至是蓋無遺憾矣。然則學者讀公之言。必觀公之所養。則本末源流。庶乎有所攷也。

呂氏午序吴文肅文集曰。方自永寧郡丞。終更陛對。孝皇奇之。即日擢守邕筦。且促趨戍。駸駸嚮用矣。以親老迎養弗便。願尋香火之緣。爰卽所居。葺園池亭館。日具壺觴。招致其親所素相好者。徜徉其中。以爲親娱。時作歌詩。父子自相屬和。將終身焉。夫人生莫樂于得君。今一言晤主立命。往鎭南邦。非樂歟。人生莫樂于行志。生平慷慨有志事功。是行也。可以一展抱負。非樂歟。然先生不以結知萬乘爲喜。而以得遂事親之情爲喜。不以行吾志爲快。而以得盡愛親之道爲快。其自處于寂寞之濱。未嘗有幾微見于顔面。是舉天下之樂無以易其娱親之樂也。

補 知州蘇先生權

雲濠謹案。先生仙遊人。見閩書。

補 文懿李雁湖先生壁

附録

嘉定四年。詔復公中大夫。提舉洞霄宫。公上書祈寢恩命。詔曰。朕惟公論所在。未有久而不明。人材實難。不忍使之終棄。蓋以裕陵之待蘇軾者待公也。又曰。處羣小横流之中。而有陰扶善類之意。當大權倒植之際。而有密制元惡之謀。況其遄返于敵廷。嘗欲挽回于兵釁。謂世讎固所當復。而邊事豈可□[一]興。至今斯言□[二]在朕聽。迨奮投龜之決。迄成解瑟之功。稽其忠勤。厥有本末。是又發公之心迹以示人也。

在廷蜀士少。公薦楊子謨等十三人。皆一時選。

公少而好詩。謫臨川。箋王文公詩爲五十卷。至懷清臺明妃曲等篇。則顯譏之不置也。其所自作。知詩者謂不減文公。

補 鹽事宋西園先生甡

茂叔遺文

人心至靈。萬善畢具。人之所以異于聖賢者。罪在自棄而不知求爾。求之如何。博學而審問。明辨而謹思。窮理以致其知。力行以踐其實。自卑而高。積小而大。造次顛沛而無自晝之間。則幾矣。若夫溺心于簡易之説。謂道可以悟入。聖賢可以立致。戒多學之累。而廢見聞之益。守見性之説。而忘存養之功。雖有得焉。烏知其非臆度料想之私乎。□□□□[三]。

[一]「□」當作「遽」。

[二]「□」當作「猶」。

[三]「□□□□」當作「宋文林郎墓誌銘」。

忠信進德之基。孝弟爲仁之本。行貴日益。文貴日損。聖賢之言。雖不吾欺。吾必求其眞知。念慮之過。雖不吾罪。吾必求其亡媿。自贊。

附録

昔郴州倅長沙。君年十四五。張宣公一見。許其資可以任道。既又執經東萊之門。方是時。四方儁茂聚于麗澤者數十百人。君末至。一旦潁然出其列。成公寢疾。獨以任重道遠屬君及大愚云。

梓材謹案。眞西山誌先生之墓如此。是先學于宣公。而後從學東萊也。又案。先生號西園。見西山所跋宋茂叔遺稾。

補學博潘先生友端

雲濠謹案。會稽續志載先生淳熙甲辰進士。爲太學博士。上虞志作太常博士。

潘端叔説

文王有聖德。蓋天命有所在也。泰伯知天命之所在。故其讓也。純乎天下之公。而不係乎一己之私。雖斷髮文身。舉世不見知而不悔。止于至善而已。庸他計乎。非精于義。達于權者。其孰能與于此。至德云者。人心之安。天理之極。無過與不及。而不可一毫加損者也。

驕則挾爲己有。專于夸己者也。吝則固爲己私。不肯舍己者也。二者皆生于有己而已。但驕者驕于人。吝者吝于己。驕則外若有餘。吝則内常不足耳。其餘指才美而言。蓋善者天下之公善也。人之有善。如才美在身。雖若周公之多。亦人之所當爲耳。夫何有于己。以爲己有。則所謂才美者。皆出于一己之私。雖善猶利也。故曰。有其善。喪厥善。是以其餘不足觀也。二者之病。未易去也。自學者言之。以一能自居。以一知自喜。皆所謂驕也。善而不公于人。過而憚改于己。皆所謂吝也。惟深致其知。而勇于克己者。始知二者之誠有害。而後能覺其起而化其萌矣。

附録

朱子答先生書曰。示諭講學之意。甚善甚善。但此乃吾人本分事。只以平常之意。密加慤實久遠功夫。而勿計其效。則從容日積月累。而忽不自知其益矣。

孫燭湖答先生書曰。四方師友。常存㊀闊隔。吾輩鄉社近□。□□□㊁并。如此固坐不勇。又或尼之。良自慙歎。

趙章泉送潘端叔詩曰。長沙送我枉君辭。懷玉逢君動我詩。不是固違良友戒。舍渠寧慰遠游悲。雁來海角平安訊。春到湖邊南北枝。儻憶平生故人否。衡門之下有棲遲。

㊀「存」當爲「苦」。

㊁「□□□□」當作「耳猶不能合」。

軍監王雙溪先生炎

王炎字晦叔。號雙溪。婺源人。乾道五年。進士及第。慶元五年。除著作郎。六年。爲軍器少監。胡庭芳云。雙溪讀易筆記十卷。總説象例在前。經傳皆有解。經義考。

梓材謹案。秀水莊氏南宋文範作者考。稱先生學問醇正。詩文博雅。受學于南軒。又與朱子友善。經史皆有著述。

梓材又案。先生所著。有讀易筆記尚書小傳行世。禮記論語孝經老子解。春秋衍義。象數稽疑。禹貢辨。考工記鄉飲酒儀諸經考疑編年。通紀紀年提要。天對解。韓柳辨證。傷寒論。總曰雙溪類稾。又有詩文十餘卷。曰雙溪集。見其族孫廷瑚所述傳略。

雲濠謹案。安徽通志言。先生累遷知湖州。不畏强禦。邸第貴介有撓政者。先生注牘曰。汝爲天子親。亂天子法。炎爲天子臣。正天子法。人傳誦之。初著易解。未竟。病篤。乃夜祝天。願須臾無死。以成書。病果少瘥。著有雙溪類稾。又案。四庫提要云。晦叔與淳熙中觀文殿大學士王炎名姓偶同。非一人也。

王雙溪語

士志學必志乎道。六經載道之器也。聖人詔天下與後世者甚厚也。故志乎道者。其學自經始。

禮記説

不敢受重賜者。心也。而五者備有焉。反此則其失亦多。是以孝子不敢輕受重賜。臨川王氏乃曰。若謂人子辭讓而不敢受。則百官牛羊倉廩之奉。舜未嘗辭。其説不然。禮者。聖人之中制。天下可以通行。堯之待舜。與舜所受于堯。非可律于天下也。

解屨取屨。其事甚小。古人至謹如此。敬長之心。誠一舉足而不敢忘矣。以上曲禮。

此序諸侯之位也。然亦有差誤。周官侯服外有甸服男服采服衛服。衛服外乃有蠻服。蠻服外乃有夷服鎭服蕃服。周官所謂六年五服一朝。蓋言侯甸男采衛也。作洛之役。稱侯甸男邦采衛見于周。皆不及蠻服。而采服諸侯與焉。今九采之國。反在應門外。鄭説曰。二伯率諸侯而入。九牧居外糾察之。何所據而爲此説也。周官職方。九服有蠻服夷服。而無戎狄之服。大行人之職。衛服之外有要服。而無蠻服。鄭曰。要服卽蠻服。要服之外謂之蕃國。世一見。又曰。蕃國。夷服鎭服蕃服也。今明堂位蠻夷戎狄並在門外。而夷服鎭服蕃服又在蠻夷戎狄之外。謂之四塞。記之所言。已自可疑。鄭注其可信乎。

周天子有日至之郊以報本。有啓蟄之郊以祈穀。其祭天。車用玉路。旂用日月之常。魯僭天子禮。亦不敢盡同。是以有祈穀之郊。無日至之郊。祈穀于孟春郊而後耕。則孟春乃建寅之月。非建子也。不敢乘天子玉路。又不肯乘同姓金路。故乘殷之大路。常畫日月。天子建之。旂畫交龍。同姓諸侯建之。常十有二旒。旂則九旒而已。今不敢全用天子之旂。故于旂上畫日月之章。綴以十有二旒。此皆用天子禮而不敢盡同也。

周官有鬯人鬱人。不加鬱謂之秬鬯。鬯人供之。煮鬱金和鬯酒謂之鬱鬯。鬱人掌之。天子賜諸侯以圭瓚。則諸侯可用鬱鬯。宣王嘗以圭瓚秬鬯二卣賜召虎。周公在東都日。成王嘗以秬鬯二卣命周公禋于文王武王。則秬鬯圭瓚。魯公必受此賜無疑。凡灌。天子諸侯用圭瓚。后夫人用璋瓚。故鬱尊有黄目。灌有圭瓚。雖魯人得用。然瓚有大圭。未免僭天子禮。

周公爲魯太祖而開國。實係魯公。其廟不毁。固宜。然不可援文王爲比也。煬公之廟。毁而復立。煬公以弟繼兄者也。武公之廟。毁而復立。武公舍長立少者也。二者皆季氏不臣之心。春秋書立武宫。立煬宫。以罪季氏。而比武公于武之世室。亦甚乖春秋之旨矣。以上明堂位。

記大傳者。首言禮一字。明所記者禮之舊典。非漢儒臆説也。禘與祫不同。祫則太祖東鄉。毁廟及羣廟之主。昭南鄉。穆北鄉。合食于太祖之廟。禘則祖之所自出者東鄉。而以祖配食。昭穆各以其次。故禘爲大。祫次之。如周人之祀后稷祖廟。大傳。

雙溪文集

治法至太平大備。而所以致太平者。不專係于法之詳也。周公輔政。管蔡流言。不安于朝而之東都。及鴟鴞之詩作。金縢之書啓。然後成王逆公以歸。既歸之後。伐管蔡。作洛邑。遷殷民。管蔡既平。殷民既遷。洛邑既成。公則歸政于成王矣。當歸政之時。成王莅政之初。淮夷猶未定也。而況公未歸政。管蔡未平。殷民未遷。洛邑未成。雖有六典。安得盡舉而行之。成王即政。巡侯甸。伐淮夷。中外無事。還歸在豐。作周官之書。以戒飭卿士大夫。則周公之經制。蓋施行于此時。吾是以知六典之法。至太平而後備。非用六典能致太平也。周禮考。

于偏覆無外故以天名。主宰造化故以帝名。在書言類于上帝。而又言告于皇天。在周官以爲禋祀昊天上帝。知昊天上帝一而已矣。是故詩書所載有皇矣上帝之言。有昊天上帝之言。而周官始有五帝之名。夫上帝至尊無二。而有五帝。何也。上帝。天帝也。五帝。五人帝也。何以知之。以周禮而知之。掌次大旅上帝則張氈案。朝日祀五帝則張次。上帝在朝日之先。五帝在朝日之下。則五帝非天帝。其證一也。宗伯祀五帝于四郊。四類四望亦如之。郊兆于四類之先。則五帝非天帝。其證二也。司服祀昊天上帝則大裘而冕。祀五帝亦如之。既言上帝。又言五帝。則五帝非天帝。其證三也。

以先王之行事質之。武王東伐。告于皇天后土矣。告于皇天。則類于上帝是也。告于后土。則宜于冢土是也。是天地未嘗合祭者一也。周公之祭于洛邑。丁巳用牲于郊。戊午社于新邑。是天地未嘗合祭者二也。以武王周公之行事。而求其制禮之意。則天地未嘗合祭。無疑矣。以上郊祀議上。

漢儒記禮之言曰。祭帝于郊。以定天位。祀社于國。以列地利。以帝對社。則社主于祭地。其證一也。禮行于郊。而百神受職。禮行于社。而百貨可殖。以郊對社。則社主于祭地。其證二也。天子大社。必受霜露風雨。以達天地之氣。夫社壇而不屋。謂之達天地之氣。則社主于祭地。其證三也。天神莫尊于上帝。地祇莫尊于后土。是故事天于郊。所以祀上帝也。事地于社。所以祭后土也。而鄭康成則曰。方邱所祭神。在崑崙者也。北郊所祭神。惟地祇也。甚矣。其説之不經也。郊祀議下。

无妄儲貳之卦。上乾爲父。下震爲長子。不損乾一之剛。所以見其父道之全。震爲長子。初有一剛。實自乾而得之。故夫子加外字以别之也。卦變論。

郊以祀天。廟以事祖禰。三代之達禮也。明堂以享帝。則非郊。以享親。則非廟。夏商所未有也。而周始爲之。故夫子曰。昔者。周公郊祀社稷以配天。宗祀文王于明堂以配上帝。武王之伐商而歸也。祀明堂以教民知孝。其禮行于朝覲耕藉養老之先。而嚴父配天之義。夫子不屬之武王。而屬之周公者。蓋明堂之禮。武王主其事而行之。其制度則周公明其義而爲之也。夫義者。禮之質也。故禮雖先王未之有。而可以義起。周公達于義者也。其在周頌。思文。后稷配天之樂章也。我將。祀文王于明堂之樂章也。萬物本乎天。人本乎祖。尊祖以明有本。此百世所不變者也。而周之王業。實成于文王。夫易始于乾坤。以定君臣之分。則北面事商者。文王之心。文王非有意于王天下也。雖然。詩之國風始于關雎。小雅始于鹿鳴。大雅始于文王。頌始于清廟。皆文王之詩也。關雎有王者之化。鹿鳴有王者之政。大雅始于文王。則受命作周矣。頌始于清廟。則盛德有百世之祀。武王之伐商也。誓于孟津。誓于牧野。其伐商而歸也。告于羣后。無不以文王爲言。則王業成于武王。而所以成之者。文王也。配天于郊。則不可以二太祖之尊。烝嘗于廟。則不足以明文王之德。是故宗祀明堂以配上帝。此義之所當然。禮之所從起。而非厚于其禰也。

知此則周公制禮之義明矣。夫傳記有之。經無之。不得已而從傳記。可也。傳記有之。經亦有之。舍傳記而從經。可也。舍經而從傳記。可乎哉。此理至易曉也。二禮。周公之經也。周官司儀。將合諸侯。則爲壇三成。宮旁一門。此明堂之說也。然略而未詳。儀禮所載則詳矣。諸侯覲于天子。爲宮四門。爲壇其深二尺。加方明于其上。而設六玉焉。上圭下璧。祀帝也。圭璋琥璜。祀四方也。于是拜日禮月。祭天燔柴。此則明堂之壇。而祀神以爲盟也。既盟。王設几卽席。諸侯之駕不入王門。奠圭繅上。此則明堂之宮。而明諸侯以爲朝會也。其盟會詔于明神。是故謂之明堂。鄭康成曰。王巡守至于方岳。諸侯來會。亦爲此宮以見之。康成雖知方岳之爲此宮。而不知此宮之爲明堂。是說也。吾于孟子有證焉。齊國于泰山之下者也。宣王之時。明堂尚存。趙岐曰。泰山下明堂。本周天子東巡守朝諸侯之處也。是說也。吾于班史有證焉。漢武帝之東封也。泰山東北址有古時明堂處。則宮壇不存。而其址猶在也。雖然。鄭康成趙臺卿知時會殷同之有明堂。而未能明夫所以朝諸侯祀五帝之義也。周公祀文王于明堂以配上帝。蓋卽其壇而祀之。輔成王負扆以朝諸侯。蓋卽其宮而朝之。由此言之。明堂制度與其祀典曉然如指諸掌。可以決千載之疑議。擯諸家之異說矣。以上明堂論。

仁義。人道之大端也。仁莫重于親親。義莫嚴于尊尊。下治子孫。傍治族屬。親親之道也。上正祖禰。尊尊之道也。祖遠而易忘。族散而易疏。先王于是因仁義而爲之節文。故禮必有宗。所以繼祖于上。而合族于下也。諸侯不敢祖天子。不可以二至尊也。大夫不敢祖諸侯。不可以二一國之尊也。

夫親親者。以三爲五。以五爲九。骨肉之戚主于恩愛以爲仁。因其遠近而辨其等差以爲義。而又修其節文以爲禮。後世宗子之法既亡。非緦麻之服。相視幾如路人。冠婚不共其喜。喪葬不共其憂。又稍疏焉。則昭穆不復可齒。是無類也。譜牒不存。則曾高而上。不知其世系之所出。是無本也。仁之薄而遺其所親。義之失而忘其所尊。禮之廢而無以爲仁義之節文。公卿大夫之貴。莫能繼祖而收族也。其流及于庶人。人情日薄。風俗日壞。又何怪焉。以上宗子論。

自漢以來。易道不明。焦延壽京房孟喜之徒。遁入于小數曲學。無足深誚。而鄭玄虞翻之徒。穿鑿附會。象既支離。理滋晦蝕。王弼承其後。遽棄象不論。後人樂其説之簡且便也。故漢儒之學盡廢。而弼之注釋獨行于今。然木上有水爲井。以木巽火爲鼎。上止下動爲頤。頤中有物爲噬嗑。此四卦。雖弼不能削去其象。夫六十四卦等耳。豈有四卦當論其象。六十卦可略而不議乎。讀易筆記自序。

四代之書。堯舜言動載于二典。禹之治水見于禹貢。武王武功。其略見于武成。周公遭變。其要見于金縢。其餘皆君臣之格言至論。蓋古今之所記也。堯舜禹啓盤庚高宗成康穆王之爲君。臯陶益傅説召公君牙之徒之爲臣。正也。湯武征伐。與堯舜不同。伊尹箕子周公進退去就。與臯陶益傅説不同。變之正也。正者道之經。變者道之權也。正權舉。而聖賢之道盡矣。尚書小傳自序。

世莫古于上古。人莫聖于三皇。伏羲有易。神農有本草。黄帝有素問。醫卜在後世爲方伎。

古則聖人濟天下之仁術也。古書簡火于秦。易以卜筮存。本草以方伎存。其天乎。本草正經序。

夫仁不忘祖。義不遺族。古之制也。今人不如古久矣。善治資產者。謹身節用。不犯非法。不爲非禮。以廣其衣食之源。學而入仕者。習詩書。尚禮節。近賢士。遠小人。以保其衣冠之緒。而推以待其族屬。雖不能盡合于古義。誠能隨其親疏遠近之宜。喜則相慶。憂則相弔。患則相救。貧則相恤。量吾力所能及而行之。不失古人爲義之意。王氏尚不替也。世系録序。

世之俗吏。非習因循以苟目前。則尚誕謾而饕富貴。此二者。顧何足與有爲。而腐儒又多不通世務。由是士稍有抱負。語及功名。衆且姍笑。愚心殊不以爲然。送曾鴻父序。

嘗謂爲天下計者。不可以喜于多事。亦不可以習于無事。喜于多事則有輕躁妄動之憂。習于無事則有苟且偷安之患。夫惟靜而有遠慮。動而有定守者。然後足以撫天下之勢。待天下之機。制天下之變。以成天下之務。不然。輕躁妄動。而淺謀者固多敗矣。而苟且偷安者。因循不振。亦不能以有成。是故聖人經世之術。不畏多難。而畏無難。蓋無難而深畏者。所以爲多難之不畏也。上葛密院書。

嘗觀春秋至于强大之兼小弱者。如取中牟。取邿。取鄟。聖人皆直書不諱。特書屢書。不以殺。不以伐。不以侵。而以取爲文者。志其奪之易也。奪者可怒。見奪者可矜。使聖人行王法以正其罪。其地必有歸矣。晉實據虎牢。春秋以鄭書。楚實兼彭城。春秋以宋書。吁。春秋之旨。蓋于是焉表微。見洪宰書。

梓材謹案。此先生爲祖墓見奪而言也。近歲王桃源先生之墓見發于江氏。而爲宰者不爲之力整。其得罪于春秋多矣。

附録

公幼而篤學。從父讀書不窺齋。尤精于易。

授潭州教授。以教養爲己任。增修學官。裁節冗食。招賢士使充大小職事員。四方來學者常逾千指。

紹熙二年。調官行在。歸寓居分寧。益研易學。觀象玩辭。有合則筆之于書。

嘗見程司業書曰。執事之名滿天下。天下皆曰。今日之程子。即前日之歐陽子蘇子也。炎也不佞。或可以自託于程子之門。而附名于不朽。其道之深者。雖未敢與聞。而其淺者。願有承于講論之餘。

雲濠謹案。先生又有上劉司業二書。

其上張南軒書曰。炎爲舉子時。逼于伏臘之不給。甘旨之無以養其親也。而假館于他人之門。得學之功十三。及出而爲吏。雖不敢一日舍學。而嬉然有公家之事。食其食亦不苟也。而得學之功十一。今將挈其孥以歸。杜門卻掃于歙山之陽。早作夜寐。以求增益其所未能。策勵其所不逮。是故願一見先生。以發藥其愚。夫隱栝多枉木。不然則不直。良醫多病夫。不然則不瘳。聖賢之門。來者無强致。先生以爲可教而教之。則幸矣。

朱子自閩歸。先生與講易于東山九曲亭。

朱子和先生寄弟詩曰。聞道君歸湘水東。經行長在白雲中。詩成天柱峯頭月。酒醒朱陵洞裏風。舊學難酬香一瓣。流光誰管鬢雙蓬。書來爲指淆訛處。不涉言詮不落空。又曰。試上閩山望楚天。雁飛欲斷勢還連。頻將袖裏數行字。與問雲閒雙髻仙。我訪舊游終有日。君歸故里定何年。衹今心事同千古。靜對簞瓢獨喟然。

戴剡源題雙溪讀易筆記後曰。其説以畫起象。以象明理。又謂雜物撰德興于中爻。而互體不可廢。又謂麻衣非眞。河圖非錯之類。討論講貫。其在文公鄉閭師友閒。幾于鶴鳴而子和。語曰。屨不必同。同于適足。味不必同。同于適口。語不必同。同于適理。學者取其大要。姑置其小疑云。

胡雲峯序雙溪文集曰。嗚呼。先生固道中人。非文人也。豈必文集之傳。足爲先生增重乎哉。然所著四書解及五經注。並皆爲世俎豆。燦若日星。而詞賦文章。詩歌贈答。明堂郊祀禘祫宗子周禮卦變諸篇。亦復時時散見。莫不優游藴藉。隱然與道相發。孰謂先生文之所存非卽道之所存耶。

程篁墩曰。文公與王直卿書。有僞學之禁。前此劉元秀力薦王炎作察官之語。今考雙溪傳及家集。雙溪未嘗作察官也。豈别一王炎。世以其名姓之同。而誤歸之雙溪耶。審是則受誣甚矣。

舒先生誼

舒誼字周臣。湘鄉人。朱子問。湘鄉舊有從南軒遊者爲誰。蕭佐對以周奭允升。佐外舅舒某。外舅殁已數歲。南軒答其論知言疑義一書。載文集中。朱子語類。

葉先生定

葉定。衡山人。其父賢。吴晦叔翌之爲人以女妻之。晦叔因教先生。使知所趨。又見之南軒。而俾受學焉。朱子文集。

知州馬先生之純

馬之純字師文。東陽人。隆興二年進士。知徽州。比較務時。南軒作守。大蒙賞識。由是益潛心載籍。究極六經。諸子百家素有藻鑑。諸生中獨以大臣期。喬文惠行簡卒。如其言。著尚書中庸論語説。周禮隨釋類編。左傳紀事編年。詩文豫章雜著若干卷。金華先民傳。

雲濠謹案。隆興東陽縣志。載先生幼日誦數千言。十歲能屬文。入太學。又云。不喜作縣。故官途迂迴。終于沅州倅。既卒。邑人思其德。爲之立坊。曰思賢。

徐先生椿年

徐椿年字壽卿。永豐人。南軒弟子。儒林宗派。

縣丞黄先生執矩

黄執矩字才用。高要人。質樸有古風。早厭科舉之文。慕濂洛之學。嘗從胡致堂張南軒遊。講明正道。參訂中庸大學之義。以訓後進。在南軒門。嘗問喜怒哀樂之發謂之中。答曰。凡涉于思。皆已發也。未發之中。豈容安排量度。伊川與吕與叔論中庸。最宜詳味。問致堂質諸鬼神而無疑。鬼神如何可質。答曰。知鬼神之情狀。則可見有質之之理。又問國家興亡。何以見乎蓍龜。動乎四體。答曰。通天下一氣。故如此。如石勒耳鳴皆成笙簫聲。隋煬帝晚年夜常恐懼不眠之類。初調封川尉。轉新興丞。以俸資嫁姪女。鄉人稱其義焉。廣東戴志。

鄭先生伯壽

梓材謹案。二鄭先生佚其名。並南軒湘中弟子。攷南軒文集答仲禮書二。一則勉其與伯壽不廢講論。一則勉其共伯壽常紬繹要領。栽培深厚。日用閒絲髮勿放過。不可只作説話。仍互相點檢爲佳。

梓材又案。范文正公私淑鄭璹亦字伯壽。壽昌人。景定間起爲大理寺正。與南軒不相涉。蓋别一人。

鄭先生仲禮

雲濠謹案。朱子文集有答鄭仲禮書二。其一云。一别二十餘年。不復聞動静。但中閒得季隨所寄疑義。獨賢者之言偶合鄙意。而厄于衆口。不能自伸。初不知其爲誰何。既而乃知改名曲折。甚慰别之思也。是仲禮嘗改名矣。又云。每念吾敬夫逝去之後。不知後來諸賢所講復如何。

方先生□

梓材謹案。劉後村誌方隱君墓云。出郡城北可十里。方氏聚居數十年。文獻故家也。上世有與伊川同學者。有與坡公厚善者。有爲朱張高第者。據此則南軒之門必有方氏。惜其名未傳。又案。弋陽方通守疇。嘗從南軒父子遊。詳趙張諸儒學案補遺。

別附

鄧□□友龍

鄧友龍。長沙人。嘗從張南軒遊。官御史。出爲淮西漕。嘉泰中使金。有賂驛使夜半求見者。具言金饑饉。連年民不聊生。王師若來。勢如拉朽。乃歸告韓侂胄。北伐之議遂決。其後王師失利。侂胄誅。亦坐竄。湖南通志。

畏齋學侶

歐陽先生誠之

歐陽誠之。□□人。吳文定獵令潊浦。士不知學。文定命先生爲師。儒術浸明。其後郭裦張逵遂相繼舉進士云。魏鶴山集。

實齋師承

户録方先生其義

方其義字同甫。莆田人。與其族子阜鳴字子默齊名。皆由鄉試入太學。晚相先後奉南廊對。中高等。子默猶至外郎。先生僅歷英德府資陽尉。梧瓊二州户録。秩止從事郎。士林爲之嗟惜。嘗館于金壇王氏。實齋閣學受業焉。事母極孝。事兄尤謹。篤好關洛書。詩宗陶謝。文師蘇氏。劉後村集。

竹洲學侶

吴先生俯

吴俯字益章。休寧人。竹洲之兄也。兄弟齊名。時爲之語曰。眉山三蘇。江東二吴。先生登乾道進士。終太學録。姓譜。

梓材謹案。先生號棣華。見陳定宇集。方桐江跋黄同叔詩有云。寺丞祖妣之弟舜選二子。曰俯偁。號鉅儒。寺丞從之遊。得其學云。

棣華遺文

嘗以學譬之獵。獵之獲功。狗也。發踪指示。人也。人之爲學。貴于見而師之者。有指而示之蹤也。不見其人。聞而師之。此視物而得其影也。昔羣弟子相與事夫子。其得常異乎人也。夫子語孟懿子以問孝。惟曰無違。樊遲獲承其問。而遂有得于生事死葬以禮之説。夫子語子貢以問政。曰。足食足兵。民信之矣。子貢得反覆其事。然後知兵可去。食可去。而信不可去。樊遲問智。子曰知人。問仁。子曰愛人。遲未達也。而夫子又與之言。舉直錯諸枉。能使枉者直。蓋見而師之者。常得詳且盡。不如後人惟聞其言。無所開講。以究其指歸。見季守書。

竊爲臣子之所以自立于世者。惟忠與孝。夫子以爲。事親孝。故忠可移于君。君親一心也。忠孝一事也。或曰。忠孝不兩全。或曰。彼爲孝子。彼爲忠臣。是皆不得其道而審處焉者也。見蔣樞丐祠書。

附録

陸伯壽書竹洲墨説後曰。紹興閒。太學號多文章士。一時諸生最所推重者。曰新安二吴。大吴造理深刻。下筆如老師説禪。字字有法。不爲才氣所豪奪。其季乃以春秋是是非非之學。行其凜然不可奪之志于場屋閒。伯氏所無有也。

劉氏學侶

湯先生師中

湯師中。安仁人。以進士策名太常。樂道不仕。終其身。始安仁學政久弛。劉行父强學知安仁。聞先生名。聘使領袖一學。月旦會講。率諸生以聽。由是士知勸慕云。眞西山集。

雙溪講友

王樗叟先生至卿

王至卿號樗叟。雙溪族子。少從雙溪之父學。雙溪與之友善。爲序其詩集。雙溪文集。

止堂家學

補 知州彭澮齋先生欽

附録

主軍器監簿。上忠肅事潛邸事初政日所得上語。參以事實。名聖德記。詔付史館。初。忠肅輯祖宗家法爲書。名内治聖監。紹熙四年上之。至是東宮官欲得之。疑有觸忌諱。摘數條謂公削之。公持不可。而歸諸策府。

補 直閣彭先生鉉

雲濠謹案。樓攻媿爲忠肅神道碑云。娶敖氏。生二子欽鉅。再娶宗室伯攄之女。生一子鉉。則先生忠肅第三子也。

附録

眞西山題劉靜春與彭止堂帖併彭仲誠墨莊五詩後曰。靜春之學。窮幽探微。止堂之節。星日同輝。惟仲誠父。示余斯帖。使我慨然。興懷前哲。清泉鑑物。菡萏浮香。我讀君詩。如游墨莊。老成云亡。典型猶在。尚爲斯文。努力自愛。

梓材謹案。西山又跋彭忠肅文集云。公之子横浦使君鉉。以鏤本寄余。蓋使君與西山友善。故知卽仲誠也。

彭先生銓

彭銓者。子壽之姪。官零陵丞。人多稱之。朱子別集。

默齋門人

補 文清劉漫堂先生宰

梓材謹案。張南軒集有答劉宰書。是先生于南軒固在答問之列。

雲濠謹案。先生紹熙元年進士。調江陵尉。累進直顯謨閣。主管玉局觀。召奏事。迄不爲起。尋卒。有漫塘集語録行世。

劉漫塘語

且未論學者所學如何。只這幾箇字。偏傍點畫十箇九箇差誤了。而況能曉得字上義理。安得數人小學師。且逐箇與諸生釐正一過。所益亦自不少。

漫堂文集

周公。聖人也。其致政成王而歸。視富貴何有。其没也。周人顧以周公能爲人臣所不能爲。贈以人臣所不得用之禮樂。魯之臣子亦哆然受之而不辭。孔子傷之曰。非禮也。周公其衰矣。顔子。賢人也。簞瓢自樂。豈計榮枯。于身後門人乃厚葬之。孔子曰。回也視予猶父也。予不得視猶子也。蓋傷門人之不足以知顔子。厚葬祇以爲辱也。雖然。豈一聖一賢之事。猶可議者。魯之禮樂。周實命之。非魯人所嘗請也。顔子厚葬。門人爲之。非異己者所得與也。今有人焉。好學樂道。希聖慕賢。以終其身。或者乃欲于既没之後。爲之借助異己之人。以僥求其分之所不當得。猶有鬼神。將歆之乎。吐之乎。識者當知之。

附録

調眞州司法。詔仕者非僞學。不讀周程等書。才得考試。先生喟然曰。平生所學者何。首可斷。此狀不可得。卒弗與。

隱居三十年。平生無嗜好。惟書靡所不讀。既竭日力。猶坐以待旦。雖博考訓注。而自得之爲貴。

魏鶴山答先生書曰。詳味公易。大抵得于邵子爲多。

杜清獻祭之曰。嗚呼。公官雖詘。公德則巍。公身雖隱。公望則丕。施于家庭。井井怡怡。施于里黨。扞患賑飢。君子爲善。曰公我師。小人爲惡。懼公我知。潛孚默感。聲業振輝。較彼在列。孰成孰虧。

吴正傳題漫塘語録後曰。漫塘德行文章。師表當世。小試令長。顧時事方異。卽遠行高蹈。其後雖諸老極力招致。亦不變其志。偉矣。

又曰。其論欲學聖賢。且學孟子。與先儒孟子才高難學之旨異。而謂程子氣質之性。氣對義理字。質對性字。之性字贅。竊謂程子以天地之性與氣質之性對言。正大有功于論性者。不知何故爲此説也。生晚。無從質正。姑識所疑。

高道淳最樂編曰。劉漫堂每月朔日必治湯餅會族曰。今日之集。非以酒食爲禮也。尋常宗族不睦。多起于情意閒隔。今日會飲。有善相告。有過相規。有故相牴牾者。彼此相見。亦相忘于杯酒閒。庶乎有補裨耳。今人只以酒食爲報施之禮。凡相會時。言不及義。殊無古人睦族之意。

雲濠謹案。王阮亭居易録云。舊説江以南無蝗蝻。近時始有之。俗祀南宋劉漫塘爲蝗神。劉。金壇人。有專祠。往祀之則蝗不爲災。俗呼莽將殊爲不經。按趙樞密葵作漫塘集序。稱其學術本伊洛。文藝過漢唐。不知身後何以矯誣如此。

補正肅王實齋先生遂

梓材謹案。先生爲樞密副使韶之元孫。

王去非語

學者學乎孝。教者教乎孝。故字皆從孝字。

王厚齋曰。慈湖蒙齋謂古孝字只是學字。愚按古文韻學字古老子作𡥈。郭昭卿字指作𡥈。

實齋遺文

不觀諸太極。無以知氣之所由始。不觀諸無極。無以知理之所由起。堯舜之道心惟微。文王之無聲無臭。孔子之天何言哉。孟子天之所以與我。子思之喜怒哀樂之未發謂之中。程子之沖漠無朕。萬象森然已具。皆此理也。

夫學不求其大本。則萬理萬化何所從始。大原出于天。皆空言也。而一心一身何所爲之主宰哉。由漢至唐。千餘年間。學者講道未密。察理未精。至近世乃有徒務新奇。而不思無極者乃至極之所得名。但泥名數。而不知太極者卽不可加之至理。老師宿儒。紛紛和附。以誤天下。曾不若此理之大明也。以上蔡節齋墓誌。

梓材謹案。先生志節齋墓又云。先庚寅遂以君命治邵武寇。往來境上。獲覩先生清光。見其子姪。自後書問往來。又十五年。被命守郡。則先生之墓木拱矣。則先生爲覺軒同調。視節齋爲前輩矣。

附録

拜監察御史。入對。言理宗知仁勇。學有未至。

拜殿中侍御史。疏言。三十年來。凶德參會。未有如李知孝梁成大莫澤肆無忌憚者。三凶之罪。上通于天。乞重其刑。又取劉光祖爲侍御時奏格。擇其關于風化。切于時宜者。請頒示中外。皆從之。

黄東發祭先生曰。學造本源。志存經濟。動與道俱。未嘗禄仕。故有不爲。爲必大治。

縣丞袁先生櫄

袁櫄字木叔。鄞人。絜齋燮之弟也。兩上禮部。退而授徒里中。榘矱端嚴。以累舉特恩。授迪功郎。官至樂平縣丞。卒。先生喜交賢士大夫。游誠之吕子約官于四明。先生時請益焉。袁絜齋集。

實齋同調

吴先生應賢

吴應賢字定夫。盱江處士。爲東萊大愚二先生祠。請眞西山爲之記。西山稱其不深于學而能知天下之正理。饑寒窮厄弗自恤。而以當世善士失職爲己憂。王去非守樵川。豺虎滿道。無敢從行者。先生獨負一布囊與俱云。眞西山集。

簡氏門人

清獻崔竹坡先生與之

別見邱劉諸儒學案補遺。

竹洲家學

吴先生坰

吴坰。竹洲季子。程樞密卓狀竹洲之行云。卓于公同里閈。先伯父文簡尚書與公同肄業。而公之季子又從予遊。故知公之出處頗詳云。竹洲集附録。

竹洲門人

方先生恬

方恬字元養。一字仲退。歙縣人。試禮部第一。教授荆門。後周必大李燾程大昌交薦之。授太平州教官。除太學博士。其學貫穿經史。務爲可用。有正論十篇。機策三篇。皆譏切時病。傳于世。歙縣志。

雲濠謹案。辟疆園宋文選載先生號鑑軒。初築室茅田。號師古林。方桐江集稱爲鑑堂先生。

梓材謹案。先生嘗首春官。與汪充之義端同受業于吴竹洲之門。見竹洲集附録。

正論

爲一家之主。而罰浮于罪。則奴婢相隱。有罪莫聞矣。奚告之云乎。由是言之。輕刑未必可止姦。嚴刑者長姦以自蔽也。秦論。

嗚呼悲夫。天下之士。豈皆務全其身。而誤人之國邪。上之人逆折其鋒。而勸之使苟容耳。平居有敢言之士。則臨難多死義之人。何者。義固有以激之也。是故明主以名驅人。而以義激之。使之震勵奮迅。自拔于庸人。而不肯爲苟容之行。然後天下之懦風可回矣。天下之人。惟其樂于名而勇于義也。故名可以奉而趨。義可以作而起也。否則惟利之趨而已。而今世議者。往往以好名咎天下之士。士之慷慨勁正好議論者。遂以好名而詆之。不目之以訐。則斥之以狂。而士之立志不堅。中無所守者。每有所爲。復以近名而自沮。嗚呼。近名者不取。而惟近利乃可邪。古今天下惟兩途耳。不入于名則趨于利。伯夷。蓋近名之尤者也。盜跖。不好名之尤者也。以近名之爲非。則伯夷者。曾盜跖之不若耶。西漢論。

古者敵國相持。其爲策有二而已。可戰則戰。不可戰則守。過是無策焉。其所謂守者。非不戰之謂也。先爲戰備。以待其可戰者也。故以戰則勝。以守則固。戰則天下莫能支。守則天下莫能窺。惟其先莫之窺也。是以一發而莫之支也。機論。

寺丞黃先生何

黃何字景蕭。休寧人。父卒。生僅三月。祖奇之。奉議郎吳舜選。祖妣之弟也。祖垂歿。託于吳。吳使與二子俯偁遊。已而復從程尚書大昌遊。所得益超詣。與賢書。登丙戌第。再調饒州番陽簿。陞從事郎。堂除三衢教官。衢多士。學校不肅。有宗姓爲學生者。以其父與之雅。好干規矩。屏去不恕。職掌無大小。陞補必以課試。有謁于郡于外臺送去者。皆不內。士樂其公。復市田及僦屋。歲增以萬計。使教與養俱備。薦者如式。改宣教郎。知興國。大治。初。縣有學。無以爲資。塵封講席。公爲具緡廪。延其鄉之秀民爲之長。勸來學徒講貫問難。不顓爲科舉計。縣事之暇。先生復橫經與之發明大義。自是誦聲日盛。邑之應舉者倍曩時。偕郡計者浸多。學宮隳毀。徧爲葺治。春秋器服。不惟不備。抑多非制。乃選學徒。持書旁郡。求齊公慶冑。淳熙閒。討論制度。更造之。俎豆冠冕。煥然一新。每釋菜。濟濟洋洋。觀者知所嚮矣。秩滿。適四明僉幕近次。急就之。擢提轄榷務。遷司農寺主簿。太府寺丞。凡再遷對奏議四篇。惓惓懇惻。求外任。分括蒼左符。歸纔數月。復畀衡陽爲政。亡幾。聲誦翕然。予祠東歸。先生寓嚴四十年。至是乃還新安故山。感肺虚之疾。家人以醫藥不便爲請。買舟復下嚴瀨。又數月。浸苦脾虚。遂卒。階爲朝議大夫。爵爲休寧縣開國男。其學贍博無涯。惟以格物窮理爲宗。如論洪範五行。謂水性寒。出于水者宜愈寒。而其味乃作鹹。鹹。温也。火性烈。出于火者宜愈烈。而其味乃作苦。苦。涼也。是皆物以極而反。味以激而生。故寒不生寒而一陽生。暑不生暑而一陰生。其講學爲後進宗師。凡以此。程洺水集。

梓材謹案。陳定宇集言先生云。其學得之庭聞。而印正于表伯叔父棣華竹洲。二吴不特以所學淑其宗。且淑其甥。洺水。内翰程珌。棣華名俯。竹洲名儆。而洺水集作俯偁。蓋竹洲初名偁也。先生三歲而孤。謂其學得之庭聞。非矣。方桐江跋黄同詩有云。寺丞娶京西轉運嚴陵方公扔之女孫。因寓家于嚴。在郡治之西大樹巷百步。咸淳五年。故大府卿行都帥魏克愚。以謫居殁于其家。可見其交遊之賢者也。

詹先生景陽

詹景陽。桐川人。從竹洲于山中。歲終。以父命辭歸。竹洲與之班荆于野而别。因指山木而問之曰。子亦知夫後歲寒而獨彫者歟。隆冬之日。天地肅殺。震風之所摧。繁霜之所敗。向之蔥蔚勃興而交陰者。固已蕭條零亂塵積而枿立矣。顧獨蒼然而不變。清厲而愈茂者。何耶。世謂草木有才良而性燠者。不彫且能寒。以余考之。不然。草木未有不易葉。而性之燠者不能皆寒。大抵發生于春。若春之初者。至秋冬必瘁。其閲四時而後易者。皆發生于春之末。若夏之初者也。予嘗以是考之。唐人有云。速登者疾顛。徐進者少患。天之道也。然則景陽無以齒壯而名未遂。親老而禄未及。自戚而自棄也。吴竹洲集。

知州汪充之義端別附慶元黨案。

周氏家學

補　忠文周先生端朝

梓材謹案。温州舊志稱先生少淹貫經史。爲水心所知。繼從朱子于武夷。是先生嘗在朱門。而謝山非之。雲濠謹案。方桐江爲先生忠文諡議。稱其早從水心。所聞已博。經史百氏。無不淹貫。國朝典故。尤所精熟。于信從趙昌甫。于蜀從劉後溪。晦庵之學。又有聞焉。此晦翁弟子之説所由來也。

附録

調桂陽軍教授。首立濂溪祠。以示準的。

改太學録。遷博士。入對。言人主之學所繫與士大夫不同。士大夫一心之存亡。繫一身之是非。人主一念之操舍。關天下之休戚。

王深寧困學紀聞曰。周子靜爲學官。小司成襲蓋卿以守氣不如守約命題。子靜曰。氣不與約對。兩守字著略點。晦翁注甚明。豈可破句讀孟子。

宋氏家學

補宋先生自適

宋先生自道合傳。

通判宋先生自逄合傳。

宋先生自述合傳。

宋先生自遜合傳。

宋自適。自道。自逄。自述。自遜。金華人。茂叔之子也。眞西山謂其皆能世其學。茂叔卒。自適介趙章泉請誌于西山。自逄易名恭。登嘉定辛未第。嘗通判楚州。眞西山集。

雲濠謹案。萬姓統譜。宋自遜字謙父。南昌人。號查山。詞筆絶高。著詞集名漁樵笛譜。蓋自金華而寓居西江云。

附録

眞西山跋宋正甫清隱詩集曰。予尤愛其贈陸伯微曰。老去放令心膽健。後來留得姓名香。寄御史曰。陰陽消長風聞際。堂陛尊嚴山立時。送愿父弟曰。江湖多少盟鷗處。莫近平津閣畔行。皆有益之言。又送謙父弟曰。日用功夫在細微。行逢礙處便須疑。高言怕被虚空笑。闊步先防墮落時。和人云。三聖傳心惟主一。六經載道不言眞。是又近理之言。非嘗從事于學者不能道也。

梓材謹案。謙父名自遜。愿父卽自逢。以其易名恭。取愿而恭耳。而皆爲正甫之弟。則正甫卽自道矣。

劉後村跋宋自適詩曰。年來鳴者皆瘖。大宋獨啾啾不已。天公怪兩鳥。各捉一處囚。可不懼哉。

又跋宋吉甫和陶詩曰。金華宋吉甫。在其兄弟中。天資尤近道。自少至老。不出閭巷。不干公卿。有久幽不改之操。未論其詩。若其人。固可以和陶矣。

梓材謹案。後村跋宋氏絶句詩云。金華宋吉甫。祖子孫三世八人。所作詩何翅萬首。吉甫蓋卽自適之字。

宋先生自達

宋自達字德甫。謙甫從弟。居于洪之西山。自號梅谷。劉後村題其詩曰。金華宋氏有丈夫子六人僑居豫章。余少皆識之。謙甫尤知名。及來江東。又識德甫。示余詩一卷。蓋謙甫之羣從。年少于謙甫。而筆力咄咄逼之矣。又跋其梅谷序云。劉後村集。

雙溪家學

縣令王先生恕

王恕。雙溪子。官于會稽。雙溪付之書云。當官一曰廉。非此無以立己。二曰公。非此無以服人。三曰勤。非此無以辨事。四曰和。非此無以交同僚。五曰敬。非此無以事上。雙溪文集。

雲濠謹案。雙溪族孫廷瑚爲雙溪傳略。稱先生初仕會稽。公之罷湖州也。居會稽一年。投劾同歸。公卒。授景陵令。

雙溪門人

彭先生圖南

彭圖南字雲翔。長沙人。雙溪之徒也。雙溪送之序。謂曩者炎浮食長沙泮林。士肄業者踰百員。時雲翔嘗鼓篋其間。及炎去長沙二年。試邑于臨湘。雲翔實來。又二年。郡于清江。雲翔復來。每相見。必以學問爲請云。雙溪文集。

馬氏門人

文惠喬孔山先生行簡詳見麗澤諸儒學案。

棣華家學

吴先生㫤別見晦翁學案補遺。

漫堂家學

劉先生直孺

劉直孺字□□。金壇人。漫塘之姪也。家傳義理之學。略出緒餘。兩捧鄉書。特摭濂溪拙賦一語。自名其軒曰拙逸。東發爲序之。東發文集。

實齋家學

王先生志叔

王志叔。去非之弟也。爲齊安録事。劉漫堂畀之箴曰。志叔廉明。不患不及。惟慮迎長官意向耳。去非又爲之跋。先生佩服是箴。究心犴獄。視勘廳如家。居官三年。律己如一日。不阿長官。袁蒙齋稱其不違斯箴。信有證云。袁蒙齋集。

實齋門人

少卿孫先生子秀

孫子秀字元實。餘姚人。紹定五年進士。調吴縣主簿。有妖人稱水仙太保。時王實齋爲郡守。將使治之。莫敢行。先生奮然請往。焚其廬。碎其像。沈其人于太湖。曰。實汝水仙之名矣。妖遂絶。日詣學宫。與諸生討論義理。歷知金壇縣。崇學校。明教化。行鄉飲酒禮。訪國初茅山書院故址。新之。以待遠方游學之士。通判慶元府。主管浙東鹽事。辟幹辦行在諸司糧料院。衢州寇作。水冒城郭。朝廷擇守。屬先生行。先生立保伍。選用土豪。首旌常山令等捍禦之勞。人心競勸。未幾。盜復起江山玉山間。甫七日。而衆禽四十八人以來。終其任。賊不復動。南渡後。孔子裔孫寓衢州。詔權以衢學奉祀。因循踰年。無專饗之祠。先生撤廢佛寺。奏立家廟如闕里。

既成。行釋菜禮。以政最。遷太常丞。大宗正丞。金部郎官。左司兼右司。與丞相丁大全議不合。去國。差知吉州。尋鐫罷。開慶元年。爲浙西提舉常平。尋以兼郡則行部非便。得請專臬事。擊貪舉廉。風采凜然。進大理少卿。直華文閣。浙東提點刑獄。兼知婺州。遷湖南轉運副使。以迎養非便辭。移浙西提點刑獄。先生冒暑。周行八郡三十九縣。獄爲之清。移江東提點刑獄。度宗即位。進太常少卿兼右司。尋兼知臨安府。以言罷。起知婺州。卒。先生少從上虞劉漢弼遊。磊落英發。抵掌談。神采飛動。與人交久而益親。死生患難。營救不遺力。聞一善則手録之。宋史。

梓材謹案。黄東發爲先生行狀云。公幼卓犖不羣。少長從劉忠公遊。既仕從實齋王公遊。相與切磨。究心理學。已復徧交儒先。久而脱然有自得處。又云。震與公少同經。而公早達。不及同研席。顧狀尾署以門人黄震。則東發嘗及其門矣。

附録

主吴縣簿。閒以事出鄉。扁舟徑詣。毫髮得實。里正或不知。

衢州先聖家廟成。行釋菜禮。退講中庸仲尼祖述堯舜一章。剖析吾儒與釋氏之所以冰炭者。窮極藴奥。皆先賢所未發。

立朝知無不言。其爲糧料。嘗奏言端本澄源之地當加之意曰。正心而已。心本正也。有所矯飾則不得其正。有所慢易則不得其正。有所牽制則不得其正。有所忿激則不得其正。願反而求之于心。

每謂下學上達工夫不可偏廢。三十輻而共轂。萬千歧而通郡。雖涉歷乎稱停裁酌之中。而必融液乎湊合總會之地。

林先生叢桂

林叢桂字孟芳。□□人。甫冠擢第。不以當世共貴重爲喜。而以前輩一不幸之語爲憂。請益于王實齋。實齋勉以孝廉二字。歸以示劉後村。後村曰。此子思子所謂夫婦之愚可行。而聖人有所不能行者也。士不致力于其平且實者。而騖志于其高且虛者。橫渠所謂自誣也。誣人也。夫孝自事親而移于君。廉自簞食豆羹而達于千乘之國。實齋既發明其大端。余又爲作義疏。孟芳勉之。劉後村集。

孫氏學侶

判官方先生山京父季仁。

方山京字子高。慈谿人。父嘉定進士南安軍教授季仁。館于餘姚孫氏。妻以女。生先生。旅泊母家。幼孤。固窮力學。景定三年。廷對第一。或以策尾短簡。令增之。先生正色曰。吾生平所學。在毋自欺。既經上覽。將誰欺乎。授承事郎。簽平江軍節度判官。比出院。言者劾之。遂歸。杜門教子。蕭然自適。寧波府志。

梓材謹案。萬姓統譜言先生後居餘姚。黃東發誌餘姚孫致政一元墓言。其父學諭某。聞慈谿方先生達材之賢而禮致之。

妻之女。授之屋。率其族。使皆執經就弟子列。學諭三子。因益秀拔。是先生居餘姚之由。達材卽季仁。或名或字爾。

黄氏家學

運幹黄先生涣

黄涣字巽翁。休寧人。太府丞子。用父任試銓部。首詞賦選。主德化簿。攝判官。轉從政郎。注諸曁丞監司。辟慶元穿山鹽官漕司。又辟三石橋酒官。轉通直郎卒。惟太府丞歷中外四十年。而所居見星月。飯不足支半歲。先生居官。亦洗手奉職。貧益甚。其斂也。衣襦不具。咸謂世傳清白。性孝友篤實。姿識警敏。無他嗜。唯書爲娱。程洺水集。

通判黄先生閲附子華。

黄閲字定翁。寺丞次子。以父任入官。酒正儀眞。丞吉水。再丞新城。又丞武寧。易選南康之建昌。通守蘄春。所至崇教化。創學田。豐常平。建義阡。決滯獄。延名儒以迪後學。補社倉以惠饑年。廩平糴凡爲斛數千。皆其力請于司常平者所至。人士悉祠以祝。一時監牧之賢凡數十人欲表其政。是爲不負所學矣。子華。靖默好學。不墜家法。程洺水集。

黄氏門人

少師程洺水先生珌

程珌字懷古。休寧人。紹熙四年進士。授昌化主簿。調建府㊀教授。歷授禮部尚書。權吏部。拜翰林學士。知制誥。知建寧府。福州兼福州㊁安撫使。以端明殿學士致仕。卒年七十有九。贈特進少師。宋史。

梓材謹案。方桐江跋黄同叔詩有云。始寺丞之姊嫁邑人程公文夷。有子曰珌。寺丞察非常兒。挾以自隨數十年。以平生所得二吳之學。及有聞于程公大昌者。盡以授之。世所謂玉堂洛水公程懷古者也。可以知先生學問所自來矣。

洛水文集

古之善圖治者。亦惟于安静不擾之中。而每有振厲作爲之志。故寬不至于弛。柔不至于懦。平居暇日。不動聲色。而風采奮揚。精神運動。自足以鼓舞一世。夫苟安于逸豫。則强者必弱。智者必晦。敢言者必緘默。有志者必退縮。天下之治。蓋未知其所終矣。丙子輪對劄子。

昔者哀公問取人之法。孔子對曰。無取捷捷。無取鉗鉗。無取啍啍。捷捷貪也。鉗鉗亂也。啍啍誕也。故弓調而後求勁焉。馬服而後求良焉。士必慤而後求智能焉。聖人之言。萬世觀人之法也。上監司書。

宋興百年。名儒輩出。胡安定得其義也。邵康節得其數也。程明道伊川得其理也。周濂溪得

㊀「府」上脱「康」。

㊁「州」當爲「建」。

其體也。張横渠得其用也。然後易之道遂大明于天下。易議。

心固御形。而形亦役心。靜勝樓記。

夫論道而過之則爲荒。不及則爲陋。非中也。行道而過之則爲矯。不及則爲汙。亦非中也。唯言之而順則道自明。履之而安則道自行。胡魯川中庸大學序。

吾夫子。元氣也。顔子。景星慶雲也。孟子。巖巖泰山也。蓋綏之斯來。動之斯和。其生也榮。其死也哀。道冒天下而人不見。春生秋殺而物不知。故曰聖人之道大。至若孟子。治家則家齊。治國則國治。治天下則運之掌。甚至植桑必于牆。雞彘必以母。纖毫靡密。無所不察。豈非有用之才哉。學者當學孟子之人。然後可以達于夫子之天。孟子説。

君子之爲善。合内外之道而已。而功利不與焉。然昔之聖人。乃以福善禍淫吉凶影響之説。著之爲經。以示天下萬世。何哉。蓋聖人取其常。而君子委其變。取其常者所以詔乎人。委其變者所以盡諸己。常與變。在天者難。必至于人道之常。則不可一日而不盡。君子之爲善。要亦如是而已矣。吕君尹之墓誌銘。

文采有餘而器識不足。駿發有餘而韜晦不足。故曰。有才者之言。與有德者之言。氣象蓋天淵也。書大吕申公試卷後。

三代衰。士習變。講説浸盛。踐行日薄。聖人有憂之。故平居語其學徒。不曰行有餘力。則曰恥躬之不逮。不曰有能一日用其力。則曰躬行未之有得。所以警策萬世者。詳矣盡矣。跋林府君誌銘。

外物不足恃。翻覆百年間。惟有萬卷書。可以解我顏。男兒貴立志。達人得大觀。百川日夜流。與海會波瀾。邱陵安于卑。寧復望泰山。方當少年時。髮齒未凋殘。聖賢户庭闊。人人可躋樊。謹勿隨餘子。碌碌走邱樊。勉子姪。

附録

十歲賦冰。有莫言此物渾無用。曾向滹沱渡漢兵之句。識者謂必有立于世。讀書日數千言。弱冠與諸老游。議論超卓。每曰。張公栻。吕公祖謙。人正學醇。不壽不大。天也。登進士第。時丞相趙公汝愚典舉春官。一見公文。曰。天下奇才也。擢魁多士。有以道學疑者。寘本經第二。公論稱抑。

改知富陽縣。代者以邑之豪猾名字授之。公束之高閣。曰。吾未欲知其名也。使聞而改過。足矣。秩滿啓視。則靡有一人造庭者。

公以宿望掌教成均。命下之日。六館之士咸以獲遂執經爲幸。

知建寧府。時參政眞公家居。以書達公曰。人稱三四十年來無此賢太守。

以焕章閣學士提舉隆興府玉隆萬壽宫。公歸。途經浦城。眞公迓于遠郊。謂公曰。玉堂既去。一路失此賢師。帥其將疇依乎。

義方訓嚴。諸子刻志問學。

洺水講友

漕貢舒先生撝

舒撝字謙叔。黟縣人。兩請浙漕貢士不偶。遂絶舉子業。專爲鄉里賙恤善事。内翰洺水程公家居時。與之講學。蒙齋袁公持庾節。嘗檄任荒政。方桐江集。

鍾氏續傳

鍾先生夢鯉

鍾夢鯉。湘潭人。宣公弟子師顔三世孫也。爲郴州宜章縣教。師顔没。其子割田畝五百。建講舍。祀宣公。奉師顔配。因師顔之號。而請名于官。曰主一書院。中更燬廢。田入豪家。元貞甲午。先生捐己錢以贖之。益之以田。合畝一千。復立主一書院。程鉅夫爲之記。程雪樓集。

馬氏續傳

莊敏馬先生光祖詳見西山眞氏學案。

孫氏家學

孫先生炳炎

孫炳炎字起晦。子秀從子。以進士爲福建教授。歷遷宗正丞。權吏部郎。出知饒州。按視虧運米二十萬石。請得分限補償。詔從之。贛寇出没。二廣爲患。先生不折一矢。解散之。廣帥劉應龍舉以自代。會以言罷歸。遂不起。

雲濠謹案。黄氏日鈔孫致政修職一元墓誌言。其創煙溪文社。躬自督課之。如頃者太常卿子秀。與武學博士炳炎。大農承嘉。皆君之子孫行。遂彬彬輩出云。

孫氏門人

文潔黄於越先生震詳東發學案。

洛水家學

程先生海

程先生渭合傳。

程先生漢合傳。

程先生洙合傳。

程先生汴合傳。

程先生渥合傳。

程海。程渭。程漢。程洙。程汴。程渥。洛水諸子也。洛水爲先君六孫名義説云。海于百川。盍思所以受之。納污藏垢。大吾德也。含光發怪。寓吾神也。出入蛟龍。嘘噏雲雨。章吾化也。故字海曰宗源。木有本不顛。水有源不涸。培本深源。非養不深。非正不養。故字渭曰養源。午夜仰觀。太空無雲。河漢皎然。人心本明。無爲物昏。惟清乃明。惟明法天。故字漢曰澄源。洙泗講學。曰孝曰忠曰誠。其源正且清。一念舍是。舛其大原。故字洙曰正源。河水靈長。汴實分流。蓄大益深。慶源滋長。故字汴曰慶源。渥洼水涯。神馬所生。疑若奔風。與虹蜺上下。顧乃安玉閑行。軌道雍容。漢天子屬車。無惟異產。而惟淑德。則培豐緒衍。安所限量。故字渥曰長源。物有斯名也。必具斯義也。矧人乎。佩之與俱。無曠無辱。洛水文集。

梓材謹案。吕御史爲洛水行狀云。子三人。若水承事郎。若曾承奉郎。俱先歿。若愚宣義郎。豈皆改名。抑此六孫者皆洛水從子耶。又案。若水若曾。洛水並有哀詞。其于若水云。汝于諸孫爲長。吾先君特愛之。則若水殆卽海矣。

程先生其恕

程先生其孚合傳。

程先生其清合傳。

程先生其𡌴合傳。

程先生其深合傳。

程先生其元合傳。

程其恕。其孚。其清。其𡌴。其深。其元。洛水諸孫也。洛水爲之名義説。曰。其恕字以行父。語曰。一言而可以終身行之者。其恕乎。記禮者曰。强恕而行。求仁莫近焉。曰。其孚字以純父。信不中。奚其信。純乎天德。發乎性端。則信矣。曰。其清字以立父。果清矣。懦夫聞之。卓然必忠信。行必有廉潔。清也詐。清非矣。曰。其𡌴字以容父。容。盛德也。天惟容也。故靡一物之不覆。地惟容也。故靡一物之不載。容則大。大則久。故曰。可久則賢人之德。可大則賢人之業。𡌴之時義大矣哉。曰。其深字以長父。源深流必長。學問踐履。皆所以浚其源也。浚則深矣。曰。其元字以仁父。元。天德也。仁。天道也。天以一元之氣而運其仁。人則體元之仁以成其德。故曰仁者愛人。又曰仁者靜。愛以仁。靜以自壽。與天爲流通。烏有既邪。程洛水集。

梓材謹案。吕御史爲洛水行狀云。孫男四人。其載蚤亡。其𡌴承奉郎。其深其仁並承務郎。其載蓋係改名。前三孫豈皆蚤亡。而其元又改名其仁耶。

洛水門人

呂先生午

呂午字伯可。歙縣人。嘉定中進士。累官監察御史。糾正官邪。不顧忌觸。秉國者欲疏之。遷浙東提刑。復入爲御史。兼崇政殿説書。遷起居郎。以論諫切直名。卒。贈華文閣學士。

梓材謹案。先生狀洛水之行。自稱門生。云。午。州里晚生。夙蒙公異知。試邑餘杭時。公爲禮部尚書。以廉相舉。故又于公爲門下士。其序吳竹洲文集。則稱後學云。

雲濠謹案。先生號竹坡。方桐江爲先君事狀。其自述云。年二十。見知于左史呂公午。又云。左史呂公。先君之友。一見謂曰。貌肖先君。字之曰萬里。以其歸自遠嶠。而又將期之以遠到云者。將求無負竹坡先生之所望云云。是竹坡卽先生也。又案。桐江與曹宏齋書云。呂竹坡先生。文行俱美。

雙溪續傳

王先生偁 詳見介軒學案。

宋元學案補遺卷七十二目録

二江諸儒學案補遺
李氏先緒……四一六九
李先生晞説……四一六九
南軒門人……四一六九
補宇文先生紹節……四一六九
補李先生修己……四一七〇
補范先生仲黼……四一七一
宇文學侣……四一七一
周先生甫……四一七一
宋氏學侣……四一七一
胡先生仲舒……四一七一
南軒私淑……四一七二
補虞先生剛簡……四一七二
補薛先生紱……四一七三
補張先生方……四一七三
平甫講友……四一七三
補黄先生裳……四一七三
滄江學侣……四一七五
崔先生與之別見劉李諸儒學案補遺……四一七五
魏先生了翁説鶴山學案……四一七五
楊先生子謨詳下楊氏家學……四一七五
二江學侣……四一七六
李先生心傳……四一七六
李先生道傳並詳趙張諸儒學案……四一七六
趙先生昱詳見南軒學案……四一七六
楊氏先緒……四一七六
補楊先生虞仲……四一七六
楊氏師承……四一七六

楊先生天倪……四一七六
劉先生眞合傳……四一七六
史先生漸合傳……四一七六
宇文門人……四一七七
補程先生公説……四一七七
補程先生公許……四一七八
楊氏家學……四一七九
補楊先生子謨……四一七九
李氏家學……四一八〇
補李先生義山……四一八〇
月舟門人……四一八〇
補蘇先生在鎔……四一八〇
補張先生鈞……四一八一
華陽門人……四一八一
虞先生剛簡詳上南軒私淑……四一八一
虞氏家學……四一八一
虞先生玨……四一八一
虞氏門人……四一八二
范先生晞韓……四一八二
牟先生子才詳見鶴山學案……四一八二
薛氏所傳……四一八二
魏先生了翁詳鶴山學案……四一八二
張氏門人……四一八二
王先生庚應別見鶴山學案補遺……四一八二
黃氏門人……四一八二
補楊先生泰之……四一八二
何先生鏐……四一八三
趙先生□□……四一八三
浩齋家學……四一八三
楊先生子謂……四一八三
浩齋門人……四一八三
牟先生子才詳見鶴山學案……四一八三

王先生庚應別見鶴山學案補遺……四一八四
蘇氏家學……四一八四
蘇先生子禮……四一八四
范氏續傳……四一八四
補范先生大治……四一八四
范先生大性附王彥弼……四一八四
附傳……四一八五
黄先生□……四一八五
程氏續傳……四一八五
程先生郇……四一八五
程氏私淑……四一八六
單先生庚金……四一八六
范黄門人……四一八六
虞先生集詳見草廬學案……四一八六
隱君門人……四一八六
王先生元恭……四一八六

宋元學案補遺卷七十二

後學 鄞 王梓材 慈谿馮雲濠 同輯

二江諸儒學案補遺

李氏先緒

李先生晞説

李晞説字商霖。豐城人。知成州修己之父也。冠而孤。事母盡孝。三試禮部無遇。退歸竹林。士之從學者尊之曰竹林先生。後以子追秩奉議郎。楊誠齋集。

南軒門人

補 忠惠宇文顧齋先生紹節

附録

南軒爲作顧齋銘曰。人之立身。言行爲大。惟言易出。惟行易怠。伊昔君子。聿思其艱。嚴其樞機。立是防閑。于其有言。則顧厥爲。毫釐之浮。則爲自欺。克謹于出。内而不外。確乎其言。惟實是對。于其操行。則顧厥言。須臾弗踐。則爲己愆。履薄臨深。戰兢自持。確乎其行。

惟實是依。表裏交正。動靜迭資。若唱而和。若影而隨。伊昔君子。胡不慥慥。勉哉弗渝。是敬是保。

魏鶴山祭之曰。自公造朝。清資顯序。閱歷殆遍。至于析珪作牧。專閫宣威。又無以易公。而始值權臣。威陵勢壓。委心濡跡。罔克自靖。晚居宥府。志亦少紓。位則有制。凡其尊主庇民之盛心。推賢揚善之雅志。迄未能有所展布。其亦可悲矣。

又師友雅言曰。嘗見宇文挺臣自言。某向嘗親登張南軒之門。而傳其遺言。凡作文字。須從源頭說來。近因中書舍人權直學士院行某官兼刪定律令官詞。先說先王以教化爲務。而僅以法律輔政之所流弊。又行項平甫起復詞一對云。反經合道。是非天道之公。移孝爲忠。蓋亦人臣之義。或者短其不長于行詞。可笑也。

補知州李先生修己

雲濠謹案。一統志載先生以哭故相趙汝愚入黨禁。

附録

陸復齋與爲師友。既又事朱文公。益講伊洛之學。議論森嚴。臨事敏決。

梓材謹案。魏鶴山誌蔣恭人墓。言先生早從諸儒先講學。治家循古法。又云。所交皆天下賢士。

補 知州范月舟先生仲黼

梓材謹案。費著氏族譜云。滎公有從子曰祖禹。有從孫曰沖。曰温。有曾孫曰仲芑。故爲右諫議大夫。曰仲藝。今爲中書舍人。曰仲黼。前爲著作郎兼禮部郎中。皆世其官。曰仲較。曰仲綸。曰仲芸。以詞章世其門。不克顯。元孫曰子長。曰子垓。又世其科。子長今爲義烏宰。被命召。是先生爲子長子垓從父。而華陽先生之從孫。非卽華陽之後。攷之朱子王安人墓表。與李方舟集。則先生果爲滎公之曾孫。而非華陽之孫也。

宇文學侶

周先生甫

周甫字次山。泗人。五歲誦論語。每舉一字。輒引數言。後棄舉子業。攻經史百家。參政宇文紹節館之。以邊功累授官。精史漢。泗州志。

宋氏學侶

胡先生仲舒

胡仲舒字漢卿。晉康人。幼資明悟。居以孝謹稱。凡經史百氏之書。過目成誦。纂言粹事。往往充牣篋櫝。一時知名士。如碧山盧衷甫。眉山宋君興。皆聞風願交。成都吕周輔爲郡校官。先生往從之。與同郡閻廣道。樊子南。宋正仲。爲研席交。講切問辨。率至夜分。年二十八卒。魏鶴山集。

南軒私淑

補 提刑虞滄江先生剛簡

附録

楊伯昌嘗從容論乾二五皆言大人。公曰。否之二五亦皆大人。而時義不同。因相與問辨。由是交定。

士之請益者肩摩袂屬。謁無留問。坐無虚席。爨無停炊。二十年。知與不知皆曰滄江先生。卒之日。蜀之士民塗泣巷弔。學于成都者二百餘人。聚哭于滄江。

李待制臯爲文弔之。有曰。天稟超軼之才。世傳經濟之學。知味千載之聖賢。結交四方之英俊。人服其公。

魏鶴山哭之曰。昔在先正。唱明大誼。風流文獻。子孫是似。公生其閒。培以父祖詩書之澤。開以宇宙清明之氣。瀹以師友道義之淵。養以世故更嘗之味。志足以充其學。才足以達其志。

虞道園序魏氏請建鶴山書院曰。昔我先大父利州府君。親以丞相孫講學滄江之上。時則有若資中趙希光。成都范文叔。季才。少才。少約。豫章李思永。延平張子眞。漢嘉薛仲章。陵陽程叔達。李微之。貫之。唐安宋正仲。漢嘉鄧元卿。相爲師友。而文靖公以高科顯官亦來定交。悉去記誦詞章之習。切劘相長。以究極聖賢之旨要。吾蜀之士盡知伊洛之淵源。則我曾大父與文靖公實發揮之也。

又題王知郡墓碑後曰。鶴山公文集無卷無曾大父之名。而曾大父集中亦無卷無與鶴山講學者也。

補 祕書薛符谿先生紱

雲濠謹案。中興館閣續録。載先生嘉定府龍游人。淳熙十一年進士。

補 提刑張亨泉先生方

附録

虞道園題王知郡墓碑後曰。亨泉亦同易學。其詳刑漢中時。曾大父嘗爲之著亨泉銘。

平甫講友

補 忠文黄兼山先生裳

梓材謹案。宋黄文叔有二。一爲先生。一爲薛艮齋弟子文叔度。見艮齋學案。

紹熙二年二月。雷雪交。作封事。

謹案。易帝出乎震。震爲雷。君象也。震本坤體。陽自外來交之。有動乎情慾之象。是以聖人于六十四卦之中。凡涉震體者。取義尤嚴。在復則曰。雷在地中。先王以至日閉關。欲其復之靜也。在隨則曰。澤中有雷。君子以嚮晦入宴息。欲其居之安也。在頤則曰。山下有雷。君子以愼言語。節飲食。欲其養之正也。復之靜。晝不可以鄭聲撓之。居之安。夜不可以慾心蕩之。養之正。食不可以旨酒亂之。夫人主起居動息。人雖不知。而天則知之。變異之來。豈容掩覆。震之象曰。洊雷震。君子以恐懼修省。修省云者。謂省己之私也。豈時政之謂哉。

附録

以寶謨閣待制充翊善。光宗久不過重華宮。先生以八事奏之。曰。念恩。釋怨。辨讒。去疑。責己。畏天。防亂。改過。不報乃奏。陛下之于壽皇。未盡孝敬之道。必有所疑也。竊推致疑之因。毋乃以完廩浚井之事爲憂乎。壽皇之子。惟陛下一人。壽皇之心。託陛下甚重。愛陛下甚至。故憂陛下甚切。違豫之際。焫香祝天。爲陛下祈福。愛子如此。則焚廩浚井之心。臣知其必無也。毋乃以肅宗之事爲憂乎。肅宗卽位靈武。非明皇意。故不能無疑。壽皇當未倦勤。親挈神器。授之陛下。揖遜之風。同符堯舜。與明皇之事。不可同日而語。明矣。毋乃以衛輒之事爲憂乎。輒與蒯聵。父子爭國。壽皇老且病。乃頤神北宮。以保康寧。而以天下付之陛下。非有爭心也。毋乃以孟子責善爲疑乎。父子責善。本生于愛。爲子者能知此理。則何至于相夷。壽皇願陛下爲聖帝。責善之心。出于忠愛。非賊恩也。陛下何疑焉。

又爲太上力言父子天性。陛下于重華不應有他疑。

何鏐相墨堂記曰。兼山黄公。篤信力行。善友洙泗。每謂學者曰。君子之學。始于修身正心。極則與天地爲一。是故以道爲主。以心體之。以經爲學。以身臨之。涵養純熟。推之天下。特其餘事。先生雖居窮處。不求聞知。然亦嘗有援天下之志。逮事孝祖。横經潛邸。代言西掖。進司喉舌。忠規讜論。有人所難言者。故大參樓公鑰評之曰。先生先見如吕中丞。勇決如范蜀公。敢言如蘇文忠。司馬温公自以爲不及者。公皆過之而得其全。當是時。兼山之名震天下。皇帝即位。虚席登庸。曾未踰時。大星隕沈。而先生不起矣。鏐嘗因是有歎焉。夫君子所負者大而不能用。或用之不盡。若有物以制之。蓋于本朝得二人焉。明道與先生是也。方荆公當國。率意更置。舉朝正論。無一合者。惟明道與語。心平氣和。荆公每爲之動。而終不克用。先生之學。實繼明道。且超顯矣。而功業亦不克盡見。蓋明道無死。新法之變不至已甚。先生尚存。儒學之禁可以無作。二先生出處存亡。實有關于天下欣戚。不幸皆齎志以殁。惜哉。

滄江學侶

崔菊坡先生與之別見劉李諸儒學案補遺。

文靖魏鶴山先生了翁詳鶴山學案。

楊浩齋先生子謨詳下楊氏家學。

二江學侶

侍郎李秀巖先生心傳

文郎李貫之先生道傳並詳趙張諸儒學案。

郡守趙中川先生昱詳見南軒學案。

楊氏先緒

補楊先生虞仲

楊虞仲字□□。青神人。克齋泰之之父也。官中大夫。充祕閣修撰致仕。累贈宣奉大夫。先生兩召不起。謝事凡十又六年。蜀人高之。守巴川時。黄兼山裳爲通江尉。俾克齋受經焉。魏鶴山集。

楊氏師承

楊先生天倪

劉先生眞合傳。

史先生漸合傳。

楊天倪字致一。劉眞字子野。史漸字鴻漸。皆以經術教授鄉里。楊克齋泰之歷其門。皆列高第云。魏鶴山集。

宇文門人

補教授程克齋先生公説

春秋分記

周正皆建子也。今推之曆法。積之氣候。驗之日食。則春秋隱桓之正皆建丑。莊閔僖文宣之正。建子及丑者相半。至成襄昭定哀之正而後建子。閒亦有建亥者。非一代正朔自異尚也。歷亂而不之正也。

長曆于隱元年正月朔則辛巳。二年則乙亥。諸曆之正皆建子。而預之正獨建丑焉。日有不在其月。則改易閏餘。强以求合。故閏月相距。近則十餘月。遠或七十餘月。

梓材謹案。厚齋尚書云。春秋分記九十卷。推春秋旨義。即左氏傳分而記焉。又旁採公穀諸子之説附其下。張氏内閣書目云。克齋以聖經爲本。而事則案左氏。閒取公穀及先儒論辨以證其誣。至于論述大綱。悉本孟子。而微辭多取之程胡二氏。復以己意爲新注。四庫全書提要云。其年表則冠以周及列國。而后夫人以下。與執政之卿。皆各爲一篇。其世譜則王族公族以及諸臣每國爲一篇。魯則增以婦人名。仲尼弟子。而燕則有録無書。蓋原闕也。名譜則凡名著于春秋者。分五類列焉。書則曆法天文五行疆理禮樂征伐職官七門。其周魯及列國世本。以及次國小國附録。則各以經傳所載分隸之。條理分明。敘述典贍。所采諸儒之説。與程氏所附序論。亦皆醇正。誠讀春秋者之總匯也。

補忠文程滄洲先生公許

滄洲遺文

聖人以天下爲一家。以中國爲一人。方其文軌之同。而聲教之無不被也。庶士交止。登載于禹貢之書。串夷載路。洋溢于周雅之詠。奚必地險以爲固。而關塞以爲阻乎。然王公設險以守其國。素具于習坎之彖辭。而重門擊柝。以待暴客。黄帝堯舜已有取乎。豫備之義。則因險以爲守。固天地自然之勢。而先事以制變。亦有國者之所不可忽者耳。試閣職策問。

附録

少知孝敬。大母侯疾。先生不交睫者數日。病革。嘗其痰沫。既卒。哀毁踰制。

杜清獻範薦于上。召拜宗正少卿。再遷起居舍人。濮斗南繳還。疏有臣等恥與爲伍之語。遂以舊職提舉玉局觀。範見疏曰。程季與肯與汝爲伍耶。

權刑部尚書。屢辭弗獲。入對上疏貨財興繕逐諫臣開邊釁時弊七事。薦知名士二十七人。

高恥堂序滄洲奏議曰。公端平淳祐之閒。論諫數十。自下劘上。莫不剴切。言人所難。然其詞反覆曲折。足以周盡事理。其氣忠厚惻怛。足以感悟上心。不沽激以近名。不矯亢以驚俗。而其愛君憂國之心。藹然自有不可及者。聖人所謂有德者必有言。其公之謂乎。

楊氏家學

補祕閣楊浩齋先生子謨

附録

自幼孝友端慤。通泉王晉卿教授諸生。爲第五等。公年十六。受學旬歲。已輩行高等。公始職教二郡。皆以義理訓迪諸生。成都學官。四蜀之士咸在。公之餘論。漸被滋廣。主四川類省試事兼監試事。公以取文之要五。校士之目七。示同事者。大要先義理而後文采。虛心從衆。而不斷以己見。且專以論策定去取。咸謂得人。蜀帥楊輔遂以五要七目聞。且刻諸試院。

公自念非達賢無以報國。會免朝辭。遂薦蜀士四十餘人于當路。

魏鶴山序浩齋集曰。予嘗觀衡山胡子所以告張宣公者。謂顔子有不善未嘗不知。至明也。非格物者不能。知之未嘗復行。至勇也。非居仁者不能。張子得之。服以終身。今楊公雖不及登張子之門。而師友淵源實自之。故知行互發之論。常常諷道。出處進退。卓然不移。視世之富貴利達。一無以動其心者。公其庶幾明且勇乎。

虞道園題王知郡墓碑後曰。浩齋公嘗與曾大父同學易于滄江之上。講貫之説。學者多傳之。如所謂乾二五皆言大人。否二五亦言大人。時義有不同之類者也。

李氏家學

補中正李後林先生義山

附録

幼讀書一過。能解大義。官金部郎中。人稱其行美如瑜。節介如石。

月舟門人

補常幹蘇先生在鎔

附録

人有善。稱奬風厲如弗及。或謬于理道。簡于容儀。即莊色厲聲道師之言以訓迪之。諸公要人造請。益貽書講學。無日無之。

補 提刑張先生鈞

雲濠謹案。先生紹熙四年進士。魏鶴山誌先生墓。言其得於孫公巖老范公文叔爲多。則先生亦孫氏門人也。

附録

教授三嵎。留意公養士之升堂者。每以六學相勸切。嘗舉張忠獻公四勿箴爲勸。不專厲以科舉之習。

華陽門人

虞先生剛簡

詳上南軒私淑。

虞氏家學

虞先生珏

虞珏。滄江長子。以文學著稱。知永州。興學校。靖寇暴。更以簡易治之。去而民不忘。遷連州。元贈禮部尚書。趙東山集。

雲濠謹案。先生名。歐陽圭齊集作圭。

虞氏門人

范先生晞韓

范晞韓字義父。滄江門人。魏鶴山集。

靖惠牟存齋先生子才詳見鶴山學案。

薛氏所傳

文靖魏鶴山先生了翁詳鶴山學案。

張氏門人

料院王先生庚應別見鶴山學案補遺。

黃氏門人

補大理楊克齋先生泰之

雲濠謹案。先生歷登楊致一。劉子野。史鴻漸之門。

附録

西湖舊有堂名景濂。公易以君子。而記之曰。堂既作而旋廢。已廢而復興。嘗攷其故。則以中遭僞學之禁爾。夫周張二程崛起千載。使聖人之學炳如日星。其有功于天下後世甚大。其徒不曰此孔孟之學也。必曰此伊洛之學。使人得以集矢于其的。苟寄意于君子。則自非君子之棄而小人之歸者。疇忍壞之。學者歎其遠識。

祀享必躬。略采古禮行之。居官薦士惟其可。非是。雖達官貴人莫奪也。

何先生鏐

何鏐。嘗執經兼山函丈。兼山尉壁山後三十四年。嘉定甲戌之冬。先生長斯邑。明年春。邑尉宋某出兼山所著詩書數章。作堂尉廳之西偏。曰相墨堂。而屬先生記之。西蜀藝文志。

趙先生□□

趙□□。總領公説子。總領聞黄文叔名。俾諸子從之游。樓攻媿集。

浩齋家學

楊先生子謨

楊子謨。浩齋從弟也。自幼受學。登慶元五年進士第。甫調官而卒。浩齋終身念之。魏鶴山集。

浩齋門人

靖惠牟存齋先生子才詳見鶴山學案。

料院王先生庚應別見鶴山學案補遺。

蘇氏家學

蘇先生子禮

蘇子禮。和父季子。和父卒。謁銘于鶴山。鶴山文集。

范氏續傳

補范先生大冶

雲濠謹案。虞道園送墨莊劉叔熙遠游序云。蜀人范大冶亦善記。嘗言幼在蜀。從予先世。得盡見六經緯。時爲予讀一篇。予時尚小。不能通其説。時范已七十餘矣。蓋先生爲虞氏門人。非卽滄江弟子也。

隱君范先生大性附王彥弼。

范大性。蜀人。爲鄉先生。寄隱江州數十年。總管王彥弼造其廬。命子事之以師禮。鋟其所著易輯略以傳。彥弼。蠡之博野人。江州涖政暇日。詣郡庠及濂溪景星兩書院。勉勵士學。咨詢民瘼。郡庠日就摧壓。學計不足以興修。迺課之羣儒。出學廩之粟各二百斛。俾四士分任其責。一瓦一水不以煩有司。任滿還蠡。不復仕。吴文正集。

附傳

縣丞黄先生□

黄□。仁壽人。宋樂安丞。江西帥臣黄龜疾以臨川内附。檄至樂安。先生獨不肯。傳檄者國人。義而不忍殺之。去入深山中。忍饑不至死。教其子讀春秋而已。道園學古録。

梓材謹案。虞道園送趙茂元序云。集與令弟未髫齔。先君攜之。避地嶺海。十歲至長沙。始就外傳。從祖父祕書公必使求諸鄉人教之。又言。先親常勗某曰。讀書當如范公之博。立身當如黄公之嚴。斯言猶在耳也。自是稍從侍側問鄉里文獻之在東南者。則知臨卭魏氏子孫在吴都。眉山平舟楊氏在美臺。或在武陵。桂芝程氏在安吉。學辨史氏在江陰。同郡牟氏亦在安吉云。魏氏謂鶴山。楊氏則道園外家也。程氏蓋克齋兄弟之族。史氏牟氏皆鶴山及門諸子之後耳。平舟楊氏。見濂溪學案補遺。

程氏續傳

程先生郇

程郇字晉輔。其先家眉州。曾祖公許謚忠文。始出蜀而僑居湖州。先生生于名家。耳濡目染。能蚤有知。稍長。游心聖賢之學。于書無不讀。爲文博敏閎肆。前代遺老。如尚書陳存。參政文及翁。大卿牟巘。咸器重之。薦署嘉興路儒學録。陞平江之和靜書院山長。調紹興之和靜書院山長。授台州路儒學教授。調鎮江路總管府知事。遷江山綏能慈谿縣尹。涖事之暇。尤垂意于庠序之事。以婺源州知州致仕。著有柳軒退稾十卷。卒年七十八。黄文獻集。

程氏私淑

單先生庚金

單庚金字君範。奉化人。就南省別試見黜。遂歸隱剡源晦溪山中三十年。日夜取古聖賢經傳遺言。洗濯磨治。有春秋三傳集説分記五十卷。用吕氏程氏所纂。自左氏公羊穀梁以來諸家之異同定于一書。又解春秋正經。題爲春秋傳説集略者十二卷。又增集論語説約。晦溪處士餘力稾。戴剡源集。

范黄門人

虞先生集詳見草廬學案。

隱君門人

王先生元恭

王元恭字居敬。眞定人。後至元六年。爲明州總管。先在他郡。能聲赫然。郡民聞其至。老稚爭慶。下車問民疾苦。寬猛相濟。興學校。作杏壇詠歸亭。飭從祀儀。學廩不給。徵逋贍之。舉行鄉飲酒禮。貿地爲義阡。絶火化之俗。作石馬道于江次。以便漕運。復成四明續志十二卷。與延祐志並刻以傳。寧波府志。

宋元學案補遺卷七十三目録

麗澤諸儒學案補遺

東萊門人……四一九三

補 樓先生昉……四一九三

補 葛先生洪……四一九五

補 喬先生行簡……四一九六

補 李先生誠之……四一九七

補 王先生介……四一九八

補 喬先生夢符……四一九九

補 王先生瀚……四一九九

補 石先生範……四一九九

補 朱先生質……四二〇〇

補 葉先生秀發……四二〇〇

補 潘先生景憲……四二〇一

補 鄒先生補之……四二〇一

補 黃先生謙……四二〇二

補 陳先生黼……四二〇二

補 詹先生儀之……四二〇二

補 邢先生世材……四二〇三

補 康先生文虎……四二〇三

補 趙先生彥秬……四二〇四

補 李先生大同……四二〇四

補 時先生瀾……四二〇五

補 時先生澐……四二〇六

補 鞏先生豐……四二〇七

補 周先生介……四二〇七

補 彭先生仲剛……四二〇八

潘先生景良……四二一一

時先生鑄……四二一三

時先生鋠合傳……四二二
時先生鎬……四二二
時先生錀……四二二
時先生錡……四二三
時先生涇……四二三
時先生泉合傳……四二三
李先生厚之……四二三
趙先生彦棫父公藻……四二三
路先生德章……四二四
陳先生希點父棣……四二四
趙先生善珍……四二五
姜先生模……四二五
姜先生柄……四二六
王先生莘叟……四二六
宋先生天則……四二七
葉先生季韶……四二七
許先生文蔚……四二七
胡先生伯虎附弟季虎……四二八
林先生謨……四二八
龔先生世宏……四二九
龔先生世隆合傳……四二九
龔先生世廣合傳……四二九
龔先生世恩合傳……四二九
龔先生世昌合傳……四二九
龔先生世英合傳……四二九
樓先生鏞……四三〇
包先生子謙……四三〇
金先生昇卿合傳……四三〇
傅先生如松……四三〇
傅先生如川合傳……四三〇
何先生逮父松附弟造適遇述……四三〇
邵先生康合傳……四三〇

張先生成招……四二二
胡先生居仁……四二二
林先生穎……四二二
詹先生長民……四二二
唐先生復……四二三
馬先生壬仲……四二三
吳先生洪……四二三
趙先生游夫……四二三
洪先生無競……四二三
趙先生汝燧……四二三
張先生蒙……四二四
柴先生淵……四二四
郭先生津……四二四
徐先生暄……四二四
楊先生誠之……四二四
趙先生善譚……四二五
孟先生行古……四二五
趙先生熤……四二五
應氏先緒……四二五
補應先生傃……四二五
葛喬學侶……四二六
胡先生楚材附師許復道……四二六
文惠同調……四二六
蔣先生昌道附孫龔……四二六
文惠所薦……四二七
吳先生如愚……四二七
錢先生時詳見慈湖學案……四二八
正節學侶……四二八
眞先生德秀詳西山眞氏學案……四二八
正節同調……四二八
甯先生時鳳……四二八
趙氏同調……四二九

蔡先生齊基……四二二九
葉氏家學……四二二九
補 葉先生榮發……四二二九
葉氏門人……四二二九
朱先生質詳上東萊門人……四二二九
樓氏門人……四二二九
補 王先生撝……四二二九
補 鄭先生清之……四二三〇
補 應先生傜……四二三一
趙先生與懽……四二三二
王先生漢英……四二三二
鄭先生次申……四二三三
鄭先生次時……四二三三
李氏家學……四二三三
李先生士允……四二三三
李先生士宏合傳……四二三三
喬氏家學……四二三三
喬先生幼聞……四二三三
王氏門人……四二三四
聞人先生詵詳見北山四先生學案……四二三四
于先生石……四二三四
潘氏家學……四二三五
潘先生景愈詳見東萊門人……四二三五
潘先生自晦……四二三五
潘先生自牧……四二三五
潘氏門人……四二三五
朱先生塾詳見晦翁學案……四二三五
杜氏家學……四二三五
杜先生去僞……四二三五
杜先生濬之……四二三五
趙氏家學……四二三七
趙先生淦夫……四二三七

時氏家學……四二三七
補時先生少章……四二三七
必大家學……四二三八
葉先生大同……四二三八
邵氏門人……四二三八
何先生造……四二三八
何先生適……四二三九
何先生遇……四二三九
何先生述並附見上東萊門人……四二三九
胡氏家學……四二三九
胡先生中行附子祐之……四二三九
唐氏門人……四二三九
樂先生韶……四二三九
樂氏講友……四二四〇
唐先生麟……四二四〇
唐先生容……四二四〇
東萊再傳……四二四〇
樓先生□……四二四〇
蘭坡家學……四二四〇
應先生復見下鄭氏門人……四二四〇
準齋門人……四二四〇
陳先生昉……四二四〇
鄭氏門人……四二四一
史先生彌堅詳見慈湖學案……四二四一
史先生賓之別見邱劉諸儒學案補遺……四二四一
應先生復……四二四一
鄭先生侶附兄慶長……四二四一
林先生希逸詳見艾軒學案……四二四二
應氏家學……四二四二
應先生翔孫……四二四二
趙氏家學……四二四三
趙孟何……四二四三

趙先生孟傑別見深寧學案補遺……四二四三

于氏家學……四二四三

于先生衢……四二四三

于氏門人……四二四四

吳先生師道詳見北山四先生學案……四二四四

汪氏續傳……四二四四

汪先生□……四二四四

葉氏續傳……四二四四

補葉先生審言……四二四四

李氏續傳……四二四五

李先生光遠……四二四五

李先生裕詳見北山四先生學案……四二四五

胡氏續傳……四二四五

胡先生助……四二四五

胡先生瑜……四二四六

謹翁門人……四二四七

劉先生潛……四二四七

劉先生瑊合傳……四二四七

劉先生衆合傳……四二四七

鄭氏續傳……四二四八

鄭先生奕夫……四二四八

夏氏續傳……四二四八

夏先生逢慶別見北山四先生學案補遺……四二四八

宋元學案補遺卷七十三

後學 鄞 王梓材 慈谿馮雲濠 同輯

麗澤諸儒學案補遺

東萊門人

補 軍守樓迂齋先生昉

梓材謹案。寧波府志。先生登紹熙四年進士。從學常數百人。最顯者鄭清之。應繇。鄭次申。趙與懽。清之旣相。追贈直龍圖閣。率其弟子祭于墓。復立甬東書院祀之。

梓材又案。劉後村跋朱相士贈卷云。往時樓暘叔有文名。君謂予。樓眉濃。不能爲清望官。旣而果然。此無關學事。亦可爲迂齋逸事。附識于此。

雲濠謹案。迂齋先生。紹熙癸丑進士。越三十一年。爲嘉定癸未王厚齋尚書之父溫州守撝登第。而厚齋卽以是年生。據延祐四明志。溫州幼學于迂齋。學案迂齋本傳。又以厚齋爲迂齋高第。是則迂齋晚歲弟子矣。

附錄

其文汪洋浩博。凡所論議。援引敘說。小能使之大。而統宗據要。風止水靜。泊然不能窺其涘。

眞西山薦狀曰。朝奉郎知興化軍樓昉。詞章彪炳。有作者之風。識慮深長。知當世之務。曩官于朝。數有論奏。觀其用意。實切愛君。而留滯于外。歷歲滋久。今雖分符支叠。粗有展布之地。然臣觀其人。足以羽儀天朝。潤色帝制。而局于小用。未究所長。

劉後村挽樓暘叔詩曰。白首臨凋瘵。蠻鹽似舊時。動持一麾止。安用五車爲。庫有留州賦。家無葬地資。空餘清儉字。長使郡人思。

又序迂齋標注古文曰。惟其學之博。心之平。故所采掇。尊先秦而不陋漢唐。尚歐曾而並取伊洛。矯諸儒相反之論。萃歷代能言之作。可以掃去萃選。而與文鑑兼行矣。

王深寧困學紀聞曰。迂齋講易。謂伏羲未作易之前。天下之人心無非易。伏羲既作易之後。天下之萬事無非易。又策問謂。种明逸以易學名。而其後世衡至師道累葉爲名將。郭逵以將帥顯。而其後兼山白雲皆明易。蓋易之爲書。兵法盡備。其理一也。愚聞之先君云。

謝山箋曰。丁寬及身爲名將。何須至种郭而始悟。

又曰。左傳。許。太岳之胤也。杜氏注謂。太岳。神農之後。堯四岳也。迂齋云。申吕齊許皆四岳之後。堯讓許由亦其一也。

黄南山先賢迂齋樓先生贊曰。先生之文。汪洋淵永。援據典確。風止水靜。泝其體裁。源自東萊。黼黻文訣。雲漢昭回。

謝山句餘土音樓暘叔迂齋詩。明招之學如武庫。迂齋獨以文章傳。尤長發策并持論。足爲場屋爭先鞭。曾闘甌越槐堂客。户外之屨長蟬連。雨笠風燈交兀兀。東江帶草青芊芊。卒成安晚與葺沚。雙登綸閣司王言。安晚歸來報先河。迂齋講塾高插天。所惜當年二宰執。事業不足光史編。將無所傳近文章。佐王之學有未箋。雁湖兄弟差爲勝。蜀道逍遥遠莫前。迂齋之學詎止此。何不逕上百尺竿。

補 端獻葛先生洪

雲濠謹案。先生所著。有涉史隨筆。潘室集。

附録

容父弱冠師東萊。吕成公喜其志氣不卑。可以致遠。初名伯虎。爲改今名。定其字。嘗從容請曰。有一言可以堅終身大節者乎。成公曰。其義命哉。窮達得喪。壽夭禍福。命也。君子行義。俟之而已。自此志見一定。終身不爲事物摇奪。

調撫州金溪丞。朱陸門人各尊其師學不相下。先生曰。道一而已。何庸角立户庭。陸象山一鄉信服。鄉民有爭。輒詣門聽命。有負者訟諸臺。命覈實于簿。簿素非象山之學。判牘詆毁。先生聞之。以義責簿。

時有僞學之禁。考試差官例問曾與不曾從事僞學。先生稱師東萊。講聞道德性命之學。不敢背師訓。阿時好。漕爲返元檄。

錢象祖當國。聞賢士大夫同列居吴中者誦崑山之政。居鄞中者誦昌國之政。同里閈者又稱月旦之實。錢曰。是非學館不足處。先生曰。親年八十。亟謀歸養得一見。次監當可矣。嘗謂大臣居位。可以自行其學。不當騰口干名。故凡論議。子孫亦莫得聞。惟拳拳以格心爲急。

既歸。闢義塾。延師教育後輩。一以麗澤齋規爲準。曰。異時儻獲佳士爲朝廷用。亦畎畝聞報國一節也。

先生篤實嚴毅。出于天性。守成公之學。詞氣容止俱有楷則。終身不名他師。講學麗澤。時朱文公長子在焉。文公知先生已審。及爲浙東常平使者。行部至東陽。訪以救荒利害。具陳民瘼吏奸。與施設所宜。多見施行。請令置社倉如文公法。以上杜清獻爲傳略。

補 文惠喬孔山先生行簡

孔山文集

士方入小學時。詩之與序混然。于句讀誦習之初。彼固視之皆經也。迨夫稍通大義。序之説或主于内。且將牽合詩意以就之。此其爲詩之病痼矣。志于傳授解惑者。苟不爲之拔其本根。而去其所先入。安能使之以詩求詩。而自有所得哉。錢白石詩傳序。

梓材謹案。先生蓋號孔山。其爲錢氏詩序有云。行簡嘗從先生游。聽言論如引岷江下三峽。滔滔乎其無涯也。是先生嘗學于白石矣。又案。隆慶東陽縣志于馬師文之純傳云。學成行尊。聲望藹著。學徒益集。多所成就。諸生中獨以大任期喬行簡。則先生又及馬氏之門。爲南軒之再傳矣。

補 正節李先生誠之

梓材謹案。東陽縣志載。先生著有易原。麟經記要。理學統宗要録。伊洛指迷删述正編。喪禮解。文集二十卷。詩集八卷。今皆不存。

附録

師事東萊。受易經。登賢書第一。成公曰。茂欽作魁。可使世俗知本分。爲學舍選復第一。一日。有詒書廟堂以縻捐自誓者。公毅然正色曰。士大夫此身獨當爲君父死爾。可輕以許人乎。及守蘄。喟然謂其僚曰。吾以書生再任邊壘。行年七十。亦又何求。獨欠一死爾。寇至。當與同僚戮力以守。不濟則以死繼之。

公之學主于力行。而充以涵養。平居接物。容色睟穆。飲人以和。見者意消。至其論是非。辨邪正。則凜然不可回奪。

志氣挺特。明于義利之辨。入太學。結交海内賢俊。相與講切。義理益明。

知郢州時。制帥頗有風力。而行事皆當。先生以書勉之曰。鎮壓不可以無威。必和易以通下情。斷制不可以不獨。必博咨以盡羣策。時以爲名言。

鄭準贊曰。道亢卞顔。才兼文武。臣死于君。子死于父。妻死于夫。孫死于祖。忠孝一門。光昭千古。

補忠簡王渾尺先生介

王元石語

宣帝時有大議論三。嚴延年以不道劾光。夏侯勝言武帝不宜立廟樂。有司謚故太子曰戾。皆後世有所不能。

附録

時方厲僞學之禁。先生對策言。今之所謂道學者。皆世之正人君子也。正人君子之名不可逐。故爲僞學之名一網而去之。聖明在上。而使天下以道學爲諱。將何以立國。

先生學有源本。嘗作日録。自敘曰。日録者。檢身之法也。其不可書者。即不可行之事。言皆可行。行皆可書。不至握筆齟齬。則不爲小人之歸矣。

樓大防嘗言。王元石不可干以私。眞西山稱其所立。有汲長孺王允之之風。其見推如此。

眞西山跋王舍人家傳曰。嗚呼。以公之忠誠亮節。正學遠識。使得盡發所藴。施之朝廷。其益詎可量耶。而一時議論。往往枘鑿難合。以故不能安于朝而去。既去不復召者數年。而公没矣。可勝歎哉。可勝惜哉。

補御史喬先生夢符

梓材謹案。金華先民傳稱。先生少從東萊遊。作不欺論。東萊甚奇之。著有西峴類稿十卷。

補朝奉王定庵先生瀚

附録

柳待制跋先生手書碩畫曰。昔仙都讀資治通鑑。取其有關于天下戰守大計者凡九則。手書之。題曰碩畫。其後魯齋裝潢成卷。識人爲學之大用固在于此。一道相承。將以推之事功。豈曰呻吟佔畢之末而已也。

補通判石先生範

附録

師事東萊。有所啓告。服膺無斁。而羣居共學。又多一時佳士。薰炙涵浸。氣質增美。肄業膠庠。能道其師之賢德學問甚悉。袁絜齋異之。遂與定交。先生守正不撓。或勸其謁權貴。美官可立至。先生謝曰。吾儒者。改官爲縣當耳。何以倖爲。士論多之。

補 侍郎朱先生質

梓材謹案。金華徵獻略于先生傳云。初學于吕祖謙弟子葉邽。而卒業于唐仲友。是先生本屬東萊再傳弟子。所著又有奏議詩文雜稿。

補 知軍葉南坡先生秀發

附録

嘗著論語講議。發越新意。以誨諸弟子。且曰。聖門授業之源。無過此書。然義理無窮。儻一切沿襲舊説。吾心終無所得。若欲見諸行事。是猶假他人之器以爲用。用之于己且惴惴焉。不以爲便。況欲假人乎哉。

調桐城丞。金人犯蘄黄二州。桐城爲鄰壤。修城浚濠。日爲備禦計。會金人使諜者至。先生探之。亟斬于城門以徇。金人計沮。不得進。邑賴以完。

史彌遠當國。人有桐城來者。言先生守城功。曰。微葉公。吾屬皆死。無桐城久矣。彌遠因問參知政事宣繒。其言同。乃歎曰。幾失賢者。即日起先生。再擢知高郵軍。

補 教授潘先生景憲

梓材謹案。先生祭薛艮齋文。首云。瞻望門牆。十年未得。幸會適諧。兩月几席。末云。登門之晚。失師之遽。敢不夙夜。無忝所付。則先生嘗受業薛氏之門。

雲濠謹案。先生著有記纂淵海。金華府志稱其以童子貢京師。通念十三書。説六經大義。作三體字云。

雲濠又案。先生世居括蒼之竹溪。後徙金華。父好古字敏修。一字伯御。右朝散郎致仕。東萊誌其墓云。隆于教子。喜著書。有詩春秋語孟中庸説合五十一卷。他書亦數百卷。亦言其嘗嗜浮屠老子説。暮年覺其尤繆妄者。謝絶之。而鄉儒者浸篤云。

附録

力請太平州學教授。宰相問故。曰。二親俱老。將以便養。他非所望。宰相益賢之。

朱子語類曰。自叔度以正率其家。而子弟無一人敢爲非義者。

又婺州金華縣社倉記曰。叔度念其家自先大夫時。已務賑恤。樂施予。歲捐金帛不勝計。而獨不及聞此也。于是慨然白其大人。出家穀五十斛。爲于金華縣婺女鄉安期里之四十有一都。斂散以時。規畫詳備。一都之人賴之。

補 府判鄒先生補之

雲濠謹案。先生所著。又有書説。經義考云佚。

補黄先生謙

附録

朱子語類曰。南安黄謙。父命之入郡學習舉業。而徑來見先生。先生曰。既是父要公習舉業。何不入郡學。日則習舉業。夜則看此書。自不相妨。如此則兩全。硬要咈父之命。如此則兩敗。父子相夷矣。何以學爲。讀書是讀甚底。舉業亦有何相妨。一旬便做五日修舉業。亦有五日得暇及此。若説踐履涵養。舉業儘無相妨。只是精神昏了。不得講究思索義理然也。怎柰之何。

補著作陳先生黼

雲濠謹案。先生累官駕部郎中。其祖宗譽字彦聲。有德于鄉。與陸務觀父子遊。見宋潛溪所作生生堂記。

雲濠又案。金華府志稱其經術淹貫。文章爾雅。有文集二十卷。

補侍郎詹先生儀之

梓材謹案。廣東郝志載先生云。紹興二十一年進士。淳熙二年。爲廣南東路提點刑獄。下車首建周濂溪祠。張栻爲之記。三年。擢廣東轉運使。論實鹽官鬻之弊。孝宗韙之。尋擢吏部侍郎。可備證本傳。

附録

朱子答先生書曰。湘中學者之病。誠如來教。然今時學者。大抵亦多如此。其言而不行者固失之。又有一二只説踐履。而不務窮理。亦非小病。欽夫往時蓋期救此一種人。故其説有太快處。以啓流傳之弊。今日正賴高明有以救之也。爲學是分内事。纔見高自標致。便是不務實了。更説甚的。今日正當反躬下學。讀書則以謹訓説爲先。修身則以循規矩爲要。除卻許多懸空閒説。庶幾平穩耳。

補縣丞邢先生世材

附録

東萊祭邦用曰。嗚呼。子之于學篤矣。質性淳固。可謂有學之資。兄弟雍和。可謂有學之地。壻于德門。左右觀法。則既知學之實。游于四方。師友講論。則益知學之方。小試曹掾。素懷得伸。若使其信學之堅。還歸鄉閭。儒風方起。若多其共學之助。天之相之者。何其多耶。眚菑狎至。哭其二季未已。而身從之。奪之者又何其驟也。

補康先生文虎

附録

朱子嘗答先生書曰。東萊文字。須子細整頓成編。乃可商量。但此事亦不宜甚緩。蓋人生不堅固。若過卻眼前諸人。卽此事無分付處矣。朱子文集。

補 通判趙先生彥秬

梓材謹案。東陽縣志載。先生好學有文。著述不倦。詩數百篇。名西征隨筆。

補 尚書李先生大同

梓材謹案。東陽縣志稱。先生致仕十年。壽八十有七。諡文莊。又稱。先生與兄大有。學朱子之門。晚號蝸室老人。講學愈力。著又有羣書就正。通鑑隨録記事類編。詩文奏議等書。然先生之兄私淑朱子與張吕者。非朱子門人也。

雲濠謹案。袁清容荅李生諸詩。首曰。英英金華伯。皓首人中龍。横經古鄞水。歌詩儆羣蒙。注云。舊爲鄉里教授。歌風雅以訓諸生。蓋謂先生。以李生爲先生曾孫也。

附録

拜右正言兼侍講。首陳謹獨之戒。上爲改容。

上欲創五福太一祠。先生請罷其役。他日進講禮運。謂太極未判之初。此理渾然。謂之太一。漢武信方士妄誕。始立畤崇奉耳。

眞西山進講大學。言此心當如明鏡止水。不可作槁木死灰。先生謂。不可二字未安。蓋此心原是活物。豈能作槁木死灰。西山歎服。

拜殿中侍御史。平心持衡。斥去黨論。

先生資稟醇厚。神氣清和。端行拱立。望之使人意消。至于忠言嘉謨。上裨緝熙。下濟民生。嘉熙端平之治。先生蓋有助焉。

補朝散時南堂先生瀾

南堂文集

有唐虞三代之議論。有叔季之議論。居叔季之世。而求譯于唐虞三代之書。難乎而得其藴也。夫書之爲書。斷自唐虞。迄于秦穆。凡堯舜之典謨。夏啓湯武之誓命。周公成康之訓誥。悉備于是。讀是書而其可以後世膚見而臆度之哉。要必深究詳繹。求見于唐虞三代之用心而後可。故讀二典三謨之書。當思堯舜授受于上。皋夔稷契接武于下。都俞吁咈者何味。讀三盤五誥之書。當思人君布告于上。臣民聽命于下。叮嚀委曲通其話言。而制其心腹。開其利益。以柔其不服者何旨。讀九命七誓之書。當思命諸侯命大臣者何道。誓師旅誓悔悟者何見。以是心讀是書。則唐虞三代之用心。庶乎其有得。而唐虞三代之議論。可以心通而意解矣。夏氏尚書解序。

東萊夫子講道于金華。首擄是書之藴。門人寶之。片言隻字。退而識録。見者恐後。亟以板行。家藏人誦。不可禁禦。夫子謂。俚辭閒之繁亂復雜。義其隱乎。修而定之。瀾執經左右。面承修定旨曰。唐虞三代之氣象不著于吾心。何以接典謨訓誥之精微。生于百世之下。陶于風氣之餘而讀是書。無怪乎白頭而如新也。周室既東。王迹幾熄。流風善政。猶有存者。于横流肆行之中。有閒見錯出之理。辨純于疵。識眞于異。此其門耶。仲尼定書。歷代之變具焉。由是而入。可以覩禹湯文武之大全矣。自堂徂奥。以造帝者。泝而求之。終于秦誓。始于洛誥。而工夫之不繼。悲夫。增修東萊書説自序。

梓材謹案。先生于是序。自言以西邸文學入三山監丞。蓋先生嘗官從政郎。差充西外睦宗院宗學教授。見周益公平園集附録祭先生文。金華徵獻略云。知寧國府。

附録

南堂從東萊先生明招道中呈伯廣炳道詩曰。燕子楊花各自飛。雨乾溪路緑初肥。無人會得風雲意。可是千年瑟竟希。

周益公與時教授書曰。來論謂太史公好學深思。心知其意。是因得進道之門。積而不已。則取之左右逢其源。如孟子所云。非即知之實耶。昔東萊切切然以先覺知後覺。今不復斯人矣。師道之傳。正在君等。

補　時先生澐

梓材謹案。先生字一作子澐。爲南堂從昆弟。金華徵獻録云。東萊門人。有學行。門人私謚夷介先生。又攷所性自敘。稱曰伯父澐。所性。南堂子。則先生之于南堂。弟也。非兄也。所性又敘子澐築室。顔曰學古。前植丹桂。後倚蒼柏。大皆蔽牛。每休則同人燕集。而東甌特多云。

補 提轄鞏栗齋先生豐

雲濠謹案。先生所著有東平集二十七卷。金華府志稱其復從朱子講明義理之學。聲實甚著云。

附録

義烏何茂恭言。鞏氏子豐。弱冠論周秦以前事。語言如冰玉。不可塵垢也。仲至學敏而早成。自童丱時。前輩源緒。古今音節。事之因革。總統如注水千丈之壑。迎前隨後。宿艾駭服。以爲積數十年燈火勤力。聚數十家師友講明。猶不能到也。

炊熟日有愴松楸作詩云。小樓吹斷玉笙哀。春半餘寒去復來。五歲不澆墳上土。望桐心折剌桐開。

嘗問爲文于朱子。朱子答書。略曰。來諭所云。漱六藝之芳潤。以求眞澹。此誠極至之論。然亦須先識古今體製。雅俗向背。仍更洗滌得腸胃閒夙生葷血脂膏。然後此語方有所措。如其未然。正恐穢濁爲主。芳潤入不得也。

補 周先生介

梓材謹案。朱子文集答周叔謹書五。注云。葉公謹改姓名。是先生本字公謹。朱子答黄文卿書云。公謹未及附書。相見煩致意。渠從吕東萊讀左傳。宜其于人情物態見得曲折。今乃如此不解事。何耶。所謂不解事者。未知何事。

補 提舉彭先生仲剛

臨海諭俗文

人之所以異于禽獸者。以有人理也。理莫大于忠信。若懷私飾詐。内以欺心。外以欺人。則人理絶滅。去禽獸不遠矣。近包孝肅公尹京時。有人自陳某人以白金百兩寄我。其人死矣。今以其金還其子。其子不受。願召其子還之。尹召其子。辭曰。亡父未嘗以白金寄人。兩人相遜久之。又嘗親見時當大旱。皆訴求蠲税。獨一老農不肯訴。人問其故。曰。某田偶得蔭注。實不傷。若雷例去訴。是欺天也。又見一老吏。有鄰人訴事于郡。囑以三十千。後果得理。其老吏遣人送三十千還之。云。此事乃郡守判。我實不曾致力。不敢欺心愛此錢也。後其子發科。人以爲不欺之報。此數事皆可謂不欺心不欺人者矣。今每見詞訟。動輒懷欺。或有僞作契券。揩改簿約。負財賴業。或有狡詐營私。隱減田産。規避賦役。本因喧爭。便稱被打。本因索討。便稱被刼。情態萬狀。虚僞百端。是皆自欺其心以欺他人。豈不大可恥也哉。崇忠信。

儉。美德也。古人之所寶也。禹。大聖人也。帝舜稱其德曰。克儉于家。人君富有天下。猶以儉爲德。况民庶乎。故曰。儉。德之共也。又曰。儉常足人。能崇尚儉素。深自撙節。省口腹之欲。抑耳目之好。不作無益以害有益。不務虚飾以喪實費。食可飽而不必珍。衣可暖而不必華。

居處可安而不必麗。吉凶賓客可備禮而不必侈。如此則一身之求易供。而一歲之計可給。既免稱貸舉息。俯仰求人。又且省事寡過。安樂無事。故富者能儉則可長保。貧者能儉則可以無飢寒。豈不美哉。今世之人。不知以儉爲美德。而反以儉相鄙笑。往往縱目下之欲。而不恤後來。飾一時之觀。而不顧實患。亦可謂愚矣。故富饒之家。日朘月削。浸以不足。中人之產。積逋累欠。浸以貧困。于是見利忘義。苟求妄取。兼併爭奪。放僻邪侈。無所不爲。農工商販之家。朝得百金。暮必盡用。博弈飲酒。以快一時。一有不繼。立見饑凍。于是相攘相詐。甚至盜竊。身陷刑辟。妻子流離。原其所由。皆不知崇尚儉素之過也。敦儉素。

一朝之忿。可以亡身及親。錐刀之事。可以破家蕩業。故忿爭不可以不戒也。大抵忿爭之起。其初甚微。而其禍甚大。所謂涓涓不壅。將爲江河。綿綿不絶。或成網羅。人能于其初而堅忍制伏之。則無事矣。性猶火也。方發之初。滅之甚易。既已燄熾。則焚山燎原。不可撲滅。豈不甚可畏哉。俗語云。得忍且忍。得戒且戒。不忍不戒。小事成大。試觀今人。忿爭致訟。以致亡身及親。破蕩家業者。其初亦豈有大哉。被人少有所擊觸則必忿。被人少有所侵陵則必爭。不能忍也。則詈人而人亦詈之。歐人而人亦歐之。訟人而人亦訟之。相怨相讐。各務相勝。勝心既熾。無緣可遏。此亡身及親。破家蕩業之由也。莫若于其將忿之初則便忍之。纔忍過片時則心便清涼矣。于其欲爭之初則且忍之。果所侵有利害。徐以懃懇問之。不從而後徐訟之于官。可也。若蒙官司見直行之稱峻。亦當委曲以全鄰里之義。如此則不傷財。不勞神。身心安寧。人信服。此人人世中安樂法也。比之忿鬬爭競。喪心費財。伺候公庭。俯仰胥吏。拘繫囹圄。荒廢本業。以至亡身及親。破家蕩業者。不亦遠乎。戒忿爭。

常人之家。每被官司。追呼禁繫。不得安寧者。多緣户門之事。田產之爭。此最不可不謹也。大抵賦税宜及早輸納。不使違期。差役合依理承認。不須妄糾。以至交易。尤當審細。須防卑幼寡婦重疊私輟之類。致有違礙。又須錢物過度牙保契要之類。凡事分明具帳。取問親鄰。依限投印契書。卽時交物抱税。無紐債負以準折交易。無儓㊀虛價以蒙昧親鄰。無詭名隱寄以避免賦役。無廣作四至以包佔他業。抱税則盡其數。不可使少抱。未抱則還其錢。不可使代納。已典而就賣者酬其價。限滿而取贖者聽其贖。有聲而執恡者從其恡。理曲而被訴者還其業。其或理直而有爭競。則當聞之于官。不可强種强割。强種强割。勢必鬬爭。急有殺傷。必遭刑敗。至如分析財產。務在和平。寧可崇篤親屬。損己分以資骨肉。不可爭訴州縣。竭家資以奉吏胥。如前數事。苟能謹守立行。無貪小利以不念大患。無見目前以不恤後來。無爭虛氣以不思實禍。如此則追呼不至其門。刑責不及其身。在家無耗費之財。與人無爭忤之怨。豈不樂哉。謹户田。

人之所以能安身立家。長育子孫者。不可但恃其智力而已。必積行陰德。而後爲天地之所祐。鬼神之所福。則其身康强。其家昌盛。其子孫逢吉。苟惟矜恃智力。多行不義。不祐于天地。不

㊀「儓」當爲「擡」。

福于鬼神。未有不禍敗而覆亡也。若不在其身。必在其子孫。故陰德不可以不修也。夫所謂陰德者。何也。知善之可欲而力行之。知不善之不可爲而不爲。不求知。不責報。不以隱顯二其心。夫是之謂陰德。能行陰德者。不矜愚以詐智。不逞勇以苦怯。不恃强以陵弱。不扶衆以暴寡。不以口腹之欲而戕殺物命。不以己私之利而妨害他人。凡事之有負于心。有害于人者。皆不忍爲也。凡事之有便于人。有利于衆者。皆所樂爲也。寧可輸人便宜。不可討人便宜。苟能如是。豈不爲天地所祐。鬼神所福哉。如近世所見。人行數事。皆獲善報。或平價糶穀。求濟飢民。或高貲置産。深憐失業。或得業卽時受税。不使虚掛名籍。或買業亦許收贖。不欲奪其祖産。或周旋族黨閭里。極其歡心。或存撫鰥寡少弱。時加賑恤。見人不善。委曲勸訓。聞人禍患。多方解救。修橋道以便行人。築堰埭以利農畝。散藥食以濟病民。爲粥食以食餓者。憐男女之無歸而爲之婚嫁。憫旅喪之不舉而爲之津遣。收棄子于路而養育以俟其長。拾遺物于道而標記以待其取。如此之類。不一而足。往往身獲壽考。家道興隆。子孫蕃盛。陰德之報。豈誣也哉。修陰德。

梓材謹案。台州府志載天台令鄭至道諭俗七篇。而以先生此五篇爲續諭俗。則先生乃私淑鄭氏者也。

潘先生景良

潘景良。□□人。伯益從子也。與從弟景憲。受業吕成公朱文公之門。成公之女歸于先生。而景憲之女又適文公長子塾。故伯益于二公之學亦與有聞焉。宋文憲集。

時先生鑄

時先生鋹合傳。

時鑄字壽卿。蘭溪人。東萊同年進士。乾淳中。東萊倡明正學。四方來者至千餘人。而莫盛于婺。清江時氏。先生與弟鋹長卿。率其家羣從弟子十餘人。悉從東萊遊。又爲婺之盛。若澐若瀾若涇。尤時氏之秀云。吳禮部集。

梓材謹案。東萊爲時君德懋汝功墓志。三子。長卽先生。時爲從政郎南昌縣丞。孫男四。其長爲瀾云。

時先生鎬

時鎬。金華人。東萊之徒也。父某。東萊爲之銘。稱其治家嚴整。而所以教子孫者甚篤。朱晦翁取晏平仲之言。名其所作祠堂曰慈教之庵。鄉大夫潘德卿爲之大書以揭焉。先生及其弟某。又以請于晦翁曰。願吾子之遂志之。將與潘公之書并刻焉。以配吾師之言而信吾父于後世云。朱子文集。

時先生錀

時錀。

時先生錡

時錡。汝翼子。與兄鎬皆及東萊之門。金華徵獻略。

時先生涇

時先生泉合傳。

時涇。汝翼孫。嘉泰進士。時泉。汝功孫。其從子所性自敘云。往時東萊先生講道金華。吾宗尊人老輩翕然從之。叔祖壽卿長卿實爲領袖。東萊兄事壽卿。而弟視長卿。伯父澐涇泉及吾先人則日在講下。課試常最諸生。金華徵獻略。

李先生厚之

李厚之。東萊弟子。儒林宗派。

趙先生彦秬父公藻。

趙彦秬字周實。東陽人。幼穎異絶倫。與弟彦秬同入内小學。行無越思。爲同學所敬愛。擢承直郎句管文思院事。先生性喜儒術。驟登仕籍。意嘗忽忽。乃乞歸就學。其父公藻。僑居邑南。嘉其志。特創友成書院于溪東。延東萊以興起後進。時東萊之門。李誠之喬夢符以易鳴。陳鰗葛洪以書鳴。喬行簡馬壬仲以三禮鳴。倪千里以詩鳴。于春秋則推先生昆季陶鎔師率。服其教者。

歷世不衰焉。康熙東陽志。

梓材謹案。東陽縣志有先生日辨一篇。

路先生德章

路德章。東萊舊徒也。朱子嘗答其書云。所與子約書甚善。但謂東萊遺言有涉于經濟維持者別爲一事。而異于平日道學之意。則恐亦未免有累于東萊也。又一書云。大抵德章爲學。于文字議論上用功多。于性情義理上用功少。所以憤鬱不平之意。見于詞氣容貌之閒。而所問者無非崎嶇仄不可容身之地。此在世俗苟且流徇之中觀之。固亦足爲高。然在吾輩學問義理上看。則豈非膏肓深錮之疾。而不可以不早治者耶。朱子文集。

陳先生希點父棣。

陳希點字子與。青田人。父潭州判棣。篤學有賢行。先生承家訓。有聲。淳熙八年。以南省第六人登甲科。歷遷國學正。日進諸生問難經史。而嚴私謁。所拔多宿學有行誼之士。時重華寢疾。光宗亦不豫。省覲闊疏。或夙戒而中止。物論紛然。先生謂上實被疾。而閒其心者。得以肆其邪說。因疑成畏。遂至猜阻。上疏備言之。讀者以爲辯而不激。直而有禮。深體父子之至情。累擢起居舍人。兼太子侍讀左諭德。講讀之際。至人道大綱。治亂大端。祖宗立國之本意。必反覆陳述。太子爲之起敬。聽者聳然。進起居郎。兼權中書舍人。尋爲眞。前後論奏。于天命人心之際。必反覆開説。指切事情。雖不盡見于施行。而立論率可稱述。嘉定二年卒。年六十六。先生性素剛。慕王陵汲長孺爲人。少作見剛録以寓意。其哭胡樞密詧臣文曰。朝有正臣。其國乃重。漢有汲蕭。唐稱魏宋。誼形于色。賁育其勇。或招麾之。亢立不動。其抱負如此。三登朝著二十餘年。終以落落不爲當世所知。自博士左遷遠迹清要。更化以後。始遂向用。以世道爲己任。嘗曰。世之不治。非謂無法。法亂之弊也。救時之相固不易得。苟得平心守法者。其庶幾乎。蓋自許也。讀書觀大略。有會心處。涵泳充廣。必使心通意解。達于踐履。嘗登東萊之門。一見契合。相與質疑辨惑。由是聞見益明。所守愈定。著有淡齋筆談。淇淥遺興。璧水雜著。西掖類稿。經筵講解。及奏議藏于家。樓攻媿集。

趙先生善珍

趙善珍字子良。金華人。學于東萊。與陳止齋爲同年進士。任温州推官。郡有爾雅刊疏并音釋若干卷。以久不就。字畫多殘闕。先生繕補之。而止齋爲之跋。陳止齋集。

姜先生模

姜模字□□。鄞人。父金紫浩在婺時。東萊吕太史未第。金紫知其賢。遣二子從游。先生與之。同中漕薦。樓攻媿集。

縣令姜先生柄

姜柄字子謙。鄞人。金紫浩之季子也。與兄子光同登紹熙四年進士。知鍾離縣。始金紫卒。先生倚廬三年。哭不絕聲。不茹葷。亦不入于家。吕寺丞子約仕于明。見其居處容貌。愀然動色。遂相與討論喪禮。洗末俗之陋。其在蘭溪。與婺女諸賢尤稔。陶染既久。懲忿矯薄。見于踐履。臨事規規典型中。其進蓋未已云。樓攻媿集。

王先生莘叟

王莘叟。東萊門人。東萊所定古易十二卷。篇次與汲郡吕氏同。音訓則先生筆受。朱晦庵刻之于臨漳會稽。益以程氏是正文字及晁氏説。其所著本義。據此本也。直齋書録解題。

附録

黄東發曰。東萊先生易説。諸卦皆備。然特出于門人集録。非先生親筆。亦見有義未瑩處。如天在山中大畜云。山安能畜天。以方寸能留藏八荒。則亦有此理。愚恐經文只是山中見天耳。非必包天于山如洞天之云也。如大過獨立不懼云。常人數百年所不見必大驚駭。無一人以我爲是。非大力量何以當之。愚恐經文只説自守之堅耳。若人大驚駭。而我獨不懼。王金陵執拗可鑒也。如君子以虚受人云。聖人無邪無正皆受之。語亦微于寬。邪正恐難兼受。

宋先生天則

宋天則字秉彝。遂安人。少學于建安吴晞。授以所聞關洛諸儒之説。長無師友。琢磨獨守。其學甚力。踰四十。始見廣漢張先生東萊吕先生于嚴陵。二先生喜之。延請爲郡學録。後二年。復從吕先生于金華。切切講問。還家杜門罕出。專以讀書玩理爲事。既老愈篤。一日歎曰。吾不幸。二先生棄吾死。今海内學者。晦庵朱先生是賴。吾不可不就正。爲終身羞。治裝將行而病革。意象怡然。誦西銘之卒章曰。存吾順事。殁吾寧也。戒其子世吾學。毋用浮屠巫覡法汙我。孫燭湖集。

教授葉蘭谷先生季韶

葉季韶字承之。縉雲人。舉進士。授臨安教授。以疾辭歸。執經吕東萊之門。明性理之學。吟嘯自適。有蘭谷集。處州府志。

著作許先生文蔚

許文蔚字衡甫。休寧人。幼貧苦。嘗從朱文公吕成公遊。紹興庚辰。以上舍擢第。教授通州。又爲海陵丞。時有旨審察。先生恥于干進。杜門不出者六年。朝廷嘉其恬退。累遷著作郎。卒于家。姓譜。

附録

程洺水誌其墓曰。士林公論。以公有不可學者三焉。權勢。人之所趨也。方權臣擅柄之日。詣其門者立登丞弼。公惡其爲人。至不箸銓部。富貴。人之所欲也。公以小宰梁公薦。有掌故之命矣。乃五年臥家。不以姓名自達。張參政開督府。辟公爲屬。公力辭避。且極言調發之非。貧賤。人之所惡也。自壯至老。布衣蔬食。一室蕭然。疏幃敗席。有野人之所不堪者。五十年官學之積。委諸槖中。居乏寸椽。耕無尺地。而經理曾不及焉。蓋公之學一出于誠。壯從諸公遊。晚授學者。一言一行。悉以不欺爲主。故凡出公之門者。質而不華。誠而不僞。厚而不薄。望而知爲公之徒也。

判官胡先生伯虎附弟季虎。

胡伯虎字用之。寧國人。少從吕東萊遊。登淳祐丁未進士。除和州防禦判官。有善政。弟季虎。先三年同登進士。季虎官徽州倅。權發遣桂陽軍。奏事行在。疏陳大學正心之旨。董仲舒天人感應之言。上賜嘉獎。寧國府志。

貢士林先生謨

林謨字丕顯。連江人。從林少穎遊。于吕東萊爲同舍生。東萊少先生數歲。先生手鈔其詩文。

默誦之。及東萊講學授徒。先生詘首受業。從諸生後惟謹。東萊曰。此閩中瑞物也。姓譜。

附録

東萊方裒集諸儒詩春秋之説。其所編次。君與有力焉。東萊每舉其立志用力者。以誨諸生。語及當世名儒。斂衽起敬。而于朱子尤拳拳不少忘。後嘗一再侍函丈。猶以貧且老不得朝夕見。聞其鄉人有常從學于朱子者。雖後進晚輩。必造門願交。孜孜扣問。樂善好學之意。至老而愈篤。

龔先生世宏

龔先生世隆合傳。

龔先生世廣合傳。

龔先生世恩合傳。

龔先生世昌合傳。

龔先生世英合傳。

龔世宏。世隆。世廣。世恩。世昌。世英。義烏人。伯仲友善。俱從呂東萊學。爲世名儒。

喻工部良能目爲六瑞。楊忱中爲作六瑞堂記。義烏縣志。

樓先生鏞

樓鏞。鄞人。攻媿先生從父弟也。嘗與東陽喬行簡兄弟同研席。又與行簡爲同年生。樓攻媿集。

梓材謹案。喬文惠爲成公門人。先生蓋亦東萊弟子也。

包先生子謙

金先生昇卿合傳。

包子謙。蘭溪人。與同邑金昇卿。同遊成公之門。而先生執經良久。所到尤遠。昇卿。仁山先生族祖也。金仁山文集。

傅先生如松

傅先生如川合傳。

傅如松。如川。浦江人。宮學教授光之孫。兄弟皆從吕太史學。知名于時。浦陽人物記。

何先生逮父松。附弟造。適。遇。述。

邵先生康合傳。

何逮。東陽人。父松。善教子。先生學于東萊甚久。其弟造。適。遇。述。則皆從邵康佀之學。侶之之學亦本于東萊。陳止齋集。

雲濠謹案。陸放翁爲何先生逮墓表云。字思順。能詩。終身不自足而卒。

張先生成招

張成招。東萊門人。著有標注左氏博議綱目一卷。宋志。

雲濠謹案。東萊左氏國語類編二卷。亦東萊門人所編。

胡先生居仁

胡居仁。東陽人。從呂成公學。金華府志。

林先生穎

林穎字叔嘉。福清人。東萊弟子。儒林宗派。

詹先生長民

詹長民字子齊。遂安人。阜民之兄。以祖少保大方遺表恩。補承務郎。遷承奉郎。歷監紹興府都税院。鎮江府排岸兼拆船公事。卒于家。年二十七。嘗從呂伯恭學。以孝謹好學屢見稱歎。比卒。伯恭哀之。見于歔醉㈠。陸渭南文集。

㈠「醉」當爲「辭」。

唐先生復

唐復字子立。零陵人。受學于東萊之門。自號敬齋。嘉定甲戌進士。爲衡陽尉。楚紀。

梓材謹案。先生爲靜春之從子。卓徹之弟。儒林宗派載其字爲來復。

州守馬先生壬仲

馬壬仲字次辛。家本建陽。從朱子遊不逮。遂事吕東萊而私淑焉。登紹熙元年進士。寓居東陽。遂爲東陽人。歷任州縣。所至以廉能稱。權德安府。值大軍會合。駐郡境。先生應辦無闕。知古鄂。撫循兵民。捍禦邊寇。郡賴之安。時論皆謂。先生儒者。而有安兵之略。力上詞請歸。以疾卒。先生議論典型。詩章嫺雅。有奏議雜著得齋集若干卷。隆慶東陽志。

吴先生洪

吴洪。天台人。康肅公芾次子。嘗從吕東萊遊。得學以爲己之旨。靜居一室。布衣蔬食。東萊善之。累官奉直大夫。江西提舉。愛東陽南岑山水。遂占籍焉。東陽縣志。

趙潢山先生游夫

趙游夫。號潢山。東陽人。少從吕東萊遊。以淵穎誠慤稱。性好林壑。每登桃巖。擊竹如意爲節。歌麟趾古詞。時人莫識也。性至孝。既葬其親。徘徊不忍去。曰。嗟乎。吾出適百餘里。涉旬不返。吾親輒懷思詢動靜。吾親既就窀穸。無還期。其忍遠乎。于是廬墓側。復營其旁爲終焉計。示二子曰。死當埋我于此。蓋生死依依不忘也。康熙廣東志。

洪先生無競

洪無競。原名褒然。武川人。喜從東萊遊。東萊曰。子志古而科目是羨。非名也。盍歸而謁諸親。無何。復于東萊曰。吾親命以無競。更故名而虛其字。以待敢請。東萊以求伸副其名。并序其語。東萊文集。

郎中趙野谷先生汝燧

趙汝燧字明翁。袁州人。濮安懿王七世孫。户部尚書善堅之子也。擢嘉泰壬戌第。主東陽簿。歷官知臨川縣。監鎮江府榷貨務。添差臨安倅。屬建皇子府。以圖上矣。先生曰。講堂宜在左。尹矍然易圖以進。丁尚書憂。服闋。領舊職。改北廳。知郴州。增州學兩廡。歷湖南憲漕。去貪戢暴。風行一道。移漕廣東。改知安吉州。廣東提刑。皆未上。以刑部郎官召對。歸奉崇禧祠。差知温州。卒年七十五。積階中大夫。初尚書倅婺。先生猶丱角。從諸生拜吕成公于家塾。歸能誦所聞于吕公者。策名早。閲人多。及接前輩文獻議論。其修身齊家。牧人御衆。皆有準繩。常誦朱文公之言。今人以事之不理爲寬。寬之義豈然哉。故其治尤密察。别墅在城西五里。樂之不厭。有野谷集行于世。劉後村集。

張先生蒙

張蒙。東萊之徒也。爲范石湖壻。官從事郎。監行在車輅院。其爲邵武主簿也。周益公答其書云。內之議論。外之方維。見教諄諄。累數千言。連日披讀。不能去手。非以先東萊師友之誼。今石湖舅甥之好。其孰肯不鄙而教之如此之周也。周益公集。

柴先生淵

柴淵字益深。永豐人。蚤從呂東萊游。其學必以聖賢爲師表。親年方四十。卽不應舉。姓譜。

郭先生津

郭津字希呂。弟浩字希孟。東陽人。橫浦弟子欽止之子。嘗從朱呂遊。東陽縣志。

梓材謹案。石洞遺芳載朱子又有答郭希呂五帖。先生是又及朱門之證。

徐先生暄

徐暄。□□人。端平元年。賜先生及黃幹李燔李道傳陳宓樓昉胡夢昱等諡。録用其子。以其阨于權奸。而各行其志。没齒無悲也。綱鑑會纂。

楊先生誠之

楊誠之。義烏人。淳熙甲辰進士。金華府志。

安撫趙先生善譚

趙善譚。官瓊莞安撫。東萊門人也。連州蔡齊基。字夢傳。篤業文。嘗著周易述解九卷。大意由象數而理于義。以爲三古四聖尊君卑臣。進陽退陰。無非爲安危治亂計。嘉定八年。爲瓊州户録。先生見其書。大喜。謄寫進于朝。參政樓鑰報先生書曰。湟川有此文人。瓊莞有此僚屬。王孫典遠藩。而能取此書奏聞。使行于世。皆所罕見也。廣東戴志。

孟先生行古

孟行古。

趙先生煜

趙煜。

應氏先緒

補應蘭坡先生傃

梓材謹案。元大德昌國州圖志載。先生自號蘭坡。幼穎悟。才四歲。默誦語孟。其子名復。字宏道。與參政傜字之道爲兄弟行。故于參政傳云。蘭坡先生之猶子也。謝山翁洲書院記。以蘭坡爲參政子。誤矣。

附録

樓鏞記昌國令葛容甫生祠曰。容甫知民安其政。思有以善之。始新學宮。以申義名堂。吾兄文昌公爲之記。其所以加意于邑人厚矣。會予同年生應君傃自得方里居。容甫自山間以禮聘之。館于邑西之鉤坡。梓材案。鉤坡當作蘭坡。帥邑人之子弟從焉。

葛喬學侶

胡先生楚材附師許復道。

胡楚材字叔章。東陽永寧鄉人。幼有異節。工詞賦。不事磔裂雕鏤。嘗問爲學之要于葛洪。洪曰。吾學自踐履中來。又問喬行簡。行簡曰。學以經爲根幹。子爲華藻。晚從許復道遊。每云。學貴乎思。故所學以正心修己爲先。銘而揭諸座右。行己誠。與人信。或加橫逆不校。父喪母老。下里無以養。挈而之邑。開門授徒。年四十。始就贅鄰邑劉簿家。寤寐西峴不忘。乃歸下閭之里居焉。以逸民自號。太白山齋遺稿。

文惠同調

蔣先生昌道附孫龔。

蔣昌道字亢宗。東陽人。號友松居士。輕財好義。南渡時。建南國書院。聘名儒喬行簡。以教族屬子弟及鄉之後進。其孫龔。字叔安。亦建屋聚書。以廣先志。隆慶東陽志。

梓材謹案。高定子爲南園書院記。述叔安之言云。龔亦得以書劍遊人閒。辱名卿大夫譽之。登進鶴山先生之門。則叔安。鶴山弟子也。

文惠所薦

吴準齋先生如愚

吴如愚字子廢。臨安府人。嘉熙二年五月。以成忠郎特换從事郎。差充祕書校勘。辭免。特轉秉義郎與祠。館閣續録。

梓材謹案。先生號準齋。宋志有準齋易説一卷。趙希弁云。一則明象。一則明爻。雲濠謹案。四庫全書輯永樂大典本。準齋雜説二卷。提要云。考徐元杰楳埜集有所作行狀。登載事跡極詳。大略言其孝友忠恕。安貧樂道。理明行修。凡所著述。于學問自得甚深。别有易詩書説。大學中庸論孟及陰符經解諸種。並佚不傳。又稱其早年留心清淨之教。凡三四年。既而幡然盡棄所學。刻意講道。是其學術其初亦稍涉于禪悦。其解大學格物以正爲訓。明王守仁傳習録所謂格物如孟子格君心之格。其説實創于吴氏。似欲毅然獨行一家之言者。然其平日嘗稱。塞乎天地者皆實理。行乎萬世者皆實用。惟盡心知性。則實理融而實用貫。其用功致力。實以體用兼備爲主。而不墮于虚無。故其剖析義理。如天理人欲之辨。三畏四勿之論。無不發揮深至。于宋末諸儒中。所造較爲平實云。

附録

喬文惠薦之曰。成忠郎吴如愚。隨身右列。尋即隱居。雖在都城。而杜門不出。臣欲識之而不可得。其人行醇而介。氣直而温。講道窮經。賸有著述。欲乞特與換授從事郎。並與祕書校勘。

錢融堂先生時詳見慈湖學案。

正節學侣

文忠眞西山先生德秀詳西山眞氏學案。

正節同調

甯先生時鳳

甯時鳳。□□人。主蘄春簿。蘄州守李正節侯之死敵也。事方急時。或説先生出城以逭難。先生曰。平生辱太守深知。賊至之日。握手丁寧。勉以忠義。今可負之耶。亦死之。眞西山集。

梓材謹案。西山表李蘄州之墓云。始公之議城守也。通判州事秦鉅。教授阮希甫。實與公協同一心。其參□㊀籌畫。則軍事判官趙□㊁標。知蘄春縣林椉。主簿甯時鳳。其分任守禦。則統□㊂孫中。江士旺。臨轄嚴剛中。是數人者。職守不同。人品亦異。然皆生盡力。死盡節。無一首鼠自全者。秦阮諸人。西山概之以死節。而于甯先生尤詳述焉。故爲甯立傳。而附識諸人于後云。

㊀「□」當作「與」。
㊁「□」當作「汝」。
㊂「□」當作「領」。

趙氏同調

蔡先生齊基

蔡齊基字夢傳。連州人。嘉定八年。爲瓊州户録。嘗著周易述解九卷。安撫趙善譚。東萊呂氏門人也。見其書。大喜。進之于朝。廣東通志。

葉氏家學

補 隱君葉先生榮發

梓材謹案。吴禮部師道跋潘觀我所作葉審言字辭有云。予家祖獲交于菊莊先生。而審言與予契分彌篤。菊莊當是謹翁之祖之别字。

葉氏門人

侍郎朱先生質詳上東萊門人。

樓氏門人

補 知州王先生撝

梓材謹案。淳祐七年。蔡久軒自江東提刑歸抵家時。三館名公。以風霜隨氣節。河漢下文章。分韻賦詩送别。先生得隨字。時爲祕丞。

梓材又案。柳州陸景龍爲三江李氏傳經堂詩云。王安黄杜皆名流。前後相仍文不墜。王蓋卽先生。攷鄭安晚書三江先生墓碑陰。自謂嘉定初。以諸生見。安晚與先生同在樓門。其得與㊀同及李氏固宜。且厚齋尚書爲三江孫壻。則先生固三江後輩也。寧波府志以厚齋長子良學當之。誤矣。

附録

深寧困學紀聞曰。柳文云。王氏子著論非班超不能讀父兄之書。而力徼狂疾之功以爲名。先君子嘗爲投筆詩。其末云。蘭臺舊家學。胡不紹箕裘。

謝山箋曰。王溫州撝以不附史嵩之而罷。卽深寧父也。

補忠定鄭安晚先生清之

雲濠謹案。王阮亭居易録載安晚集六十卷。謂其詩多禪語。又言。其相理宗。召還眞西山魏鶴山諸君子。時號小元祐。亦南渡賢宰執也。

附録

劉後村狀其行曰。公少學于迂齋樓公。以端平初褒崇爲未至。再相。奏國史浩繁。難披閱。臣之師臣昉。嘗纂十朝撮要。頗精覈。上令寫送官。又奏房魏遇主無一語及河汾。殊爲忘本。及

㊀「與」當爲「以」。

撮要進御。樓公追贈龍圖閣待制。其于在三之義如此。

林竹溪序安晚文集曰。方公之再相也。嘗以輔政無狀爲謝。穆陵自指聖心曰。丞相之功在此。然則大人格君之業。公實有之。天下有所不知。而先皇獨知之也。文章又其餘事爾。

黄南山名宦忠定鄭公贊曰。天啓穆陵。公與有功。端平之政。四方嚮風。建節鄉邦。增光學校。書院祀師。有裨名教。

謝山鮚埼亭詩集。安晚鄭忠定王集。世不可得。仁和趙氏近購其詩七卷。陳解元坊本也。喜而鈔之。詩曰。夢谿師相本清才。可惜端平晚節乖。縱使勳名慚涑水。肯教薪火墜迂齋。梅花詩思猶餘墨。槐木園林已伐柴。便擬釀成安晚醁。借來還往一瓻皆。原注云。西山以司馬文正推安晚。宜其爲東發所誚。

雲濠謹案。謝山句餘土音卷四遊東廂有賦鄭丞相安晚園詩。

參政應葺芷先生傜 補

梓材謹案。方桐江序應子翱經傳蒙求云。伯公衡嘗參政。蓋伯父傜爾。

附録

馮復京記翁洲書院曰。翁洲書院。往宋參政應公葺芷先生讀書之所也。先生急流勇退。歸榮故鄉。翁洲爲昌國之别名。理宗書以寵光其居第。先生遂以扁書院。延師其間。率其子弟及族之人。與夫鄉之俊秀。皆造焉。講肄程式。一遵晦庵朱文公白鹿洞規。衿佩侁侁。禮樂秩秩。實爲一方精舍之望。

又曰。參政公書院之創。爲宗晦庵之學。像而祠之。所以使來游來歌者之目擊而道存也。

雲濠謹案。昌國州志載翁洲書院云。帥機應公傃讀書之所。姪傜接踵魁多士。則本爲蘭坡書舍。而茸芷繼之也。

清敏趙先生與懽

趙與懽字悦道。鄞縣人。嘉定七年宗室進士。封奉化郡王。卒贈少師。謚清敏。知安吉州時。設銅鉦懸門。欲愬者擊之。冤無不直。有富民愬幼子。開以天理。遂感悟。姓譜。

梓材謹案。謝山甬上族望表云。少師豫于史氏定策之功。然其排嵩之。諫羨餘。則名臣也。

雲濠謹案。先生名一作與權。經義考。趙氏與權春秋奏議。佚。又引程積齋云。字説道。號存耕。四明人。説道即悦道。古今文爾。

國録王先生漢英

王漢英字彦古。奉化人。受業樓迂齋。文行不凡。時鄭丞相應學士皆樂與之友。登淳祐元年進士第。魁梧爽朗。朝列偉之。少聘徐氏女。因鼻病腐。以貌自誓不嫁。父母辭曰。公盛年高科。不患無良配。不敢以辱公。先生曰。女有疾。非漢英誰適。既嫁。相敬如賓。後爲國録。妻没。終身不蓄婢。寧波府志。

進士鄭先生次申

鄭次申。鄞人。樓迂齋弟子。儒林宗派。

梓材謹案。先生爲安晚兄子。與安晚同登嘉定十年進士。

鄭先生次時

鄭次時。官大漕實謨匠監。亦迂齋入室弟子。嘗刊迂齋標注古文一百卷。劉後村集。

李氏家學

李先生士允

李先生士宏合傳。

李士允。蘄州守。正節誠之之子也。蘄州城陷。正節與之率衆力戰。闔門陷難。時正節兄子士宏。適來省覲。亦與焉。眞西山集。

喬氏家學

知州喬見山先生幼聞

喬幼聞字擇善。東陽人。夢符子。登紹定進士。知青陽縣。以治辦稱。留耕王公材之暇時。舉行鄉飲。儀文燦然。士益知勸。旋知台州。丁歲大祲。招羅勸分。飫饑藥病。雖凶而不害。訟牒山積。剖決川流。約盈拾漏。用度無乏。史丞相專國。先生乞祠。去之日。闔城遮留。老稚有泣下者。被誣削秩。復朝奉郎。擢知常州。卒。有見山文集三十卷。太白山齋稿。

王氏門人

聞人桂山先生詵詳見北山四先生學案。

于先生石

于石字介翁。蘭溪人。因所居鄉。自號紫巖。徙城中。復號兩溪。貌古氣剛。喜詼諧。早慕杜氏五高之爲人。後師王定庵。業辭賦。接聞諸老緒論。故其學多通解。宋亡。一意于詩。出入諸家。豪宕激發。氣骨蒼勁。望而知爲山林曠士。吳禮部集。

附録

其自述詩曰。歸來更讀十年書。自笑今吾卽故吾。栗里溪山晉處士。桐江風月漢狂奴。種梅添得詩多少。愛菊何拘酒有無。隨分生涯聊爾爾。門前應免吏催租。

又自述詩曰。大兒不學小兒癡。四十頭顱已可知。道勝自然貧亦樂。氣充不與貌俱衰。三杯徐邈聖賢酒。一卷淵明甲子詩。滿眼世情從厚薄。此心當與古人期。

潘氏家學

潘先生景愈 詳見東萊門人。

潘先生自晦

潘自晦字顯甫。叔度之子。韓南澗爲作字序。取程氏謙傳自晦而德益光顯之義。謂叔度善教其子云。南澗甲乙稿。

潘先生自牧

潘自牧。叔度子。登慶元進士第。歷太平常山縣令。著紀纂淵海行于世。金華徵獻略。

潘氏門人

中散朱先生塾 詳見晦翁學案。

杜氏家學

杜先生去僞

杜去僞。蘭溪人。伯高之子也。有文名。郡守趙汝騰嘗薦請官之。子濬之。吴禮部集。

鄉貢杜先生濬之

杜濬之字若川。伯高之孫。明春秋。領鄉貢。宋易世後。感激自悼。矯行晦迹。寄食西峯僧寺以終。姓譜。

附録

其述志詩云。寧枉百里步。曲木不可息。寧忍三日饑。邪蒿不可食。雖云食息頃。便□□□□[一]。志士當暮年。聞道轉歷歷。要使此一□[二]。□□□[三]如滌。整冠與納履。微嫌費疏剔。未若□□□[四]。□[五]不見吾迹。

又書警云。食李弗嫌[六]苦。食□□□□[七]。不爲身所累。且從心所安。吾分固云□[八]。□□□[九]非單。靜看如山禍。差之一念間。所得甚□□[一〇]。□[一一]喪已漫漫。百年修不足。一朝容易

[一]「□□□□」當作「分淑與慝」。
[二]「□」當作「身」。
[三]「□□□」當作「如琢復」。
[四]「□□□」當作「瓜李地」。
[五]「□」當作「絶」。
[六]「嫌」當爲「言」。
[七]「□□□□」當作「梅弗嫌酸」。
[八]「□」當作「薄」。
[九]「□□□」當作「吾志亦」。
[一〇]「□□」當作「眇眇」。
[一一]「□」當作「所」。

殘。雖□□□[一]立。如亨萬鍾寬。靜坐明月窟。濯足清風灘。吴師道跋杜端父墨跡曰。自汝霖至濬之六世。仕雖不顯。而文采聲華聯襲不墜。亦吾鄉罕有也。當宋季。士競舉子習。而杜氏一門。咸尚古文。今里中殘碑斷碣可見者。悉有家法。字畫亦異。此帖尚存。得山谷老人筆意。

趙氏家學

趙先生淦夫

趙淦夫。通判彦秬子。幼承家學。淵源益邃。屢辭徵辟。以仁孝爲人倫模範。工于詩。著有南坡筆録。學者稱南坡先生。東陽縣志。

時氏家學

補 書記時所性先生少章

梓材謹案。經義考引吴正傳之時子春秋四志八表日記二十餘册。金華徵獻録稱其所著又有論孟贅説。易卦贊。雜文古歌詩數十篇。總爲所性稿五十卷。日記十卷。

[一] 「□□□」當作「處四壁」。

附録

吴禮部題所性文鈔後曰。時子之學。根極宏深。貫穿幽邃。凡三代而上。帝皇聖賢之奥。秦漢而下。成敗治亂英雄才智設施之略。無所不窺。矧知尊考亭之學而敬其徒。議論未嘗少悖。可謂無忝成公之門者矣。

必大家學

葉先生大同

葉大同字會之。蘭溪人。吴縣令誕子。吴縣嘗從東萊講明義理之學。故先生爲人重氣義。言必稽古昔。有友人死而無櫬。其家欲賣廬以爲櫬。先生曰。吾未死已有木。友已死乃無木。吾縱死不至剥廬。友雖死不可無廬。姑以櫬吾者櫬之。衆義之。爭相奪其事。先生兄弟三人。其兄紹彭早世。且無嗣。乃以幼子後之。或謂法應三分其室。先生曰。嗣可三。室不可三。明義利也。義利明。則吾兄眞有後矣。魯齋王文憲公曰。世有繼嗣之爭者。觀此可不愧死。益見吴縣家庭之訓。久而不泯如此。金華府志。

邵氏門人

何先生造

何先生適

何先生遇

何先生述並附見上東萊門人。

胡氏家學

胡先生中行附子祐之。

胡中行。東陽人。居仁子。置義田十畝。以贍族人。子祐之繼之爲義莊。祐之。鄉貢進士。辟史館實録院主管文字。入元。郡邑初附。民心未定。盜賊竊發。祐之散財募義勇。使捍其鄉。里人尤德之。古愚先生助。其子也。東陽縣志。

唐氏門人

樂先生韶

樂韶字成之。零陵人。穎悟絶人。讀書五行俱下。十歲能屬文。弱冠登第。授桃源尉。楚紀。

梓材謹案。儒林宗派以先生爲唐來復弟子。字賡敬。又案。湖南通志選舉。先生登第在嘉定元年戊辰。前于其師七年。

欒氏講友

唐先生麟

唐麟。零陵人。與唐容欒韶共學。人稱三傑。楚紀。

唐先生容

唐容。零陵人。博學强記。舉進士。爲豐城令。尋知邕州。交趾入寇。率兵討平之。歸隱建昌之麻姑山。自號雲壑老人。楚紀。

東萊再傳

樓先生□

樓□。浦江人。樓楨四世祖也。嘗受業東萊吕氏之門人。戴九靈集。

蘭坡家學

應先生復見下鄭氏門人。

準齋門人

陳先生昉

陳昉。永嘉人。親炙準齋不倦。得所著述輒録之。刻爲一編。臨川羅愚復刊于廣右。漕臺所傳益廣云。徐楳埜集。

鄭氏門人

忠宣史滄洲先生彌堅詳見慈湖學案。

敷文史先生賓之別見邱劉諸儒學案補遺。

修武應先生復

應復字宏道。昌國人。蘭坡子。從安晚鄭先生遊。見義必爲。鄉論推許。壯遊江淮。趙信庵一見奇之。俾與籌幕。裨贊維多。制府上功。將命以文學不果。就右階。官至修武郎。昌國州志。

知州鄭先生侶附兄慶長。

鄭侶字德言。莆田人。初受學于兄慶長。出語。同學皃退三舍。入試。諸老生避一頭。始以潛甫名取閩廣漕薦。後易今名。貢于浙。遂擢端平乙未第。歷慶元府昌國監亳右口酒。辟沿海制置司犒賞酒庫。陳公塏趙公以夫皆羅致閫幕。改秩知古田縣。未上。趙公建沿江制閫。辟主管機宜文字。治法征謀。悉諮而行。軍府稱治。歷知瑞州。朔望詣州學書院。必進諸生講説。未第時。鄭安晚一見器重。遂客光範。及官甬東。安晚方幅巾歸第。門下客皆散去。惟先生過從益密。論文聯句。宮動角應。安晚每曰。從我于寂寞者。惟德言一人。劉後村與先生居同村。先生築室池囿。自號村邊。劉後村集。

舍人林竹溪先生希逸詳見艾軒學案。

應氏家學

應全軒先生翔孫

應翔孫字子翱。四明人。參政從子。早中童子科。王伯厚尚書。戴帥初博士。俱以其所著經傳蒙求爲然。蒙求自易至論孟。皆括爲韻語。以訓後進。傍及諸子百家。而揚雄方州部家之書亦與焉。方桐江集。

梓材謹案。馮復京記葺芷參政翁州書院云。行省幾去其闕。先生之猶子全軒翔孫義形于色曰。不可使家世詩書之業自我而墜。乃報己分田隸書院。公其出納。以贍師生。告諸提學司轉聞省。人議韙之。遂得不廢。是全軒爲先生之號。實參政從子。謝山翁洲書院記。以全軒爲參政之孫。亦誤矣。

附録

戴剡源序類書蒙求曰。聞昌國官學。士大夫應氏實爲祖。至參政公遂大其閭閻。而應君問學氣行。白首不衰。方就家塾請合祀先賢。天之欲昌其文以淑其徒者。意未已也。

趙氏家學

趙漢弼孟何

趙孟何字漢弼。守鄉郡。與戴剡源爲同年生。其先人清敏公。嘗以春秋經傳集解奏之。經筵刻之。琬琰者若干言。經火燬滅。漢弼追憶而補存之。摘其出于先公之㈠著者。定爲若干言。又評敓二百四十二年行事。合于詩書六典。名曰春秋法度之編者若干言。而剡源序之。戴剡源集。

梓材謹案。漢弼以鄉郡與謝昌元降元。雖爲春秋之學。其人不足取也。

趙先生孟僕別見深寧學案補遺。

于氏家學

于先生衢

于衢。紫巖子。紫巖示以詩曰。我學三十年。巧不能勝拙。汝年今弱冠。愼勿虛歲月。何必千里師。而後可受業。何必萬卷書。而後稱博洽。讀書貴有用。豈必資筆舌。立身一弗謹。萬事皆瓦裂。蔬肉同一飽。自可甘薇蕨。布帛同一煖。何必輕袒褐。貧賤士之常。紛華安足悅。晴窗明几硯。夜燈耿風雪。汝今其勉旃。經史須涉獵。顧我何足學。當學古賢哲。紫巖集。

㈠「之」當爲「自」。

于氏門人

郎中吴先生師道詳見北山四先生學案。

汪氏續傳

孝子汪先生□

汪孝子。西山之孫也。何北山爲作西山孝子吟曰。幾年見説西山汪。信義當時表閭里。只今家雖四壁空。却有賢孫祖風似。力田養親孝行高。千載董茅同一軌。孑然隻影無妻兒。手自耔耘供滌瀡。乃翁喪明三十年。膝下承顔不離跬。三時但務親耕鋤。一日何曾入城市。朝朝敬問衣燠寒。旦旦謹察食豐菲。一畦早韭祭春盤。五母黄雞薦秋黍。盡心自足爲親歡。豈必三牲八珍侈。謹身百不貽親憂。父子熙熙和氣裏。翁目雖瞽翁心怡。八十龐眉反兒齒。邇來餅粟頗不慳。積善固宜天相只。鄉閭詠歎同一聲。養志如君能有幾。人言詩書君未學。我謂如君眞學矣。孝弟是乃百行先。爲行每必從此始。世人有親不能養。浪著儒冠誠可恥。何如汪君貧窶中。卓然全此秉彝理。濂洛風雅。

葉氏續傳

補州同葉先生審言

梓材謹案。金華府志載。先生由家傳之端緒。泝儒先之源委。卓然自立。許益之。柳道傳。張子長。黄晉卿。咸樂與爲友。又稱其所爲詩文。和易平實。無纖麗之態云。

雲濠謹案。先生名謹翁。審言字也。所居齋室。扁曰四勿。自號贅翁。歸自泉南。又自號曲全道人。著有四勿齋稿。曲全集。見黄文獻所作墓誌。

李氏續傳

李先生光遠

李光遠。尚書大同曾孫也。宋亡不仕。後以子裕貴。贈承事郎。宋文憲集。

推官李先生裕詳見北山四先生學案。

胡氏續傳

編修胡古愚先生助

胡助字履信。一字古愚。東陽人。曾祖居仁。從吕成公學。先生刻志問學。悉究經史百氏大旨。舉茂才。授建康路儒學録。吴澄見其詩文。大加稱賞。用薦改翰林國史院編修官。先生狀貌清古。平生誠實無僞。見人有善。亟稱之。嘗作大拙小拙傳以寓意。所著有純白類稾三十卷。金華府志。

雲濠謹案。先生序吴淵穎集。自署承事郎太常博士致仕。

古愚文集

余欲學顏子之愚。則亞聖功夫非造次可到。欲學武子之愚。則今非可愚之時也。若柳子之愚。固有所激而不可學者。若晁錯之愚。又不善用以及于禍。則余豈願學哉。乃所願。庶幾古之愚。黠之戇耳。余生三十有三年矣。惟尙友于古人。不求合于當世。益求問學。以充此愚。益抱耿介。以守此愚。務乎内不務乎外。取其實不取其名。雖未敢如古之愚。然亦庶乎非今之愚也。古愚齋記。

附録

兼太學齋訓導。凡御史臺郎子弟。皆從授業。監察御史周景遠薦江浙博學通經宜居館職者七人。胡長孺爲首。而先生與焉。

宦遊京國數十年。盡交天下名士。若楊維楨宋濂諸人。皆藉吹嘘于先生者。一時推重如此。

胡先生瑜

胡瑜字季瑊。東陽人。太常之子也。以太常遺蔭。爲管庫官。擢杭州路總管府照磨。後爲主簿于廣西。戴九靈爲序婺之文獻以送之曰。異時吾婺文獻。視他郡爲獨盛。自今觀之。以忠節行誼顯者。則有忠簡宗氏。節愍梅氏。默成潘氏。毅齋徐氏。以道學著者。則有東萊大愚二吕氏。

北山何氏。魯齋王氏。仁山金氏。以文章家名者。則有香溪范氏。所性時氏。香山喻氏。而龍川陳氏。説齋唐氏。則又以事功之學而致力焉。是數氏者。皆相望百載之内。相去百里之閒。彬彬乎。郁郁乎。其鸞鳳之岐陽。驊騮之冀北歟。内附以來。故家喬木。日就凋落。而百年耆舊。無存者久之。白雲許氏。稍以金氏之學鳴于時。而石塘胡氏伯仲。亦以雄文俊行與許氏相後先。二氏之後。由文學入通朝籍者。是爲待制柳氏。學士黄氏。禮部吴氏。修撰張氏。太常胡氏。御史王氏。此蓋其卓卓者也。余生也後。雖不及執弟子禮于許氏胡氏之門。然自柳氏而下。皆得而師友之。十數年來。復將于此有所考問。而故老遺書多不存矣。不亦悲夫。戴九靈集。

梓材謹案。先生由陽朔主簿調賀州通判。見馬國章送先生序。著有甑山存稿。見元詩鈔。

謹翁門人

劉先生濳

劉先生珹合傳。

劉先生眔合傳。

劉濳。金華人。以父似之與葉謹翁交。故及其二子珹眔皆從之問學。柳待制集。

鄭氏續傳

教授鄭習齋先生奕夫

鄭奕夫字景先。鄞人。安晚丞相之曾孫也。潛心性理。講學績文。克守清白。常爲慈谿麗水常山三縣教諭。調徽州紫陽書院山長。陞浮梁州教授。所著有論語本義。中庸大學章旨。衍桂堂集若干卷。學者稱爲習齋先生。姓譜。

夏氏續傳

夏先生逢慶

別見北山四先生學案補遺。